专利法

ZHUANLIFA

张玉敏 主编

厦门大学出版社 XIAMEN UNIVERSITY PRESS
国家一级出版社
全国百佳图书出版单位

图书在版编目(CIP)数据

专利法/张玉敏主编.—厦门:厦门大学出版社,2017.1(2019.9 重印)
(西南政法大学知识产权法系列)
ISBN 978-7-5615-6245-1

Ⅰ.①专… Ⅱ.①张… Ⅲ.①专利权法-中国-高等学校-教材 Ⅳ.①D923.42

中国版本图书馆 CIP 数据核字(2016)第 320059 号

出 版 人 郑文礼
责任编辑 施高翔
封面设计 李夏凌 张雨秋
技术编辑 许克华

出版发行 厦门大学出版社
社　　址 厦门市软件园二期望海路 39 号
邮政编码 361008
总　　机 0592-2181111 0592-2181406(传真)
营销中心 0592-2184458 0592-2181365
网　　址 http://www.xmupress.com
邮　　箱 xmupress@126.com
印　　刷 厦门兴立通印刷设计有限公司

开本 720mm×970mm 1/16
印张 21.25
插页 2
字数 382 千字
版次 2017 年 1 月第 1 版
印次 2019 年 9 月第 2 次印刷
定价 55.00 元

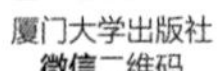

西南政法大学

21世纪知识产权法学系列　　总主编　张玉敏

主　编　张玉敏

副主编　廖志刚

马海生

撰稿人（按撰写章节顺序排列）

张玉敏　（第一章、第四章第一节）

廖志刚　（第二章、第十一章）

马海生　（第三章、第五章）

牟　萍　（第四章第二~七节）

黄　汇　（第六章）

胡　波　（第七~九章）

康添雄　（第十章）

总 序

21世纪是知识经济的时代，知识已经（在发达国家）或正在（在像我国这样的发展中国家）取代土地、机器设备、资金等有形资产的地位，成为推动经济发展的最主要的要素。与此相适应，知识产权法自20世纪中后期开始，在全球范围内呈现出强劲的发展势头，无论是在国际层面上还是在国内法律体系中，知识产权法的地位得到迅速提高。美国自20世纪80年代开始实施知识产权战略，通过立法促进技术的开发与转化，并在国际贸易中迫使贸易伙伴加强对美国知识产权的保护，迅速扭转了美国在国际贸易中的巨额逆差，实现了美国经济的长期稳定、高速发展。2002年，日本公布实施知识产权战略大纲，成立了以小泉首相为首的知识产权战略本部，正式将“技术立国”的口号修改为“知识产权立国”。韩国等许多国家也都纷纷制定自己的知识产权战略，其目的非常明确，就是要在21世纪的国际竞争中抢占有利地位。我国政府十分重视知识产权保护工作，明确指出“21世纪的竞争就是知识产权的竞争”，并开始制定中国的知识产权发展战略。

当我们大力推进中国的知识产权事业的时候，遇到的第一个问题就是人才奇缺——企业缺少合格的知识产权管理人才，司法机关缺少合格的知识产权审判和侦查人才，社会缺少高水平的专利代理、商标代理、无形资产评估等知识产权中介服务机构。在有条件的高校中设置知识产权专业博士点和硕士点，是国家为解决知识产权专门人才奇缺而采取的重要措施。我们的这套系列丛书就是为适应新形势下知识产权法教学需要而编写的。本套丛书共六本，包括《知识产权法原理》《著作权法》《专利法》《商业标志法》《商业秘密法》《知识产权法实践教程》。

对于中国来说，知识产权法是地地道道的舶来品。如果说法学在中国是一门幼稚学科，那么，知识产权法学就是幼稚学科中的幼稚学科。仅仅在二十多年前，当我国与美国谈判签订中美经济贸易和技术合作协议，美国谈判代表提出协议中必须有知识产权保护条款，否则美国总统不批准的时候，中国人还不知道知识产权为何物。在外部压力和内部发展需求的双重推动之下，我们用二十几年的时间从立法上实现了“与国际接轨”，但是，从社会生活的层面上观察，知识产权保护远没有成为人们的自觉行动。另外，科学技术的迅速发展不断给知识产权法提出新的课题，知识产权的保护对象不断扩大，权利内容不断扩张，加剧了知识产权的拥有者和知识产品的使用人、知识产权的输出国和进口国在知识产权保护问题上的利益失衡，引发了人们对知识产权正当性的不断追问。丛书将系统地、全面地和力图深入地对知识产权法的基础理论、基本制度和前沿问题进行阐述，对立法和执法实践中的争议问题进行讨论，对知识产权的正当性和权利人利益与社会公共利益的平衡问题作出自己的回答。

编写一套用于研究生教学的知识产权法丛书是一项开创性的工作，意义很大，困难不少。好在我们有多年来培养硕士和博士研究生的经验，有业界朋友的关心和支持。由于知识产权法学从整体上来说仍然十分幼稚，以及我们的能力所限，丛书在内容和结构上难免存在一些问题甚至错误，我们衷心希望各位方家和读者不吝赐教！您的批评是对我们最好的帮助。

感谢厦门大学出版社的同人，他们为中国知识产权法学教育事业做了一件好事。没有他们的热情推动和精心组织，本套丛书是不可能面世的。

张玉敏

2006 年 7 月 20 日

目录
Contents

第一章 >> 专利权与专利法

本章导读：专利权是专利制度的核心，专利法的各项制度设计都是围绕专利权展开的。因此，本章首先对专利权的概念、特征进行讨论，然后讨论专利法的作用和专利制度的产生、发展历史，以及我国的专利立法。本章的重点是专利权的概念特征、我国专利法的立法历程和我国专利法的基本原则。

第一节 专利权概述

一、专利权的概念和法律特征

（一）专利的基本含义

中世纪的英国，国王经常使用一种被称为 letters patent 的文件，对臣民加封官爵，颁布大赦或者赐予各种特权，包括赐予对商业经营方面的垄断权。letters 意为"文件"，patent 意为"打开"，letters patent 即"可以公开的文件"。这种文件上盖有国王的玉玺，不封口，人人可以打开阅读。后来这个词简化为 patent，既保留了"公开"的本意，又被赋予了"独享""首创"等意义。美国 P.D.罗森堡在其所著的《专利法基础》一书中则认为，"专利"这个词出自拉丁文 patere，意思是摆出来的衣服挂钩，而人们通常使用"patent"一词，是指公开给人看、敞开受公众审查的东西，来自拉丁文 literae patentes。① 一般认为，汉语中的"专利"一词，是由英文"patent"翻译而来。汉语中"专利"一词，出自《国语》，其本来意

① P.D.罗森堡：《专利法基础》，郑成思译，对外贸易出版社 1982 年版，第5页。

义是"独专其利",不含有"公开"的意思。[①] 因此,在我国推行专利制度之初,许多人常常望文生义,将"专利"混同于"技术秘密"。由于这个原因,时任世界知识产权组织总干事的鲍格胥博士曾经建议中国在汉语中找一个与 patent 相当的,既有"独占"含义又有"公开"含义的词来代替"专利",以免引起人们对专利制度的误解。[②] 但是,在汉语中很难找到这样的词。不过,随着《专利法》的实施和宣传,越来越多的人从实践中认识了专利和专利制度,专利作为一个专用的法律术语,已经脱离了汉语的原意而具有了自己特定的内涵——发明创造的所有人以公开自己的发明创造为代价,换取政府授予的在一定期限内独占实施其发明创造的制度。集公开和独占于一身,是专利制度的特点,也是专利优于商业秘密的主要之处。我们在学习专利法的时候,一定要牢牢抓住这一特点。

在专利法的范畴内,人们往往在三种意义上使用"专利"这个词:其一,作为专利权的简称。如当人们说某人"取得了一项专利"时,实际上指的是某人取得了一项专利权;"专利保护"可以理解为某项技术或设计取得了专利权,受到专利权的保护;专利权的申请往往被简称为"申请专利"等。其二,指代取得专利的发明创造。《专利法》第 14 条规定:"国有企业事业单位的发明专利,对国家利益或者公共利益具有重大意义的,国务院有关主管部门和省、自治区、直辖市人民政府报经国务院批准,可以决定在批准的范围内推广应用,允许指定的单位实施,由实施单位按照国家规定向专利权人支付使用费。"这里的"专利"一词,实际上指的是取得专利的发明创造。其三,指专利文献。"查阅专利""专利检索"所称的"专利"指的就是记载发明创造内容的专利文献。

一词多义在法学领域是一种常见现象,如"合同"一词既可以用来表示当事人之间的合同关系,又可以用来表示合同文本。由于"专利"一词具有多种义项,所以在判断其含义时,应考虑其使用的具体场合。

(二)专利权

各国的专利法并没有给专利权下定义。多数教材也没有专门讨论专利权的定义,而是通过专利权的保护对象、主体和权利内容来描述和界定专利权,如郑成思教授主编的《知识产权法教程》、刘春田教授主编的《知识产权法》、汤宗舜先生所著司法部统编教材《专利法教程》等。这种方式有其合理性,便于初学者学习,而且可以避免不必要的争议。但是,作为进一步的研究,给出一个专利权的

---

① (西周大夫)芮良夫曰:"夫荣公好专利而不知大难。……今王学专利,其可乎?匹夫专利,犹谓之盗,王而行之,其归鲜矣。"(《国语·周语》)

② 参见郑程思:《知识产权法通论》,法律出版社 1986 年版,第 1 页。

定义还是必要的。概念是反映事物及其本质属性的思维形态，是思维的最小单位，是构成判断、推理的要素。每一门科学都要使用一定数量的概念。黄茂荣先生指出，概念的作用在于特定价值之承认、共识、储藏，从而使之构成特定文化的一部分，减轻后来者为实现该特定价值所必须之思维及说服工作的负担。① 王伯琦先生早在四十多年前，就强调指出法律概念的重要性："我可不韪地说，我们现阶段的执法者，无论其为司法官或行政官，不患其不能自由，唯恐其不知科学，不患其拘泥逻辑，唯恐其没有概念。"②诚然，正如黄茂荣先生所言："对于我们所处的这个比较后进的法律社会而言，通常具备一种特征：即一方面倾向于以一种比较纯逻辑，或比较拘泥于法律文字的方式来了解法律、适用法律，以致常常受恶于法律。反之，当基于这个认知而试图容许引用较富弹性之价值标准或一般条款来避免被法律概念僵化的法律之恶时，却又发现这个容许很容易流于个人的专断。其结果使得许多法律规定本来所拟达到的公平或正义，不能在实际运作中，真正地被实践出来。"③我们现在所处的正是这样一个比较后进的法律社会，具有黄茂荣先生所指出的这种社会的特征。在这样的社会背景之下，法学研究不应当舍弃对概念的研究而片面专注于法律的价值和原则，而应当将二者很好地结合起来。因此，虽然下定义是一件费力不讨好的事情，我们还是想尝试着给出自己的定义。

关于专利权的定义，见诸教材的主要有如下几种：

专利权是指法律赋予专利权人对其得到专利的发明创造在一定范围内依法享有的专有权利。④

专利权是专利法的核心内容，它是国家专利主管部门依据专利法授予发明创造人或合法申请人对某项发明创造在法定期间内所享有的一种独占权或专有权。未经专利权人许可，他人不得利用该专利技术。⑤

专利权是专利权人排除别人在竞争中使用该发明、自己可以进行独占性实

① 黄茂荣：《法学方法与现代民法》，台湾大学法学丛书编辑委员会编辑，东升美术印刷有限公司印刷，1993 年 7 月增订 3 版，第 58 页。

② 王伯琦：《论概念法学》，载台湾大学 1960 年印行之《社会科学论丛》，转引自王泽鉴：《法律思维与民法实例》第 11 页。

③ 黄茂荣：《法学方法与现代民法》，台湾大学法学丛书编辑委员会编辑，东升美术印刷有限公司印刷，1993 年 7 月增订 3 版，第 42 页。

④ 吴汉东主编：《知识产权法》，中国政法大学出版社 1998 年版，第 141 页。

⑤ 张平：《知识产权法详论》，北京大学出版社 1994 年版，第 33 页。

施的财产权。[①]

从方法论的角度而论，法学概念应当对所欲定义对象的特征穷尽地列举出来。所谓穷尽地列举出来，是指所列举的特征是在该概念涵摄上不可缺少、不可替代的特征，这些特征是将一个具体的事物涵摄于法律概念之下的充分而必要的条件。而所谓将定义对象特征穷尽地列举出来，并非是对定义对象的一切重要特征都列举出来，而是要根据规范目的，对已经认知的特征加以取舍，并将经过取舍的特征确定为充分而必要的特征。

根据各国专利法的规定，专利权有如下特征：(1)保护对象是发明创造。(2)专利权具有排他性。我国著述一般认为，专利权包括实施权或曰独占实施权（积极的权利）和禁止他人实施的权利（消极的权利）。[②] 德国学者也持这种认识。[③] 而美、英等国专利法理论则从禁止他人实施的角度理解专利权，认为专利法只规定了排除他人实施的“消极权利”，专利权人自己实施专利可能还需要取得其他相关专利的权利人许可，更没有资格授权他人实施。[④] 尽管以上两种解释看问题的角度不同，但是都肯定了除法律另有规定者外专利权人具有禁止他人实施其专利的权利，即承认专利权具有排他性。(3)具有法定的时间性。(4)可分地域取得和行使（具有地域性）。(5)权利的取得须由主管机关依法批准。(6)须受公共利益的限制等。在这些特征中，须受公共利益的限制是所有权利都具有的题中应有之义，不属于专利权独有的特征，从定义的角度讲是非必要的特征。其他5项均属于必要的特征，因此，专利权的定义应当将这些特征涵摄其中。据此，我们可以对专利权给出如下定义：

专利权是民事主体依法取得的在法定的期限和地域内支配其取得专利的发明创造，并禁止他人为生产经营目的实施其专利的排他性权利。

这个定义指出了专利权是一种民事权利，须依法取得；指出了专利权是在法定期限和地域范围内禁止他人为生产经营目的实施其专利的排他性权利，即将

---

① 纹谷畅男编：《专利法五十讲》，魏启学译，法律出版社1984年版，第23页。

② 参见吴汉东主编：《知识产权法学》，北京大学出版社2000年版，第190页。刘春田主编：《知识产权法》，中国人民大学出版社2002年版，第232页。

③ 参见范长军：《德国专利法研究》，科学出版社2010年版，第93页。

④ Robert L. Harmon: *Patent and the Federal Circuit*, the 2nd edn, Willian Brinks Olds Hofer Gilson& Lione Ltd, Chicago, Illinois, 1993, p.211.

其权利排他效力限定在商业性利用的范围之内，超出这个范围的行为，如为了科学研究而使用他人专利，专利权人无权禁止。

(三)专利权的法律特征

与其他知识产权相比，专利权具有以下法律特征：

1. 专利权的保护对象是发明创造

著作权的保护对象是作品，商标权的保护对象是商标，专利权的保护对象是发明创造，包括发明、实用新型和外观设计。① 保护对象的这种区别成为专利权区别于著作权和商标权的特点之一，也决定了专利权不同于著作权和商标权的一系列特点。

世界上有些国家的专利法的保护对象仅限于发明，外观设计由单独立法保护，有些则将技术发明和外观设计统一规定于专利法。我国采取后者，由专利法对发明、实用新型和外观设计统一规定。发明和实用新型都属于技术方案，即对要解决的技术问题采取和利用了自然规律的技术特征的集合，其区别在于发明的创造性高于实用新型，而且发明包括产品发明、方法发明和改进发明，实用新型则仅限于有形状的产品。外观设计则是一种设计方案，即对产品的形状、图案或者其结合以及色彩与形状、图案的结合作出的富于美感并适于工业应用的设计方案。发明、实用新型追求的是技术效果，外观设计追求的是审美效果。专利法要求授予专利权的发明和实用新型应当具备新颖性、创造性和实用性，授予专利权的外观设计应当具备新颖性。唯其具备新颖性、创造性和实用性，能够推动全社会的技术进步和经济发展，法律才有给予保护，授予其专利权的必要。

由于专利权保护的是作为技术创新成果的发明创造，而先进技术的推广应用对于社会发展和公共福利十分重要，因而，专利法通过赋予专利权人在市场竞争中排他性利用其发明创造的权利，为发明创造提供激励。但是，专利权人得禁止他人实施其发明创造的权利可能对公共利益产生负面影响，特别是可能对发展中国家的经济发展和技术进步产生负面影响。所以，世界贸易组织(WTO)的《与贸易有关的知识产权协议》(简称“TRIPS 协定”)特别强调知识产权的保护应当有助于技术创新以及技术转让和传播，②我国《专利法》也将“鼓励发明创造，推动发明创造的应用，提高创新能力，促进科学技术进步和经济社会发展”作为立法宗旨规定在第一条。而著作权保护的是思想的表达，不保护思想本身，著作权不禁止他人利用作品所表达的思想进行科学研究和创作，因此，著作权法原

① 《中华人民共和国专利法》第 1 条、第 2 条。

② 参见 TRIPS 协定第 7 条。

则上不需要就作品的推广应用予以特别规制。但是,为了发展文化教育事业和满足公众学习和娱乐的需要,法律对著作权的行使也有合理使用和法定许可等限制。商标权保护的目的是维护商标的显著性,以维护市场秩序,保护消费者利益,因此,商标法上不存在商标的推广应用问题。由于推广应用在专利法中的重要性,使得专利权的保护与著作权和商标权的保护有以下明显的差异:

其一,专利权的保护期最短。我国《专利法》规定,发明专利的有效期为 20 年,实用新型专利和外观设计专利的有效期为 10 年,均自申请之日起算。商标权因其可反复续展,实际上没有期限限制。这一差别的主要原因就在于专利权的保护期过长不利于发明创造的推广应用,而太短又不能有效激励发明创造的积极性。而保护商标的显著性与消费者的利益是一致的,商标权长期有效,既符合商标权人的利益,又符合消费者的利益和社会公共利益。著作权的有效期是作者有生之年加上死后 50 年(有些国家规定为作者有生之年加死后 70 年),这个期限是否合适,也是一个值得研究的问题。实际上,大多数作品,特别是计算机软件的经济寿命只有几年、十几年,现在这样长的保护期,不利于作品的传播和信息的便捷交流。因此,有人建议给予较短的保护期,期满以后,如果作者认为其作品仍有保护的必要,可以通过登记予以续展。①

其二,未经许可实施他人专利的行为不构成犯罪。我国《专利法》和《刑法》没有规定未经许可实施他人专利行为的刑事责任。大多数国家的法律也没有将侵犯专利权的行为规定为犯罪行为,而且将专利保护排除在海关执法范围之外。我国刑法仅规定了假冒专利罪,而没有规定侵犯专利权罪,也没有规定对侵犯专利权行为的行政处罚措施。这与侵犯著作权和侵犯商标权以及侵犯商业秘密明显不同。一些人主张将侵犯专利权情节严重的行为规定为犯罪,理由是侵犯专利权的行为给专利权人造成的损害不比假冒专利的行为造成的损害小,甚至损害更严重。应当说这是事实。但是,我们更应当看到,侵犯专利权行为所侵害的是专利权人的私人利益,不直接涉及公共利益,而且未经许可实施他人专利,使用的毕竟是专利技术,不存在对消费者的欺骗(如果商品质量有问题,则可以按制造、销售伪劣商品处理)。因此,通过追究民事责任,能够充分保护专利权人的利益。而侵犯著作权、商标权的行为在侵犯著作权人、商标权人利益的同时,都直接损害了消费者的利益和社会公共利益。② 另外还需要考虑的一个问题是,

① 请参见威廉・M.兰德斯、理查德・A.波斯纳:《知识产权法的经济结构》,金海军译,北京大学出版社 2005 年版,第 273～284 页。

② 参见尹新天:《专利权的保护》,知识产权出版社 2005 年版,第 5～6 页。

由于专利权的保护对象是发明创造，其侵权认定比侵犯著作权和商标权的认定复杂得多，对侵权行为施以刑事制裁，一旦发生认定错误，对被告造成的损害几乎是无法补救的；如果再考虑专利权人滥用刑事程序打击竞争对手的可能性，对于"入罪论"更应当保持高度的警惕。因此，从社会整体利益考虑，我国专利法仅规定假冒专利罪是明智的选择。

2. 专利权保护的发明创造具有公开性

专利法的立法目的是促进技术的发展和推广应用，因此，专利权的取得以申请人充分公开其发明创造为前提条件，技术公开不充分是请求宣告专利权无效的理由之一。不唯如是，专利权的保护范围也是由以说明书中公开的技术为基础的权利要求界定的。充分公开其发明创造是专利权人换取社会给予一定期限内独占实施其专利的对价，保密的技术只能作为商业秘密受反不正当竞争法的保护，因此，专利文献成为最及时、最丰富、最宝贵的技术信息库。据统计，世界上90%～95%的技术成果都是通过专利申请文件首先公开的。充分重视和利用专利文献，对于企业和科研院所的科学研究、新产品开发甚至市场开拓都具有十分重要的意义。

3. 专利权是支配权

支配权是相对于请求权而言的一种权利分类。支配权是权利主体得支配其权利保护对象，享受其利益并排斥他人干涉的权利。只要权利人的支配行为不违反法律的规定，不侵害他人的合法权益和社会公共利益，其行为即受法律保护。支配权属于绝对权（对世权），除权利人之外，其他所有人都是义务主体，负有不侵害其权利的消极义务。请求权是权利人得请求特定的义务人为一定行为或者不为一定行为，以实现自己的利益的权利。请求权属于相对权，义务主体是特定的，义务主体的义务包括积极义务（为一定行为）和/或消极义务（不为一定行为），权利人权利的实现有赖于义务人履行义务。支配权是一种排他性的权利，即除法律另有规定外，其他人未经许可不得实施其专利。

知识产权的教科书通常将专利权的这一特征表述为专有权或者独占权。我们不主张用专有权来表达专利权的这一特点，因为专有权不符合民法对民事权利分类的标准，而且"专有权"的称谓也不科学。独占权形象地表达了权利人对权利保护对象的独占性支配，符合专利权的特点，但是我们仍然不主张采用这种表达。我们主张用支配权来表达专利权的这一特点，理由是：其一，支配权符合专利权的特点；其二，支配权是民法理论对民事权利的分类，有明确的概念和特征归纳，用支配权表达专利权的这一特点，便于学习和掌握；其三，知识产权是私权，这已经在世界范围内达成共识。所谓私权，即民事权利，运用成熟的民事权利分类理论研究知识产权,可以强化知识产权对民事权利的归属感,并为运用民法制度和理论研究知识产权奠定认识论上的基础。

4. 专利权具有法定时间性

知识产权中凡创造性成果的权利都具有法定时间性,[①]这是因为对创造性成果的无限期独占有损社会公共利益,规定其权利的有效期是为了平衡权利人的利益和社会公共利益。专利权的保护对象是技术发明和产品的外观设计,属于创造性成果,其权利应有法定期间,自属当然。法定期间届满,专利权即归于消灭,作为专利权保护对象的技术发明和外观设计进入公有领域,[②]任何人均得自由使用,不需要经过许可,也不需要支付费用。

专利权法定期间的确定,是专利法上最重要的政策性问题之一。专利权的法定期间实质上是专利权人得排斥他人而独占市场的期间,合理的期限应当使专利权人能够收回新产品开发的投资并获得有足够激励的利润,同时又不会造成对后来创新者的不适当限制。我国 1984 年颁布的《专利法》规定发明专利的有效期为 15 年,实用新型和外观设计专利权的有效期为 5 年,期满可请求延长 3 年。1992 年修改《专利法》时,为了与正在协议中的 TRIPS 相一致,修改为发明专利有效期 20 年,实用新型和外观设计有效期 10 年,均自申请之日起计算。在技术更新速度加快,新技术的经济寿命日益缩短的时代,专利权的有效期不但没有缩短,反而延长,这是一个值得思考的问题。

5. 专利权可分地域取得和行使

这一特点通常被表述为地域性,即一项发明创造的所有人可以依照法律规定的程序,在不同的国家(地区)分别取得专利权并分别行使。

作为专利权的保护对象的技术发明和外观设计是一种信息,具有一般信息所具有的可共享性,或者说具有公共产品属性,其使用在事实层面上不具有排他性,凡了解该发明创造并具备实施条件的人均可以实施,这是专利权可以分地域取得和行使的事实条件,也是非物质性的信息与物质财产的重要区别。物质财产由于其物质性、特定性和唯一性,决定了其权利在全世界范围内的唯一性,即一项物质财产在全世界范围内不能同时存在两个以上的所有权。发明创造的所有人希望在世界上凡有商业利益的地方排他性地使用自己的发明创造以谋求利

---

① 技术秘密没有法定时间性。但是,我们认为技术秘密不是知识产权家族中的一种权利,而是反不正当竞争法保护的利益。

② 这里所说的"公有",与我国通常所说的与"私有"相对应的"公有"是两个不同的概念,其含义是指不属于任何主体所有,而属于人类社会公有,任何人得自由利用。

益的最大化，使发明创造的域外保护成为必要，《保护工业产权巴黎公约》(以下简称《巴黎公约》)就是在这种要求的推动之下建立起来的。《巴黎公约》和其他国际保护制度的建立使专利权的域外保护成为可能。因此，在今天的国际条件下，同一项发明创造可以在不同的法域内分别取得专利权，并分别行使。

有些关于知识产权的著述中对知识产权地域性的解释是，依据一国法律所取得之知识产权仅在该国范围内有效，在其他国家不发生效力，这是由知识产权须经法律直接确认这一特点决定的，因为一国法律没有域外效力。[①] 这一解释并未揭示出知识产权不同于其他财产权的特征。实际上，所有民事权利都具有上述特点。一个人的权利如物权，在外国得到保护，不是因为它有域外效力，而是因为依照该国的法律亦承认和保护个人的权利，不过同样的权利在不同的国家，其权利内容、取得方式、消灭的原因以及保护方法可能有所不同。如果一种财产在某国不受保护，个人将在本国享有所有权的该项财产带到该国，不但不能得到保护，甚至可能受到惩罚，如私人拥有和携带枪支在美国是合法的，但是，如果所有人将其枪支带到中国，就是违法的，其对枪支的所有权在中国不能得到保护。我们不赞成对知识产权地域性的这种解释，因此用可分地域取得和行使来表达专利权的这一特点。[②]

由于专利权的取得须经主管机关依法批准，所以，专利权的地域性与著作权的地域性有重大的差异。由于著作权的取得实行的是自动取得原则，作品完成后，在《伯尔尼公约》成员国和世贸组织成员的地域内即可自动取得著作权。而发明创造完成后，权利人必须到各该国申请，或者通过国际申请，并通过该国的审查，才能取得专利权。

6. 专利权须由主管机关依法批准

专利权是支配权，具有强烈的排他性，对他人利益和社会公共利益均有重要的影响。为了保护社会公共利益和他人的合法权益，专利法不仅对取得专利的发明创造的类型和条件作了明确的规定，而且规定专利权的取得须由申请人依法提出申请，并由主管机关依照法定的程序进行严格审查，对于那些符合专利法规定条件(包括实质条件和程序条件)的发明创造，依法予以批准。

---

① 吴汉东主编：《知识产权法》，法律出版社 2003 年版，第 7 页；刘剑文、张里安主编：《现代中国知识产权法》，中国政法大学出版社 1993 年版，第 6 页；汤宗舜：《专利法教程》，法律出版社 1996 年第 2 版，第 6 页。

② 参见张玉敏：《论知识产权的概念和法律特征》，载《现代法学》2001 年第 5 期。

二、专利权与其他知识产权

专利权是知识产权的一种，与其他知识产权既有共同之处，又有自己的特点。分析这些共同点和不同点，有助于理解和掌握专利权。

(一)专利权与著作权

专利权与著作权的保护对象都是创造性智力成果，因此都具有法定时间性，只不过著作权的有效期远远长于专利权。但是，由于技术发明创造与作品在功能作用与利用方式上的区别，决定了专利权与著作权有以下重要的区别：

1. 专利权没有人身权内容

专利权的保护对象是发明创造，包括技术方案和产品外观设计方案，著作权的保护对象是作品。保护发明创造的主要目的是推动技术进步和产业发展，保护作品的主要目的是推动知识和文化的创造和传播。二者的共同目的都是为了推动社会的进步。作品，特别是传统作品，是作者人格的外化，蕴涵着作者的精神利益，因此，著作权包括著作人身权(精神权利)和著作财产权。专利权所保护的发明创造，作为一种技术方案，一般与发明人、设计人的精神利益无关，或者说关系不是十分密切，而且由于技术发明创造需要大量的投资和团体攻关，有权申请并取得专利的人往往并不是发明人和设计人，因此，专利权是单纯的财产权利，不包含人身权利的内容。有人根据发明人、设计人有权在专利申请文件上写明自己是发明人、设计人的规定，认为专利权亦包含人身权，是混淆了专利权和发明人、设计人的权利两种不同的权利。①

2. 著作权基于作品的创作自动产生，专利权须经依法批准产生

著作权自动产生是《伯尔尼公约》确立的原则，自作品创作完成之时，著作权便自动产生，即使作品未发表甚至处于保密状态，也不影响著作权的成立。而技术发明创造无论其创造性多高，经济价值多大，都不能自动产生专利权，而必须按照法定程序，经过申请和审查批准，才能取得专利权。专利权须依法批准，是因为专利权是绝对权，具有强烈的排他性，其享有和行使对竞争者和社会公众利益影响至巨，需要通过审查程序，判断发明创造是否具备法律规定的条件，以保护公共利益。同时，也是为了公示(向社会公告专利权的保护范围)的需要。

3. 专利权的保护对象须具备公开性，著作权无此要求

专利权的取得以充分公开其发明创造为前提条件；而著作权无此要求，作品

① 参见吴汉东主编：《知识产权法》，中国政法大学出版社 1999 年版，第 216 页。

创作完成后，著作权即自动产生，即使作品未发表甚至处于保密状态，也不影响著作权的享有。这一区别的原因在于作品涉及作者的精神利益，而专利仅是一种财产权利；而且，只有充分公开其发明创造的技术内容，才能发挥专利法推动技术进步的积极作用，专利权的享有才有正当性基础。著作财产权的保护是否应当以公开作品内容为条件，是一个值得研究的问题。

目前，在计算机软件专利审查和批准的实践中，不要求申请人公开其软件的源代码，软件的著作权保护也不需要公开源代码，这是违反知识产权保护原理的。权利人获得法律赋予的独占权，社会公众却不能从中得到任何回报，这不但使权利人和公众之间的利益失去平衡，而且阻碍信息的传播和技术进步。这种做法已经受到批评。[①]

(二)专利权与商标权

商标权的保护对象是作为商业活动标志的商标，商标最基本的作用是在商业活动中区别商品和服务的不同提供者，为消费者选择商品和服务提供指示。商标保护的目的是防止商品和服务出处的混淆，维护市场秩序，保护消费者的利益和商标权人的利益，因此，作为商标权保护对象的商标，必须具备显著性或曰识别性。专利法的立法目的是鼓励技术创新，促进技术的传播和应用，因此，作为专利权保护对象的技术方案和产品设计必须具备新颖性、创造性和实用性三项条件。

作为保护技术创新成果的专利权，其有效期是确定的，期限届满，其保护对象进入公有领域，任何人均得自由利用。商标权虽然也有有效期，但是期满可以续展，而且续展的次数不限，只要权利人认为自己的商标仍然有价值，就可以通过不断续展使之长期有效。专利权的有效期确定不变是为了保护社会公共利益，平衡权利人和社会公众的利益，因为技术发明创造长期被独占不利于技术的进步和产业的发展。而商标权长期有效则不会损害社会公共利益。在商标保护问题上，商标权人和消费者的利益是一致的：商标的有效期越长，牌子越老，其显著性越强，越能够有效维护消费者的利益，同时给商标权人带来丰厚的利润。相反，如果不允许商标权长期有效，则会造成市场混乱。

虽然专利权和商标权是两种不同的权利，但是如果配合得好，则可以使权利人的利益得到最大限度的保护——在专利产品上使用注册商标，利用专利产品的优良品质和“专利产品”在消费者心目中的地位，可以有效提高商标的知名度

① 参见欧洲专利局编著：《未来知识产权制度的愿景》，郭民生、杜建慧、刘卫红译，知识产权出版社2008年版，第116页。

和顾客吸引力。在专利权终止后，虽然其他人可以生产相同的产品，但是，原来的专利权人仍然可以借助商标的顾客吸引力，在相当的时间内处于有利的竞争地位。

三、专利权与物权

(一)专利权与物权的共同点

专利权和物权都是绝对权，具有绝对权的共同特征，都是支配权，具有排他性。基于绝对权的这种属性，在同一物上不能同时设定两个以上内容互相排斥的物权，对于同样的发明创造只能批准一项专利权，以维护民事秩序；都应当遵循公示公信原则，其权利的变动和享有都需要有法定的公示方式，该公示方式应当具有公信力，以维护交易安全。如不动产物权以登记为公示方式，公示是不动产物权变动的生效要件，专利权的转让须向国务院专利行政部门登记并公告，受让人自登记之日起取得专利权。在这一方面，物权法有完善的规定，研究成果已经相当成熟，非常丰富，可以作为专利法以至整个知识产权法立法和研究的参考。

(二)专利权与物权的区别

专利权的保护对象是人类的发明创造，属于非物质性的信息；物权的保护对象是物，包括动产和不动产，属于物质财产。保护对象的不同性质导致专利权与物权的种种差异：

1. 权利内容(权能)不同

物权的权能是占有权、使用权、收益权、处分权和救济权(实体诉权)；专利权(产品专利)的权能是专利实施权(包括制造权、使用权、许诺销售权、销售权和进口权)、处分权(转让、许可实施、质押、放弃)、禁止权(禁止他人为生产经营目的实施其专利)和救济权。使用权和处分权是物权的核心权能，也是权利人获取经济利益的主要方式；而对于专利权人来说，销售权和许可实施权具有特别重要的意义。

有观点认为，专利权是一种消极性权利，其理由是：第一，《专利法》第 11 条规定的是专利权人的禁止权，而不是实施权。第二，享有专利权，不意味着就可以实施其专利，因为在从属专利的情况下，专利权人实施其专利就会侵犯他人的专利权，要承担侵权责任。在这种情况下，专利权人要想实施自己的专利，要么需要取得他人的实施许可，要么需要申请强制许可。上述两项理由本身都是正确的，但我们认为，专利法从消极的角度对专利权的效力作出规定，不意味着专利权就是一种消极的权利。如果专利权人没有专利实施权和处分权，就无法解释专利权人许可他人实施其专利和转让其专利权的权源。从属专利情况下专利权人实施自己的专利须经过许可，属于专利权行使的限制问题。任何权利的行使都须受公共利益和他人权利的限制，不能损害公共利益，侵害他人的权利和合法利益。专利权的行使同样要受公共利益和他人权利的限制。物权也有这个问题，只不过在物权法上这个问题不像专利法上这样突出。

2. 一项发明可在不同法域同时取得多个专利权，物权在全世界具有唯一性

物权在世界范围内具有唯一性，在同一个物上，在全世界范围内只能有一个所有权，这是由物权保护对象的物质性决定的。同一个物在同一个时间内只能存在于一个特定的空间，不可能同时存在于两个以上的地方，因此，同一个物上不可能同时存在两个以上的所有权。而专利权可以分地域取得和行使，同一项发明创造可以在多个国家和地区取得专利权，而且这些专利权都是独立的。这是由专利权的保护对象是技术方案和设计方案这种非物质性的信息决定的，因为信息具有可共享性，可以不受国界阻碍广泛传播，凡了解信息的内容并具备一定条件的人在事实上都可以实施，而且一个人实施并不妨碍其他人同时实施该项技术方案或者设计方案。有关国际公约为分地域取得和行使提供了法律前提。专利法上的禁止重复授权原则所禁止的是由同一个或不同的主体对同一项技术分别取得专利权，并不禁止同一个主体就同一项技术在不同的法域分别取得专利权。同样由于技术方案、设计方案的可共享性特点，一项技术可以同时被许多人使用且不损害其使用价值，而且从社会公共利益的角度而论，使用的人越多，社会效益越大，所以，专利法采取各种措施促进专利技术的推广应用。而物权的保护对象具有唯一性，因此，虽然在物上可以设定他物权，但是最终使用物的只能是一个主体。

3. 专利权有法定有效期，所有权是无期限物权

作为物权核心的所有权没有期限的限制，而专利权有法定的有效期。所有权没有法定有效期是因为物质财产的所有权与其保护对象的存在相始终，保护对象消灭，权利随之消灭。物权永久存续，不会影响社会公共利益，而且唯其永久存续，才能使所有权人保护其所有物，努力提高物的质量，并通过权利的流转实现其价值。如果为所有权设定期限，不可避免地会使所有人偏好短期行为，不利于充分发挥物的经济效益和社会效益。专利权的保护对象是可以永久存续的技术信息，如果允许专利权永久存在，会严重阻碍技术的发展，损害社会公共利益，因此法律必须规定其有效期，以平衡专利权人和社会公众的利益。

四、专利制度的作用

到目前为止，世界上已有170多个国家和地区建立了专利制度，但对其作用的认识，仍然存在很大争议。

从19世纪中叶开始，在亚当·斯密(Adam Smith)和大卫·李嘉图(David Ricardo)等人的国际贸易自由理论的影响下，一些国家的贸易自由理论拥护者以反垄断的名义攻击专利制度，认为每授予一件专利就相当于批准一个垄断项目，在国内影响经济活动，在国与国之间起到了与关税壁垒相同的作用，并由此引发了一场关于专利制度的大论战，荷兰、瑞士、英国和德国的专利立法曾一度受到影响。到19世纪70年代，自由贸易与竞争的抽象争论逐渐偃旗息鼓，虽没有明显的证据有力地支持或反对专利制度，但采用专利制度的国家数目却在缓慢而稳步地增加。这说明在推动技术进步和促进经济发展方面，专利制度仍有其不可替代的作用。按照通说，专利制度的积极作用主要表现在以下方面：

(一)激励技术创新，促进创新成果产业化

1. 激励技术创新

专利制度授予权利人对获得专利的发明创造一定期限的独占实施权，使其收回发明创造的投资和获取利润成为可能，因而能够有力地激发人们发明创造的积极性，特别是能够鼓励向技术创新投资，因而，专利制度成为推动技术创新的重要法律制度。由于专利权能够有效保障专利权人在法定期限内的市场利益，因此，可以鼓励人们投资于专利技术的产业化，使专利技术尽快转化为现实的生产力，推动技术和经济的发展。

但是，专利制度激励技术创新的作用范围是有限的。且不说这种激励机制在自然科学基础研究领域无用武之地，就是在实用技术领域，那些市场较小或者风险很高的应用技术开发，专利制度也可能难以发挥激励作用。因此，国家必须在专利制度之外，为基础研究和社会(特别是缺乏经济能力的弱势群体)需要的技术的开发作出不同于专利制度的政策和制度安排。

此外，在某些技术领域，专利权对技术的垄断所带来的社会成本可能超过激励机制所带来的利益。例如，随着生物技术的发展，人们担心对生物技术领域一些研究工具类(如探针)发明授予专利，会对后续技术开发造成负面影响；在数字技术领域，集成创新、累积创新的特点十分突出，“专利丛林”“专利陷阱”对新技术的实施造成严重威胁，企业不得不花费大量的时间和金钱应对专利诉讼和专利敲诈。在这种情况下,专利制度究竟是激励创新还是阻碍创新,成为一个引起人们高度关注和广泛讨论的问题。

2. 促进技术成果产业化

从申请专利到专利技术的市场化,中间可能会有很长一段距离,需要大量的资本投入。研究表明,技术成果市场化所需投资比基础研究、应用技术开发所需要的投资大得多,也就是说,市场化的成本是创新的主要成本。因此,技术成果如果缺乏独占性,就不会被有效利用,因为投资者担心自己的投资利益被竞争者侵占。专利制度使专利权人对将来的市场回报有相对可靠的预期,从而提高其投资的积极性,促进技术成果的创造和商业化。如果没有专利制度所赋予的实施专利技术的市场垄断权,专利权人投资专利技术产业化的积极性就会大打折扣;而如果专利技术不能产业化,那么,专利制度激励创新的作用也无从谈起。①

(二)促进技术的传播和转让

促进技术的传播和转让是专利制度的一项重要功能。因为国家授予发明人以专利权,确保专利权人的各项权利不受侵害的前提条件,是发明人必须充分公开发明的技术内容,达到让本技术领域的普通技术人员看了说明书后能够实施该技术的要求。发明一经公开,可以启迪人们进一步创新,也可以让人们依法有偿地利用、推广。据统计,当今世界的新技术约有5%～10%发表在各专业技术刊物上,90%～95%的新技术则首先在专利文献中公布,专利文献是技术研发中最重要的情报来源之一。因此,专利制度既可以推动技术创新,又可以有效地配置技术创新资源,防止重复开发,浪费宝贵的人力和物力资源。经过审查批准的专利权有明确的保护范围和边界,相关当事人可放心地根据自身需要购买和转让,因此,专利制度有利于技术的转让。如果是处于保密状态的技术,他人在购买时需要调查市场中是否存在由其他人掌握的相同或近似的技术,评估该秘密能够维持的时间等一系列复杂的问题,这无疑会影响人们购买该技术的积极性。

但是,目前专利制度也出现了一些值得注意的不利于甚至阻碍创新的动向。如计算机软件可以申请并取得专利,但申请人不需要公开其源代码,专利权人获得了独占实施的权利,社会却不能获得相应的对价——了解其设计思路和技术;“专利丛林”就像地雷阵,使后来的创新者处于专利的包围之中,动辄侵权,对创新造成阻碍。

① 参见崔国斌:《专利法·原理与案例》,北京大学出版社2012年版,第20～23页。

(三)有利于吸引外资、引进先进技术

从总体上讲,一个国家是否具备完善的专利制度,是外国人进行投资决策时常常考虑的重要因素之一。专利制度可以为鼓励、吸引外国投资提供制度化的环境,对于希望引进外国先进技术的国家来说,它也是一种有力的工具。科学技术成果是人类智慧的结晶,世界科技发展史就是各国互相学习、取长补短的历史。工业较落后的国家需要引进先进技术,发达国家同样如此。专利制度是引进技术的一个重要条件和基本保障,但不是充分条件,发达国家在向发展中国家转移技术和投资时,知识产权保护仅是其考虑的因素之一。

(四)有利于发展对外贸易

目前,知识产权已经成为国际贸易重要的游戏规则,建立和完善包括专利制度在内的知识产权制度,是参与国际竞争的基本条件之一。只有建立起符合国际标准的知识产权制度,对知识产权提供有效的保护,才能吸引外商到中国来投资、做生意,我国的知识产权也才可能在外国获得保护。而且,专利权是一种合法的垄断权,到外国申请并取得专利是开拓国际市场最有效的手段。所以,建立完善的专利制度,是使我国经济引进来、走出去的重要手段之一。

然而,人类步入21世纪以来,随着数字技术、生命科学技术以及标准化、商业方法等的迅猛发展,专利制度面临着越来越多的挑战,人们再度对专利制度乃至整个知识产权制度的合理性提出质疑,认为目前的知识产权制度与人权、发展、创新等人类社会所追求的理想发生了日益严重的冲突,必须进行改革,并对其未来模式提出了一些新的构想。①

面对新技术条件下人们对包括专利制度在内的知识产权正当性越来越强烈的质疑,学者们开始重新思考知识产权制度的功能(作用)。李琛教授指出,知识产权制度的主要功能是确认、分配知识的市场化所产生的利益,知识产权制度的产生是知识成为市场化要素的结果,支撑该制度的核心利益诉求不是来自创造者,而是来自以知识为市场要素的产业。② 我们对此深表赞同。知识产权制度的主要功能是确立知识产权制度的根本原因。以上观点能够很好地解释知识产权制度的产生、发展历史,也能够很好地解释目前人们对知识产权制度的诸多困惑和质疑。

---

① 参见欧洲专利局编著:《未来知识产权制度的愿景》,郭民生等译,知识产权出版社2008年版。

② 李琛:《著作权基本理论批判》,知识产权出版社2013年版,第25页。

第二节 专利制度的产生与发展

一、专利制度的产生[①]

作为人类适应自然和改造自然的活动，发明创造有着非常悠久的历史。但在资本主义社会以前，科学技术还处于很不发达的状态，发明创造只是个别现象，技术在经济发展中的作用也并不突出，加之当时社会制度的束缚，因而没有专门的法律规范来全面调整与发明相关的各种社会关系。技术所有人只能依靠自己的力量，用保密的方式保护自己的技术。然而，专利制度的某些因素却已开始孕育、萌芽。在封建主义社会，已经在某些地方出现了承认发明创造的独占权的现象。这种独占权往往是通过君主随意授予商人或工场主某种特权的形式取得的，但其内容含有对某种产品生产和销售的垄断权，可以说是具有萌芽性质的初期的专利权。因为专利权的核心问题就是允许权利人对其发明创造在一定时期内享有某种独占权。1236 年，英王亨利三世授予波尔多市一位市民制作色布 15 年的特权。此后，英王爱德华三世于 1331 年授予弗兰德人约翰·卡姆比(John Kempe)以织布、染布的独占权。为适应工业发展的需要，与当时欧洲大陆较先进的工业国竞争，英国王室也曾采用一些措施鼓励外国的能工巧匠到英国定居，在英国国内安全而自由地从事生产经营活动，并享有某种特权。这种奖励办法对英国当时经济的发展起了重大作用，并为 16 世纪后英国纺织工业的发展奠定了基础。

世界上第一部专利法是威尼斯共和国 1474 年颁布的专利法。这部专利法规定，应保护和调动发明人的发明创造积极性，任何在该国前所未有的新发明，一经完成并且可以付诸实施，就可以向市政机关登记；发明人只有将发明成果公开，才能取得专利权；发明人取得专利权不受国籍限制；除发明人和威尼斯政府

---

① 参阅下述资料中的相关内容：The World Intellectual Property Organization: *Intellectual Property Reading Materials*, Geneva, 1997; William R. Cornish, David Llewelyn: *Intellectual Property: Patents, Copyrights, Trademarks & Allied Rights*, Sweet & Maxwell, September 4, 5th ed., 2003；汤宗舜：《专利法教程》，法律出版社 2003 年第 3 版；郑成思：《知识产权论》，法律出版社 2003 年第 3 版。

外，其他人未经许可不得在该国范围内制造相同或相似的物品，如有违反，市政机关将责令侵权人向发明人支付100杜卡托[①]赔偿金，并立即销毁其仿制品。这些规定具有现代专利法的基本特征，对后来各国的专利制度产生了一定影响。威尼斯共和国在该法颁布实施后，曾授予不少专利，仅1469年到1550年，威尼斯批准的发明专利就超过了100件。1594年，著名物理学家和天文学家伽利略发明了扬水灌溉机，在威尼斯共和国取得了20年的专利权。

该法的全文如下：

我们中间有伟大的天才，他们善于发明和发现独创性的装置；看到我们这座城市的壮丽景象和美德，每天更多的天才从各地来到我们中间。现在，如果为这些人所发现(discover)的作品和装置制定法律，让那些看到它们的其他人不能制造它们，不能掠走发明者的荣耀，则更多人会发挥他们的聪明才智，去发现和制造那些给我们城邦带来重大效用和利益的装置。

因此，规定如下：

根据本政务会的职权，任何人在本城市制造了尚未在本城邦被制造过的任何新的创造性的装置，可以在该装置实际完成从而可以使用和操作时，通知我们的“公共福利委员会”的办公室。我们所有领土和城镇上的其他任何人，未经作者(author)的同意和许可，在十年期限内，不得制造任何与上述装置相同和类似的装置。如果任何人违反规定制造上述装置，上述作者和发明人有权请求任何地方治安官传唤该侵权者。侵权者须向他(权利人)支付100杜卡托；侵权装置应立即销毁。但是，政府有权依据其职权和裁量权，在其活动范围内，持有和使用任何此类装置和设备，前提是除了作者任何人都不得操作它。

从历史进程来看，具有现代特点的专利制度是17世纪以来随着资本主义经济的发展而逐步形成和发展起来的。由于产业革命的兴起，科学技术在经济发展中的作用越来越明显，资产阶级为了在竞争中占据优势，获取超额利润，要求国家以立法形式将发明创造作为发明创造人的一项专有财产确定下来。于是，专利制度便在各国逐步建立并完善起来。

1602年，在Darcy v. Allin一案中，英国法院首次以判例形式保护了1598年授予的一项专利权。1617年，英国决定建立专利制度。现有专利文献可查的最早的专利，就是英国政府1617年正式批准的第一件专利。由于英国王室滥授

① Ducat，威尼斯古金币名。

专利特权的弊端逐步显露，引起了国民的强烈不满，从而最终导致英国议会于1623年通过了由著名法学家W.诺伊、E.柯克和S.克鲁起草的《垄断法》(*The Statute of Monopolies*)。[①] 该法明显受到威尼斯专利法的影响和启迪。[②] 垄断法明确宣布以往君主所授予发明人的特权一律无效；规定专利权只授予真正的发明人，授予专利权的发明必须具有新颖性，专利权人有权在国内垄断其发明物品的制造和使用，专利权的有效期为14年；凡违反法律、有碍贸易及损害国家利益的专利一律无效。垄断法对专利权的主体和保护对象、获得专利权的主要条件、专利权的内容和有效期以及专利权必须服从公共利益等这些现代专利法的基本内容都进行了规定，为后来各国的专利立法树立了范本，其中的许多原则和定义一直沿用至今。不过，这部法律毕竟比较简单原始，针对实施中出现的问题，英国从18世纪初资产阶级革命取得胜利后便着手完善其专利制度。19世纪前期，英国发生了深刻的工业革命，专利制度进一步引起人们的重视。1852年，英国为了适应科学技术和社会经济的新发展，对《垄断法》进行了重大修改，更名为《专利法》(*The Patents Act*)，并同时成立了专利局。美国独立后，于1790年颁布了专利法，正式承认发明人对其发明可以获得专利权。法国大革命后，国民议会于1791年通过了法国第一部专利法。此后，荷兰于1809年、奥地利于1810年、俄罗斯于1812年、普鲁士于1815年、瑞典于1819年、西班牙于1826年、智利于1840年、巴西和印度于1859年、阿根廷于1864年、加拿大于1869年、德国于1877年、日本于1885年相继制定了专利法。专利制度在世界范围内逐步发展起来。

但是，专利制度在世界范围内的发展并不是一帆风顺的。1850年前后，西欧发生了一场关于专利制度的大论战，自由贸易的拥护者认为专利权在国内影响经济活动，在国与国之间起到了与关税壁垒同样的作用，阻碍了国际贸易的开展，要求取消专利制度。这场论战在荷兰和瑞士进行得特别激烈，在德国和英国也进行得比较激烈。荷兰国会根据古典经济学家“不可能有好的专利法”的观点，于1869年通过决议废除了专利法。在瑞士，根据宪法，联邦政府不能制定适用于全国的专利法，要制定专利法，首先要举行公民投票批准修改宪法。受论战的影响，举行公民投票的要求于1849年、1851年、1854年、1863年多次提出，都被否决。到了公民投票的阶段，即1866年和1882年，公民投票又两次否决了授

---

① 该法于1624年开始施行。Monopoly一词在英语中除有“垄断”“垄断权”的含义外，也有“专利”“专利权”之意。

② 王家福、夏淑华:《专利法简论》，法律出版社1984年版，第46页。

权联邦立法机关制定保护工业产权的提案。直到1887年,该提案才获得通过。在英国,上议院于1872年通过提案要求对专利制度进行重大修改,将专利保护期缩短为7年,两年不实施就撤销专利(该提案在下议院没有通过)。

荷兰废除专利法以后,到19世纪末20世纪初,出口逐年下降,因此于1912年又重新制定了专利法。

在这场论战中,双方都没有举出有力的证据支持或者反对专利制度,但是建立专利制度国家的数目却缓慢地稳步增长。1850年,10个国家设立了专利制度,到1873年增加到22个国家,经过100年后,1973年制定专利法的国家增加到120个。①

二、专利制度的发展

第二次世界大战之后,特别是20世纪70年代以来,随着科学技术的迅猛发展,技术对经济发展的作用日益显现。许多发达的资本主义国家纷纷采取立法措施,完善自己的专利制度,修改主要集中在以下两个方面:一是为了提高审查效率,解决申请案大量积压的问题,改革审查制度。1963年荷兰首创"迟延审查"制(又称为"早期公开,请求审查"制),之后,大多数国家相继效仿,改全面审查制为"迟延审查"制。二是扩大专利保护范围,如药品、计算机软件、商业方法、基因等逐步被纳入可专利的主题范围。与此同时,亚洲、非洲、拉丁美洲一些获得独立的国家为了促进本国经济的发展,也先后制定了自己的专利法。目前世界上大多数国家都建立了自己的专利制度。② 随着1994年WTO的TRIPS协定的签订,WTO成员纷纷进行新一轮的专利法修改。这一轮修改的特点是使国内法达到TRIPS协定所规定的专利保护标准,因而,世界范围内专利保护水平大幅度提高。

20世纪中期以来,以信息技术、生命科学技术、新材料技术和新能源技术为代表的高科技产业迅速崛起并成为推动世界经济发展的重要力量。它拓展了专利保护的范围,改变了专利权的授权标准及审批程序,促进了专利保护的现代化

① 19世纪中叶关于专利制度的论战和影响,资料来源于联合国:《专利制度在向发展中国家转移技术中的作用》(英文版),1975年,第32页。转引自汤宗舜:《专利法教程》,法律出版社1996年第2版,第9～10页。

② 截至2007年底,《巴黎公约》共有171个成员国,这意味着全世界至少有171个国家有了自己的专利法。

和国际化，同时，也使专利制度与人类伦理的关系趋于紧张，并日益引起人们的注意。

信息技术、生物技术和新能源技术是高科技产业的三大核心组成部分，其中对专利制度影响最大的当属生物技术。兴起于20世纪70年代的遗传工程，更确切地说是重组DNA技术，亦称基因工程，是现代生物技术的核心。由于它的介入，动植物的培育、细胞工程、微生物工程、生物制剂的生产都进入了全新的阶段。这种发展已渗透到农业、渔业、环保、医药等领域。生物技术的迅猛发展，打破了生物的种间、属间甚至界间的界限，使人类进入了按照自己的需要创造生物新品种的伟大时代。所以有的科学家满怀激情地预言，21世纪将是"生物技术的时代"。在20世纪末期至21世纪初期，人类基因图谱被破译，转基因烟草、马铃薯、水稻、小麦、玉米、棉花、大豆、油菜等植物相继大面积种植，转基因鼠、兔、猪、牛、鸡等动物陆续问世，巴西从立法限制转基因产品到成为世界转基因产品种植大国，欧盟从发布转基因生物禁令到1998年公布《关于生物技术发明的法律保护指令》，[①]极大地推动了世界生物技术的发展。生物技术领域的专利保护主要涉及以下一些内容：(1)植物新品种。植物新品种即在此之前不存在或未发现的，并区别于现有的植物的品种。植物新品种知识产权保护是指对符合法律标准的新的植物品种提供专利保护或者某种特殊的保护，来保障育种者的权利。1961年12月，比利时、丹麦、法国等国家在巴黎签订了《保护植物新品种国际公约》(Convention Internationale pour la Protection des Obtentions Végétales，简称CPOV)，[②]在此基础上成立了保护植物新品种国际联盟(Union Internationale pour la Protection des Obtentions Végétales，简称UPOV)。[③]中国于1999年4月23日加入该联盟。截至2006年3月，UPOV的成员国已超过60个。美国、欧盟、日本、韩国及匈牙利等国都可通过专利对植物新品种加以保护。近年来，随着生物技术的革新，植物新品种的保护出现了不少新的问题，如转基因植物是否属于植物新品种的保护范围，是否应当采用较高标准来保护植物新品种，如何改进植物新品种的认定方式等。(2)动物品种。动物品种可以获得专利权，乃是高科技发展到一定阶段的结果。随着生物技术的发展，尤其是

---

① 参见国家知识产权局条法司编：《最新专利国际条约汇编》(下)，知识产权出版社2002年版。

② 也有人将其简称为Convention de l'UPOV或UPOV Convention。

③ 该联盟的全称也可用英语表述为：The International Union for the Protection of New Varieties of Plants。

DNA重组技术的飞速发展,人们已可根据自己的需要创造出各种转基因动物,这是立法者始料不及的,对于这种极有价值的发明,人们不得不考虑通过法律的解释来加以保护。1976年,澳大利亚率先授予生物活体专利权。① 1983年,匈牙利修改后的专利法规定对动物品种可授予专利;加拿大也决定将动物纳入专利法的保护范围。② 美国专利与商标局于1988年批准了世界上第一项哺乳动物专利,这是一只利用遗传工程方法改变特征的转基因鼠。然而,当该发明在申请欧洲专利时,1989年被欧洲专利局驳回;③后来,欧洲专利局在重新审查后,于1992年4月3日再次作出决定,对该申请授予EP0169672号欧洲专利。④(3)微生物与微生物学方法。微生物与微生物学方法能够获得专利法的保护,反映了在科学技术迅速发展的背景下人工创造微生物已成为可能,将这些微生物利用到生产中已成为现实,因而法律有必要对发明人的这些创造性劳动予以保护。在经过了一段司法实践后,微生物的法律保护逐渐在一些国家和地区的立法中确立起来。目前,相当一部分国家已在专利法中对微生物和微生物学方法明确给予保护。我国《专利法》中虽然未专门提及微生物的保护问题,但其实施细则中已有相关规定。⑤ 事实上,我国已于1995年7月1日加入《国际承认用于专利程序的微生物保藏布达佩斯条约》,并有两个机构取得国际保藏单位的资格。(4)基因与基因方法。其中所涉及的问题主要包括:第一,基因本身的专利。由基因序列所携带的遗传信息的知识是关于自然界的信息,在性质上属于发现而非发明,因此不能获得专利。至于通过对特定的基因的克隆方法而分离出来的基因能否取得专利的问题,理论上存在重大争议。从实践中看,目前以美国为代表的一部分发达国家已开始用专利法来保护基因。⑥ 1998年7月6日,欧洲议会和理事会通过了《生物技术发明法律保护的指令》,其中第5条第1款规定,处于形成和发展阶段的人的身体不能取得专利权;有关人体基本成分的发现,包

① 参见安德鲁·贝恩:《澳大利亚生物技术对专利制度的影响》,载《专利制度促进科技与经济发展国际研讨会材料》,1995年3月28—30日。

② 参见潘爱群等:《生物技术发明创造的专利保护》,载《中国专利与商标》1995年第3期。

③ Brian Reid, *A Practical Guide to Patent Law*, Sweet & Maxwell, London, 1993, p. 22.

④ 参见郑成思:《知识产权案例评析》,法律出版社1994年版,第200页。

⑤ 参见《中华人民共和国专利法实施细则》第25条和第26条等规定。

⑥ 参见张晓都:《生物技术发明的可专利性及日本与中国的实践》,载郑成思主编:《知识产权文丛》(第6卷),中国方正出版社2001年版,第48页。

括基因序列或基因序列的某一部分的发现,也不可取得专利权。但是,根据第5条第2款的规定,脱离人体的或通过技术方法而产生的某种元素,包括基因序列或基因序列的某一部分,可以构成授予专利的发明。① 第二,基因方法专利。基因方法通常包括基因的提取、改变、保存、携带、繁殖等方法,如将某基因从人体或动植物中分离出来的方法,通过不产生内外毒素的生理菌——双歧杆菌,将某基因转导入人体的"转人体内皮抑素基因双歧杆菌的方法",通过一种无害的感冒病毒的载体携带P53基因的方法,等等。② 这些方法一般都属于非生物方法或微生物方法,因此在理论上属于可获得专利的方法。第三,基因方法所获得的产品。通过基因方法所获得的产品,如基因食品、基因药物等,如果符合专利法所要求的创造性、实用性和新颖性等实质性条件,可以申请专利。第四,转基因微生物。多数国家的专利法规定,微生物可以申请专利。通过转基因方法所获得的微生物自然属于可申请专利的对象,如通过突变、重组DNA等手段创造的微生物菌种,可以申请专利。第五,转基因动植物新品种。如前所述,动植物品种通常是用生物学方法繁殖的,不属于可取得专利权的对象;但是,用转基因方法所生产的动植物品种,则类似于通过工业方法生产的产品,只要符合专利法所要求的新颖性、创造性和实用性等条件,同样能够申请专利。

此外,商业方法专利问题也倍受关注。传统的专利保护对象并不包括纯粹的商业方法或经营管理方法,因为它们没有利用自然规律,而是属于专利法不予保护的智力活动的规则和方法范畴。然而,网络经济的发展催生了商业方法专利。商业方法是人们从事社会经济活动的基础之一,也是人类社会发展过程中逐渐积累起来的共同财富,其含义十分丰富。所谓"商业方法专利"(Business Method Patent,BMP),简单来说就是对商业方法授予的专利权,是指将商业活动的一般经营、管理规则与信息网络技术、计算机软件和硬件相结合而申请的专利。商业方法专利一般包括:通过计算机辅助实现的管理、经营或运作一个企业或组织的方法,业务运作与操作技术,以及计算机辅助实现的金融(财务)数据处理过程。实际上,目前获得专利权的商业方法,主要是有别于传统商业方法的电子商业方法。自20世纪90年代末期美国法院通过一些判例确认商业方法的可专利性以来,已有大量的商业方法在美国被授予专利权。欧洲联盟和日本等发

① Tade Atthias Spranger, Ethical Aspects of Human Genotypes According to EC Biotechnology Directive, IIC, Vol.31, No.4, 2000.

② 参见须建楚、高建伟:《基因的专利法律问题》,载郑成思主编:《知识产权文丛》(第5卷),中国方正出版社2001年版,第227页。

达国家也相继通过立法或判例将商业方法纳入专利保护范围。

与此同时，在生物技术、信息技术、新材料技术和新能源技术等高科技的影响下，专利权申请的程序和专利实质条件中的新颖性、创造性和实用性标准也发生了一些变化。

总之，在发达国家及其利益集团的推动之下，专利制度的保护范围不断扩大，保护水平不断提高，专利制度在给发达国家带来巨大利益的同时，其弊端也日益显露出来，受到越来越广泛的质疑。如药品专利所带来的药品价格畸高与发展中国家患者获得医疗保障需要的基本人权之间的矛盾；知识产权保护与发展中国家的经济社会发展的矛盾，1985 年到 2004 年，全球知识产权收益从 100 亿美元增长到 1100 亿美元，但是，其中超过 90％的钱却流向经济合作组织中的三个主要的区域，发展中国家尽管努力保护发达国家的知识产权，但是难以从中受益；[①]在某些领域，专利保护发生了阻碍创新的问题，如计算机软件可以申请并取得专利，但是申请人不需要公开其源代码，专利权人获得了独占实施的权利，社会却不能获得相应的对价——了解其设计思路和技术；“专利丛林”就像地雷阵，使后来的创新者处于专利的包围之中，动辄侵权，对创新造成阻碍。[②] 广大发展中国家、发达国家的一些专家学者和社会团体、一些国际组织，从不同的角度和侧面，用不同的方式，对目前的知识产权制度进行检讨和批评，并提出了各自的改革思路。

第三节 我国的专利立法

包括专利法在内的知识产权法，对我国来说是一个地道的舶来品。中国虽然是世界四大文明古国之一，我国人民勤劳而富有智慧，在历史上曾有过许多发明创造，包括闻名于世的造纸术、火药、指南针及活字印刷术四大发明，我国的经济也长期走在世界前列，但是，在中国这块土地上始终没能孕育出保护发明创造，促进经济发展的知识产权法。个中原因，被学者称为“李约瑟之谜”。

① 参见欧洲专利局编著：《未来知识产权制度的愿景》，郭民生等译，知识产权出版社 2008 年版，第 90～91 页。

② 参见欧洲专利局编著：《未来知识产权制度的愿景》，郭民生等译，知识产权出版社 2008 年版，第 116 页，第 130 页，第 149～150 页。

一、清末和民国时期的专利立法

清朝末年，太平天国时期的农民领袖洪仁玕曾提出建立专利制度的设想。1859年，洪仁玕在其著名的《资政新篇》中主张："倘有能造如外邦火轮车，一日夜能行七八千里者，准以自专其利，限满准他人仿做。"①并建议针对不同的专利在保护期限上应有所区别："器小者赏五年，大者赏十年，益民多者年数加多。"②由于太平天国革命失败，这些设想未能付诸实施。

我国的专利立法是在西方列强用坚船利炮轰开了清帝国的大门之后，在列强的逼迫下开始的。1898年，光绪皇帝颁发了《振兴工艺给奖章程》，这是我国第一部以保护技术为内容的成文法。由于戊戌变法失败，此章程未能得到有效的实施。1903年，清政府与美国签订的《中美续议通商行船条约》中规定，两国政府对对方人民的创制物给予保护。③ 辛亥革命胜利后，民国政府于1912年颁布了《奖励工艺品暂行条例》，规定对产品或方法的发明或特别改良者，经工部考验合格，可给予15年、10年、5年或3年的专利权，对有特别专长技术，制出产品优良或仿造等著有成绩的，给予褒奖；对伪造和冒用行为处以徒刑或者罚金；外国人不准在我国申请专利。该条例历经1923年、1928年、1932年数次修订，并更名为《奖励工业技术暂行条例》。1939年又对该条例进行了修改，扩大了保护范围，增加了实用新型和新式样专利。该条例颁布后至1944年的32年间，共批准专利692件。④

我国历史上第一部以"专利法"命名的法律是1944年由中华民国政府颁布的《中华民国专利法》，该法于1949年1月1日起施行。该法分为发明、新型、新式样及附则四章，共133条。在内容上因袭了原《奖励工艺品暂行条例》和《奖励

---

① 洪仁玕：《资政新篇》，见《太平天国史料》，中华书局1955年版，第29页。

② 洪仁玕：《资政新篇》，见《太平天国史料》，中华书局1955年版，第40页。

③ 《中美续议通商行船条约》中规定，"美国政府允许中国人民将其创造之物在美注册，发给创造执照，以保自执自用之权利，中国政府今亦允将来设立专管创制衙门。俟该专管创制衙门既设，并定有创制专律之后，凡在中国合法售卖之创制各物，已经美国给予执照者，若不犯中国人民所先出之创造，可由美国人民缴纳规费后，即给予专照保护，并以所定年数为限，与所给予中国人民专照，一律无异。"根据该条约，美国政府只承担允许中国人民在美国申请专利的义务，而清政府则必须对美国的发明专利在收取规费后给予保护，因而是不公平的。

④ 参见赵元果编著：《中国专利法的孕育与诞生》，知识产权出版社2003年版，第7页。

工业技术暂行条例》中的合理部分,如先申请原则、异议程序等;同时也引入了一些当时国际上较为先进的规定,如确立了专利“三性”要求和复审制度等。该法规定发明专利权的保护期限是 15 年,新型专利权的期限是 10 年,新式样专利权的期限是 5 年,均自申请日起计算。自批准发明专利之日起满 3 年,专利权人无正当理由未在国内实施的,主管部门可以批准由其他人实施。如果批准的发明专利是国内急需而又紧缺的产品,发明虽然实施但仍不能满足市场需要的,主管部门可限期令专利权人扩大生产,否则可以撤销其专利权。从立法技术上看,这部法律在当时是比较先进的,但由于种种原因,依据此法所批准的专利寥寥无几。

二、新中国的专利立法

中国共产党在领导人民进行革命战争的过程中,即高度重视发展科学技术的工作。中共中央于 1946 年 4 月制定了《关于工业政策的决定(草案)》和《关于技术专家的优待办法》,据此哈尔滨政府制定了《哈尔滨市优待专门技术人员暂行条例》、华北人民政府制定了《华北区奖励科学发明及技术改进暂行条例》;为了保护商标牌号的专用权,苏皖边区政府于 1946 年 4 月制定了《苏皖边区商品商标注册暂行办法》、晋冀鲁豫边区政府于 1946 年 8 月制定了《晋冀鲁豫边区商标注册办法》、旅大地区于 1948 年 5 月制定了《关东公署商标登记暂行办法》、华北人民政府于 1949 年 6 月制定了《华北区商标注册办法》及《华北区商标注册办法施行细则》、陕甘宁边区政府于 1949 年 8 月制定了《陕甘宁边区商标注册暂行办法》、天津市人民政府于 1949 年 4 月制定了《商标注册须知》及《管理广告规则》等。这些根据地的立法实践,为新中国知识产权立法提供了宝贵的经验。

(一)新中国第一部《专利法》的诞生

新中国成立后,党和政府对于科学技术工作给予了高度重视。1950 年 8 月 11 日,中央人民政府政务院通过了政务院《关于奖励有关生产的发明、技术改进及合理化建议的决定》和政务院财政经济委员会《保障发明权与专利权暂行条例》;同年 10 月,政务院财政经济委员会公布了该条例的施行细则和《发明审查委员会规程》。该条例对保障专利权,申请专利的条件、手续及审批程序,异议制度,专利权人的权利与义务,专利权的保护期限及违反者的法律责任等问题作了较为完整的规定。该条例自公布之日起施行,至 1963 年国务院明令废止,历时 13 年,先后批准了 4 项专利权和 6 项发明权,其中包括“国产软木”及“侯氏制碱法”等专利。[①] 实际上，自 1957 年以后就未再批准任何专利权和发明权，该条例从那时起实际上已经停止执行。1963 年 11 月，国务院发布了《发明奖励条例》和《技术改进条例》，这是鼓励广大科技人员和人民群众进行发明创造和技术革新的重要法律措施。随着“文化大革命”的开始，这两个条例实际上也停止实施。

1978 年中共十一届三中全会决定将全国工作的重点转移到经济建设上来，确立了改革开放的政治路线，法制建设随之提上议事日程。1979 年 1 月 31 日，《中美科学技术合作协定》签订，该协定第一次向中国政府提出了知识产权问题。协定第 5 条规定：“执行本协定的具体协议可包括合作的题目、应遵循的程序、知识产权的处理、经费以及其他适当的事项。”1979 年 3 月 19 日，中华人民共和国专利法起草小组成立。1979 年 7 月 7 日，《中美贸易关系协定》签订，在该协定中，中国政府承诺保护专利、商标和版权，这成为推动国内知识产权立法的重要原因。1980 年 1 月，国务院批准了国家科委《关于我国建立专利制度的请示报告》，成立了中国专利局[②]。在认真总结建国初期实行专利制度的经验和借鉴世界各国专利立法有益成果的基础上，经过 5 年草拟、近 30 次修改，听取了各方面的意见，《中华人民共和国专利法》(简称《专利法》)终于在 1984 年 3 月 12 日，由第六届全国人民代表大会常务委员会第四次会议审议通过。1985 年 1 月 19 日，经国务院批准，由中国专利局公布了《中华人民共和国专利法实施细则》(以下简称《实施细则》)。《专利法》及其《实施细则》于 1985 年 4 月 1 日起同时施行。《专利法》的颁布实施，标志着我国具有社会主义特色的专利制度已基本建立。[③]

《中美贸易关系协定》第 6 条：

一、缔约双方承认在其贸易关系中有效保护专利、商标和版权的重要性。

二、缔约双方同意在互惠基础上，一方的法人和自然人可根据对方的法律和规章申请商标注册，并获得这些商标在对方领土内的专用权。

三、缔约双方同意应设法保证，根据各自的法律并适当考虑国际做法，给予对方的法人或自然人的专利和商标保护，应与对方给予自己的此类保护相适应。

四、缔约双方应允许和便利两国商号、公司和贸易组织所签订的合同中有关

---

① 参见中国专利局政策研究室编：《专利工作调研资料》，1984 年 3 月第 7 期。

② 1998 年更名为国家知识产权局。

③ 关于新中国专利法的制定过程和相关争议，参见赵元果编著：《中国专利法的孕育与诞生》，知识产权出版社 2003 年版。

保护工业产权条款的执行,并应根据各自的法律,对未经授权使用此种权利而进行不公正的竞争活动加以限制。

五、缔约双方同意应采取适当措施,以保证根据各自的法律和规章并适当考虑国际做法,给予对方的法人、自然人的版权保护,应与对方给予自己的此类保护相适应。

我国《专利法》的重要特点之一,就是在一部法律中规定保护三种专利,即发明、实用新型和外观设计专利。① 这种立法例在世界上是极为少见的。② 综观世界各国和相关地区的专利立法,实际上都主要是保护发明的制度。也就是说,在绝大多数国家和地区,"专利"都特指发明专利,而不包括其他。当然,也有一部分国家和地区对实用新型加以保护,③但多数国家和地区都是单独立法,以注册方式予以保护,只有巴西和菲律宾等少数国家以专利方式给予保护。至于工业品外观设计,尽管《巴黎公约》规定各成员国都有予以保护的义务,却并未规定应采用何种方式加以保护。对《巴黎公约》的权威解释为,各成员国可以通过保护外观设计特别法、版权法或者反不正当竞争法去遵守这项规定。④ 世界贸易组织 TRIPS 协定中,也将工业品外观设计作为知识产权的保护对象,但同样将保护方式的选择权授予各成员。⑤ 因而世界各国对于外观设计的保护方式各不相同。有的国家将其纳入专利法保护,有的国家将其纳入版权法保护,有的国家既给予专利法的保护又给予版权法的保护;还有的国家则根据外观设计保护所具有的特殊性,制订了专门的工业版权保护法。

专利法在鼓励发明创造、扩大对外科技交流和贸易往来、促进我国科技进步和经济发展等方面,发挥了积极的、重要的作用。

---

① 我国《专利法》中,将发明、实用新型和外观设计统称为发明创造,因而专利也就包括发明专利、实用新型专利和外观设计专利三种。

② 目前仅有菲律宾与我国类似。详情参见《世界各国及知识产权组织专利保护期及相关法规汇编》,http://www.sipo.gov.cn/sipo/ywdt/gyzscqxx/t20021023_9173.htm。

③ 如德国、日本、意大利、西班牙、葡萄牙、波兰、巴西、墨西哥、韩国、菲律宾、乌拉圭、非洲知识产权组织各国、匈牙利、芬兰、丹麦、爱尔兰、俄罗斯、捷克、保加利亚、斯洛伐克、奥地利、法国、澳大利亚、荷兰以及我国的台湾地区等。

④ 博登浩森:《保护工业产权巴黎公约解说》,汤宗舜、段瑞林译,专利文献出版社 1984 年版,第 77 页。

⑤ 在《保护工业产权巴黎公约》和《与贸易有关的知识产权协议》中,工业品外观设计都是与专利并列的独立的工业产权或知识产权。

(二)《专利法》的第一次修改

由于我国过去没有实行专利制度的经验，因而立法中的某些缺陷在实践中逐渐显露，同时，专利法的国际协调也给我们提出了新的要求。为了给改革开放和发展社会主义商品经济创造更好的社会法律环境，充分保护专利权人的合法权益，调动国民发明创造的积极性，进一步促进科技与经济发展，同时，也是为“复关”(争取恢复我国在关贸总协定中的缔约国地位)创造条件，1992 年 9 月 4 日，第七届全国人民代表大会常务委员会第二十七次会议通过了《关于修改〈中华人民共和国专利法〉的决定》，对《专利法》作了第一次修改。修订后的《专利法》于 1993 年 1 月 1 日起施行。

基于“复关”的需要，这次《专利法》修改的目标之一，是使我国《专利法》符合关贸总协定乌拉圭回合谈判正在讨论中的《与贸易有关的知识产权协定》的要求。具体而言，此次修改扩大了授予专利的技术范围，延长了专利权的保护期限，进一步强化了对专利权的保护，对专利审批程序也作了重要修改。修改的主要内容有：第一，扩大了专利保护的技术领域，对化学物质、药品、食品、饮料和调味品方面的发明给予专利保护；第二，增加了专利权人的权利，赋予专利权人以进口权，同时规定方法专利的效力延伸到依该方法直接获得的产品；第三，延长了专利权的保护期限，将发明专利的保护期由 15 年延长至 20 年，实用新型和外观设计的保护期由 5 年延长至 10 年；①第四，增设了本国优先权；第五，将授权前的异议程序改为授权后的撤销程序；第六，补充规定了因国家出现紧急状态、非常情况或为了公共利益给予强制许可的条件。通过修改，使我国专利保护的水平基本达到了国际公约的要求。

(三)《专利法》的第二次修改

进入 20 世纪 90 年代以后，随着经济全球化的发展和知识经济的兴起，知识产权保护日益受到国际社会的重视。世界贸易组织(WTO)的成立，使关贸总协定成为历史，WTO《与贸易有关的知识产权协定》(TRIPS 协定)的签订，使知识产权问题受到国际社会的空前重视，成为国际贸易甚至国家之间政治关系重要而敏感的问题。从国内来看，随着社会主义市场经济体制的逐步建立，特别是国有企业改革的深化，促进科技进步和技术创新日益成为全社会的共识，专利工作也显得更加重要。为适应国际国内形势的变化，配合中国加入世界贸易组织，第九届全国人大常会第十七次会议于 2000 年 8 月 25 日通过了对《专利法》的第二次修正案。本次修改总结吸收了我国实施《专利法》以来的实践经验，认真研究

① 1984 年《专利法》规定，实用新型和外观设计专利权的期限为 5 年，可续展 3 年。

了 TRIPS 协定，努力使《专利法》既符合我国国情，又符合 TRIPS 协定的要求。本次修改涉及的条文达 36 条，主要的修改包括：第一，取消了全民所有制单位对专利权“持有”的规定；第二，对职务发明创造的界定更为合理，规定利用本单位物质技术条件完成的发明创造，单位与发明人、设计人就专利权和专利申请权有约定的，从其约定，因而更有利于进一步调动科技人员技术创新的积极性；第三，明确规定单位对职务发明人应当给予奖励和报酬；第四，扩展了专利权的内容，对发明专利和实用新型专利增加了许诺销售权；第五，加大专利保护力度，增加了临时保护措施的规定，增加了关于侵权赔偿额的计算方法，明确了省、自治区、直辖市人民政府管理专利工作的职能，继续采取司法保护和行政保护“两条途径、协调运作”的保护模式；第六，取消了撤销程序，简化了确权流程；第七，规定专利复审委员会对实用新型和外观设计专利权的复审裁定和无效宣告与发明专利一样，也要接受司法审查；第八，完善了授予专利强制许可的条件。此次《专利法》的修改，不仅使我国的专利立法与 TRIPS 协定的要求相一致，而且使其更加符合中国的国情，为推动我国的技术创新工作创造了更为有利的条件，为我国加入 WTO 消除了专利法方面的障碍。

(四)《专利法》的第三次修改

进入 21 世纪以后，美、欧、日等发达国家采取各种措施积极推动《实体专利法条约》(SPLT)(又称为“世界专利”)的形成，试图控制和主宰专利权的授予和行使的意图已经日趋明显。为了维护我国主权，防止我国在国际专利事务上被边缘化，我们一方面要积极参与有关知识产权国际规则的制定，另一方面也要不断地完善我国的专利法律体系，建立优质高效、简便快捷、成本低廉、保护适度的专利制度，使之能够适应国际国内形势的发展，充满活力，具有吸引力和竞争力。《多哈宣言》《公共健康宣言》《修改 TRIPS 协定的议定书》的签订和发布，为修改专利法，使之与人权、发展、生物多样性、遗传资源保护协调发展提供了契机。为此，2005 年国家启动了《专利法》及其《实施细则》的第三次修改工作。经过 3 年多的努力，2008 年 12 月 27 日第十一届全国人大会常委会第六次会议通过了《全国人民代表大会常务委员会关于修改〈中华人民共和国专利法〉的决定》，自 2009 年 10 月 1 日起施行。

修改后的《专利法》共 8 章 76 条。此次修改涉及的主要内容有：第一，提高了批准专利权的标准，将混合新颖性标准修改为单一的世界新颖性标准；要求获得专利的外观设计与现有设计或者现有设计特征的组合相比应当具有明显区别，明确规定“对平面印刷品的图案、色彩或者二者的结合作出的主要起标识作用的设计”不批准专利权。第二，增加了保护遗传资源的规定，要求申请人在申请文件中要说明所利用的遗传资源的直接来源和原始来源，无法说明原始来源的，要说明理由；并明确规定“对违反法律、行政法规的规定获取或者利用遗传资源，并依赖该遗传资源完成的发明创造，不授予专利权”。第三，明确了“同样的发明创造只能授予一项专利权”，即“禁止重复授权”的原则，但是，同一申请人同一天对同样的发明创造既申请实用新型专利又申请发明专利，先获得的实用新型专利权尚未终止，而且权利人声明放弃该实用新型专利权的，可以批准发明专利权。第四，外观设计专利权的内容增加了许诺销售权。第五，修改完善了强制许可的规定，增加规定：为消除或者减少专利权人的垄断行为对竞争产生的不利影响可以授予强制许可，并不受“主要为了供应国内市场”的限制；为了公共健康的目的，对取得专利权的药品，可以给予制造并将其出口到符合规定条件的国家和地区的强制许可。第六，提高了专利权的保护水平，将侵犯专利权的法定赔偿额提高到 1 万元以上 100 万元以下，将假冒专利的罚款数额提高到 20 万元以下。第七，明确规定了现有技术抗辩。第八，完善了专利权限制制度，明确采取专利权国际用尽原则；吸收他国经验，规定“为提供行政审批所需要的信息，制造、使用、进口专利药品或者专利医疗器械的，以及专门为其制造、进口专利药品或者专利医疗器械的”不视为侵犯专利权。第九，赋予专利管理机关查处假冒专利案件的职权和手段。但是，由于种种原因，呼声甚高的专利无效诉讼的性质问题未作任何修改。

如果说前两次《专利法》的修改在相当意义上是为了应对国际的压力，为了“复关”“入世”，那么，第三次修改则是我国在新形势下，为了贯彻建设创新型国家的伟大战略，推动技术创新，同时，保护我国的遗传资源、传统知识等合法权益，所采取的主动安排。

目前，《专利法》第四次修改已经启动。这次修改的主要目标是促进专利技术的转化和利用，加大对侵权行为的打击力度，提高专利权的保护水平。为此，2015 年国务院法制办公布的《专利法修改草案（征求意见稿）》（以下简称“征求意见稿”）规定了当然许可制度，并规定了惩罚性赔偿。征求意见稿进一步扩大了专利管理部门的权力，规定县级以上专利行政部门负责本区域内的专利工作，有权查处专利侵权和假冒专利行为。

第四节 专利法的基本原则

一、基本原则的意义和作用

专利法的基本原则是指贯穿于专利法的始终，对立法、执法和法律的研究、解释起指导作用的根本性准则。基本原则可以直接在法律文本中明确表述，也可以不明确表述，而是体现于法律的具体内容之中。基本原则所负载的是立法者通过专利法所要达到的政策目标（立法宗旨）以及为了实现该政策目标所应当遵循的准则。基本原则具有内容的根本性、效力的普遍性和形式上的非规范性等特点。内容的根本性是指基本原则体现了法律所调整的社会关系的特点和基本的价值追求，因而具有根本性，所有的具体制度和规范以及法律的解释、执行，必须与其保持一致，不能违反。唯其如此，才能使专利法的各项制度从内容到形式形成一个自洽的体系，最大限度地发挥其体系化的效应。效力的普遍性又可称为效力贯彻始终性，是指基本原则对专利领域的所有具体制度、法律规范都具有指导意义，仅对某项或者某些制度有指导意义的原则，如先申请原则、现有技术抗辩原则，不能作为专利法的基本原则，而只是具体规则。形式上的非规范性是指基本原则仅是法律的指导思想，不具备法律规范应当具有的明确的行为模式和确定的法律后果这两个部分，因而一般不能直接适用，只有在存在法律漏洞时，法官才能依据基本原则弥补法律漏洞，使纠纷的处理符合基本原则的要求。

基本原则的作用主要表现为：其一，基本原则是制定专利法的指导思想，专利法的各项制度设计，应当遵循基本原则的精神，符合基本原则的要求。其二，基本原则是民事主体的行为准则。参与专利法律关系的行为人应当遵循基本原则的要求，用以指导自己的行动，违者要承担不利的法律后果。其三，基本原则是解释法律，发展和完善法律的基础。法律只有通过解释才能适用，法官审判案件、审查员审查申请案的过程也就是对法律进行解释的过程，是把死的法律条文适用于纷繁复杂、千变万化的个案之中的过程。而只有在基本原则的指导下，才能正确解释法律，将立法者所追求的价值目标通过一个个具体的个案实践出来，并在实践中不断发展、完善法律。离开基本原则的指导，法律解释就失去目标和准则，就可能误入歧途。最后，基本原则具有弥补法律漏洞的功能。人的认识能力是有限的，无论立法者如何殚精竭虑，都不可能将现实生活中所有的问题都发现出来并准确地加以概括抽象，规定于法律之中。即使立法者发现了所有的问题，并周全地加以规定，但是，社会生活是不断发展的，而法律必须具有相对的稳定性。因此，仍然需要法官依据一定的原则，去解决那些新的、法律尚未来得及规范的问题。特别是在知识产权领域，随着科学技术的迅猛发展，新问题层出不穷，知识产权保护与社会公共利益的关系复杂而微妙，更应重视基本原则的指导作用，克服将知识产权法视为纯粹技术性规范的错误观点。

二、我国《专利法》的基本原则

《专利法》第1条开宗明义规定："为了保护专利权人的合法权益，鼓励发明创造，推动发明创造的应用，提高创新能力，促进科学技术进步和经济社会发展，制定本法。"根据我国《专利法》的规定，我们认为，其基本原则有以下几项：

（一）鼓励创新，促进技术进步的原则

创新是一个民族进步的不竭动力，是一个国家在国际竞争中立于不败之地的根本保证。《专利法》第1条明确规定，"鼓励发明创造"，"提高创新能力，促进科学技术进步和经济社会发展"，是《专利法》的重要的立法目的。

《专利法》从两个方面实现鼓励创新，促进技术进步的立法目的。

一方面，《专利法》要求申请专利的技术应当符合新颖性、创造性和实用性的条件，不符合"三性"要求的技术不授予专利；申请人要在申请文件中充分公开其申请专利的技术，达到本领域的普通技术人员看了说明书能够实施的程度，公开不充分是请求宣告专利无效的理由之一；先申请原则也促使技术的所有人尽早地申请专利并公开技术。这一系列规定可以促使先进的技术尽快地公开，成为社会公众学习、借鉴和进一步创新的重要信息源，并可以有效避免重复研发，节约社会成本。

另一方面，《专利法》通过授予符合条件的发明创造专利权，使权利人在法定期限内得独占性地利用其发明创造，获得经济利益的方式，激励人们积极从事发明创造，鼓励技术进步和创新。发明创造的积极性来自于两个方面。一是技术开发人员，任何发明创造都是由具有创造性思维能力的人做出的，离开人的积极性，一切都无从谈起；二是投资者，现代科技发展已经进入到这样一个时期：一切重要的发明创造，不仅需要巨额的投资支持，而且需要许多人联合攻关，因此，投资者的积极性就成为推动科技发展的最重要的因素。我国《专利法》充分考虑推动科技创新的这两个积极性，一方面规定职务发明创造申请和取得专利权的权利归单位，另一方面又规定单位获得专利权后，应当对发明人、设计人给予奖励，

专利实施后，还要根据推广应用的范围和取得的经济效益对发明人或设计人给予合理的报酬。2000年修改时又规定，对于主要利用单位的物质技术条件完成的发明创造，发明人、设计人可以与单位约定专利申请权和专利权的归属，从而进一步调动发明人和设计人的创新积极性。《专利法》规定受委托完成的发明创造专利申请权和专利权的归属由合同约定，未约定的，专利申请权和专利权归完成发明创造的单位或者个人，这一规定也充分体现了鼓励发明创造的指导思想。同时，我国《专利法》还对专利权提供了高水平的保护，不仅规定了侵犯专利权的民事责任，而且还规定了临时保护措施，包括责令停止有关行为、证据保全和财产保全措施。这些保护措施对于保护专利权人的权利，鼓励人们发明创造的积极性都起着重要的作用。

（二）促进发明创造推广应用的原则

发明创造只有得到广泛的应用，才能充分发挥其经济效益和社会效益，各国专利法莫不将促进技术转让和推广应用作为自己的重要任务。TRIPS协定第7条明确规定："知识产权的保护和执法应有助于促进技术革新和技术转让与传播，使技术知识的创造者和使用者互相受益并有助于社会和经济福利的增长以及权利和义务的平衡。"我国《专利法》第1条明确将"推动发明创造的应用"规定为立法目的之一，通过多种措施，促进发明创造的推广应用。例如，《专利法》在赋予专利权人转让专利权和许可实施权的同时，还规定国有企事业单位的发明专利，对国家利益或者公共利益具有重大意义的，国务院主管部门和省、自治区、直辖市人民政府报经国务院批准，可以决定在批准的范围内推广应用，允许指定的单位实施，由实施单位按照国家规定向专利权人支付使用费。《专利法》还规定了强制许可制度，以限制专利权人滥用专利权，促进技术的推广应用。专利维持费制度实际上也起着促使专利权人努力实施其专利，并在权利人认为没有必要继续维持专利权的效力时及时放弃专利权，使之成为任何人均得自由使用的技术的作用。

（三）利益平衡原则

技术知识是社会发展、进步的巨大动力。技术知识在本质上属于公共产品，应当自由传播、使用，才能最大限度地发挥其效益。但是，技术知识的创造和商业化又需要大量的智力和财力的投入，如果人人可以自由免费使用他人开发的技术，技术知识的创造者、投资者的经济利益得不到保障，技术创造者就缺乏创新的积极性，投资者就不会向技术创新和成果转化投资，专利法鼓励创新和促进技术进步的立法目的便无从实现。因此，专利法必须在技术开发者和技术使用者之间，在专利权人的利益和社会公众利益之间寻求平衡。可以说，一部专利法就是在利益平衡原则的指导下设计出来的,《专利法》的一系列制度都体现了利益平衡的精神,如关于批准专利条件的规定,关于专利申请要充分公开技术内容的规定,关于专利权保护范围和侵权认定标准的规定,关于先用权和公知技术抗辩的规定,关于专利权有效期的规定,关于诉讼时效的规定,等等。

之所以要强调利益平衡,是因为专利权人与技术使用人和社会公众之间存在着利益冲突,而且冲突各方的实力不均衡。要在相互冲突的利益之间寻求平衡,是一件政策性极强的、困难的事情。平衡点的选择既要考虑一个国家的经济发展水平和技术发展水平,又要考虑国家发展经济的整体战略与政策;既要充分调动技术创造者和投资者的创新积极性,又要充分调动技术使用者采用新技术的积极性;同时兼顾竞争者和社会公众的利益,使专利权的保护不过分限制竞争者的竞争自由,使社会公众能够从技术进步中获得切实的利益,最终实现专利法促进技术进步和经济发展的目的。

(四)禁止权利滥用原则

任何权利都有其确定的内容和边界,而且法律赋予民事主体一定的民事权利,不仅是为了权利人的利益,还要求权利人在行使自己的民事权利,追求自己利益的过程中,实现个人利益与社会公共利益的平衡。禁止权利滥用原则主要适用于绝对权的行使,即将绝对权的行使限制在社会公共利益所许可的范围之内。[①] 专利权属于绝对权,而且具有很强的独占性,比物权更容易被滥用,因此更应强调权利不得滥用,以保证专利权的行使符合社会公共利益,实现专利权人和社会利益的共赢。国务院法制办 2015 年公布的征求意见稿增加一条,规定专利权的行使应当遵循诚实信用原则,不得损害公共利益,不得不正当地排除、限制竞争,不得阻碍技术进步。该项规定不仅从正面对专利权的行使提出了诚信要求,而且从反面明确规定了禁止权利滥用。

判断专利权人的行为是否构成权利滥用,应采用主客观相结合的标准,即在主观方面,应看专利权人有无滥用权利的故意。判断的方法是从行为人的外部行为推定其内心状态,具体来说,可综合考查其是否选择有害方式行使权利,是否缺乏正当利益,行使权利所造成的损害是否大于其所取得的利益等,也可以采取考查权利人是否不顾授予专利权的目的而行使权利的方法来判断其是否具有滥用专利权的故意。客观方面,要考查专利权人滥用权利的行为是否造成他人或社会公共利益的损害或者可能造成损害。如《对外贸易法》第 30 条规定的知识产权权利人阻止被许可人对许可合同中的知识产权的有效性提出质疑的行

① 彭万林主编:《民法学》,中国政法大学出版社 1994 年版,第 39～40 页。

为、强制性一揽子许可、在许可合同中规定排他性返授条款的行为等，就属于侵害合同相对人合法权益的行为，应认为构成权利滥用。实践中，专利权人滥用诉权，包括恶意请求法院采取诉前临时措施，以及故意迟延诉讼、“放水养鱼”的行为，亦应认为构成专利权的滥用。

权利滥用的法律后果有剥夺权利、限制权利、承担侵权责任。滥用专利权的法律后果则主要是限制权利。如专利权人无正当理由没有实施专利或者实施不充分，又不许可他人实施的，后取得之发明专利或实用新型专利比之前的发明专利或实用新型专利具有重大的技术进步和显著的经济意义，但其实施有赖于前一专利的实施，前一专利权人不许可的，构成权利滥用，国务院专利行政部门得基于具备实施条件的单位的申请给予强制许可。这是对专利权人权利行使的限制。在美国等反垄断法比较完善的国家，如果专利权人滥用权利构成垄断，将丧失获得救济（包括请求停止侵权和赔偿损失）的权利，这一点值得我国借鉴。这是对专利权人救济权的限制。专利权人恶意行使权利，如诉权，给他人造成损失的，应当承担损害赔偿责任。

问题与思考：

1. 关于专利法的立法目的。立法者所确立的立法目的是立法的指导思想，统摄法律的制定与施行。若对具体条文的解释出现争议时，司法和行政执法机关应在立法目的的指导下，选择出最符合立法目的的解决方案；研究者应在立法目的的指导下，做出最符合立法目的的解释。我国《专利法》第 1 条：“为了保护专利权人的合法权益，鼓励发明创造，推动发明创造的应用，提高创新能力，促进科学技术进步和经济发展，制定本法。”如何理解本条所规定的立法目的？“保护专利权人的合法权益”和“鼓励发明创造，推动发明创造的应用”是什么关系？“保护专利权人的合法权益”是主要目的，“鼓励发明创造，推动发明创造的应用”是其客观效果（劳动论、人格论）？还是反之，为了“鼓励发明创造，推动发明创造的应用”才保护专利权（工具论）？这两种不同的理解，在实践中会产生何种不同的结果？

2. 比较专利权与物权。

3. 专利保护与技术秘密保护并存是世界通例。这导致这样的情况：适宜保密的，人们多选择保密的方式保护，只有那些不适宜保密的技术，才申请专利保护。换言之，申请专利保护的技术实际上是发明人无法有效保密，或者竞争对手很快能够自行开发出来的技术，如果没有专利保护，这些技术很快就进入公有领域，供大家自由使用。对这样的技术提供专利保护，是否有必要呢？或者说，专利法和商业秘密保护法应当如何分工、衔接，才能最大限度地实现激励创新的立法目的？

拓展阅读：

崔国斌：《知识产权法官造法批判》，载《中国法学》2006年第1期。

第二章 >> 专利国际保护体系的建立和发展

本章导读：当今世界，一国的知识产权法律制度越来越强烈地受到国际公约的制约，主权国家在制定自己的知识产权法律制度时，必须符合所加入的国际公约的要求，而且知识产权已经成为国际贸易中重要的游戏规则。因此，了解知识产权国际保护体系及其主要规则，不仅是从事知识产权国际事务的需要，而且是学习本国知识产权法的需要。本章主要介绍《巴黎公约》和世贸组织《与贸易有关的知识产权协定》(TRIPS 协定)的签订、发展过程及其主要内容。

第一节 巴黎公约

一、《巴黎公约》的签订

作为一种依法批准的权利，专利权只在本国范围内有效，其他国家没有保护的义务。在工业革命之前，由于交通工具落后，国际贸易的范围和数量都很有限，新技术的域外保护问题并不突出。工业革命使交通工具日新月异，国与国，甚至洲与洲之间的空间距离不再是人们交往和贸易的障碍，国际贸易因而得以迅速发展。但是，由于专利权没有域外效力，权利人只能在本国获得垄断利润，技术一旦传到国外，他便不能控制，这种情况严重阻碍了国际贸易的发展。在《巴黎公约》签订以前，一个国家的发明创造要想在他国得到保护，只能通过两个国家之间的双边互惠协议。根据有关资料，在 1883 年有 69 个双边协议规定了对工业产权的保护，其中，69 个双边协议全都规定了对商标的保护，1/3 的协议同时规定了对外观设计的保护，只有两个协议同时规定了对专利的保护。[①] 因此，当时发明人是很难在外国得到专利保护的。1873 年，奥匈帝国在维也纳举办发明博览会的时候，邀请其他国家参加，但许多外国发明人因为其发明得不到保护而不愿参加。奥匈帝国为此制定了一项法律，向外国人在展览会上展出的发明、商标和外观设计提供特殊的临时保护，并决定于展览会开幕的同时在维也纳召开专利改革会议。这个会议提出了专利国际保护的一些基本原则，并要求各国尽快就专利国际保护问题达成谅解。以后的几年内，一些国家在巴黎连续召开了保护工业产权的国际会议，并于 1880 年通过了一份公约草案，送给有关国家的政府。1883 年 3 月 20 日，签订了《保护工业产权巴黎公约》(简称《巴黎公约》)，该公约于 1884 年 7 月 7 日生效。《巴黎公约》最初的成员国只有 14 个，它们是：法国、荷兰、比利时、巴西、危地马拉、意大利、葡萄牙、萨尔瓦多、塞尔维亚、西班牙、瑞士、英国、突尼斯、厄瓜多尔。[②]《巴黎公约》生效后，缔约国根据该公约成立了保护工业产权联盟(简称“巴黎联盟”)。

二、《巴黎公约》的修订

《巴黎公约》从一开始就规定了定期的修订会议，自 1886 年以来，修订会议多次举行，[③]并且自 1900 年布鲁塞尔修订会议开始，每次修订会议都通过一个修改过的公约文本(称为“议定书”)。按照公约的规定，新加入公约的国家，只能加入最新的公约文本，缔约国不批准新的修订文本的，仍受原公约文本的约束。虽然公约进行过多次修订，但是，目前世界上绝大多数国家加入的都是 1967 年的斯德哥尔摩文本，我国 1985 年 3 月 19 日加入《巴黎公约》，适用 1967 年斯德哥尔摩议定书。

自 1967 年斯德哥尔摩文本修订以后，发展中国家于 1974 年要求再次修订公约，降低专利保护水平，主要是要求对强制许可给予更大的灵活性，如缩短申请强制许可所需要的时间、强制许可可以是独占性的、剥夺专利权不一定非经过

---

① 斯蒂芬·P.拉达斯：《专利商标和有关权利》(英文版)，第 1 卷，美国哈佛大学出版社 1975 年版，第 45 页。转引自汤宗舜：《专利法教程》，法律出版社 1996 年第 2 版，第 252 页。

② 汤宗舜：《专利法教程》，法律出版社 1996 年第 2 版，第 253 页。另一说最初成员国为 13 个。

③ 1886 年在罗马、1890 年和 1891 年在马德里、1897 年和 1900 年在布鲁塞尔、1925 年在海牙、1934 年在伦敦、1958 年在里斯本、1967 年在斯德哥尔摩都曾举行过修订会议。

强制许可不可等。而这时以美国为首的发达国家则要求进一步提高专利保护标准。经过大量准备工作，修订公约的外交会议分别于1980年、1981年、1982年和1984年召开，1985年到1989年又召开了六次协商会议。在这些会议上，发展中国家的要求遭到某些发达国家的坚决反对，而发达国家提高专利保护水平的要求也遭到发展中国家的坚决抵制。由于分歧太大，修订工作无果而终。

由于公约的修订困难重重，世界知识产权组织（WIPO）和其他方面认为，与其修订《巴黎公约》，还不如致力于缔结新的条约，于是从1983年开始，WIPO就邀请各国派专家研究专利法的“协调”问题，并起草专利法的协调条约。经过反复研究协商，于1990年底形成了《保护工业产权巴黎公约有关专利部分补充条约（专利法条约）（草案）》，并于1991年6月在海牙召开外交会议加以讨论。但是，由于当时关贸总协定乌拉圭回合谈判中关于知识产权的谈判还没有结束，而且美国代表表示，条约中有些问题还需与国内有关方面协商，外交会议没有完成任务。后来就把这次外交会议作为第一阶段，准备过一两年再召开第二阶段会议。但是，自TRIPS协定签订后，上述“专利法条约”已经变得没有必要。[①]

三、《巴黎公约》的主要内容

由于大多数国家加入的是1967年的《巴黎公约》斯德哥尔摩文本，而且WTO的TRIPS协定第2条规定，就TRIPS协定的第二、第三和第四部分而言，全体WTO成员都应遵守《巴黎公约》1967年文本的第1～12条和第19条，而且本协定第一至四部分的任何规定不应违背各成员间现有的依《巴黎公约》《伯尔尼公约》《罗马公约》《关于集成电路的知识产权条约》相互承担的义务。因此，下面以斯德哥尔摩文本为准，简单介绍《巴黎公约》有关专利保护的主要内容。

1. 国民待遇原则

国民待遇原则在知识产权的国际保护中占有很重要的地位，是知识产权国际保护最基本的原则。其含义是，在工业产权保护方面，各成员国必须给予其他成员国国民与本国国民同样的待遇，非缔约国国民如果在某一缔约国有真实有效的住所或者工商营业所，也须给予国民待遇。国民待遇原则适用于各国法律在保护工业产权方面给予国民的一切利益，国家法律包括行政法规、法院判例和

① 关于《巴黎公约》的签订和修改的内容，参见汤宗舜：《专利法教程》，法律出版社1996年第2版，第253～265页。

行政机关的规章制度,但是司法和行政程序方面的规定除外。

2. 优先权原则

优先权是指在任何一个缔约国正式提出专利(包括商标注册)申请的申请人,从第一次申请日(优先权日)起,在规定的期间内(发明和实用新型专利申请的期限为12个月,外观设计专利申请的期限为6个月)就同一发明、实用新型或者外观设计向其他缔约国申请专利时,应当享有优先权。优先权的效力表现在,申请人在优先权期限内向其他缔约国提出同样内容的申请时,不因为在这期间内完成的任何行为,如他人提出了同样内容的申请,公布或者实施了同样的发明创造,使其申请的新颖性、创造性受到影响。对于希望在多个国家得到工业产权保护的申请人来说,优先权具有很重要的意义。

3. 专利独立性原则

独立性原则是指一个缔约国授予申请人的专利,与其在其他缔约国或非缔约国就相同内容取得的专利是相互独立的。专利独立性原则应从最广的意义上来理解,其基本含义是一个国家对一项发明创造授予专利权,其他缔约国没有义务也授予专利权;任何缔约国不能以一项专利在其他国家被驳回或者宣告无效,或者不再维持或已经终止为理由而将申请驳回,或者宣告专利权无效,或者以其他形式终止。换言之,一项专利在一个国家的法律状态对同一内容的专利在其他国家的法律状态没有影响。但是,输入专利和确认专利除外。

四、与《巴黎公约》有关的保护专利的国际条约

《巴黎公约》第19条规定:本联盟国家在与本公约的规定不相抵触的范围内,保留有相互之间分别签订关于保护工业产权专门协定的权利。这是"国际法领域出现最早的关于在基本公约的基础上缔结辅助性条约的规定"。[①] 根据该条规定,缔约国在遵守"与本公约的规定不相抵触"要求的前提下,成员国相互之间签订了一系列辅助条约或子条约,形成了一个以《巴黎公约》为基础性条约的保护工业产权的体系。这个体系除《巴黎公约》外,还有14个专门协定。与专利国际保护有关的主要有《专利合作条约》(PCT,1970年),《工业品外观设计国际备案海牙协定》(1925年),《工业品外观设计国际分类洛迦诺协定》(1968年),《国际专利分类斯特拉斯堡协定》(IPC,1971年),《用于专利申请程序的微生物

① 古祖雪:《巴黎公约第19条的立法精神及其对发展国际法的意义》,载《湘潭大学学报(哲学社会科学版)》2004年第7期。

保存取得国际承认布达佩斯条约》(1977 年),《专利法条约》(2000 年)。

在这些协定和条约中,PCT 被认为是自《巴黎公约》之后在专利国际合作领域取得的最有意义的进步性标志。这里作简单介绍。

1966 年,美国首先提议,请知识产权联合国际局(WIPO 的前身)研究,在申请人就同一发明在几个国家提出专利申请的情况下,寻求减少申请人和各国专利局重复劳动的办法。PCT 于 1970 年 6 月在美国华盛顿签订,1978 年 1 月生效,1979 年和 1984 年修订。PCT 现有 136 个成员国,我国于 1994 年 1 月 1 日加入该条约。PCT 要解决的问题是,简化过去一项发明在多个国家请求保护时必须履行的一系列烦琐的手续,以便减轻申请人和受理申请的专利局的负担。根据条约的规定,缔约国的国民和居民在通过 PCT 进行专利国际申请时,可以向其作为国民或者居民的缔约国专利局提交申请,也可以直接向国际局提交申请。申请书应当指定一个或者几个缔约国作为指定国,要求这些国家在国际申请的基础上给予保护。受理局按照条约和细则的规定对申请进行形式审查,对符合条件的授予国际申请日,该国际申请日被认为是在每一指定国的实际申请日。通过形式审查的申请交给国际检索单位进行国际检索。我国专利局是 12 个国际检索单位之一。通过国际检索的申请送交国际局,国际局自优先权日起满 18 个月公布申请,同时将国际申请文件和国际检索报告送交指定国。如果申请人决定进入指定国国内阶段,则需要向指定国提交译文,缴纳费用。进入指定国国内阶段后,即适用指定国的法律进行处理。即 PCT 并未创造一个国际专利,而只是提供了一个成员国到他国申请专利的程序上的便利,是否授予专利以及专利权的内容、期限、保护等,仍然要由指定国按照其国内法处理。

PCT 申请的优点是,申请人在本国用规定语言提出一个国际申请,即可在指定国产生国内申请的效果,可以避免个别申请的麻烦,节省时间、精力和财力;而且指定国的审查程序要在自优先权日起满 20 个月才开始,申请人不但有充分的考虑时间,而且有检索报告作参考,可以降低风险。对于指定国的专利局来说,则可以减少工作量,提高效率。

2008 年,我国的 PCT 专利申请量在世界上排名第六,而中国的华为技术有限公司则以 1737 项 PCT 申请的数量,超过了松下和飞利浦而位居世界第一。

第二节 WTO《与贸易有关的知识产权协定》

自20世纪90年代末以来，在知识产权国际保护方面，TRIPS协定发挥着更为重要的作用。今天，谈论知识产权的国际保护问题，不能不研究TRIPS协定。

一、TRIPS协定的签订

知识产权保护问题本来不在关贸总协定的管辖范围之内。但是，如前所述，自20世纪70年代以来，发达国家和发展中国家在知识产权保护问题上的立场日渐对立，1974年，发展中国家即要求修订《巴黎公约》的实质性规定，降低专利保护水平，而以美国为代表的发达国家则希望提高保护水平。从1980年起，在WIPO的主持下，多次举行外交会议和协商会议，目的就是根据发展中国家的要求修订《巴黎公约》，但是，由于发达国家和发展中国家立场对立，无法达成协议。在乌拉圭回合谈判开始以前，WIPO已经主持专家会议，就专利法的“协调”问题进行过多次研讨，但是在关系发展中国家利益的重大问题上，常常形成两种对立的方案，无法取得实质性进展。美国认识到很难在WIPO的框架内提高知识产权的保护水平，从而维护美国的利益，于是在1986年以里根总统的名义发表声明，强烈要求将知识产权保护问题列入乌拉圭回合的谈判议程，这个要求遭到发展中国家的普遍抵制，而美国则以不列入知识产权议题就不参加谈判相要挟，形成僵局。美国的“知识产权委员会”(由代表制药业、娱乐业和软件业的首席执行官组成。1986年的成员是布里斯托尔-迈尔斯、CBS、杜邦、通用电气、通用汽车、休利特-帕卡德、IBM、强生、默克、孟山都和辉瑞)联合“日本经济团体联合会”和“欧洲工业与雇佣者联合体联合会”，成功地说服日本政府和欧洲国家的政府支持将知识产权保护问题列入乌拉圭回合谈判议程。加之关贸总协定的谈判涉及国际贸易的所有方面，使谈判达成协议无论对发达国家还是发展中国家都非常重要，而且乌拉圭回合的最后文件只能以“一揽子”的方式通过，各国不得不全面权衡，作出必要的妥协。实际上，乌拉圭回合谈判开始的时候，包括美国在内的一些西方国家并没有准备制定一个全面的知识产权协定，而只是想得到东京回合提出而未通过的反假冒协议。直到1988年12月乌拉圭回合蒙特利尔中期审议时，反假冒协议仍然是一个重大的可选议题，而且发展中国家为了阻止知识产权议题的进一步扩大,也认可了这个议题。但是,美国知识产权委员会认为,如果快速通过反假冒法,将会结束在乌拉圭回合内对知识产权的讨论,从而妨碍制定更全面的知识产权协议。委员会的顾问戈林力劝美国谈判代表不要在"平庸的"反假冒协议上签字,为了使美国受益更多,要拖延谈判以便达成一个更强有力的知识产权协议,美国谈判代表为其说服。在美国的坚持和欧盟、日本等发达国家的联合推动下,知识产权问题被列入乌拉圭回合谈判议程,并且最终达成了与贸易有关的知识产权协定。①

TRIPS 协定是关贸总协定乌拉圭回合谈判的最后文件之一,1994 年 4 月 15 日各国代表在摩洛哥的马拉喀什签字,1995 年 1 月生效。

二、TRIPS 协定关于专利保护的规定及其与《巴黎公约》的关系

TRIPS 协定从保护对象、权利内容、保护期限以及执法措施等方面,将专利权的国际保护提升到了一个新的高度,反映了大公司的利益和要求,正如美国知识产权委员会顾问戈林所说,知识产权委员会得到了 95%它想要的东西。②

(一)TRIPS 协定关于专利保护的规定

1. 关于保护对象。TRIPS 协定第 27 条规定,在符合本条 2～3 款的前提下,所有技术领域中的任何发明,无论是产品发明还是方法发明,只要它们具有新颖性、含有创造性,并可付诸工业应用,都应可授予专利。第 2 款是关于公共秩序保留的规定,第 3 款规定对人和动物的诊断、治疗和外科手术的方法,以及除微生物外的动、植物和生产动、植物的主要是生物的方法可不授予专利,但要求成员应以专利制度或者有效的专门制度,或者任何制度的组合对植物新品种提供保护。

2. 关于权利内容。协定增加了许诺销售权和进口权,要求赋予产品专利权人制止第三方未经许可制造、使用、许诺销售、销售、进口该产品的权利,并将方法专利的保护延伸到按照该专利方法直接获得的产品。

3. 关于保护期。协定要求,发明专利的保护期应不少于自申请之日起的

---

① 详情请参见彼得·达沃豪斯、约翰·布雷斯韦特:《信息封建主义》,刘雪涛译,知识产权出版社 2005 年版,第 131～137 页,第 156～160 页;苏珊·K.赛尔:《私权、公法——知识产权的全球化》,董刚、周超译,中国人民大学出版社 2008 年版,第 106～108 页。

② 苏珊·K.赛尔:《私权、公法——知识产权的全球化》,董刚、周超译,中国人民大学出版社 2008 年版,第 54 页。

20 年。

4. 关于知识产权执法。协定具体规定了民事程序、行政程序以及包括禁令、损害赔偿和其他措施在内的救济方式，规定了保护知识产权的临时措施和海关措施。此外，要求全体成员至少对商业规模的假冒商标和盗版应提供刑事程序和刑事处罚，包括处以足够起威慑作用的监禁或罚金，或二者并处。

(二)TRIPS 协定与《巴黎公约》的关系

TRIPS 协定第 2 条规定，就本协定的第二、第三和第四部分而言，各成员应遵守《巴黎公约》第 1～12 条和第 19 条。《巴黎公约》第 1 条是关于工业产权范围的规定，第 2～4 条是关于工业产权国际保护原则的规定，第 5 条是关于强制许可限制条件、专利权的维持和不视为侵权的情况的规定。第 6～11 条是关于商标等商业标记和发明、实用新型、工业品外观设计保护的规定。第 12 条要求成员国应成立专门的工业产权机构。

整体而言，《巴黎公约》所规定的缔约国应提供给外国人的最低保护标准的范围是很有限的，留给成员国根据自己的情况制定法律的自由空间较大。除了国民待遇原则、优先权原则以外，公约规定的最低保护标准主要有：保护范围、强制许可的条件、对展览会展出商品中包含的可以取得专利的发明、实用新型和外观设计的临时保护等。在保护范围方面，是否保护方法发明、对哪些领域的发明授予专利，以及授予专利权的条件各国可以自由决定。在保护水平方面，专利权的期限和专利权的内容各国也可以自由决定。对于审批程序，公约也没有强制性要求。TRIPS 协定不仅大大扩展了专利保护范围，提高了保护标准，而且规定了对各国具有很强约束力的执法措施，大大压缩了各主权国家根据本国实际情况制定知识产权法律的自由空间。

(三)关于争端解决机制

TRIPS 协定第五部分专门规定了争端的防止和解决。协定要求成员有关本协定内容(关于知识产权的获得、范围、效力、实施和防止权利滥用)的法律规章、司法终决和行政裁决，以及一成员政府与另一成员政府(机构)之间缔结生效的有关本协定内容的协定也应当公布，并将上述法律、规章通知 TRIPS 理事会。如果一成员有理由认为某一在知识产权方面的具体司法决定或行政裁决或双边协议影响其基于本协定享有的权利，可以书面要求提供这些具体的司法决定或行政裁决或双边协议。(透明度要求)

如果 WTO 的一成员认为另一成员未能履行或未能全部履行 TRIPS 协定，而引发贸易争端时，可启动 WTO 争端解决机制，通过 WTO 争端解决机构(DSB)解决争端。该争端解决机制的主要过程包括：磋商、斡旋、调解和调停，达成协议；如不能达成协议，则成立 DSB 的专家组，在专家组阶段如果各方仍未形成双方满意解决办法，专家组将以专家组报告的形式作出裁定，并送 DSB 批准；双方接到报告后，要么执行裁定，要么在 DSB 正式认可专家组裁定之前向 DSB 提出上诉；上诉机构只审理法律问题。上诉机构做出裁定后，败诉方必须迅速执行。如果败诉方拒不执行上诉机构的裁定，胜诉方可在得到 DSB 准许后对其实施“中止关税减让”或者“贸易报复”。

三、围绕 TRIPS 协定的斗争

该协定将适合于发达国家发展水平的保护标准强制性地适用于所有国家，不利于发展中国家的发展，因此该协定签署后，即受到广大发展中国家和许多国际组织的批评。经过发展中国家的艰苦斗争，2001 年 11 月 14 日多哈部长级会议通过了《TRIPS 协定与公共健康宣言》（简称《公共健康宣言》）。《公共健康宣言》重申了《多哈部长级宣言》（简称《多哈宣言》）关于成员可以自行确定授予专利强制许可的条件，并将艾滋病、结核病、疟疾等流行传染病列为公众健康危机。根据《公共健康宣言》的规定，WTO 成员经过反复协商谈判，于 2003 年 8 月 30 日达成临时性的《关于执行 TRIPS 协定与公共健康宣言第六段的决定》（简称《决定》），2005 年 12 月 6 日，WTO 各成员一致通过了修改 TRIPS 协定有关强制许可条款的决定。该决定附属的《修改 TRIPS 协定的议定书》（简称《议定书》）规定，在符合有关条件的前提下，WTO 成员可以授予其国内企业生产并出口特定专利药品的强制许可，即允许为向“有资格进口的成员”出口药品的目的而授予专利强制许可，突破了 TRIPS 关于强制许可药品只能供应本国市场的限制。这是发展中国家自 TRIPS 协定签订以来，为了维护自己的利益，在 TRIPS 协定框架下取得的唯一一项积极性成果。但是，《公共健康宣言》和《议定书》的影响是深远的，可以预见，发展中国家和发达国家围绕 TRIPS 协定保护标准问题的斗争还将继续下去。

虽然 TRIPS 协定的知识产权保护标准对于发展中国家来说已经是勉为其难，但是，发达国家仍不满足于 TRIPS 协定确立的保护水平，而力图将其进一步强化、提高。由于他们意识到在 WTO 和 WIPO 体制内他们的图谋很难实现，于是采取通过双边或小多边协定的方式，在自由贸易协定中加进知识产权保护的内容，这些条款被称为 TRIPS 附加条款（TRIPS-Plus），目前已经搁浅的《反假冒贸易协定》（ACTA）和正在进行的《跨太平洋战略伙伴关系协定》（TTP）谈判，以及已经签订或者正在谈判的诸多双边自由贸易协定就是例证。对此，我国必须给予高度重视，根据我国的实际情况确定自己的政策和策略。

问题与思考：

1.《巴黎公约》和《与贸易有关的知识产权协定》确立的知识产权国际保护的原则是什么？如何理解这些原则？

2. 如何理解国际公约确立的知识产权保护最低标准？

3. 有关知识产权的国际公约对于其成员的国内立法甚至执法约束越来越大，这是否意味着知识产权保护已经国际化？

第三章 >> 专利权的保护对象

本章导读：专利保护对象是专利权建立的基础。有关专利保护对象的规定集中反映了专利制度的宗旨、专利保护的强度。除概述外，本章分三节具体阐述专利权的保护对象。"可专利主题"与"不授予专利权的主题"阐述了能够成为专利保护对象的发明创造范围及例外规定，核心是理解"技术方案""设计方案"及例外的原因。"专利实质条件"一节阐述了为获得专利权"技术方案""设计方案"本身应当满足的条件。"新颖性""创造性""实用性"是专利法中的基础概念，并且其判断也是复杂的问题。

第一节 专利权保护对象概述

一、专利权保护对象的含义

专利权保护对象，是指专利法允许以其申请专利的智力成果。就一项智力成果申请授予专利权，首先该智力成果要能够属于专利法所规定的可以申请专利的范围，通常被称为"可专利主题"。有论著将"专利权保护对象"称为"专利权客体"。

有些国家的专利法既规定允许哪些智力成果申请专利权，又规定不允许哪些智力成果申请专利权。有些国家的专利法则只规定了什么智力成果可以申请专利权，但没有规定什么智力成果不能获得专利权。还有的国家从反面规定什么智力成果不能获得专利权。对于正面规定允许哪些智力成果申请专利权的国家，有的采用下定义的方式，有的则采用列举的方式。

其次，能够申请专利的智力成果本身要达到一定的创造高度并满足其他必要条件才可能获得专利权，这些条件常被称为“专利实质条件”。属于“可专利主题”、具备“专利实质条件”是一种递进的关系，智力成果唯属于“可专利主题”，方有必要审查其是否具备“专利实质条件”。属于“可专利主题”，未必具备“专利实质条件”。当然，逻辑上二者的区分是清晰的，但在界定具体的“可专利主题”时未必能够与“专利实质条件”完全切割。

二、专利权保护对象制度的重要性

专利权保护对象是专利制度中的首要问题，是具体专利制度建立的基础。唯有确定了专利权保护对象，申请专利的权利的归属制度、专利审查程序制度、专利权保护制度、专利权限制制度等其他专利法中的制度才可能建立、运行。

专利权保护对象还是专利制度宗旨最重要的体现和实现专利制度宗旨的首要决定因素。专利制度的核心宗旨简单概括可以包括两个方面：鼓励创造和推动实施创造成果。鼓励创造，首先需要确定的是鼓励哪些创造。这既涉及国家创新发展的整体战略、产业发展境况及相应战略规划、公共秩序（尤其是需要遏制某些创造），还涉及部门法之间的分工（不是所有的创新都需要通过专利制度加以鼓励）等诸多因素。一个国家的专利制度中“可专利主题”的范围，通常能反映该国产业分布及发展状况。“专利实质条件”的设置，通常能够反映该国整体的创新能力高低。同时，国家立法者通常也希望通过专利制度中“可专利主题”和“专利实质条件”的设置，帮助实现其预定的经济、社会、技术发展目标。前述结论，可以通过研究如下事实加以证实。美国作为世界上技术创新、产业业态发展的引领者，其专利制度中“可专利主题”的扩展时常先于其他国家。欧盟同为世界发达经济体，但技术创新、产业引领能力弱于美国，但比绝大多数发展中国家占优势，其对专利制度中“可专利主题”扩展的态度比美国保守，但常常先于发展中国家。考察中国、印度等发展中国家近三十多年专利制度的发展史，明显可见“可专利主题”的逐步扩展。中国的专利制度中设立了“实用新型”制度，其“专利实质条件”的要求比发明低，就是基于中国的技术创新水平。

当代社会技术发展速度很快，新技术带来的新产业不断涌现。技术、经济的发展往往提出新的专利法保护需求，对专利保护对象制度形成挑战。专利法常常面临着既要维护制度的稳定性和既有法律逻辑的周洽，又要回应产业需求，两者之间的平衡的达成是一个持续、动态的过程。这也导致专利制度及其变革始终受到批评，既有来自产业界保护不力的批评，同时还可能面临理论界的批评，专利法过于迁就产业界而忽略利益平衡。

基于前述因素，学习者在研读专利制度宗旨的基础上，应该以理性的态度思考专利权保护对象制度。要避免盲目依从国外的专利权保护对象制度及理论。认识到不同的经济、社会、技术发展阶段与专利权保护制度之间的相互影响关系，国外专利制度的经济、社会、技术基础。同时，也要避免“狭隘思维”。认识到国外的专利权保护对象制度及理论只是经济、社会、技术发展到一定状态的正常反映和要求。切忌用狭隘的心态将国外专利制度的差异性规定简单解读为发达国家对于发展中国家的产业封锁与经济掠夺企图。

第二节 可专利主题

哪些智力成果能够申请专利权，哪些智力成果被明确排除，各国的专利制度基于不同的考虑，规定有所不同。其影响因素包括立法传统、产业政策、法律手段选择、域外法影响等。

中国的专利法规定的可专利主题为“发明创造”。作为一个专利法中的特定概念，是针对中国专利法所规定的发明、实用新型、外观设计三种类型专利的概括。从逻辑上讲，发明、实用新型、外观设计三种是对专利类型的表述，不是对可以申请专利的智力成果的直接表述，对专利类型概括性表述的“发明创造”的概念自然也不是对可以申请专利的智力成果的直接表述。但我国专利法理论和实务界习惯上用发明、实用新型、外观设计或发明创造这些术语表述可专利主题。我国专利法规定的可专利主题可分为技术方案和设计方案。

一、技术方案

(一)原理

专利法是典型的“工业产权法”，随着工商业的发展而产生和发展。长期以来，其存在的宗旨就是鼓励工业领域的有市场(潜在)应用价值的智力创新成果。蒸汽时代、电气时代乃至现今信息时代的初期，工业领域的有市场(潜在)应用价值的智力创新成果都是为解决生产、生活中具体问题而创造出来的新物质、新产品、新机器(设备)、新工艺等。这些智力成果都以某些自然科学规律或原理作为实现的基础，但与纯粹的自然科学理论研究成果是分离的、不同的。这种专利法的宗旨及历史影响所产生的一个专利法中的特点是：专利法所能给予专利独占权的智力成果只局限于基于应用自然规律而产生的解决具体生产、生活问题的并预期能实现某种实际效果的创新。

不符合前述宗旨的那些没有利用自然规律的智力成果，诸如公司管理方法、推销方法、财务结算办法、体育比赛规则、文艺作品、阐发自然规律的作品等，虽然有其价值，也许还有很高的商业价值，但不属于可专利主题。此外，自然规律本身，诸如自然界天然存在的物质或现象、能量守恒定律等本身就不是人类的创新成果，故也不在专利法可保护范围之内。

可专利主题的前述限制，不少国家或地区的专利法用"技术领域"或类似表述予以规定，这种做法在国际上也是一种普遍共识。例如 TRIPS 协定第 27 条第 1 款规定：除本条第 2 款、第 3 款规定的以外，所有技术领域的发明无论是产品还是方法，只要具备新颖性、创造性和实用性，都可以获得专利。《欧洲专利公约》第 52 条第(1)项规定：对于所有技术领域的任何发明，只要是新的，包含创造性并且能够在产业上应用的，应当授予欧洲专利。日本《专利法》第 2 条规定：本法所称"发明"是指利用自然法则作出的具有一定高度的技术思想创作。日本《实用新型法》第 2 条对于实用新型给出的定义是：本法所称"实用新型"是指利用自然法则作出的技术思想创作。中国《专利法》第 2 条关于发明、实用新型的定义亦类似，发明是指对产品、方法或者其改进所提出的新的技术方案，实用新型，是指对产品的形状、构造或者其结合所提出的适于实用的新的技术方案。《专利审查指南》进一步界定，技术方案是指对要解决的技术问题所采取的利用了自然规律的技术手段的集合。技术方案需要具备三个"技术"要素：要有该方案解决的技术问题、采用的技术手段和达到的技术效果。

(二)争议

也有些国家的专利法中关于可专利主题的规定没有明确的"技术领域"的限制。典型的如美国《专利法》第 101 条的规定：任何人发明或者发现[①]任何新的、有用的方法、设备、产品或者物质成分，以及对上述发明或者发现的新的、有用的改进，符合本法规定的条件和要求的，都可以获得专利权。

随着产业发展和商业形态的变化，实践中出现了将非技术领域的创新成果纳入专利保护的要求，例如以专利保护商业方法。有观点认为，专利法不应用"技术领域"限制可专利主题，任何成果，只要能具有专利实质条件（实用性、新颖性、创造性）且不属于专利法明确规定的除外条款（例如违反法律的发明创造）就应当获得专利。在《实体专利法条约》(*Substantial Patent Law Treaty*, SPLT)

① 根据美国法院的判例，"发现"系"发明"的同义语。

的谈判过程中,"技术领域"的限制问题成为争执的焦点之一。可授予专利权的对象属于"任何技术领域(in all fields of technology)"还是"任何活动领域(in any field of activity)"成了争议激烈、悬而未决的问题。

(三)产品与方法

"技术方案"的外延极广。在中国,理论上和立法中按照技术方案实施后的表现形态将其划分为"产品""方法"两种类型。产品是指能以有形形式表现的各种新制品,包括人工制造的各种制品或用(产)品、以任何方法所获得的两种或者两种以上元素的合成物等。方法是指一系列实现既定任务的步骤,包括产品制造方法、作业方法等。对已知物品、物质新的利用的用途发明,也是一种方法发明。

该划分不仅仅具有理论意义,对于专利权的内容也有十分重大的影响(参阅"专利权的内容"一章)。同时,这种划分也能起到排除作用,不是所有的技术领域内带有创新性质的成果都属于产品或者方法。有些具有创新性质的技术成果,如果既不属于产品又不属于方法,则也不能成为可专利主题。例如《专利审查指南》所规定的:气味或者诸如声、光、电、磁、波等信号或者能量不属于专利法第 2 条第 2 款规定的客体。

(四)发明与实用新型

针对技术方案,我国专利法设置了发明、实用新型两种专利类型。发明是指对产品、方法或者其改进所提出的新的技术方案;实用新型是指对产品的形状、构造或者其结合所提出的适于实用的新的技术方案。这就决定了就作为技术方案的"产品",能够申请发明、实用新型两种类型的专利。但是,其中没有确定形状的产品,只能申请发明专利。作为技术方案的"方法",只能申请发明专利。

除了中国,世界上大多数较发达经济体也都设置了类似的创造性要求较低、保护期限较短、审查程序或有不同的保护类型。有的国家同中国类似,将其作为法定的专利的一种类型,例如美国;有的国家则不在专利法中规定,不是"(发明)专利",但理论上也常将其视为"专利"的一种类型,常被称为"小发明"。关于实用新型保护的主题范围,有的国家的规定与中国类似,仅保护具有确定形状的产品,例如意大利、芬兰;但有些国家不同,"小发明"保护的主题范围不仅限于有确定形状的产品,甚至与"(发明)专利"保护的主题范围完全相同,只是在创造性方面要求低,或者保护期限短,例如德国、法国。

除保护的主题范围不同外,发明、实用新型还在创造性要求、审查程序、保护期限等方面具有不同。

对于我国的实用新型制度,目前存在不少争议。有观点认为应维持目前的实用新型制度，有认为应当将实用新型改为“实质审查”制，也有认为应扩大实用新型保护的主题范围，将其变革为“小发明”。

二、设计方案

(一)含义

虽然依靠技术方案解决生产生活中存在的技术问题，但人类的追求是无止境的，尤其是对“美”的追求。消费者不但希望拥有技术先进的产品，还希望拥有更美的产品。尤其是当产品的技术功能同质化的时候，优秀的产品设计常常具有决定性的市场影响力。对于产品的设计方案予以保护是随着工业社会发展而产生的，是对具有特定外观设计的工业品的保护。

工业品外观设计是指产品的形状、图案或色彩或其结合，通过视觉能引起美感的设计。“形状”是指产品外部的点、线、面的移动、变化、组合而呈现的外表轮廓。“图案”是指通过线条、文字、符号、色块的排列组合而在产品外表面上形成的图形。“色彩”是指产品表面的颜色或颜色组合。“美感”与“装饰性”是同义语。“美感”的限定条件排除了产品的功能性设计受保护的可能。

工业品因为其特定的形状、图案或色彩或其组合的装饰性设计而获得保护，但申请专利的对象是“产品”，而不是抽象的形状、图案或色彩或其组合。相应地，专利法直接保护的对象并不是这些形状、图案或色彩或其组合，而是“产品”。这是外观设计保护保护与著作权保护的关键区别之一，也是外观设计保护范围受到产品类别限制的基础。理论上也有观点认为，外观设计保护的是“设计”而不是“产品”，只不过在判断外观设计的实质条件时要考虑该项设计所应用产品的属性以及所属的产业类别。

(二)范围

1. 部分外观设计

部分外观设计是指对产品上的某一部分的形状、图案及位置关系进行的新设计，不是指对组成该产品的零、部件进行的外观设计。

长期以来，中国的外观设计保护只是针对产品的整体，哪怕是仅仅针对产品局部的设计，也只能就整个产品申请专利。但对于传统和比较成熟的产品而言，外观设计的空间很小，这些产品的外形整体上很难改变，而只能对产品局部进行创新和改变。这种产品局部外观的改进创新，就产品整体申请外观设计专利，很可能难以满足专利实质条件。理论界的意见是倾向于将外观设计的对象延伸至产品局部设计。世界上的一些主要国家对外观设计保护均包括对部分外观设计的保护，如大多数欧盟国家、美国、日本和韩国等。

我国专利法长期以来仅保护针对整体产品（零部件其实是独立的产品）的外观设计，与强调外观设计以“产品为载体”有关。在逻辑上讲，非零部件的产品局部，不是产品。

在《专利法》第四次修改中，国家知识产权局提交的《中华人民共和国专利法修改草案（征求意见稿）》（以下简称《征求意见稿》）中增加了“局部”外观设计。①

2. 图形用户界面

图形用户界面是指在产品显示装置上以图形方式显示的用户界面。用户界面允许用户通过图像与电子设备进行交流通讯。

长期以来，专利实践中强调的产品的形状、图案必须是固定的、可见的。《专利审查指南》原规定：“产品的图案应当是固定的、可见的，而不应是时有时无的或者需要在特定的条件下才能看见的。”不授予外观设计专利权的情形包括：“产品通电后显示的图案。例如，电子表盘显示图案、手机显示屏上显示的图案、软件界面等。”由此，我国专利法长期不保护“图形用户界面”（GUI）。

为了适应产业发展需要，2014年，国家知识产权局以修改《专利审查指南》的方式允许就“图形用户界面”申请专利。但能申请专利的仍然是“带图形用户界面的产品”，而不是“图形用户界面”。同时，“图形用户界面”必须同时满足“与人机交互相关”和“与实现产品功能相关”两个条件。由此，带设备专用界面、通用操作系统界面、软件界面、网页应用、图标等的产品，可以获得外观设计专利保护；而游戏界面、带网站网页的图文排版、带电子屏幕壁纸、带开关机画面等的产品，仍然不能获得外观设计专利保护。

（三）保护方式

设计方案本身并非技术创新成果，与著作权的保护对象作品有些类似。外观设计旨在保护工业产品，与著作权法保护文学、艺术、科学领域内的思想的表达又有所区别。理论上及不同国家的立法对于外观设计的保护模式有不同的观点，主要有著作权法保护、专利法保护、专门法保护三种。从国际条约来看，《巴

① 国家知识产权局给出的理由是：随着产品设计更趋精细化，局部设计创新逐渐成为产品外观设计的重要表现方式，许多国家对产品的局部外观设计给予保护。但我国现行专利法只对产品整体外观设计给予保护，局部外观设计创新很容易被人通过简单拼凑、替换等方式加以模仿，难以得到有效保护，不利于激励我国设计创新产业的健康发展。为满足创新主体对局部外观设计保护的需求，顺应国际外观设计制度的发展趋势，需要将对产品局部做出的外观设计纳入专利法保护范围。见《关于〈中华人民共和国专利法修改草案（征求意见稿）〉的说明》。

黎公约》、TRIPS协定没有限定各成员国可选择的保护外观设计具体方式。

在可否重叠保护的问题上，有观点认为只能选择一种法律保护；有观点认为只要外观设计符合各个部门法的要求，皆可以获得相应的保护，甚至可以获得商标法的保护，只要外观设计符合商标的构成要件。采取只能选择一种法律保护的做法面临的一大困难是，很难给出准确的标准用以评判某一特定对象属于何种法律的保护对象。

有观点认为一旦外观设计专利保护期限届满，权利人就不能再寻求于著作权法或商标法等法律保护设计方案；也有认为，只要外观设计还符合其他部门法的要求，仍可以继续获得相应的保护。

第三节　不授予专利权的主题

专利法除了从正面界定予以保护的主题范围，往往可以从反面规定哪些对象不能予以保护。不授予专利权的主题大致有两种情形：第一，本来就不属于专利法上的发明创造；第二，本来可以属于专利法上的发明创造，但基于特殊的政策考虑将其排除在外。

一、科学发现

《专利审查指南》对科学发现的定义是：对自然界中客观存在的物质、现象、变化过程及其特性和规律的揭示。科学理论是对自然界认识的总结，是更为广义的发现，都属于人们认识的延伸。这些被认识的物质、现象、过程、特性和规律不同于改造客观世界的技术方案，也不是人类的智力创造成果，因此不能被授予专利权。认识自然界中客观存在的物质、现象、变化过程及其特性和规律而形成的直接成果，通常被归为“科学”的范畴，不属于专利法意义上的发明创造。除了科学发现所揭示的物质、现象、变化过程及其特性和规律不是人类的创造成果这一原因外，反对授予科学发现以专利权的另一个重要考虑是，对自然界中客观存在的物质、现象、变化过程及其特性和规律的揭示“太过于重要”，它通常是后续技术创新的基础，若对其授予专利权，范围广泛的独占权利会大大妨碍技术创新。此外，研究自然界中客观存在的物质、现象、变化过程及其特性和规律，研究成果具有很强的外部性，成果距离产业化应用通常较远，因此此类研究一般是由公共资金支持进行，产业界从事较少，不需要对此类研究成果主张独占权以补偿研究成本并获取收益。相反，独占权的存在对产业界是个威胁。

基于前述原因，专利法理论和实践中，长期将科学发现不是技术方案不能授予专利权作为“公理”。即使立法中没有明确规定对科学发现不能授予专利权的国家，例如美国，也在司法判决中确立了：对自然规律、自然现象、抽象概念、天然产物皆不授予专利权。

法律上明确科学发现不能授予专利权，使得在实践中产生了区分“发现”与“发明”的必要性。对工业制成品、工艺方法而言，这种区别往往是显而易见的。但对于某些物质或用途而言，区分未必明显。例如长期存在争议的基因专利。脱离生物体或者通过技术方法而产生的基因序列（片段），其结构与自然界中存在的该基因的结构相同，这是一种“发明”还是“发现”，能不能授予专利权，在学理上、立法上、司法判例中皆存在相反的观点。不仅仅是基因序列，包括其他的自然界已存在物质，都存在类似的问题。我国《专利审查指南》的态度是：“人们从自然界找到以天然形态存在的物质，仅仅是一种发现，属于专利法第二十五条第一款第（一）项规定的‘科学发现’，不能被授予专利权。但是，如果是首次从自然界分离或提取出来的物质，其结构、形态或者其他物理化学参数是现有技术中不曾认识的，并能被确切地表征，且在产业上有利用价值，则该物质本身以及取得该物质的方法均可依法被授予专利权。”再如医药用途专利。发现某已知物质具有治疗某种疾病的用途（第一医药用途），或者发现过去用于治疗某种疾病的某已知物质具有治疗另外一种疾病的用途（第二医药用途），轻而易举地就会知道可以用来制备相应药品。此时“发现”和“发明”之间没有鸿沟。

针对区别发明和发现的困难，以及满足产业上对保护某些“发现”的需求，有观点认为专利法不应当再区别发明和发现，只要满足专利实质条件，都可以授予专利权。

二、智力活动的规则与方法

《专利审查指南》对“智力活动的规则与方法”的界定是：智力活动是指人的思维运动，它源于人的思维，经过推理、分析和判断产生出抽象的结果，或者必须经过人的思维运动作为媒介，间接地作用于自然产生结果。智力活动的规则和方法是指导人们进行思维、表述、判断和记忆的规则和方法。囿于专利法的规定，《专利审查指南》将游戏的方案、规则和方法，商业经营的方案、规则和方法，信息的表述，计算机程序也一并作为“智力活动的规则与方法”。

由于其没有采用技术手段或者利用自然规律，也未解决技术问题和产生技术效果,因而智力活动的规则与方法不构成技术方案,不能被授予专利权。

理论和实践中讨论较多的涉及计算机程序的申请、商业方法可否授予专利权。

由于计算机程序与数学运算的密切联系,程序一开始就被视为抽象思想或智力活动的规则与方法,不能获得专利保护。但是随着计算机在生产生活中的普及,计算机程序无论是数量还是在处理生产生活问题中起的作用都有了根本性的变化。传统上将计算机程序完全排除在专利保护范围之外的做法难以满足产业需求,也日益不符合实际。从发达国家开始,各国逐渐调整了专利制度。目前通行的做法是:计算机程序本身依然不能直接申请专利,但利用计算机程序执行的产品或方法如果构成技术方案,则可以申请专利权。美国专利法基于其特殊的专利保护对象的规定及司法中发展出的相应原则——可对方法(process)、机器(machine)、制造物(manufacture)、组合物(composition of matter)授予专利,自然规则(laws of nature)、物理现象(physical phenomena)、抽象思想(abstract ideas)不属于可专利主题,判断一项涉及计算机程序的申请是否属于可专利主题,重要的是判断其是否构成方法或制造物,是否属于抽象思想。判断一项申请是否构成"方法",一个重要而有用的判断方式是"机器或转变测试法",一项申请只有满足两个条件之一时才构成"方法":(1)与特定的机器或装置相结合;(2)将特定的物体转变到不同的状态或转变成不同的物。但该方法不是唯一的测试法。

我国《专利审查指南》规定:如果涉及计算机程序的发明专利申请的解决方案执行计算机程序的目的是解决技术问题,在计算机上运行计算机程序从而对外部或内部对象进行控制或处理所反映的是遵循自然规律的技术手段,并且由此获得符合自然规律的技术效果,则这种解决方案属于《专利法》第 2 条第 2 款所说的技术方案,属于专利保护的客体。如果涉及计算机程序的发明专利申请的解决方案执行计算机程序的目的不是解决技术问题,或者在计算机上运行计算机程序从而对外部或内部对象进行控制或处理所反映的不是利用自然规律的技术手段,或者获得的不是受自然规律约束的效果,则这种解决方案不属于《专利法》第 2 条第 2 款所说的技术方案,不属于专利保护的客体。

虽然如此,有些涉及计算机程序的发明是否属于技术方案,更多是决定于撰写方式而非申请专利的对象本身。例如按照《专利审查指南》的规定,汉字编码方法属于一种信息表述方法,它解决的问题仅取决于人的表达意愿,采用的解决手段仅是人为规定的编码规则,实施该编码方法的结果仅仅是一个符号/字母数字串,解决的问题、采用的解决手段和获得的效果也未遵循自然规律。因此,仅仅涉及汉字编码方法的发明专利申请属于《专利法》第25条第1款第(2)项规定的智力活动的规则和方法，不属于专利保护的客体。但是，如果把汉字编码方法与该编码方法可使用的特定键盘相结合，构成计算机系统处理汉字的一种计算机汉字输入方法或者计算机汉字信息处理方法，使计算机系统能够以汉字信息为指令，运行程序，从而控制或处理外部对象或者内部对象，则这种计算机汉字输入方法或者计算机汉字信息处理方法构成《专利法》第2条第2款所说的技术方案，不再属于智力活动的规则和方法，而属于专利保护的客体。也就是说，汉字编码方法不能申请专利，但汉字编码方法结合键盘就可以申请专利。这种区分形式意义大于实质意义，构思出汉字编码方法，进一步结合键盘是一件轻而易举的事情。

有观点认为，专利法应当进一步突破现行规定，允许以程序算法甚至程序本身申请专利权。这种观点并非主流。

商业方法，是指处理或者解决商业经济活动或事务的方法或规则①，没有利用自然规律，不属于技术方案，不能申请专利，本没有异议。但是在电子商务普及以后，许多商业方法是由计算机程序执行，是否可以借由“涉及计算机程序的发明”的途径申请专利，由此便产生了争议。也是由于这个原因，商业方法专利之争实际上也是计算机程序专利之争。我国的《专利审查指南》没有就涉及商业方法的发明专利申请另行规定。非由计算机程序执行的商业方法不属于专利保护对象基本没有争议。

三、对平面印刷品的图案、色彩或二者的结合作出的主要起标识作用的设计

设立外观设计专利的目的是保护具有美感的产品设计创新，而不是保护产品的用来识别经营者的标识，标识的保护应当通过商业标志法实现。但是，由于设计方案可以针对图案、色彩，而标识通常也使用图案、色彩形成，加之实践中许多外观设计专利申请是针对产品外包装的，导致许多申请人利用外观设计保护商业标识。这既背离了专利法设立外观设计专利制度的宗旨，也不利于真正提高我国产品外观设计的创新水平。为解决实践中存在的突出问题，专利法专门规定：对平面印刷品的图案、色彩或者二者结合作出的主要起标识作用的设计不

① 关于“商业方法”定义，包括专利法视角下“商业方法”定义的争议，可参见李晓秋：《信息技术时代的商业方法可专利性研究》，法律出版社2012年版，第54～66页。

能授予专利权。

平面印刷品主要是指一些平面包装袋、标贴等用于包装售出的产品，不单独向消费者出售的二维印刷品。立体产品，如包装盒，不属于平面印刷品。任何二维产品的外观设计均可认为是针对图案、色彩或者二者结合而做出的，不包括形状。主要起标识作用是指外观设计的主要用途在于使公众识别所涉及的产品、服务的来源等。

前述三种类型的对象，从其本身性质上讲就不属于专利法上的发明创造，故不能授予专利权。

四、疾病的诊断和治疗方法

专利法规定“疾病的诊断和治疗方法”不授予专利权。《专利审查指南》对于“疾病的诊断和治疗方法”既做了扩充，又有限制。

《专利审查指南》将疾病的诊断和治疗方法解释为：以有生命的人体或者动物体为直接实施对象，进行识别、确定或消除病因或病灶的过程。该解释将“以有生命的人体或动物体为对象”“以获得疾病诊断结果或健康状况为直接目的”作为条件，排除了针对植物的疾病的诊断和治疗方法，排除了在已经死亡的人体或动物体上实施的病理解剖方法、直接目的不是获得诊断结果或健康状况，而只是从活的人体或动物体获取作为中间结果的信息的方法，或处理该信息（形体参数、生理参数或其他参数）的方法、直接目的不是获得诊断结果或健康状况，而只是对已经脱离人体或动物体的组织、体液或排泄物进行处理或检测以获取作为中间结果的信息的方法，或处理该信息的方法。这种对于专利法中“疾病的诊断和治疗方法”的解释，基本符合国际上惯例。例如《欧洲专利公约》也是将“实施于人或动物体上”作为条件。

另一方面，《专利审查指南》也对专利法中“疾病的诊断和治疗方法”作了扩充，包括了“外科手术方法”，使用器械对有生命的人体或者动物体实施的剖开、切除、缝合、文刺等创伤性或者介入性治疗或处置的方法，这种外科手术方法不能被授予专利权。以治疗为目的的外科手术方法，作为治疗方法，依据《专利法》第25条第1款第（3）项的规定不授予其专利权。非治疗目的的外科手术方法，直接视为没有实用性，依据《专利法》第22条第3款的规定不授予其专利权。实际上，《专利审查指南》对于“疾病的诊断和治疗方法”不授予专利的解释，也是将缺乏实用性作为理由之一。

疾病的诊断和治疗方法被排除在可专利主题之外，主要的原因是传统上基于人道主义和社会伦理的考虑，保障医生在诊断和治疗过程中应当有选择各种方法和条件的自由。认为疾病的诊断和治疗方法不具有实用性的观点，并不符合医疗产业的实际情况，少数国家专利制度允许授予疾病的诊断和治疗方法以专利，也说明疾病的诊断和治疗方法实际上有实用性。同样出于人道主义考虑，药品原本也不授予专利权，但制药产业的迫切需求，打破了专利制度最初的规定。这也印证了专利制度是出于产业发展需要而产生，并且随着产业发展而改变，不断在制度稳定性与现实需要之间妥协平衡。

世界上大多数国家都规定疾病的诊断和治疗方法不授予专利权。TRIPS协定也允许各成员将疾病的诊断和治疗方法排除在可专利主题之外，只有少数国家例外。美国专利法虽然允许授予疾病的诊断和治疗方法专利权，但是《美国专利法》第287条(c)款又剥夺了专利权人获得侵权救济的权利。国内外均有人主张应当允许授予疾病的诊断和治疗方法专利权。在《专利法》第四次修改中，国家知识产权局发布的《征求意见稿》取消了对“养殖动物”疾病诊断和治疗方法获得专利保护的限制。[①] 这同时反映了专利制度是一种政策选择。

五、动物和植物品种及其生物学生产方法

动物和植物品种不属于可专利主题也是世界上大多数国家的选择。TRIPS协定允许各成员对动物、植物及生产动物、植物的主要是生物学的方法不授予专利。

综合来看，对于动物和植物创新成果加以保护有三种制度路径选择。第一种，既可以申请专利也可以申请品种权保护，典型的如美国。第二种，不能授予专利权，但对于不构成植物“品种”的有关植物的创新(甚至可以涵盖植物本身)可以申请专利，植物品种只能以品种权保护，例如欧盟。第三种，只能以品种权保护，禁止授予动物、植物(品种)专利。中国就是这种规定。

虽然传统育种方式培育生产动植物，育种人也希望获得专利，但现今讨论相

---

① 国家知识产权局给出的理由是：随着我国水产养殖业和畜禽饲养业的快速发展，这两个领域的科技创新水平不断提高。中央文件提出要大力开展畜禽规模化养殖和水产健康养殖。产业界对于水产、畜禽等养殖动物的疾病诊断和治疗方法给予专利保护的呼声日益增强。实践中，美国、澳大利亚、日本、韩国、加拿大、新西兰等国家将动物疾病诊断和治疗方法全部或者部分纳入专利保护范围，欧洲则是在审查中采取了逐步宽松的态度。对涉及养殖动物疾病的诊断和治疗方法给予专利保护可以激励动物养殖产业的创新和发展，顺应国际专利制度发展趋势。见《关于〈中华人民共和国专利法修改草案(征求意见稿)〉的说明》。

关问题，主要源自于转基因技术的成熟和大量运用后，改良的动物、植物具有更明显的商业价值，数量也大大增加，且转基因动物、植物是否能成为新的品种不易判断。

品种权保护与专利保护在对象范围、申请条件、权利内容、权利限制等方面均存在较大差别。一般而言，专利保护实现的独占性更强。正因如此，在我国农业基础脆弱这一基本国情下，是否能对动物和植物品种予以专利保护，应当审慎研究。植物，尤其是动物的专利保护问题，还涉及伦理道德问题，例如能否对“生命形式”主张独占权。转基因技术，争论也已经“泛政治化”。这些因素都需要考虑。

六、用原子核变换方法获得的物质

基于国家安全利益的特殊考虑，《专利法》规定用原子核变换方法获得的物质不授予专利权。该排除条款也符合 TRIPS 的规定。《专利审查指南》对《专利法》的规定做了扩张解释，将“原子核变换方法”排除于可专利主题之外。虽然没有《专利法》的明确依据，但也不违背 TRIPS 的规定。

七、违反法律、社会公德或者妨害公共利益的发明创造

专利法虽然鼓励创新及其应用，但如果创新或其应用的结果是破坏法律的实施，危及公共秩序和善良风俗，这种创新显然不是专利法所追求的。

法律是指由全国人民代表大会或者全国人民代表大会常务委员会依照立法程序制定和颁布的法律，不包括行政法规和规章。此处的法律显然也不是指《专利法》本身，违反法律是指违反了《专利法》之外的法律。社会公德，是指公众普遍认为是正当的、并被接受的伦理道德观念和行为准则。此处的“社会公德”不包括专利法本身所体现的诚实信用等公共道德。例如，专利代理人故意将委托人的发明以自己的名义申请专利，违反诚实信用原则，但不能就此认定所涉及的发明违反了社会公德。妨害公共利益，是指发明创造的实施或使用会给公众或社会造成危害，或者会使国家和社会的正常秩序受到影响。此处的“公共利益”，也不包括由专利法直接构建并保障的公共利益。例如，有人借外观设计专利申请不进行实质审查的便利，将行业公知公用的一种产品设计申请外观设计专利，当然会损害到行业共同利益，但不能认为所涉及的外观设计属于《专利法》第 5 条所称的“妨害公共利益”。再如，实施专利过程中滥用权利会损害公共利益，但

不能认定所涉发明创造属于《专利法》第5条所称的"妨害公共利益"。

"违反法律、社会公德或者妨害公共利益"通常是指发明创造本身即为法律、社会公德所不允或直接与公共利益相冲突。例如,吸毒的器具、带有淫秽图片的外观设计、使盗窃者双目失明的防盗装置等。发明创造并没有违反法律,但是由于其被滥用而违反法律的,不属于此处的"违反法律",例如用于医疗的麻醉品。同样,因滥用而可能造成妨害公共利益的,也不构成此处的"妨害公共利益"情形。

前述情形有一个例外,即《专利法》第5条第2款的规定:对违反法律、行政法规的规定获取或者利用遗传资源,并依赖该遗传资源完成的发明创造,不授予专利权。并不是依赖该遗传资源完成的发明创造本身违反法律、社会公德或者妨害公共利益,而是遗传资源获取行为违法。

本来遗传资源获取行为违法与依赖该遗传资源完成的发明创造本身是否违法没有关系,但考虑此类发明创造与利用遗传资源之间关系密切,为了保护遗传资源,帮助实现《生物多样性公约》规定的关于遗传资源的国家主权、知情同意、惠益分享三原则,特别在专利法中加入了该规定。

遗传资源,是指取自人体、动物、植物或者微生物等含有遗传功能单位并具有实际或者潜在价值的材料。"材料"是指遗传功能单位的载体,既包括整个生物体,也包括生物体的某些部分,例如器官、组织、血液、体液、细胞、基因组、基因、DNA或者RNA片段等。遗传功能是指生物体通过繁殖将性状或者特征代代相传或者使整个生物体得以复制的能力。遗传功能单位是指生物体的基因或者具有遗传功能的DNA或者RNA片段。依赖遗传资源完成的发明创造,是指利用了遗传资源的遗传功能完成的发明创造。发明创造利用了遗传资源的遗传功能是指对遗传功能单位进行分离、分析、处理等,以完成发明创造,实现其遗传资源的价值。违反法律、行政法规的规定获取或者利用遗传资源,是指遗传资源的获取或者利用未按照我国有关法律、行政法规的规定事先获得有关行政管理部门的批准或者相关权利人的许可。

关于违法获取或者利用遗传资源,并依赖该遗传资源完成的发明创造,是否授予专利权,发展中国家的立场与发达国家不一致。发展中国家普遍认为此类发明创造不能授予专利权,发达国家多认为违法获取或者利用遗传资源的行为虽然会承担(其他法律的)法律责任,但不应对专利申请的处理或已授权专利的有效性带来损害。

与《专利法》第5条第2款的规定相对应,《专利法》第26条第5款规定:依赖遗传资源完成的发明创造,申请人应当在专利申请文件中说明该遗传资源的直接来源和原始来源;申请人无法说明原始来源的,应当陈述理由。由于该条属于对申请文件的要求,故不满足第26条第5款要求的依赖遗传资源完成的发明创造的申请,予以驳回。但不能据此而宣告无效一项已经授权的专利。

前述第四至第七项,本来可以属于专利法上的发明创造,但基于特殊的政策考虑被排除于可专利主题之外。

第四节 专利实质条件

能够申请专利的智力成果本身要达到一定的创造高度并满足其他必要条件才可能获得专利权,这些条件常被称为"专利实质条件"。我国的发明创造既包括技术方案,又包括设计方案这两种性质迥异的类型,故其申请专利应当具备的实质条件不同。

一、发明、实用新型专利应当满足的实质条件

(一)实用性

1. 含义

(1)中国专利法的实用性要求

我国《专利法》第22条第4款给出了实用性的定义:该发明或者实用新型能够制造或者使用,并且能够产生积极效果。《专利审查指南》施加了"产业"限定,实用性是指发明或者实用新型申请的主题必须能够在产业上制造或者使用,并且能够产生积极效果。产业限定符合专利法的宗旨,也不违背TRIPS的规定(下述)。在专利法中,产业的范围相当广泛,它包括工业、农业、林业、水产业、畜牧业、交通运输业以及文化体育、生活用品和医疗器械等行业。

"发明或者实用新型能够制造或者使用",意味着如果申请的是一种产品(包括发明和实用新型),那么该产品必须在产业中能够制造,并且能够解决技术问题;如果申请的是一种方法,那么这种方法必须在产业中能够使用,并且能够解决技术问题。不能制造或者使用,没有保护的必要,也不应予以保护。"能够在产业上制造或者使用"的要求,意味着申请专利的发明或者实用新型,必须能够

重复实施，这种重复实施不得依赖任何随机的因素，并且实施结果应该是相同的。①

如《专利审查指南》所举例，违背自然规律的、无再现性的、利用独一无二的自然条件的产品的、人体或者动物体的非治疗目的的外科手术方法、测量人体或者动物体在极限情况下的生理参数的方法等申请专利的对象，无法满足"能够在产业上制造或者使用"的要求，因而没有实用性。

当然，"能够制造或者使用"并不要求在申请专利时已经制造或者使用，只要具备这种可行性即可。审查员也不需要援引现有技术作对比判断，只要根据申请人在说明书中所作的说明，认为所属技术领域的技术人员结合其具有的技术知识就能够判断出申请专利的发明或者实用新型能够制造或者使用即可。

"能够产生积极效果"，是指发明或者实用新型专利申请在提出申请之日，其产生的经济、技术和社会的效果是所属技术领域的技术人员可以预料到的。这些效果应当是积极的和有益的。明显无益、脱离社会需要的发明或者实用新型专利申请的技术方案不具备实用性。

"能够产生积极效果"的规定是我国专利法特有的。与我国专利制度类似的欧盟的规定以及 TRIPS 协定中，只有"适于工业应用"的要求。② "适于工业应用"可以理解为对应我国的"能够在产业上制造或者使用"的规定。有观点对于"能够产生积极效果"的规定持批评态度。③ 事实上，审查机关对于"能够产生积极效果"的要件掌握得比较宽松，只要专利申请要求保护的技术方案不是明显无益、脱离社会需要，即认为满足《专利法》关于实用性规定中的"能够产生积极效果"的要求。有观点认为，"一项发明或者实用新型与现有技术相比即使谈不上有什么优点，仅从它为公众提供了更多的选择余地来看，也可以认为它能够产生本条第四款(注：《专利法》第 22 条第 4 款)所要求的具体效果。"④与新颖性、创

---

① 实用性意义上的"不能制造或使用"是由技术方案本身固有的缺陷所致，与说明书公开的程度无关，即使说明书公开得再详细，发明也不具备实用性，例如违背自然规律和/或没有再现性的技术方案。充分公开意义上的"所属技术领域的技术人员能否实现"则取决于说明书公开的程度，即由于说明书没有对发明作出清楚、完整的说明，从而导致所属技术领域的技术人员不能实现该发明。

② 《欧洲专利公约》第 52 条的措辞是：susceptible of industrial application，TRIPS 第 27 条第 1 款的措辞是：capable of industrial application。二者没有本质区别。

③ 张勇、朱雪忠：《专利实用性要件的国际协调研究》，载《政法论丛》2005 年第 4 期，第 92 页。

④ 尹新天：《中国专利法详解》，知识产权出版社 2011 年版，第 277 页。

造性标准相比，以缺乏实用性为由驳回专利申请或者宣告专利权无效的情况相对较少，以没有产生积极效果为由驳回专利申请或者宣告专利权无效的情况更是很少见。

(2)美国、欧盟专利法的实用性要求

美国的“实用性”要件含义相对比较特殊。美国专利法对实用性的要求(35 U.S.C. 101)是“useful”。美国法院在司法实践中发展出的并为美国专利与商标局在审查中遵循的适用标准是：申请专利的对象应当具有具体的、实质性的、可信的用途(specific substantial and credible utility)。美国的这种实用性规定虽然与其专利法将专利保护对象限定为方法(process)、机器(machine)、制造物(manufacture)、物质组合(composition of matter)有关，但的确与欧陆国家及中国的规定存在要求上差异。

“具体的用途”要求，专利申请人必须证明他申请的发明能够向社会公众提供一项明确而特定的益处(a well-defined and particular benefit)。要求保护的发明要具有独特的用途，不能仅仅是该发明所属更宽泛的发明类别所具有的普通用途。若申请人仅仅表明所申请专利的发明是有用的，而没有给出特别的用途以证明为何它是有用的，不满足“具体的用途”要求。例如，不能仅指出申请的专利的化合物具有治疗疾病的用途，而不指出特定病症；一项多核苷酸(polynucleotide)申请，仅仅简单指出其用途是作为“基因探针(gene probe)”或“染色体标记物(chromosome marker)”，但没有给出特定的DNA靶，就不能认定该发明满足“具体的用途”要求。

“实质性的用途”要求，一份专利申请必须表明其所披露的发明对公众而言具有明显的、马上即可得的(significant and presently available)益处，而不是它可能在以后经进一步研究会被证明是有用的。“具体的用途”是指一项现实的应用(real world use)，需要进一步研究才能确定或证实现实用途的申请，不满足“实质性的用途”要求。例如，治疗某种已知的或新发现的疾病的方法、用于识别某种具有实质性用途的化合物的试验方法，都属于一种现实的应用。诸如基础研究、治疗某种未指明的疾病的方法、检测本身没有具体的实质性用途的材料的方法、制造本身没有具体的实质性的可信的用途的材料的方法、用来制造有没有具体的实质性的可信的用途的终端产品的中间产物(intermediate product)的权利要求，均属于缺乏实质性用途的情形。

关于提出具体的、实质性的用途要求的原因，美国联邦最高法院在Brenner v. Manson案中的评论可作解释：“专利并不是一张狩猎许可证，它不是对探索过程本身的奖励，而是对其成功结果的报偿。专利制度必须与商业世界(the world of commerce)而非思想王国(the realm of philosophy)相联系。”①

“可信的用途”要求相对比较简单。可信性由本领域的普通技术人员根据申请文件披露的内容和其他证据(例如测试数据、本领域专家的宣誓书或声明、专利或印刷出版物)进行评估。说明书中的实用性说明首先被推定为正确。如果要予以否定,审查部门负有最初的举证责任。审查部门提供证据(例如权威文献、科学原理、公知常识)证明该领域普通技术人员对申请人所说明的实用性有合理怀疑之后,举证责任才转移到申请人一方,申请人应当提供足以让该领域普通技术人员相信该发明具有实用性的反驳证据。

欧盟没有接受美国专利法中的实用性要求。《欧洲专利公约》(EPC)第57条关于实用性的规定是:一项发明,如果可以在任何种类的工业,包括农业中使用,则应被视为适于工业应用(susceptible of industrial application)。

在传统的机械、电子等技术领域里,产品或者方法的发明往往都具有特定的目的,产品或者方法能够被制造出来、能付诸应用,通常该产品或者方法都会有特定的、实际的用途。但是在化学尤其是生物技术领域情况就变得复杂。一种新化合物的产生,或者一种基因序列被分离或者合成时,未必知道该化合物或者基因序列具有什么实际的用途。美国专利法中的实用性要求,更有助于限制此类不知具体用途的专利申请获得授权。

欧盟虽然没有接受美国专利法中的实用性要求,但在生物技术领域接受了美国的做法。《欧洲专利局审查指南》要求:一个基因序列或部分基因序列的工业应用,必须在该专利申请中予以披露。没有给出功能的单纯核酸序列不是可授予专利的发明。在一个基因序列或部分基因序列被用于编码(produce)蛋白质或蛋白质的部分的情况下,有必要详细说明(specify)编码了什么蛋白质或蛋白质的部分,以及该蛋白质或蛋白质的部分具有什么功能。或者,当核苷酸序列不用于编码蛋白质或蛋白质的部分时,指出的功能也可以是诸如该基因序列表现出某一启动子转录活性。

2. 与可专利主题要求间的关系

整体上,授予专利权的可专利主题的要求与实用性要求之间的区别是明显的。从法律依据上讲,可专利主题的要求基于《专利法》第2条,实用性要求基于《专利法》第22条第4款。从逻辑上讲,实用性要求是在可专利主题要求基础之上的进一步的要求。

需要注意实用性与发明创造妨害公共利益之间的关系。实用性中包含了

① Brenner v. Manson, 383 U.S. 519, 528-36, 148 USPQ 689, 693-96 (1966).

"能够产生积极效果"的要求,它的要求是有积极效果。如果不但没有积极效果,反而还会有明显的消极效果,就不需要借助于实用性要求而驳回申请,而是借助于《专利法》第5条中"妨害公共利益"的规定予以驳回。在2006年版的《专利审查指南》中,将"严重污染环境、严重浪费能源或者资源、损害人身体健康"作为不具备实用性的情形。在2010年版的《专利审查指南》中,将"严重污染环境、严重浪费能源或者资源、损害人身体健康"与"严重污染环境、破坏生态平衡"一起作为妨害公共利益的情形,仅保留"明显无益、脱离社会需要"两种典型的不具备实用性情形示例。这种处理方式是恰当的。当然,技术方案有缺陷不能都作为妨害公共利益或没有实用性的情形,没有完美无缺的技术方案。

可专利主题的要求与实用性要求之间也有重合之处。发明与实用新型应当是利用自然规律的技术方案,违背自然规律的申请自然不可能是技术方案,因此违背自然规律的申请不属于可专利主题,不符合《专利法》第2条的规定。同时,违背自然规律的发明或者实用新型专利申请是不能实施的,因此也不具备实用性,不符合《专利法》第22条的规定。《专利审查指南》专门提醒:"审查员应当特别注意,那些违背能量守恒定律的发明或者实用新型专利申请的主题,例如永动机,必然是不具备实用性的。"此时,适用《专利法》哪一条的规定予以驳回,并不明确,只能得出"都可以"的结论。

3. 所属技术领域的技术人员

申请专利的发明或者实用新型是否具有实用性,以及是否具有新颖性、创造性,都需要人来做出主观判断。不同的人的知识积累、理解能力、推理能力、创新能力是不同的。因此需要统一审查标准,尽量避免审查员主观因素的影响。专利法为此引入了"所属技术领域的技术人员"这一概念。

他是一种假设的"人"。假定他知晓申请日或者优先权日之前发明所属技术领域所有的普通技术知识,能够获知该领域中所有的现有技术,并且具有应用该日期之前常规实验手段的能力,但他不具有创造能力。如果所要解决的技术问题能够促使本领域的技术人员在其他技术领域寻找技术手段,他也应具有从该其他技术领域中获知该申请日或优先权日之前的相关现有技术、普通技术知识和常规实验手段的能力。

"所属技术领域的技术人员"并不是"无所不知、无所不晓",而是受限于技术领域。而且他仅了解其所属技术领域的一般性知识,即公知常识;对公知常识之外的其他该领域中的现有技术,他只是有能力获得而已。[①]

当然,尽管有如此规定,实践中个案必然也会存在对申请专利的技术方案、现有技术理解、认识不一致的情况。实践中常见的聘请本技术领域内技术专家甚至权威技术专家作为证人或鉴定人,对于事关实用性、新颖性、创造性的有无的事实发表意见。这些专家能否准确地从"所属技术领域的技术人员"的标准出发来理解、认识申请专利的技术方案、现有技术,也不无疑问。

(二)新颖性

专利制度以赋予独占权的方式鼓励技术创新,能授予专利权的申请必须属于"创新"的成果,而不是已经存在的成果,这是专利制度的必然要求。保障授予的专利技术是创新成果的第一道防线就是新颖性。

《专利法》第22条第2款规定:新颖性,是指该发明或者实用新型不属于现有技术;也没有任何单位或者个人就同样的发明或者实用新型在申请日以前向国务院专利行政部门提出过申请,并记载在申请日以后公布的专利申请文件或者公告的专利文件中。

1. 申请日

新颖性是一个具有时间条件的概念。申请人提交专利申请后,专利局不会立刻予以审查是否可以授权,审查也需要有一个持续的时段。审查部门面临的"时间范围问题"是:可以搜寻哪个时间范围内的技术作为对比技术以确定申请专利的技术方案是否有新颖性。显然,这个时间点越早,之前被公开的技术就会越少,对比技术的范围就会越小,对专利申请人就越有利。这个时间点选择还必须有可操作性。目前,各国基本上都是选择"申请日"作为标准。《专利法》第28条规定:国务院专利行政部门收到专利申请文件之日为申请日。如果申请文件是邮寄的,以寄出的邮戳日为申请日。以申请日作为时间标准除了可操作性强之外,还有助于鼓励有权利申请专利的人早日提出专利申请,从而有助于该申请的早日公开,提升技术传播效率。

"申请日以前"并不包括申请日当日。申请日当日公开的技术不能用作审查当日申请专利的技术方案新颖性的对比技术。

2. 优先权日

《专利法实施细则》第11条规定:除专利法第28条(申请日的确定)和第42条(专利保护期)规定的情形外,专利法所称申请日,有优先权的,指优先权日。

① 国家知识产权局专利复审委员会编著:《专利复审委员会案例诠释 创造性》,知识产权出版社2006年版,第3页。

我国专利法存在两种不同的优先权情形。

(1)外国优先权

《专利法》第29条第1款规定:申请人自发明或者实用新型在外国第一次提出专利申请之日起十二个月内,或者自外观设计在外国第一次提出专利申请之日起六个月内,又在中国就相同主题提出专利申请的,依照该外国同中国签订的协议或者共同参加的国际条约,或者依照相互承认优先权的原则,可以享有优先权。外国优先权起源于1883年的《巴黎公约》。设立该制度的原因是解决专利申请人在世界不同国家申请专利时的申请日确定问题。专利申请人若想在不同的国家都获得专利保护,就需要向目标国提交专利申请。但由于决策是否申请、翻译申请文件、办理申请手续等原因,申请人难以做到在本国和外国同时提出专利申请。世界各国的专利法基本上都是采用先申请制、以申请日为准确定现有技术范围。如此一来,就可能会出现申请人在一国提出专利申请后,在其他目标国提出专利申请之前,另有他人在该目标国就同样的发明创造提出了专利申请,或者其发明创造被公开导致新颖性的丧失。优先权制度允许以申请人的同样的发明创造在全球第一次提出的专利申请的申请日作为在目标国的专利申请日,就克服了前述问题。

享有外国优先权的主体。外国优先权是基于《巴黎公约》而产生,主体要求方面也遵循《巴黎公约》的规定。首先,享有外国优先权的专利申请人应当是《巴黎公约》成员国国民以及在《巴黎公约》成员国的领土内设有住所或有真实和有效的工商业营业所的非成员国国民。其次,享有外国优先权的中国专利申请人与在外国第一次提出专利申请的申请人之间可以不是同一主体。《巴黎公约》第4条A小节第(1)款中对优先权主体的界定是:"已经在本联盟的一个国家正式提出专利、实用新型注册、外观设计注册或商标注册的申请的任何人,或其权利继受人。"按照权威解释,"权利继受人",意味着外国优先权不管作为其根据的第一次申请是否转移,都可以独立移转第三人,只要权利继受人仍然属于《巴黎公约》成员国国民以及在《巴黎公约》成员国的领土内设有住所或有真实和有效的工商业营业所的非成员国国民。以第一次申请为根据的外国优先权,也能独立地对在成员国的一个或一个以上国家转移。①《专利法实施细则》第31条第3款规定:要求优先权的申请人的姓名或者名称与在先申请文件副本中记载的申请人姓名或者名称不一致的,应当提交优先权转让证明材料,未提交该证明材料

① 博登浩森:《保护工业产权巴黎公约指南》,汤宗舜、段瑞林译,中国人民大学出版社2003年版,第23页。

的，视为未要求优先权。再次，外国优先权并不是"外国人"优先权。享有优先权的主体未必是外国人，而是在中国之外的国家第一次提出了专利申请之后又就相同主题在中国提出专利申请的人。中国人也可以在就一项发明创造首先在外国提出专利申请，只要不违反《专利法》第20条的规定。[①] 之后又就相同主题在中国提出专利申请的，同样可以享有优先权。

享有外国优先权，发明创造本身要满足一定的要求。首先，申请专利的类型要满足要求。根据《巴黎公约》第四条E小节的规定[②]，在外国第一次专利申请的类型是发明或实用新型的，在要求外国优先权时，在中国申请专利的类型既可以是发明，也可以是实用新型；在外国第一次专利申请的类型是实用新型的，要求外国优先权时，在中国申请专利的类型可以是外观设计；在外国第一次专利申请的类型是发明的，要求外国优先权时，在中国申请专利的类型不能是外观设计；在外国第一次专利申请的类型是外观设计的，要求外国优先权时，在中国申请专利的类型只能是外观设计，既不能是实用新型，也不能是发明。专利审查部门也持这种见解。[③] 其次，发明创造要满足"相同主题"的要求。判断能否给予外国优先权，自然需要判断在中国申请专利的发明创造是不是在外国第一次提交专利申请的发明创造，即是否属于"相同主题"。相同主题的发明或者实用新型，是指技术领域、所解决的技术问题、技术方案和预期的效果相同的发明或者实用新型。具体对比的对象是：在中国申请专利的某一项权利要求所限定的技术方案（应当注意：同一件申请，不同的权利要求限定的技术方案各不相同）、在外国第一次申请的整个申请文件所公开的技术内容。对于中国在后申请权利要求中限定的技术方案，只要已记载在外国第一次申请中就可享有该第一次申请的优先权，而不必要求其包含在该第一次申请的权利要求书中。基于前述对比对象的要求，会产生"外国多项优先权"和"外国部分优先权"现象。《专利审查指南》所举的例子能够清晰地说明这个问题。中国在后申请中，记载了两个技术方

① 《专利法》第20条第1款：任何单位或者个人将在中国完成的发明或者实用新型向外国申请专利的，应当事先报经国务院专利行政部门进行保密审查。保密审查的程序、期限等按照国务院的规定执行。

② 《巴黎公约》第四条E(1)依靠以实用新型申请为基础的优先权而在一个国家提出工业品外观设计申请的，优先权的期间应与对工业品外观设计规定的优先权期间一样。(2)而且，依靠以专利申请为基础的优先权而在一个国家提出实用新型的申请是许可的，反之亦一样。

③ 国家知识产权局专利复审委员会编著：《现有技术与新颖性》，知识产权出版社2004年版，第68页。

案A和B,其中,A是在法国首次申请中记载的,B是在德国首次申请中记载的,两者都是在中国在后申请之日以前12个月内分别在法国和德国提出的,在这种情况下,中国在后申请就可以享有多项优先权,即A享有法国的优先权日,B享有德国的优先权日。如果上述的A和B是两个可供选择的技术方案,申请人用“或”结构将A和B记载在中国在后申请的一项权利要求中,则中国在后申请同样可以享有多项优先权,即有不同的优先权日。但是,如果中国在后申请记载的一项技术方案是由两件或者两件以上外国首次申请中分别记载的不同技术特征组合成的,则不能享有优先权。中国在后申请中除记载了外国首次申请的技术方案外,还记载了对该技术方案进一步改进或者完善的新技术方案,如增加了反映说明书中新增实施方式或实施例的从属权利要求,或者增加了符合单一性的独立权利要求。对于该中国在后申请中所要求的与外国首次申请中相同主题的发明创造给予优先权,有效日期为外国首次申请的申请日,即优先权日,其余的则以中国在后申请之日为申请日。该中国在后申请中有部分技术方案享有外国优先权,故称为外国部分优先权。“相同主题”之“相同”,并不意味在文字记载或者叙述方式上完全一致。只要求作为优先权基础的在先申请的说明书和权利要求书中清楚地记载或包含了要求优先权的在后申请的技术方案,使得所属技术领域的技术人员可以直接、毫无疑义地确定即可,而不要求记载或者叙述方式完全相同。

作为外国优先权基础的在先申请必须是正规的国家申请,即在有关国家中足以确定提出申请日期的申请,该申请被正式受理,给予了申请日。但是,在先申请的结局,包括被驳回、撤回、被视为撤回、分案,都不影响外国优先权的产生。

外国优先权主张受到时间限制。对于发明和实用新型,优先权期间为在外国第一次提出专利申请之日起12个月。对于外观设计,优先权期间为在外国第一次提出专利申请之日起6个月。申请日不计入期间。如果期间的最后一日是法定假日,期间延至其后的第一个工作日。

外国优先权的效力。享有外国优先权的,以优先权日替代申请日。对申请人而言,在优先权期间内,相同主题的技术方案的公开都不构成《专利法》第22条第5款所界定的现有技术。在优先权期间内,其他人提出的相同主题的发明创造专利申请因失去新颖性而不能被授予专利权。在优先权期间内,也不会产生第三方的先用权。

(2)本国优先权

《专利法》第29条第2款规定:申请人自发明或者实用新型在中国第一次提出专利申请之日起12个月内,又向国务院专利行政部门就相同主题提出专利申请的，可以享有优先权。

本国优先权制度的不少内容类似于外国优先权，但也有明显的区别。作为本国优先权基础的第一次申请是在中国提出。当然，提出申请的主体未必是“中国人”。当申请人要求本国优先权时，作为本国优先权基础的中国首次申请，自中国在后申请提出之日起即被视为撤回（否则会导致重复授权）。本国优先权制度只适用于发明或者实用新型专利申请。有观点认为本国优先权制度也应适用于外观设计申请。《专利法》第四修改中，国家知识产权局发布的《征求意见稿》中增加了外观设计国内优先权制度。①

本国优先权除了具有外国优先权的类似的效力以外，还存在独特的效力。利用本国优先权可以实现发明和实用新型之间的转换，可以将多个在先申请在符合单一性要求的前提下合为一案申请（可以减少以后缴纳的专利年费），可以挽救视为撤回的发明或实用新型专利申请（不必办理恢复手续），可以变相延长专利权的期限。②

3. 现有技术

《专利法》第 22 条第 2 款规定：本法所称现有技术，是指申请日以前在国内外为公众所知的技术。申请专利的技术方案不属于现有技术，意味着专利审查部门可以从“现有技术”的范围内寻找“对比技术”，一旦在现有技术的范围内找到一项对比技术证明申请专利的技术方案已经被公开，即证明了申请专利的技术方案属于现有技术，没有新颖性。

判断是否属于现有技术的关键是理解“为公众所知”。

(1)“公众”的界定

《中国专利法》采用绝对新颖性标准，公众没有法域范围的限制，对此没有争议。对于“公众”的含义，有不同理解。一种理解偏向对专利申请人严格，将“公

① 国家知识产权局给出理由是：实践中，依据相似外观设计合案申请规定，申请人在国外首次提出一件外观设计申请后，可通过主张外国优先权，向中国提交相似外观设计的合案申请。但是，由于本国优先权不适用于外观设计专利申请，申请人在中国申请一件外观设计专利后，再提交与之相似的外观设计，无法主张国内优先权并据此合案，造成国内和国外申请的权利不对等问题。另一方面，我国建立局部外观设计保护制度之后，会出现产品整体设计与局部设计的转换需求。如果没有外观设计本国优先权制度，基于外国优先权可以轻易实现的整体与局部设计之间的转换在国内申请之间却难以实现，同样会造成对国内和国外申请人之间权利不平等问题。见《关于〈中华人民共和国专利法修改草案（征求意见稿）〉的说明》。

② 参见刘国伟：《本国优先权制度——作用及误区》，http://blog.sina.com.cn/s/blog_5330586a0100ai0b.html

众”理解为不负有保密义务的人。专利法上所说的公开，就是指有关技术信息脱离了保密状态。只要有可能被一个不负有保密义务的人知道了，就足以使技术公开，因为他可以向别人传播。[①] 有观点认为前述理解不当。有关技术信息为负有保密义务的人得知不应构成为公众所知，对此没有异议。但“公众”一词也不应当被理解为“负有保密义务的人”的反义词。例如发明人与他人在私人交谈中谈及其作出的发明创造，该私人没有保密义务，该发明创造虽然“脱离了保密状态”，但此时难以得出该发明创造已经“为公众所知”的结论。新颖性条件要保障公众有适用任何现有技术的自由，但也不应使新颖性标准变得过于苛刻，以至于对发明人产生不适当的限制，使之稍不小心就会因为自己的某些行为而使其做出的发明创造丧失新颖性。[②] 理论和实务中常常引入“不特定的人”这个概念来解释“公众”。专利局的培训教材给出的解释是：“公众”不是指数量意义上的人群，而是指不受特定条件限制的任何人或者称之为“非特定人”。“非特定人”是相对于“特定人”而言的，“特定人”是指明示或默示应当负有保密义务的人，处于保密状态而使得公众无法得知的技术，由于不具有公开的性质因此不属于现有技术。[③] “公众”的判断标准，实际上还没有普遍接受的共识。

(2)“所知”的状态

专利法似乎是从结果意义上定义现有技术——公众已经知晓的技术。但实际上，对此没有异议的理解是，公开只是一种为公众所知的状态，并不代表公众实际知晓了该技术。只要求公众“能够得知”有关技术信息，不要求“实际得知”。“能够得知”通常被理解为“想得知就能够(通过正常途径)得知”。《专利审查指南》指出：现有技术应当在申请日以前处于能够为公众获得的状态，并包含有能够使公众从中得知实质性技术知识的内容。处于保密状态的技术内容不属于现有技术。所谓保密状态，不仅包括受保密规定或协议约束的情形，还包括社会观念或者商业习惯上被认为应当承担保密义务的情形，即默契保密的情形。然而，如果负有保密义务的人违反规定、协议或者默契泄露秘密，导致技术内容公开，使公众能够得知这些技术，这些技术也就构成了现有技术的一部分。

有关技术信息是否处于公众能够得知的状态，不同的公开方式有不同的判

---

① 汤宗舜：《专利法教程》(第3版)，法律出版社2003年版，第83页。

② 尹新天：《中国专利法详解》，知识产权出版社2011年版，第254页。

③ 国家知识产权局专利局人事教育部组织：《发明专利审查基础教程·审查分册》(第3版)，知识产权出版社2012年版，第116页。

断。以出版物方式公开的，出版物的印刷日视为公开日，有其他证据证明其公开日的除外。以使用方式公开的(包括能够使公众得知其技术内容的制造、使用、销售、进口、交换、馈赠、演示、展出等方式)，以公众能够得知该产品或者方法之日为公开日。以口头交谈、报告、讨论会发言方式公开的，其发生之日为公开日。以公众可接收的广播、电视或电影的报道方式公开的，以其播放日为公开日。以互联网方式公开的，公众能够浏览互联网信息的最早时间为该互联网信息的公开时间，一般以互联网信息的发布时间为准。在采用绝对新颖性标准的背景下，公开方式的法律意义下降，关键是要判断是否达到为公众所知的状态。

4. 宽限期

若申请专利的发明或者实用新型属于现有技术，不是专利法意义上的创新成果，自然不该授予专利权。但是，该原则也有例外。

因为现有技术的时间标准是申请日。申请人自然不能在专利申请日之前将其发明创造公开。但是有可能会存在申请人不愿公开，却被其他人非法公开的情形。早于申请日公开，对于社会也有利(提高技术传播的效率)。一概以构成现有技术为由认定相应专利申请丧失新颖性便有失公平，也不利于技术的传播；若取消申请日标准，又必然丧失专利审查的可操作性。故专利法以申请日作为现有技术的时间标准，同时又规定了若干即使构成现有技术也不导致相应专利申请丧失新颖性的情形。

《专利法》第24条规定：申请专利的发明创造在申请日以前六个月内，有下列情形之一的，不丧失新颖性：(1)在中国政府主办或者承认的国际展览会上首次展出的；(2)在规定的学术会议或者技术会议上首次发表的；(3)他人未经申请人同意而泄露其内容的。根据《专利审查指南》的规定，中国政府主办的国际展览会，包括国务院、各部委主办或者国务院批准由其他机关或者地方政府举办的国际展览会。中国政府承认的国际展览会，是指国际展览会公约规定的由国际展览局注册或者认可的国际展览会。规定的学术会议或者技术会议，是指国务院有关主管部门或者全国性学术团体组织召开的学术会议或者技术会议，不包括省以下或者受国务院各部委或者全国性学术团体委托或者以其名义组织召开的学术会议或者技术会议。

不同国家的专利法基本都有宽限期制度，但是宽限期制度涉及的宽限期限、计算期限的起点、可主张宽限期的公开方式、主张宽限期的条件等方面，各国立法存在差异。[①]

宽限期的效力在于将法定的构成现有技术(或现有设计)的技术方案(或设计方案)不认定为丧失新颖性。并不是把发明创造的公开日看作是专利申请的申请日。如果在宽限期内(首次展出、首次发表或泄露之日后,专利申请日之前),申请人又采取除法定三种方式之外的其他方式公开其发明创造,或者第三人独立地再次公开了同样的发明创造,将导致其申请丧失新颖性。如果第三人独立地做出了同样的发明创造,而且在申请人提出专利申请以前提出了专利申请,根据先申请原则,申请人就不能取得专利权。同时由于该发明创造已公开,成为现有技术,第三人的申请也没有新颖性,不能取得专利权。

5. 抵触申请

能够破坏新颖性的,不仅有现有技术,还有那些在申请日以前向国务院专利行政部门提出过申请,并记载在申请日以后公布的专利申请文件或者公告的专利文件中的在先的同样发明或者实用新型申请,即抵触申请。这意味着审查部门不但可以在申请日以前已经公开的技术信息内检索对比技术,而且可以在申请日以前已经提交申请日以后予以公布的在先申请中检索对比技术。

抵触申请虽然是一项在先的申请,但是由于在"在后申请"的申请日之前尚未公开,所以对于"在后申请"而言,其并不构成现有技术。

对于要予以审查的"在后申请"而言,抵触申请是一项"在先申请",同时"在后公开"。即其申请日必须在"在后申请"的申请日之前(不包括申请日当日),同时其公开日在"在后申请"的申请日之后(包括申请日当日)。在2008年专利法修改之前,抵触申请仅限于他人提出的申请,不包括在后申请人本人提出的申请;2008年专利法修改之后,抵触申请也包括了在后申请人本人之前所提出的样发明或者实用新型的申请。抵触申请不但要求"在先申请",而且要求"在后公开"。那些虽然先提交申请,但是未在"在后申请"的申请日之后公开的"在先申请",不构成抵触申请。而一旦"在后公开",不论"在先申请"的结局如何(申请撤回、视为撤回,驳回,放弃专利权、宣告无效等),均不会影响其构成抵触申请。

抵触申请系基于解决"重复授权"问题而产生。因为该"在先申请"不构成现有技术,若没有抵触申请制度,有可能会导致同样的发明创造授予两项以上的专利权。从防止"重复授权"的角度看,似乎应当将"在后申请"的权利要求与"在先

① 可参见刘华、赵静、万小丽:《对新颖性宽限期规则的研究》,载国家知识产权局条法司编:《〈专利法〉及〈专利法实施细则〉第三次修改专题研究报告(上卷)》,知识产权出版社2006年版,第222～236页。

申请”的权利要求进行对比即可,因为专利保护范围由权利要求决定。但事实上,在判断是否构成抵触申请时,各国广泛采用的方式是以“在先申请”的“全文内容”(权利要求书、说明书、说明书附图)来与“在后申请”作比较。虽然看起来不公正,可能的考虑是:第一,抵触申请属于新颖性判断的一部分,新颖性判断是以一件在先技术文献(包括一件已公开的专利申请)的整体作为对比技术。第二,若以抵触申请的权利要求为准,在抵触申请未完成实质审查之前,其权利要求完全有可能变化,这将导致只能等待“在先申请”审查结束之后才能判断是否构成抵触申请,将导致对于“在后申请”的审查效率太低。第三,仅存在于“在先申请”的说明书及附图中的技术方案,本来是不授予专利权的,会成为公众可以自由使用的技术(就在先申请而言),但是若“在后申请”将其写入权利要求后,由于相对于“在后申请”而言既不是现有技术,也不构成重复授权,若又不考虑构成抵触申请,“在后申请”就完全可能获得专利权。将公众本来可以自由使用的技术变成独占技术,对公众不利,也不公正。

理论上争议的另一个问题是发明或实用新型(技术方案)与外观设计(设计方案)之间能否互相构成抵触申请。专利法的规定是清楚的:不可以。《专利法》第 22 条第 2 款中规定,新颖性是指……,也没有任何单位或者个人就“同样的发明或者实用新型”在申请日以前向国务院专利行政部门提出过申请,并记载在申请日以后公布的专利申请文件或者公告的专利文件中。构成申请专利的发明或实用新型(技术方案)的抵触申请的只是“发明或者实用新型”,不是“发明创造”,即不包括外观设计(设计方案)。类似的,《专利法》第 23 条规定,授予专利权的外观设计……也没有任何单位或者个人就“同样的外观设计”在申请日以前向国务院专利行政部门提出过申请,并记载在申请日以后公告的专利文件中。构成申请专利的外观设计(设计方案)的抵触申请的只是“外观设计”,不包括发明或者实用新型。实践中也是这样执行的。有观点认为,发明或实用新型与外观设计专利申请之间是否能够互为抵触申请的问题,不应该从专利申请类型上进行限定,应该具体考虑发明或实用新型与外观设计专利申请中所包含的技术和设计信息是否可以互相抵触,也就是在先申请的发明或实用新型专利申请文件中是否包含或隐含了在后外观设计专利申请所请求保护的产品的完整外观设计,或在先申请的外观设计专利申请文件中所包含的产品的形状和构造信息是否已经明示了一个与在后提出的发明或实用新型专利申请所请求保护的技术方案相同的技术方案。只要发明或实用新型与外观设计专利申请中所包含的技术和设计信息存在互相抵触,那包含相互抵触信息的在先专利申请就构成在后专利申请的抵触申请,而如果发明或实用新型与外观设计专利申请中所包含的技术和设计信息不存在互相抵触，那包含相互抵触信息的在先专利申请就不构成在后专利申请的抵触申请。主要理由是：发明、实用新型、外观设计三种类型的专利都可以保护产品的形状，发明、实用新型的附图公开的产品结构示意图，有可能是外观设计的图片，外观设计图片或照片中包含产品的构造信息，可以构成发明和实用新型专利的产品结构技术方案。如果不能相互构成抵触申请，则会出现将在先发明或实用新型申请披露的产品形状作为在后外观设计专利申请获得授权的现象，反之亦然。如果在先申请披露的产品形状未要求保护，则在后申请获得保护就显得不公平。如果在先申请披露的产品形状已要求保护并且能获得专利权，在后申请很可能也会获得专利权，此时就同样形状的产品，实际上存在两个不同的专利权，会引发冲突。①

各国对于抵触申请的立法也有所区别。②

6. 对比判断

审查部门在现有技术范围和能够构成抵触申请的范围内寻找对比文件，然后与被审查专利申请的权利要求中请求保护的技术方案进行对比，以判断其是否具有新颖性。

(1)单独对比

审查部门引用的对比文件可以是一份，也可以是数份。但是，只能将发明或者实用新型专利申请的各项权利要求分别与每一项现有技术或可能构成抵触申请的在先申请的相关技术内容单独地进行比较，不得将其与几项现有技术或者申请在先公布或公告在后的发明或者实用新型内容的组合，或者与一份对比文件中的多项技术方案的组合进行对比。此即“单独对比原则”。这也是新颖性判断与创造性判断方法的重要不同。

(2)同样的发明或实用新型

经过对比，如果被审查的发明或者实用新型专利申请与现有技术或者抵触申请范围内的发明或者实用新型的相关内容相比，其技术领域、所解决的技术问题、技术方案和预期效果实质上相同，则两者为同样的发明或者实用新型，被审

① 可参见李中奎、李娟：《抵触申请相关规定浅析》，载《专利法研究 2010》，知识产权出版社 2011 年版。毕强：《浅议三种专利申请类型是否可以互为抵触申请》，载《中国发明与专利》2015 年第 9 期。张跃平：《发明、实用新型与外观设计专利申请之间可互为抵触申请》，载《电子知识产权》，2010 年第 8 期。

② 可参见刘华、赵静、万小丽：《现有技术的界定》，载国家知识产权局条法司编：《〈专利法〉及〈专利法实施细则〉第三次修改专题研究报告（上卷）》，知识产权出版社 2006 年版，第 209～214 页。

查专利申请缺乏新颖性。

对“同样的发明或实用新型”这一术语不能完全局限于字面理解(理解为“相同的发明或实用新型”)。内容完全相同的发明或者实用新型当然属于“同样的发明或实用新型”,除此之外,仅仅是简单的文字变换的情形,可以从对比文件中直接地、毫无疑义地确定的技术内容,都属于“同样的发明或实用新型”。被审查技术方案与对比文件相比,其区别仅在于前者采用一般(上位)概念,而后者采用具体(下位)概念限定同类性质的技术特征的;区别仅仅是所属技术领域的惯用手段的直接置换的;被审查技术方案中存在以数值或者连续变化的数值范围限定的技术特征,对比文件公开的数值或者数值范围落在上述限定的技术特征的数值范围内,或者对比文件公开的数值范围与上述限定的技术特征的数值范围部分重叠或者有一个共同的端点的等,两者也属于“同样的发明或实用新型”情形。① 新颖性审查中“实质上相同”的判断,在实践中与创造性审查中的“显而易见”判断,其中的界限未必都能分明。

7. 与禁止重复授权原则间的关系

《专利法》第 9 条规定:同样的发明创造只能授予一项专利权。新颖性审查中的“抵触申请”制度系为解决重复授权问题而设置,但是二者也存在明显区别。

判断是否存在重复授权,因为专利保护范围由权利要求决定,要比较两件申请各自的权利要求所形成的技术方案,说明书和附图起解释权利要求的作用。抵触申请的判断,则要以在先申请的全部内容(权利要求书、说明书、说明书附图)作为对比文件,与在后申请的权利要求进行对比。

(三)创造性

申请发明或实用新型专利的技术方案与现有技术(包括抵触申请)相比,不属于同样的发明或实用新型即满足新颖性要求。但即使不属于同样的发明创造,也有可能两者之间差别很小,如果对这种与现有技术差别很小的技术方案授予专利权,势必会造成低水平的专利泛滥,不符合专利法的宗旨。各国专利法对申请专利的发明创造,除了新颖性要求之外,还规定了要有更高的创新区别的要

① 可参见《专利审查指南》(2010)第二部分第三章 3.2“审查基准”部分。国家知识产权局专利复审委员会编著:《现有技术与新颖性》(知识产权出版社 2004 年版)第二编第三节“新颖性审查基准”部分。

件。不同国家、地区有不同的称谓和表述，例如美国为“非显而易见性”①，欧洲为“创造性步骤”②，我国称“创造性”。

《专利法》第22条第2款规定：创造性，是指与现有技术（不包括抵触申请）相比，该发明具有突出的实质性特点和显著的进步，该实用新型具有实质性特点和进步。

1. 突出的实质性特点

(1)含义

发明有突出的实质性特点，是指对所属技术领域的技术人员来说，发明相对于现有技术是非显而易见的。如果发明是所属技术领域的技术人员在现有技术的基础上仅仅通过合乎逻辑的分析、推理或者有限的试验可以得到的，则该发明是显而易见的，也就不具备突出的实质性特点。

(2)判断方式

《专利审查指南》规定，采用三个步骤判断发明是否具有突出的实质性特点。

第一步，确定最接近的现有技术。最接近的现有技术，是指现有技术中与要求保护的发明最密切相关的一个技术方案，它是判断发明是否具有突出的实质性特点的基础。最接近的现有技术可以是与要求保护的发明相同技术领域中的现有技术，也可以是与要求保护的发明不同技术领域中的现有技术。对于相同技术领域中的现有技术，考虑所要解决的技术问题、技术效果或者用途最接近或者公开了发明的技术特征最多的现有技术。对于不同技术领域中的现有技术，考虑能够实现发明的功能，并且公开发明的技术特征最多的现有技术。确定最接近的现有技术是根据申请文件做出的客观分析，审查部门所认定的最接近的

---

① 美国《专利法》第103条(35 U.S.C. 103)关于“非显而易见性”(non-obvious)的基本规定是：(a) A patent for a claimed invention may not be obtained. notwithstanding tha the claimed invention is not identically disdosed as set forth in section 102, if the differences between the subject matter sought to be patented and the prior art are such that the subject matter as a whole would have been obvious at the time the invention was made to a person having ordinary skill in the art to which said subject matter pertains. Patentability shall not be negatived by the manner in which the invention was made.

② 《欧洲专利公约》第56条关于“创造性步骤”(Inventive step)的规定是：An invention shall be considered as involving an inventive step if, having regard to the state of the art, it is not obvious to a person skilled in the art. If the state of the art also includes documents within the meaning of Article 54, paragraph 3, these documents shall not be considered in deciding whether there has been an inventive step.

现有技术可能不同于申请人在说明书中所描述的现有技术。

第二步，确定发明的区别特征和发明实际解决的技术问题。首先分析要求保护的发明与最接近的现有技术相比有哪些区别特征，然后根据该区别特征所能达到的技术效果确定发明实际解决的技术问题，即为获得更好的技术效果而需对最接近的现有技术进行改进的技术任务。确定发明实际解决的技术问题是根据申请文件做出的客观分析，审查部门所确定的发明实际解决的技术问题可能不同于申请人在说明书中所描述的技术问题。

第三步，从最接近的现有技术和发明实际解决的技术问题出发，判断要求保护的发明对本领域的技术人员来说是否显而易见。要确定现有技术整体上是否存在某种技术启示，即现有技术中是否给出将上述区别特征应用到该最接近的现有技术以解决其存在的技术问题（即发明实际解决的技术问题）的启示，这种启示会使本领域的技术人员在面对所述技术问题时，有动机改进该最接近的现有技术并获得要求保护的发明。如果现有技术存在这种技术启示，则发明是显而易见的，不具有突出的实质性特点。如果现有技术中不存在这种技术启示，则要求保护的发明对本领域的技术人员来说是非显而易见的，该发明具有突出的实质性特点。

2. 显著的进步

在“突出的实质性特点”，即“非显而易见性”判断方面，我国的判断与其他国家的专利法中创造性基本相当。

但是，我国专利法规定的创造性要件，还有技术效果的要求，即发明要有显著的进步。从词义上考察，“进步”是效果更好之意，既可能包括技术效果，又可能包括经济效果或者社会效果。但是，《专利审查指南》规定，显著的进步是指发明与现有技术相比能够产生有益的技术效果。《专利审查指南》实际上缩小了专利法所规定的“进步”的外延。

根据《专利审查指南》的规定，发明与现有技术相比具有更好的技术效果，例如，质量改善、产量提高、节约能源、防治环境污染等；或者提供了一种技术构思不同的技术方案，其技术效果能够基本上达到现有技术的水平；或者代表某种新技术发展趋势；或者尽管在某些方面有负面效果，但在其他方面具有明显积极的技术效果，通常都应当认为该发明具有有益的技术效果，具有显著的进步。从该规定可知，如果发明提供了一种新的技术方案，解决了技术问题，或者在某一方面具有明显积极的技术效果，都应当认为具有显著的进步。如果发明被认为具有了“突出的实质性特点”，很难被同时认为没有显著的进步。

这样做的可能原因是：按照国际上普遍采用的创造性判断标准，是将“实质性特点”和“进步”这两个方面的要求综合起来予以考虑的，没有规定两者应该分别达到何种标准。我国自1985年实行专利法以来，一直十分注重在创造性的判断标准上与国际标准保持一致，因此在依据《专利法》第22条第3款的规定判断是否具备创造性条件时，实际上采取的是与国际标准基本上相同的标准。①

若将“进步”理解为更有“效果”，则创造性与实用性具有内涵和外延上的相关性。实用性要件中的“能够产生积极效果”，是指发明或者实用新型专利申请在提出申请之日，其产生的经济、技术和社会的效果是所属技术领域的技术人员可以预料到的。这些效果应当是积极的和有益的。创造性和实用性在内涵上都有“效果”，其共同点在于都是正向的、包含技术因素，其区别在于：创造性之“有益的技术效果”通常是出乎预料的，而实用性之“积极效果”是预料之内的；实用性之“积极效果”不仅是技术方面的，还有经济和社会方面的，其外延大于创造性之“有益的技术效果”。②

3. 辅助性判断因素

创造性的审查虽然通常是使用上述方式，但《专利审查指南》也给出了其他因素帮助做出准确判断。

如果发明解决了人们一直渴望解决但始终未能获得成功的技术难题；或者克服了技术偏见，采用了人们由于技术偏见而舍弃的技术手段，从而解决了技术问题；或者取得了预料不到的技术效果；或者由于发明的技术特征直接导致发明的产品在商业上获得成功时，这种发明具有突出的实质性特点和显著的进步，具备创造性。

4. 实用新型的创造性判断

按照专利法的规定，实用新型专利创造性的标准应当低于发明专利创造性的标准。只要求与现有技术相比，该实用新型具有实质性特点和进步，不要求程度上的“突出”“显著”。

在实际审查中，按照《专利审查指南》的规定，发明、实用新型在创造性判断标准上的不同，主要体现在判断现有技术中是否存在技术启示时发明专利与实用新型专利存在区别，这种区别体现在下述两个方面。

现有技术的领域。对于发明专利而言，不仅要考虑该发明专利所属的技术领域，还要考虑其相近或者相关的技术领域，以及该发明所要解决的技术问题能够促使本领域的技术人员到其中去寻找技术手段的其他技术领域。对于实用新

---

① 尹新天：《中国专利法详解》，知识产权出版社2011年版，第263页。

② 管荣齐：《中国专利创造性条件的改进建议》，载《法学论坛》2012年第3期。

型专利而言，一般着重于考虑该实用新型专利所属的技术领域。但是现有技术中给出明确的启示，促使本领域的技术人员到相近或者相关的技术领域寻找有关技术手段的，可以考虑其相近或者相关的技术领域。

现有技术的数量。对于发明专利而言，可以引用一项、两项或者多项现有技术评价其创造性。对于实用新型专利而言，一般情况下可以引用一项或者两项现有技术评价其创造性，对于由现有技术通过"简单的叠加"(多个相互之间无关联的技术特征的拼凑，拼凑后的各技术特征之间无相互作用、彼此不支持且没有相互配合或影响)而成的实用新型专利，可以根据情况引用多项现有技术评价其创造性。

二、外观设计专利应当满足的实质条件

2008年《专利法》修改前后，外观设计专利实质条件发生了重大变化。2008年修改前，《专利法》第23条的规定是：授予专利权的外观设计，应当同申请日以前在国内外出版物上公开发表过或者国内公开使用过的外观设计不相同和不相近似，并不得与他人在先取得的合法权利相冲突。现行《专利法》基本采用了TRIPS协定中外观设计专利实质条件的条款。[①]《专利法》第23条规定：授予专利权的外观设计，应当不属于现有设计；也没有任何单位或者个人就同样的外观设计在申请日以前向国务院专利行政部门提出过申请，并记载在申请日以后公告的专利文件中。授予专利权的外观设计与现有设计或者现有设计特征的组合相比，应当具有明显区别。授予专利权的外观设计不得与他人在申请日以前已经取得的合法权利相冲突。本法所称现有设计，是指申请日以前在国内外为公众所知的设计。外观设计专利实质条件的修改借用了发明与实用新型实质条件的思路。例如，与现有设计相对应，设立了"现有技术"的概念，两个概念内涵的界定方式也类似；设立了与发明与实用新型新颖性中类似的"抵触申请"条件；类似于发明与实用新型创造性，提高对外观设计创新程度的要求，设立了"具有明显区别"条件，判断方式上也借鉴了创造性。外观设计专利实质条件发生了重大

① TRIPS协定第25条第1款的内容：1. Members shall provide for the protection of independently created industrial designs that are new or original. Members may provide that designs are not new or original if they do not significantly differ from known designs or combinations of known design features. Members may provide that such protection shall not extend to designs dictated essentially by technical or functional considerations.

改变后，理论和实务中为方便，常常直接称为外观设计的新颖性、创造性。[①] 虽然表述如此，思路也有许多相通之处，但毕竟发明与实用新型是针对技术方案，外观设计是针对设计方案，两者之间有根本性的差异，所以，新颖性和创造性在内涵上，自然存在许多差异。

(一)新颖性

1. 含义

外观设计的新颖性，是指申请外观设计专利(涉案专利)[②]的设计方案不属于现有设计，且没有抵触申请。现有设计，是指申请日以前在国内外为公众所知的设计。抵触申请，是指涉案专利申请日以前任何单位或者个人向专利局提出并且在涉案专利的申请日以后(含申请日)公告的同样的外观设计专利申请。判断对比设计是否构成涉案专利的抵触申请时，也是以对比设计所公告的专利文件全部内容为判断依据。

---

① 2008年之前的《专利法》对于外观设计专利实质条件的规定是："同申请日以前在国内外出版物上公开发表过或者国内公开使用过的外观设计不相同和不相近似，并不得与他人在先取得的合法权利相冲突。"对于"不相同和不相近似"的判断，由于其表述接近于发明与实用新型的新颖性的表述，实践中要求只能用"在同类产品之间进行单独对比"的方式，与新颖性判断方式类似，故习惯上人们通常称其为外观设计的"新颖性"。2008年《专利法》修改之后，增加了"与现有设计或者现有设计特征的组合相比，应当具有明显区别"的更高要求。人们通常理解为对外观设计专利增加了"创造性"要求。但是也有观点认为，2008年之前的外观设计实质条件既包括新颖性也包括创造性要求，"不相同"是新颖性要求，"不相近似"是创造性要求。例如中国专利局法律事务部编写组所编《专利问题解答》(专利文献出版社1988年版，第45页)中即持此观点。但由于"不相近似"判断也要采用"在同类产品之间进行单独对比"的方式，与较高的创新要求有明显差距，该观点没被普遍认可。了解《专利法》条文之间的变化，有助于深入理解现行外观设计专利实质条件的规定。另外需要注意的是，本部分讨论的仅是"外观设计专利应当满足的实质条件"的立法变化。在外观设计专利侵权判定中，《专利法》从未给出具体的判定方法，而是由法院确定。最高人民法院《关于审理侵犯专利权纠纷案件应用法律若干问题的解释》(法释〔2009〕21号)及北京市高级人民法院《专利侵权判定指南》(京高法发〔2013〕301号)中关于外观设计侵权判定方式的规定，采用"相同或者相近种类产品上，相同或者相近似外观设计"的方式。而北京市高级人民法院的《关于审理外观设计专利案件的若干指导意见(试行)》(京高法发〔2008〕316号)对于专利确权案件有效。虽然该《意见》尚未失效，但该意见发布之日早于第三次修改之后的《专利法》的生效日，故其中对于外观设计确权案件适用的判断基准仍然是"相同或者相近似"的表述。

② 由于外观设计专利申请没有实质审查，真正需要审查其是否满足外观设计专利实质条件时，是在申请宣告外观设计专利权无效的复审程序中。此时对该外观设计已经存在专利权，且已发生争议案件。故习惯上简便称为"涉案专利"。

按《专利审查指南》的规定，不属于现有设计，是指在现有设计中既没有与涉案专利相同的外观设计，也没有与涉案专利实质相同的外观设计。判断是否存在抵触申请时，也是将与涉案专利与在先申请(对比设计)进行比较，判断对比设计中是否包含有与涉案专利相同或者实质相同的外观设计。

外观设计相同，是指涉案专利与对比设计是相同种类产品的外观设计，并且涉案专利的全部外观设计要素与对比设计的相应设计要素相同。外观设计要素是指形状、图案以及色彩。在确定产品的种类时，可以参考产品的名称、国际外观设计分类以及产品销售时的货架分类位置，但是应当以产品的用途是否相同为准。相同种类产品是指用途完全相同的产品。

涉案专利与对比设计实质相同，是指涉案专利与对比设计是相同或者相近种类的产品外观设计，并且一般消费者经过对涉案专利与对比设计的整体观察可以看出，二者的区别仅属于下列情形：其区别在于施以一般注意力不能察觉到的局部的细微差异；或者其区别在于使用时不容易看到或者看不到的部位(有证据表明在不容易看到部位的特定设计对于一般消费者能够产生引人瞩目的视觉效果的情况除外)；或者其区别在于将某一设计要素整体置换为该类产品的惯常设计的相应设计要素；或者其区别在于将对比设计作为设计单元按照该种类产品的常规排列方式作重复排列或者将其排列的数量作增减变化；或者其区别在于互为镜像对称。外观设计实质相同的判断仅限于相同或者相近种类的产品外观设计。相近种类的产品是指用途相近的产品。具有多种用途的产品，部分用途相同，而其他用途不同，属于相近种类的产品。对于产品种类不相同也不相近的外观设计，不进行涉案专利与对比设计是否实质相同的比较和判断，即可认定涉案专利与对比设计不构成实质相同。

2. 判断

(1)判断主体

类似于发明与实用新型实质条件的判断引入“所属技术领域的技术人员”这一概念来统一审查标准，外观设计实质条件的判断仍然存在统一审查标准的需要，但不同于“所属技术领域的技术人员”由《专利法》直接规定，《专利法》及其《实施细则》没有规定外观设计实质条件的判断主体。

《专利审查指南》规定的判断主体是“涉案专利产品的一般消费者”[①]。基于涉案专利产品的一般消费者的知识水平和认知能力进行判断外观设计是否具有新颖性、创造性。不同种类的产品具有不同的消费者群体。作为某种类外观设计产品的一般消费者应当具备如下特点：其对涉案专利申请日之前相同种类或者相近种类产品的外观设计及其常用设计手法具有常识性的了解；对外观设计产品之间在形状、图案以及色彩上的区别具有一定的分辨力，但不会注意到产品的形状、图案以及色彩的微小变化。

从《专利审查指南》有关条款的演变可知，不能把《专利审查指南》中规定的“一般消费者”理解为普通的消费者（购物者）。这个假设的“人”在知识水平和认知能力方面都有特殊的限定。

在审查、司法实践中，“一般消费者”标准如何具体掌握，时常会有个案分歧。

---

① 《专利审查指南》中关于外观设计实质条件判断主体的规定有几次变化。1993 年版《专利审查指南》规定：判断外观设计是否相同或者相近似按一般购买者水平判断。一般购买者指一般知识领域的人员，而不是指专家或专业技术人员。有些相近似的产品的细微差别，专业人员能很容易地辨别出来，而一般的购买者往往会忽略。专利审查人员要从一般购买者的角度进行判断。2001 年版《专利审查指南》规定：在判断外观设计是否相同或者相近似时，以外观设计产品的一般消费者（简称一般消费者）是否容易混淆为判断标准。一般消费者是指一种假想的人，他具有下列特点：(1)具有一般的知识水平和认知能力，能够辨认产品的形状、图案以及色彩，他对被比外观设计产品的同类或者相近类产品的外观设计状况有常识性的了解。(2)一般消费者在购买被比外观设计产品时，仅以被比外观设计产品具有的要素作为辨认是否为同一产品的因素，不会注意和分辨其他产品包含的其他要素，不会注意和分辨产品的大小、材料、功能、技术性能和内部结构等因素。设计的构思方法、设计者的观念以及产品的图案中所使用的题材和文字的含义都不是一般消费者所考虑的因素。(3)以一般注意力分辨产品的外观设计，使用时不易见到的部位的外观以及不具有一般美学意义的部位的外观和要素设计不会给其留下视觉印象，他不会注意到产品的形状、图案以及色彩的微小变化。2004 年《审查指南公报（第 1 号）——关于〈审查指南〉第一、三和四部分的修改》规定：在判断外观设计是否相同或者相近似时，应当基于被比设计产品的一般消费者的知识水平和认知能力进行评价。不同类别的被比设计产品具有不同的消费者群体。作为某类外观设计产品的一般消费者应当具备下列特点：(1)对被比设计产品的同类或者相近类产品的外观设计状况具有常识性的了解。(2)对外观设计产品之间在形状、图案以及色彩上的差别具有一定的分辨力，但不会注意到产品的形状、图案以及色彩的微小变化。2006 年版、2010 年版的《专利审查指南》基本沿用前述规定。

尤其是涉及购买者和使用者不同时①、中间产品与终端产品购买者不同时②等特殊类型的案件。

(2)判断方式

一般应当用一项对比设计与涉案专利进行单独对比,而不能将两项或者两项以上对比设计结合起来与涉案专利进行对比。

在对比时应当通过视觉进行直接观察,不能借助放大镜、显微镜、化学分析等其他工具或者手段进行比较,不能由视觉直接分辨的部分或者要素不能作为判断的依据。

在对比时,应当仅以产品的外观作为判断的对象,考虑产品的形状、图案、色彩这三个要素产生的视觉效果。

对比时应当采用整体观察、综合判断的方式。由涉案专利与对比设计的整体来判断,而不从外观设计的部分或者局部出发得出判断结论。将涉案专利与对比设计进行全面的比较分析,找出相同点和区别点;对相同点和不同点进行比较分析。

前述规定可见外观设计相同或实质相同的判断与商标授权、确权、侵权案件中的商标对比判断有表面上的相近之处。要产品类别是必要因素,从"消费者"角度判断,要整体观察、综合判断。

(二)创造性

外观设计的创造性,是指涉案外观设计专利与现有设计或者现有设计特征的组合相比,应当具有明显区别。现有设计特征,是指现有设计的部分设计要素或者其结合。《专利审查指南》将创造性审查分为三种情形。

第一,涉案专利与相同或者相近种类产品现有设计相比是否具有明显区别。如果一般消费者经过对涉案专利与相同或者相近种类产品的现有设计的整体观察可以看出,二者的差别对于产品外观设计的整体视觉效果不具有显著影响,则涉案专利与现有设计相比不具有明显区别。在整体观察,对相同点和不同点进行比较分析时,是否属于不可见部位或者不易见部位、是否属于惯常设计、是否

---

① 例如"路灯(飞船形)"案。可参阅北京市第一中级人民法院〔2005〕一中行初字第115号、北京市高级人民法院〔2005〕高行终字第337号行政判决书,及有关研究资料。

② 例如"T框型材"案。可参阅北京市第一中级人民法院〔2005〕一中行初字第115号、北京市高级人民法院〔2005〕高行终字第337号行政判决书,及有关研究资料。可参阅北京市第一中级人民法院〔2003〕一中行初字第172号、北京市高级人民法院〔2003〕高行终字第141号行政判决书,及有关研究资料。

属于技术性能或者功能唯一限定、是否属于局部的细微变化以及使用状态下产品的形态等，都是综合判断需要考虑的因素。

第二，涉案专利是否系由现有设计转用得到。转用，是指将产品的外观设计应用于其他种类的产品。《专利审查指南》将模仿自然物、自然景象以及将无产品载体的单纯形状、图案、色彩或者其结合应用到产品的外观设计中，也作为转用。判断中首先确定现有设计的内容，再将现有设计与涉案专利对应部分的设计进行对比。在现有设计与涉案专利对应部分的设计相同或者仅存在细微差别的情况下，判断在与涉案专利相同或者相近种类产品的现有设计中是否存在具体的转用的启示。如果存在启示，则二者不具有明显区别，除非转用产生了独特视觉效果。由转用的定义可知，对比不再受限于与涉案专利相同或相近种类产品的现有设计之间。但是，启示要来自于与涉案专利相同或者相近种类产品的现有设计中，二者才会被认为不具有明显区别，除非属于特定的"明显存在转用手法的启示"。

第三，涉案专利是否系由现有设计或者现有设计特征组合得到。组合包括拼合和替换，是指将两项或者两项以上设计或者设计特征拼合成一项外观设计，或者将一项外观设计中的设计特征用其他设计特征替换。以一项设计或者设计特征为单元重复排列而得到的外观设计属于组合设计。组合也包括采用自然物、自然景象以及无产品载体的单纯形状、图案、色彩或者其结合进行的拼合和替换。判断中首先确定现有设计的内容，再将现有设计或者现有设计特征与涉案专利对应部分的设计进行对比。在现有设计或者现有设计特征与涉案专利对应部分的设计相同或者仅存在细微差别的情况下，判断在与涉案专利相同或者相近种类产品的现有设计中是否存在具体的组合手法的启示。如果存在启示，则二者不具有明显区别，除非组合产生了独特视觉效果。对比不再受限于与涉案专利相同或相近种类产品的现有设计之间。但是，启示要来自于与涉案专利相同或者相近种类产品的现有设计中，二者才会被认为不具有明显区别。

(三)不与他人已经取得的合法权利相冲突

合法权利，是指依法享有并且在涉案外观设计专利申请日仍然有效的权利或者权益。包括商标权、著作权、企业名称权(包括商号权)、肖像权以及知名商品特有包装或者装潢使用权等。

他人已经取得，是指外观设计专利权人以外的民事主体在涉案专利申请日(有优先权的，指优先权日)以前已经取得在先合法权利。

相冲突，是指未经在先权利人许可，涉案外观设计专利使用了在先合法权利的客体，从而导致专利权的实施将会损害在先权利人的相关合法权利或者权益。

规定该授权条件是基于在实践中一些申请人将他人已经注册的商标或者享有著作权的作品中的图案或者造型申请外观设计专利,给他人行使自己的合法权利造成了一定的障碍。为避免在知识产权领域内发生不同权利人之间不同权利方式的冲突,[①]2000年修改《专利法》时增加,并在2008年修改《专利法》时完善了表述。也有观点认为,不应将其作为授予外观设计专利的条件。[②]

由于外观设计专利申请没有实质审查,外观设计专利与他人已经取得的合法权利相冲突的问题,在专利法框架内,只有通过宣告无效途径解决。2010年修改之前的《专利法实施细则》第65条中的一款规定导致通过宣告无效途径解决的时间相当漫长。"以授予专利权的外观设计与他人在先取得的合法权利相冲突为理由请求宣告外观设计专利权无效,但是未提交生效的能够证明权利冲突的处理决定或者判决的,专利复审委员会不予受理。"2010年《专利法实施细则》修改后,在第66条将该规定调整为:以不符合《专利法》第23条第3款的规定为理由请求宣告外观设计专利权无效,但是未提交证明权利冲突的证据的,专利复审委员会不予受理。这一时间过于漫长的问题很大程度上得以解决。

(四)理论争议

外观设计不涉及复杂技术的理解、分析、判断。外观设计制度表面看起来简单,但实际上,理论界、实务界对于外观设计制度的争议,比有关发明和实用新型制度的争议要激烈得多,许多基础问题仍然没有达成共识。此处只简要阐述与外观设计实质条件关系密切的争议问题。

外观设计制度作为专利制度的组成部分,其宗旨是"鼓励发明创造,推动发明创造的应用"没有什么异议。外观设计制度如何"鼓励发明创造",在授权确权中如何评价、判断一项外观设计申请(外观设计专利)是否是与现有的外观设计相区别的创新成果,在侵权案件中如何判断被诉产品与外观设计专利之间的关系,有两类最基本的见解。

一是混淆论。典型如2001年版《专利审查指南》的规定:在判断外观设计是否相同或者相近似时,以外观设计产品的一般消费者(简称一般消费者)是否容易混淆为判断标准。出于避免一般消费者混淆的需要,判断的主体(理论上的,用于统一审查标准的)是与外观设计产品有关的消费者,判断方式是对外观设计

---

① 国家知识产权局条法司编:《〈专利法〉第二次修改导读》,知识产权出版社2000年版,第50页。

② 尹新天:《中国专利法详解》,知识产权出版社2011年版,第312～315页。

进行单独对比、整体观察、综合判断。[①]

二是创新论。混淆论长期受到批评，批评意见主要是：外观设计专利的基本立足点不应是鉴别功能，而应是创新，立足于鉴别功能所确定的判断主体、判断客体、判断原则或方式都存在着不尽合理之处。[②] 相应地，创新论的立足点是保护创新。具体体现在判断主体上，不是"一般消费者"而是"对相关领域的产品外观设计具有普通知识的人员"。在判断方式上，不需要单独对比，放宽对可比产品种类的限制。[③] 基于保护创新，也可以允许"部分外观设计"。如果采取"整体观察、综合判断"的方式，对"部分外观设计"就很难授权。

混淆论的出发点是，外观设计产品要面向消费者，一个消费者施以普通的注意力选购时，两个外观设计实质上相同，就有可能欺骗了消费者，诱导他以为此外观设计产品是彼外观设计产品，那么就会损害到外观设计专利权人的利益。该思路体现在授权、确权中，要求待审查外观设计不能与现有设计相同或近似，并以一般消费者的标准判断。有观点认为，在专利侵权判定中，法官在判定一件侵权产品的外观是否侵犯了他人的外观设计专利权时，应当以普通消费者的眼光，看普通消费者对二者是否构成了混淆，这种混淆包括实际造成的混淆，也包括可能会造成混淆。但是在授权审查和无效审查中也采用与之完全相同的标准尺度，便不一定妥当。因为实际上，两种行为的判定标准、尺度不可能完全相同。[④]

创新论对混淆论批评的重要基点是防止"混淆"不是外观设计的功能。但实际上，从审查部门、司法部门颁发的规章、规范性文件看，从没有明确体现出"混淆"就是"混淆产品来源"的意思。只是部分研究者在论著中将其认作是"混淆产品来源"的意思。如果外观设计的"混淆"不是"混淆产品来源"，而仅仅是"混淆产品的外观"——分不清此产品的外观与彼产品外观的区别，而产品外观的相同或近似又未必导致对产品来源(经营者)的误认(否则产品外观就都成了商业标

---

① 混淆论不仅是外观设计专利审查中适用的原则，更常见的是在外观设计侵权案件的侵权判定中。典型的表现如：最高人民法院《关于审理侵犯专利权纠纷案件应用法律若干问题的解释》(法释〔2009〕21号)第10条、第11条，及北京市高级人民法院《专利侵权判定指南》(京高法发〔2013〕301号)中关于外观设计侵权判定方式的规定，采用"相同或者相近种类产品上，相同或者相近似外观设计"的方式。

② 吴观乐：《对我国外观设计专利保护的两点建议》，载《专利法研究(2004)》，知识产权出版社2005年版，第184～190页。

③ 尹新天：《中国专利法详解》，知识产权出版社2011年版，第295～300页。

④ 程永顺：《外观设计授权审查标准及方式的质疑》，载《知识产权》2003年第1期。

识),前述批评就失去了大部凭据。

混淆论长期受到批评,在审查、司法实践中也遇到了一些困难,审查、司法实践中不断地被修正。即使批评仍有部分道理,但目前的"混淆"已绝不是商标法意义上的混淆。比如,专利法修改以后,对外观设计增加了"有明显区别"的要求,《专利审查指南》规定的审查原则,已经部分允许在不同且不类似的产品范围内进行比较。《专利审查指南》规定的"一般消费者"已经"对涉案专利申请日之前相同种类或者相近种类产品的外观设计及其常用设计手法具有常识性的了解"。

有观点认为应该借鉴美国的外观设计制度。我国外观设计专利的侵权判定标准与新颖性判定标准也应当保持一致。在判断申请专利的外观设计与在先外观设计是否相同或者相近似时,应当以申请外观设计专利产品的一般消费者的眼光来进行评判,外观设计专利产品的一般消费者应当是指外观设计产品的购买者。我国外观设计专利授权新增加的明显区别性要求与美国外观设计授权的创造性要求大体相当。在美国,外观设计非显而易见性授权条件的判断主体是所属产品外观设计领域的普通设计人员①。我国判断申请专利的外观设计是否与现有设计或者现有设计特征的组合相比具有明显区别的判断主体也应当是申请外观设计专利产品所属领域的普通设计人员,而非申请专利的外观设计产品的一般消费者。《专利审查指南》将明显区别性的判断主体与新颖性的判断主体混同,认定明显区别性的判断主体仍然是申请专利的外观设计产品的一般消费者,是不恰当的。②

① 《美国专利法》(35 U.S.C. 171)对外观设计的规定是:"任何新颖(new)、原创(original)和装饰性的制造品外观设计(design for an article of manufacture)的发明者,均可按照本篇所规定的条件和要求取得对于该项外观设计专利权。本篇关于发明专利的规定,除另有规定外,适用于外观设计专利。"因此《美国专利法》关于发明专利的新颖性(35 U.S.C. 102)、非显而易见性(35 U.S.C. 103)的规定也适用于外观设计专利。美国专利商标局基于法院判例所制定的《专利审查程序手册》(Manual of Patent Examining Procedure ,MPEP)中规定:在评判新颖性时,判断主体是一般观察者(ordinary observer)。35 U.S.C. 102 之下的一般观察者不需要有任何设计方面(any art)的知识,不涉及与现有设计(prior art)的相似问题,这与 35 U.S.C. 103(a)不同,后者要求判定所要求保护的外观设计对于"所属领域的普通技术人员(a person of ordinary skill in the art)"而言是否是显而易见的(obvious)。

② 张晓都:《论完善我国外观设计专利授权条件判断主体》,载《科技与法律》2011 年第 2 期。

思考和讨论：

1. 经济、技术和产业发展，与可专利主题之间的关系是什么，应如何处理产业发展需要与保持专利制度的稳定性和法律逻辑体系一致性的关系，应如何处理产业发展需要与社会公共利益、社会伦理道德之间的关系？

2. 可专利主题（外观设计除外）是否应限定于“技术领域”？

3. 是否应当保护部分外观设计？

4. 应如何理解“实用性”？

5. 发明创造具有新颖性与商业秘密法中的“不为公众所知”是什么关系？

6. 创造性之“（显著的）进步”与实用性之“积极的效果”之间是什么关系？

7. 如何评价外观设计新颖性、创造性判断的创新论、混淆论观点？

第四章 >> 专利申请

本章导读:本章讨论专利申请的性质和专利申请程序性问题。本书认为专利申请行为是单方的要式民事法律行为,专利法关于专利申请程序和实质条件的规定,是专利申请行为的有效条件,专利行政部门的批准是其生效条件。本章介绍专利申请的法律程序和实务操作中应注意的问题,以及国际申请和我国香港地区的专利注册制度。

第一节 专利申请行为的法律性质

一、专利申请行为是民事法律行为

我国专利法理论研究基本不涉及专利申请行为的性质。我国的专利法一直使用“授权”一词来表述批准专利权的行为,如《专利法》第 3 条规定:“国务院专利行政部门负责管理全国的专利工作;统一受理和审查专利申请,依法授予专利权。”《专利法》中凡涉及审查批准专利权的地方,均以“授予”表示,如第 3、5、9、11、22、23、39、40、43、45、68 条。《国家知识产权战略纲要》将批准专利权的行为称为授权行为。[①] 最高人民法院在制定相关司法解释的时候,对于涉及批准专利和商标注册效力的案件的案由曾经进行讨论,最后参照《国家知识产权战略纲要》确定为“授权确权”案件。[②] 自此,授权确权成为通说,司法解释和知识产权

① 见《国家知识产权战略纲要》第 46 条。

② 参见周云川:《商标授权确权诉讼》,法律出版社 2014 年版,第 2 页注(3)。

教材都采用此说，将专利行政部门批准专利的行为称为授权行为。授权说容易使人认为专利权是专利审查机构或者专利审查机构代表政府授予的。按照《现代汉语词典》的解释，“授”的含义是“交付、给予”。授权是指“把权力委托给他人或者机构代为执行”。[①] 无论是专利审查机构还是政府，都不享有专利权，不可能向申请人授予自己没有的权利。因此，授权说不可取。

我们认为，专利权作为一种民事权利，不是专利行政部门授予的，而是专利申请人通过申请行为依法为自己设定的。申言之，申请专利的行为是申请人依法为自己设定专利权的民事法律行为，其性质属于民事法律行为中的设权行为，其效力是申请人取得专利权。

民事法律行为是民事主体通过意思表示，设立、变更、终止民事权利和民事义务的合法行为。[②] 民事法律行为区别于其他民事法律事实的主要法律特征在于：第一，民事法律行为以意思表示为要素。所谓意思表示，就是行为人把希望取得、变更或者终止民事权利义务关系的内在意思表示于外的行为。行为人的内在意思只有以符合法律规定的形式表示于外，才能发生行为人所希望的法律效果，如果不表示于外，就没有任何法律意义。第二，民事法律行为是合法行为。只有合法行为才受法律保护，才能产生行为人希望的法律后果。合法包括主体合格、形式合法和内容合法。不符合法律规定的行为不能产生行为人希望的法律后果。第三，民事法律行为的效力是在当事人之间设定（产生）、变更或者终止民事权利义务关系。

民事法律行为是民事主体参与社会经济活动和其他社会生活的主要法律形式，是运用最广泛最重要的民事法律事实。民事法律行为制度把行为人的意思和法律所体现的国家意志有机地统一起来，使行为人追求自己利益的合法行为符合法律的要求和国家的利益。

申请专利的行为是申请人按照专利法的规定，以专利申请书的形式表达的，要求对申请书所列明的技术（设计）获得专利权的意思表示。专利申请没有相对人，不以相对人的接受为条件，因此是单方民事法律行为。专利审查机构不是专利申请行为的相对人，专利申请行为是否成立和有效与审查机构是否受理以及批准申请无关，而只与申请行为是否符合专利法的规定有关。但是，由于专利权是绝对权，专利权的取得、享有对竞争者的竞争自由构成限制，直接涉及公共利

① 中国社会科学院语言研究所词典编辑室编：《现代汉语词典》，商务印书馆 2005 年第 5 版，第 1260 页。

② 参见《民法通则》第 54 条。

益和经济发展，因此，专利权的取得需经依法成立的专门机构审查批准，即专利申请人为自己设定专利权的行为以专利审查机构的批准为生效条件。因此，专利申请行为是要式法律行为。专利申请行为是要式法律行为表现在三个方面：一是专利申请必须按照专利法规定的形式向专利审查机构提出；二是专利申请书的撰写必须符合专利法和专利审查机构的规定；三是专利申请需经专利审查机构批准才能生效，即申请人为自己设定专利权的行为只有经审查机构批准才能生效。虽然在审查过程中，审查人员可以要求申请人对申请书进行修改、补充等，但是修改与否以及如何修改，最终都取决于申请人的选择，审查人员可以不批准申请，但不能越俎代庖，代申请人修改。专利申请被批准后，申请人获得专利权，而专利权的保护范围就是申请人在申请书中通过说明书和权利要求书所表达的保护范围，其权利内容则是专利法所规定的专利权的效力。而这正是申请人通过专利申请(意思表示)所希望取得的法律效果。

在整个专利申请过程中，申请人始终居于主导地位。审查机构虽然有权决定是否批准专利申请，但是它必须依法行使审批权，不能任意予夺。申请人对审查机构作出的审查决定有意见，享有法律赋予的申请复审、请求司法审查等一系列救济权利。

通过上述分析，我们可以肯定地说，专利申请行为完全符合民事法律行为的法律特征，属于单方的、要式的民事法律行为。专利权是申请人通过专利申请行为依法为自己设定的，而不是审查机构或者审查机构代表政府授予的。专利申请行为是设权行为，审查批准是该设权行为的生效条件，而不是授权行为。

二、明确专利申请行为是民事法律行为的意义

法律是规范人们的行为、调整社会关系的工具。行为的性质和由此产生的社会关系的性质，是影响法律制度设计的主要因素。明确专利申请行为是民事法律行为，有助于设计科学合理的专利审查程序，正确认识专利申请过程中发生的申请人与审查机构的纠纷，以及专利权人与第三人关于专利无效纠纷的性质。我国专利审查程序和无效程序的设计是符合专利申请行为的民事法律行为性质的，但对专利复审委员会的复审决定和无效决定的司法审查程序的规定值得商榷。例如，由于授权说将专利审批行为定性为行政行为，申请人对专利复审委员会驳回复审请求的决定不服，以及专利权人对专利复审委员会宣告专利权无效的决定不服，向法院提起的诉讼被归入行政诉讼。这不但导致循环诉讼，致使专利确权周期过长，而且在无效诉讼中，真正关心诉讼结果、承担诉讼法律后果的

专利权人被作为第三人，无直接利害关系的专利复审委员会成为被告，这不但使专利复审委员会疲于应付，而且影响诉讼结果的公平。此外，专利行政管理部门是否有权主动查处侵犯专利权的行为，也是一个值得讨论的问题。我们认为，这些问题都与对专利申请行为的性质和专利权的性质的认识有关，需要从理论上认真加以讨论。

第二节　专利申请人

一项发明或者设计的所有人要想就其发明或者设计取得专利权，必须按照专利法及其实施细则的相关规定，向国家专利行政管理机关提出申请，并按法定程序通过审查批准，才能获得专利权。专利申请是一件技术性和法律性都很强的工作，要求申请人既要对技术有充分理解，又要对专利法特别是专利的实质条件和申请审批程序有深刻理解和熟练掌握，同时具备申请文书撰写的知识和技巧。专利申请的前期准备工作是否充分，选择是否正确，专利申请文件的撰写质量，都会对申请能否获得批准、专利权的保护范围、专利权的稳定性以及专利审批的进度等产生影响。

随着科学技术的发展，特别是工业化生产的实现，一项发明创造的完成越来越离不开大量资金、设备、人力的投入，过去那种主要由个人独立完成的模式已经转变成主要由单位组织技术人员完成。以 1897 年《奥匈帝国专利法》的颁布为标志，[①]职务发明与非职务发明正式在法律上予以划分。同时，随着社会的发展，经济关系、经济生活日益变得复杂化，专利申请权作为一种可能获得专利权的前提，也越来越受到重视，成为可以交易、流转的对象。科技、经济的发展使专利申请人呈现出多元化的趋势。

我国专利法对不同情况下完成的发明创造，分别对申请专利的权利归属做出了规定。在专利法上，申请专利的权利可以从两个方面理解。第一，发明创造完成后，相关民事主体中谁有权决定对该发明创造是否申请专利、申请何种专利以及何时申请专利等；第二，相关主体是否有资格向我国专利主管机关提出专利申请，如外国人、我国企业和其他外国组织是否享有在中国申请专利的权利。下面分别介绍。

---

① 该法规定雇员在职务上作出的发明，除合同或服务规程另有规定外，发明人有获得专利的权利。据此确立了发明人对其所完成的发明有权申请专利的例外。

一、职务发明创造

(一)职务发明的概念和范围

1. 职务发明的概念

职务发明在有些国家也被称为“雇员发明”。对于什么是职务发明,由于各国在平衡雇主和发明人、设计人利益时考虑的侧重点不同,因而一直没有比较统一的概念。如:德国《雇员发明法》第 4 条第 2 款规定:“雇员由于执行其在企业中的任务而产生的发明,或者主要是根据在企业中的经验或活动而作出的发明为职务发明。”英国《专利法》第 39 条规定:“雇员发明是指雇员正常工作的过程中或虽在他正常工作之外,但是特别分派给他的工作过程中做出的发明。而且此项发明是在该雇员的正常工作过程中做出的,并在做出此项发明之时,由于他的工作性质而产生的特殊职责,他对促进其雇主事业的利益负有特别的义务。”

我国《专利法》第 6 条第 1 款对职务发明所作的定义为:“执行本单位的任务或者主要是利用本单位的物质技术条件所完成的发明创造。”

2. 职务发明的范围

职务发明范围的大小取决于立法者对雇主与发明人、设计人间利益的分配。职务发明范围越宽,对雇主就越有利;反之,则对发明人、设计人越有利。对职务发明的适用范围进行划分的标准主要有两种:1 按照职责划分,雇员在本职工作中或受雇主指派完成的发明创造属于职务发明。2 按资源使用划分,即除了前述情形外,利用雇主的经验、设施、技术资料等所作出的发明创造也属于职务发明。前者范围较窄,界限比较明确;后者范围较宽,但不易掌握 。

我国专利法兼采上述二种标准,规定职务发明创造包括:

(1)执行本单位的任务所完成的发明创造。其中,“本单位”包括临时工作单位,如借调单位、临时聘用单位、实习单位等。这些单位可以是中国的企业(包括在我国境内的具有中国法人资格的外资或中外合资企业)、事业单位或者机关、团体以及其他可以独立承担民事责任的组织。

何谓“执行本单位的任务”,可分三种情形:①在本职工作中作出的发明创造。本职工作是工作人员个人的职责范围,不是指他所学的专业,也不是指单位的全部业务范围。每个工作人员都有本职工作,但是并非所有本职工作执行的结果都有可能产生发明创造。这里所说的本职工作是指研究、设计和开发工作。②履行本单位交付的本职工作之外的任务所作出的发明创造。这种任务的交付应该有诸如任务书、开题报告、立项书、会议记录等相关材料予以明确,而不应仅仅是领导的一般性号召或口头的赞同。③工作人员退职、退休或者调动工作后一年内作出的、与其在原单位承担的本职工作或者分配的任务有关的发明创造。考虑到当今人才流动形式的多样化，2010 年修订的《专利法实施细则》第 12 条将上述表述修改为："退休、调离原单位后或者劳动、人事关系终止后一年内作出的，与其在原单位承担的本职工作或者原单位分配的任务有关的发明创造。"

(2)主要是利用本单位的物质技术条件所完成的发明创造。这里的物质技术条件，是指本单位的资金、设备、零部件、原材料或者不对外公开的技术资料等。[①] 应该看到，这种情形下的职务发明认定存在着不少问题。如：利用到何种程度才是主要利用？如何认定所利用的物质技术条件，特别是技术条件，究竟是属于本单位的不对外公开的技术资料，还是属于现有技术的范畴？另外，这种类型的发明创造，在研发或设计初期甚至中期，单位往往并不知晓，而等到发明创造基本成形后，一些发明人、设计人可能会出于不同目的而离开单位。与"工作人员退职、退休或者调动工作后一年内作出的、与其在原单位承担的本职工作或者分配的任务有关的发明创造"属于职务发明不同，法律并没规定在这种情况下单位可以追溯的时间。如何确定这种追溯时间，显然也是一个值得考虑的问题。

鉴于"主要是利用本单位的物质技术条件所完成的发明创造"问题的复杂性和实施中的困难，特别是为了更好地调动技术人员发明创造的积极性，推动我国专利事业的发展，《专利法》第 6 条第 3 款规定："利用本单位的物质技术条件完成的发明创造，单位与发明人或者设计人订有合同，对申请专利的权利和专利权的归属作出约定的，从其约定。"从而确立了处理这个问题上的"合同优先原则"。[②] 这显然有利于鼓励工作人员利用单位的物质技术条件，特别是闲置的物

---

① 参见现行的《专利法实施细则》第 11 条第 2 款和 2009 年 3 月 9 日国务院公布的《专利法实施条例修订草案(送审稿)》第 13 条第 2 款。二者在表述上完全一致。

② 对于"利用本单位的物质技术条件完成的发明创造"，国内某些学者认为此种利用是指"一般利用"，而不包括"主要利用"的情形。如汤宗舜在其所编著的《专利法教程》中就持此种观点。其理由是专利法既然已经在职务发明的概念中明确规定了"主要利用"下的归属问题，因此，可以用合同约定归属的发明创造就只能是除此以外的"一般利用"了。但是，在国家专利局条法司所编著的《新专利法详解》中则认为，根据 2000 年修改专利法时增设这一条款的立法目的，不论是"主要利用"还是"非主要利用"，均可以合同约定其归属。本书持后一观点。不过应该看到，在合同无约定的情况下，由于利用程度的不同，发明创造的归属是不同的。对于"主要利用"的归单位，而"一般利用"的或者说"非主要利用"的归发明人、设计人本人。也正是因为存在这种因利用程度不同而导致的归属不同，才会发生对"利用本单位的物质技术条件完成的发明创造"在理解上的分歧。

质技术条件,自立课题,自筹资金,进行研究、设计、开发,并可减少发明人、设计人与单位间可能产生的纠纷。因此,用人单位和劳动者之间的劳动合同就成为一个单位应当充分重视的问题

应该看到,在实践中发生的职务发明的认定争议既有法律问题,又有管理问题。例如,是否利用了单位的物质技术条件、利用的程度、被利用的技术资料是否属于单位不对外公开的,本职工作、单位交付的工作的认定等,都需要单位有完善、周密的管理制度和工作记录等资料来说明。这一点应当引起单位的重视。

(二)职务发明创造的归属

对于职务发明创造的归属,目前主要有三种立法例:

一是"雇主优先原则",侧重于保护雇主的利益。如法国知识产权法典第L.611-7条规定,雇员在执行包含发明任务的雇用合同过程中作出的发明,或者从事明确委托给他的研究、设计任务作出的发明,除合同另有更有利于雇员的规定外,都属于雇主所有。至于在完成本职工作中,或者在企业业务范围内,或者由于考察或使用了企业对外保密的技术、工具,或者利用了企业供给他的资料作出的发明,雇主有权要求将发明的所有权或者保护该发明的专利权的全部或一部转让给他,但雇员有权得到适当的报酬。

二是形式上规定职务发明创造申请并取得专利的权利属于雇员,但实际上企业通过劳动合同等手段取得对雇员职务发明创造的权利。如美国专利法第111条规定,对职务发明创造,申请并取得专利的权利归雇员。日本专利法也有类似规定。但是,美国和日本的专利法都规定,发明人对发明创造享有的权利可以以书面形式转让。事实上,美国和日本的绝大多数公司都通过劳动合同约定雇员在受雇期间作出的任何与本职工作有关的发明创造都必须转让给雇主。所以,实际上雇员职务发明创造的权利,包括是否申请专利的权利和专利权还是归雇主所有。

三是规定申请并取得专利的权利归雇员,但雇主享有选择权。德国、瑞典、芬兰等北欧国家采取这种模式。如德国《专利法》原则性地规定专利权由发明人享有,雇主和雇员的具体权利义务则通过《雇员发明法》规定。该法第6、7条规定:雇员作出职务发明后,应当立即以书面向雇主报告其发明创造要解决的技术问题、解决方案、雇主给予的任务和指示、用到的知识、经验等。雇主接到报告后,应当在4个月内作出享有有限权利还是无限权利的选择;雇主选择无限制权利的,对发明享有全部的排他权利,在这种情况下,雇主应当对雇员给予合理的补偿费;雇主要求对发明享有有限制的权利,即对发明享有非独占的免费实施权,申请专利的权利和专利权归雇员所有。雇主未在规定时间年作出选择的,发

明创造完全归雇员所有。对雇员作出的非职务发明创造，雇员也有义务立即向雇主申报，雇主收到申报后，未在三个月内以书面形式对雇员认为申报的发明创造属于非职务发明创造的主张提出异议的，即不得再主张该发明为职务发明。如果非职务发明创造属于雇主正在开展或者即将开展的业务范围，雇员则必须给予雇主允许雇主非独占实施该发明的要约，雇主在三个月内没有接受该要约的，对该发明创造即不享有任何权利。德国《雇员发明法》的这些规定值得我们参考，特别是值得企业在知识产权管理和劳动合同管理中学习和借鉴。

我国《专利法》第 6 条规定，职务发明创造申请专利的权利属于单位；申请被批准后，单位为专利权人。但是，利用本单位的物质技术条件完成的发明创造，单位与发明人或者设计人订有合同，对申请专利的权利和专利权的归属作出约定的，从其约定。同时规定，被授予专利权的单位应当对职务发明创造的发明人或者设计人给予奖励；发明创造专利实施后，根据其推广应用的范围和取得的经济效益，对发明人或者设计人给予合理的报酬。[①]

二、非职务发明创造

所谓“非职务发明创造”，也称个人发明，即除职务发明以外的所有发明创造。《专利法》第 6 条第 2 款规定：“非职务发明创造，申请专利的权利属于发明人或者设计人，申请被批准后，该发明人或者设计人为专利权人。”

需要说明的是，专利法意义上的发明人、设计人是指对发明创造的实质性特点做出创造性贡献的人，是在发明创造课题的提出、技术方案的形成或克服技术难点等方面起主要或重要作用的人。在发明完成过程中，只负责组织工作的人、为物质技术条件的利用提供方便的人或者从事其他辅助工作的人，不是发明人或设计人。

如果对专利申请权的归属存在争议，如剽窃他人发明或将职务发明以个人名义申请专利等，真正的权利人可以请求管理专利工作的部门进行调解，或者向人民法院起诉，并请求专利局中止有关程序。[②] 但是这些都是事后救济，积极的办法是制定一部像德国《雇员发明法》一样的法律，调整企业和职工之间因发明创造所产生的利益关系。在法律制定之前，企业应当借鉴德国《雇员发明法》的

① 参见《专利法》第 6 条第 1 款和第 16 条的规定。

② 参见现行的《专利法实施细则》第 79 条和 2009 年 3 月 9 日国务院公布的《专利法实施条例修订草案(送审稿)》第 114 条。

相关规定,通过劳动合同、企业管理的内部规章等解决这一问题。

三、合作开发完成的发明创造

《专利法》第 8 条规定,两个以上单位或者个人合作完成的发明创造,除另有协议以外,申请专利的权利属于共同完成的单位或者个人,申请被批准后,申请的单位或者个人为专利权人。

当合作开发完成的发明创造的专利申请权由共同完成的单位或个人共有时,为既保障共有人对共有专利的合法权利,又促进共有专利的实施,加快专利技术的推广应用,《专利法》第 15 条规定:"专利申请权或者专利权的共有人对权利的行使有约定的,从其约定。没有约定的,共有人可以单独实施或者以普通许可方式许可他人实施该专利;许可他人实施该专利的,收取的使用费应当在共有人之间分配。除前款规定的情形外,行使共有的专利申请权或者专利权应当取得全体共有人的同意。"也就是说,共有人在实施共有专利时,有约定,从约定;无约定,则任何一个共有人都可以自己单独实施或以普通许可的方式许可他人实施该共有专利技术,但许可他人实施所获得的许可使用费应在共有人间按一定比例进行分配。至于提起专利申请、撤回专利申请,转让专利申请权或专利权,质押或放弃专利权,独占许可他人实施共有专利,都必须经过全体共有人的同意才能进行。此外,根据《合同法》第 340 条的规定,当事人一方转让其共有的专利申请权或专利权的,其他各方享有以同等条件优先受让的权利。合作开发的一方当事人声明放弃其共有的专利申请权的,另一方可以单独申请或者由其他各方共同申请。申请人取得专利权的,放弃专利申请权的一方可以免费实施该专利。但在未声明放弃的情形下,合作开发的当事人一方不同意申请专利的,另一方或者其他各方不得申请专利。

为了促进技术开发,有些国家对政府与企业的合作研究开发,以及产、学、研联合开发体所完成的发明创造的归属问题作了一些特殊规定。如美国能源部规定,当该部与企业合作开发时,根据投入比例确定发明创造成果的归属。当政府的资助比例超过 50% 时,发明创造成果归政府,企业可以优先获得使用许可。而对于联合体开发,主要有 4 种模式:(1)临时联合体,即为攻克某一项关键技术而临时组成的企业联合体,其发明创造成果由内部共享。如:美国的 AT&T、IBM、INTEL、MOTOROLA 等企业为联合开发大批量生产集成电路动态存储器(DRAM)所需的半导体加工技术而组成的联合体。(2)较长期的企业研究开发战略联盟,如 3C、6C 联盟等,它们往往采取交叉许可或联合许可的方式分享发明创造成果。(3)政府资助的一些行业性产、学、研联合研究中心,联合体内成员自动享有使用权。如:美国工程研究中心(ERCs)。该中心完成的发明创造一般归学校所有,成员企业可以获得使用许可。同时,对于由该中心出资研发完成的发明创造成果,大部分成员企业拥有可以获得对该发明创造成果使用许可的同等权利。(4)具有技术扩散职能的研究开发联合体,内部成员享有优先使用权或转让费的优惠。如:奥地利研究中心作为一个股份制非营利性机构,当其所完成的发明创造成果获得专利授权后,股东不享有专利权,但在使用科技成果或进行技术转让时,能够享受10%的优惠。

我国对于政府与企业的合作研究产生的发明创造成果的归属,可参见后述"委托开发完成的发明创造"中关于政府资助部分的内容。在联合体开发上,我国近几年来发展迅速,主要集中在高科技领域。如:北京邮电大学与康佳集团为研究中国3G技术的架构而成立的北邮—康佳技术开发中心;由大唐电信、南方高科、华立、华为、联想、中兴、中电、中国普天这8家知名通信企业作为首批成员,发起成立的TD-SCDMA产业联盟;由信息产业部组建的包括20多所大学、科研机构、企业的中国宽带无线IP标准工作组等。但应该看到,我国在联合体开发上,不论是数量还是规模,与发达国家相比均有相当差距。而且在联合体开发完成的发明创造成果的归属上,形式比较单一,主要集中在上述第一、二种模式上,未能建立起多层次的归属体系。在技术日益成为企业,特别是高新技术企业间竞争的决定性因素的今天,我国应当尽快建立起多种形式的联合开发体,实现资源整合与共享,以提高整个产业的国际竞争力。

四、委托开发完成的发明创造

《专利法》第8条规定:一个单位或者个人接受其他单位或者个人的委托完成的发明创造,除另有约定的以外,申请专利的权利属于完成发明创造的单位或者个人,申请被批准后,专利权属于申请的单位或者个人。即对于委托开发完成的发明创造的权利归属,遵循"合同优先原则"。

委托开发完成的发明创造,受托人取得专利权的,委托人可以免费实施该专利。受托人转让专利申请权的,委托人享有以同等条件优先受让的权利。[①]

这里我们需要注意一种特殊的委托开发形式,即政府资助委托开发所完成的发明创造的权利归属问题。为了调动创新积极性,特别是高新技术领域内的

① 参见《中华人民共和国合同法》第339条。

创新积极性,促进技术的开发和扩散,对于这种发明创造,目前大部分国家采用根据资助对象、资助项目性质等的不同,而确认成果归属的方式。以美国为例,其1980年《专利与商标法修正案》中规定:当资助对象是大学、非营利性机构和小企业时,发明创造成果一般均归研究项目承担单位所有。但是,当政府资助的研究项目具有重要商业价值,合理使用这些发明创造成果有利于保护国家和公众利益时,即使资助对象是大企业、营利性机构,发明创造成果也可归受托单位所有。另外,某些具有特定目的(如为了促进高科技的研发)的政府资助项目,当资助对象是企业时,发明创造成果仍然可以归企业所有,政府分享收益。当然,当政府资助完成的发明创造成果归项目承担单位所有时,对于其行使往往规定了不少限制。如:要承担保护国家利益和扩散技术的义务,定期向政府资助主管部门报告技术利用和转让的情况,或者在发明创造成果获得专利授权后,对使用由此所获得的专利收入的方式进行一定限制等。

我国于2002年由科技部、财政部联合发布了《关于国家科研计划项目研究成果知识产权管理若干规定》(以下简称《若干规定》)。该规定借鉴了国际上对政府资助科研项目"放权让利"的成功经验,明确了国家财政资金支持的科研计划项目的知识产权归属问题。即"科研项目研究成果及其形成的知识产权,除涉及国家安全、国家利益和重大社会公共利益的以外,国家授予科研项目承担单位(以下简称项目承担单位)。项目承担单位可以依法自主决定实施、许可他人实施、转让、作价入股等,并取得相应的收益。同时,在特定情况下,国家根据需要保留无偿使用、开发、使之有效利用和获取收益的权利"。①同时,还作出了一些限制性规定,如该《若干规定》第6条:"国务院有关部门和省、自治区、直辖市人民政府可以根据国家需要,报请国务院批准,决定科研项目研究成果在一定的范围内推广应用,允许指定的单位实施,并区别不同情况,决定实施单位或无偿使用,或由实施单位按照国家有关规定向项目承担单位支付知识产权使用费。"

不过,虽然我国借鉴国际经验对政府资助完成的科研项目成果归属作出了规定,但就内容而言,仍显粗糙,缺乏可操作性。特别是对作为我国重要的政府资助科研项目承担者——大学,其知识产权归属问题缺乏专门规定。而在不少发达国家的立法或不成文惯例、行政规章中,对此已经进行了细化。如美国于1980年出台了著名的《拜杜法》(Bayh-Dole Act),规定联邦政府资助大学研究产生的科技成果,只要大学愿意出钱申请专利,并把专利许可给企业,以及监督企业实施专利,则专利权归大学。英国大学研究的主要资助机构"研究理事会"有

① 《关于国家科研计划项目研究成果知识产权管理若干规定》第1条。

一个不成文惯例:"研究理事会"自身不试图拥有知识产权所有权,即政府资助项目的成果归属于大学。日本文部科学省修改大学职务发明归属政策,将国立大学教师使用国家经费和设备产生的职务发明由国家所有改为大学所有。我们认为,我国有必要借鉴国外经验,尽快完善相关法律法规,对大学完成的国家资助项目的权利归属和利用作出详细规定,将大学作为技术转移的公共平台,就其知识产权经营问题予以指导并创造条件。

五、专利申请权的合法继受人

专利申请权可以转让、赠予、继承,还可通过企业合并、分立、重组、撤销、破产、改制的方式发生转移。

转让专利申请权的,根据《专利法》第 10 条的规定,当事人应当订立书面合同,并向国务院专利行政部门登记,由国务院专利行政部门予以公告。专利申请权的转让自登记之日起生效。其中,中国单位或个人向外国人、外国企业或者外国其他组织转让专利申请权的,还应依照有关法律、行政法规的规定办理手续。一般而言,这种向国外转让专利技术的行为,须由国务院对外经济贸易主管部门会同国家科学技术行政部门批准,并且这种转让必须是有偿转让。

至于中国单位、个人和在我国境内长期居住和工作的外国人,依据我国法律,通过有偿或无偿方式转让获得,或者通过继承、企业合并、分立、重组、撤销、破产、改制程序合法取得专利申请权的,都可按照我国专利法的规定提出专利申请,在申请被批准后成为专利权人。

申请人因死亡而发生继承的,除另有明文规定外,共同继承人应当共同继承专利申请权。在提出专利申请或办理著录项目变更手续时,应当提交公证机关签发的当事人是唯一合法继承人或当事人已经包括全部法定继承人的证明文件。

六、外国人

外国人包括外国自然人、外国企业或外国其他组织。按照《专利法》第 18 条的规定,在满足下列条件之一时,在中国没有经常居所或者营业所的外国人可以依照我国《专利法》的规定申请专利和获得专利权。这些条件是:(1)外国人所属国和我国签订的双边协议规定互相给予对方国民以专利保护。(2)外国人的所属国和我国共同参加的国际条约规定给予缔约国国民以专利保护。(3)在不能满足上述条件之一的情况下,外国人的所属国专利法中订有依互惠原则给予外国人以专利保护。由于与我国签订有互相给予国民以专利保护协议的所有国家都是《巴黎公约》成员国,因此,只有当申请人既是“在中国没有经常居所或者营业所的外国人、外国企业或者外国其他组织”,其所属国又不是《巴黎公约》成员国时,[①]才需要审查该国法律中是否订有依互惠原则给外国人以专利保护的条款。

第三节 专利申请前的准备工作

专利申请人在进行专利申请前应当做好以下两项工作:对欲申请专利的发明创造进行专利分析,以及对其所属技术领域的现有技术进行检索和调查。

一、对欲申请专利的发明创造进行专利分析

不论申请人是发明者本人还是单位,在专利申请前对欲申请专利的发明创造从专利角度予以分析都是一个不容忽视的环节。一般来说,至少要从以下四个方面进行分析:

(一)是否属于可以授予专利的主题以及属于何种类型的专利主题

依据《专利法》第 2 条、第 5 条和第 25 条以及《专利审查指南》第 2 部分第 1 章、第 1 部分第 5 小节,[②]申请人应先分析欲申请专利的发明创造是否属于可以授予专利的主题。如果属于,再分析该发明创造属于何种类型的专利主题,即该发明创造应属于发明专利、实用新型专利、外观设计专利中的一种,或既属于发明专利又属于实用新型专利的主题。

(二)选择申请何种类型专利

接下来,就要根据发明创造的实际情况,结合申请人在授权前景、商业目的、企业专利管理或其他方面情况的综合考虑,选择申请何种类型专利。

---

① 根据《与贸易有关的知识产权协定》的规定,《巴黎公约》当然适用于所有世贸组织成员,因此,《巴黎公约》成员国包括了世贸组织成员。

② 需要说明的是,在可以授予专利的主题上,2008 年 12 月 27 日公布的新《专利法》将《专利法实施细则》第 2 条吸收进去,而 2009 年 3 月 9 日国务院公布的《专利法实施条例修订草案(送审稿)》中,与该主题相关的规定在第 11 条。2009 年 7 月 10 日,国家知识产权局公布了《审查指南(征求意见稿)》,其中,与该主题相关的内容在第 1 部分第 1 章第一节、第 2 部分第 1 章。

根据《专利法》第 2 条对发明所作的定义，发明专利有产品发明专利和方法发明专利之分。如果一个发明创造对这两方面均有涉及，则应该分析应以何种为主还是两种都申请。例如：(1)一种速溶咖啡，其独特之处在于生产过程中采用了一种不同的冷冻充气技术，在口感、色泽等方面并无差异，从授权前景来看，提起方法专利申请更为适宜。(2)一种可将多片暖气片叠在一起一次组装而成的暖气片组，出于对发生专利侵权时维权难易程度考虑，提起产品发明专利申请对申请人更为有利。(3)一种新药，其生产方法较之现有技术也有很大不同，那么，对该新药及其生产方法同时提出专利申请，显然是申请人乐于采用的方式。

同样，根据《专利法》第 2 条可以知道，一件产品既可申请发明专利，又可申请实用新型专利。那么，分析以何种方式提起何种类型专利申请是有必要的。例如：(1)一种工艺小化妆镜，仅在于镜体镶嵌有木材，从授权前景、授权后稳定性及企业专利管理成本控制的角度出发，只提起实用新型专利申请更为适宜。(2)一种新的医疗仪器，与现有技术相比有明显不同，获得发明专利授权的可能性很大，但鉴于实用新型专利授权快的优点，出于尽快实现市场化生产或者实现技术转让以及广告策略的考虑，这时既申请发明专利又申请实用新型专利，对申请人来说是个不错的选择。因为虽然根据“禁止重复授权”原则，一个产品不可能同时获得实用新型专利权和发明专利权，但《专利法》第 9 条规定：“……同一申请人同日对同样的发明创造既申请实用新型专利又申请发明专利，先获得的实用新型专利权尚未终止，且申请人声明放弃该实用新型专利权的，可以授予发明专利权。”

(三)大致分析发明创造有哪些必要技术特征

根据《审查指南》第 2 部分第 2 章 3.1.2 中①的解释，必要技术特征，是指发明或者实用新型为解决其技术问题所不可缺少的技术特征，其总和足以构成发明或者实用新型的技术方案，使之区别于背景技术中所述的其他技术方案。由此可见，必要技术特征决定着技术方案的创造性和新颖性，以及专利权的保护范围。

通过对必要技术特征的分析，首先能够使申请人对权利要求书中哪些可以写入独立权利要求、哪些可以写入从属权利要求有一个大致的概念。其次可以使申请人对哪些必须在说明书中予以公开、哪些必须写入说明书技术方案部分的第一段等有大概的构想。因为根据《审查指南》第 2 部分第 2 章 2.2.4 中的撰

---

① 2009 年 7 月 10 日公布的《审查指南(征求意见稿)》在第 2 部分第 2 章 3.1.2 中，对必要技术特征进行了解释。

写要求：一般情况下，说明书中技术方案部分首先应当写明独立权利要求的技术方案。[①] 最后，通过对必要技术特征进行分析，还可以使申请人对该申请的授权机会有一定的认识。

(四)初步分析是否可以合案申请

《专利法》第 31 条规定：属于一个总的发明构思的两项以上的发明或者实用新型，可以作为一件申请提出。因此，申请人如欲以合案申请方式提出专利申请，就有必要对该多项发明创造是否属于一个总的发明构思进行分析。否则，在审批过程中会因为不具单一性被审查员要求分案而拖延审批进度。当然，有时申请人提请合案申请是一种策略，如需要一段时间来判断其中一项发明或实用新型是否有商业上的价值以便决定是否分案等。

二、现有技术的检索和调查

申请人在进行专利分析后，如果决定申请发明或实用新型专利，还须对该发明创造所属技术领域的现有技术进行检索和调查。即使在研发时已经进行过检索，仍然应当进行，至少应当检索一下专利文献，以确定在该技术领域内的专利分布情况以及最接近的现有技术状况，这对专利申请文件的撰写，或者说专利申请能否成功以及后续权利的保护都有着重要意义。

如果通过检索，认为自己的技术方案符合申请专利的条件，则可以进一步对检索和调查的结果从以下三个方面进行考虑：

(一)确定适当的保护范围

经过检索和调查，最重要的就是可以根据欲申请专利的发明创造与最接近的现有技术间的相差远近，即新颖性和创造性的大小，决定在撰写专利申请文件时权利要求的保护范围宽窄。如果与最接近的现有技术十分相近，那么申请发明专利几乎没有授权可能。如果申请实用新型专利的话，由于不需要实质审查，较易获得授权，但授权后的稳定性不强。在这种情况下，理论上当然是最好放弃申请专利。但实践中，申请人提出专利申请往往出于不同目的，或商业竞争，或宣传策略，或个人发展，不一而足，因此仍可能提起。这时就应对检索或调查后的结果再进行仔细分析，尽量找出具备新颖性的地方，并从法律角度对其创造性进行探讨，在撰写时予以阐述。

① 《审查指南(征求意见稿)》在第 2 部分第 2 章 2.2.4 中，要求“说明书中记载的这些技术方案应当与权利要求所限定的相应技术方案的表述相一致”。

(二)初步判断可否将一些技术要点作为技术秘密予以保留

为了在商业竞争中取得主动或者防止他人侵权,申请人往往希望将一些附加技术特征作为技术秘密保留。例如将化学反应中对产品质量或产品获取率有重要影响的最佳反应温度、最佳催化剂用量等予以保留。在这种情形下,对所属技术领域进行检索和调查就尤为重要,出于保险起见,最好到专利局进行新颖性检索。国家知识产权局下属的检索咨询中心设有申请专利前的有偿检索服务。

但需要特别注意的是,在决定保留技术秘密时一定要十分慎重,否则会由于公开不充分而影响专利申请的授权,或者专利授权后的稳定性。如无非常笃定的把握,最好还是将这些附加技术特征至少要写入说明书中,给申请人留下在审批过程中能对权利要求书进行修改的机会。

第四节　专利申请原则和申请文件的撰写

一、专利申请的原则

(一)形式法定原则

形式法定原则是指申请专利的各种手续都应当以书面形式或者国家知识产权局专利局规定的其他形式办理。在我国,除书面形式以外,依据国家知识产权发布的《关于电子专利申请的规定》,自 2004 年 3 月 12 日起,发明、实用新型和外观设计专利申请均可采用电子文件形式提出。[①] 这意味着在我国,提交专利申请只能是以书面形式或电子文件形式,以口头、电话、实物、电报、电传、传真、胶片等形式提起的专利申请均不产生法律效力。

(二)单一性原则

单一性原则的含义有广义和狭义之分。狭义的单一性原则又称为"一申请一发明"原则,是指一件专利申请一般只能限于一项发明创造,不允许将两项以上发明创造合在一起提出一件专利申请。具体而言,就是一件发明或者实用新型专利申请应当限于一项发明或者实用新型,一件外观设计专利申请应当限于一种产品所使用的一项外观设计。广义的单一性原则除包含狭义的单一性原则

① 参见《关于电子专利申请的规定》第 3 条。

之外，还包括同样的发明创造只能被授予一项专利权。[①]

专利申请的单一性原则为世界上绝大多数国家的专利法所普遍采用。确定该原则的主要理由是：如果允许将多项发明创造集中在一件申请中申请专利，首先，不便于专利机关对专利申请进行有效的分类、检索、审查以及进行现代化的信息处理，也不便于人们对发明创造内容的理解；其次，不利于明确专利保护的对象和范围，给专利技术的转让和实施许可造成困难；最后，申请人以一件申请请求保护几项发明创造，可以达到少缴申请费、审查费以及年费的目的，专利工作的经费有可能因此而得不到保证。

但许多国家的专利法在规定专利申请的单一性原则的同时，也规定了一些例外情况。我国亦是如此。《专利法》第 31 条规定："一件发明或者实用新型专利申请应当限于一项发明或者实用新型。属于一个总的发明构思的两项以上的发明或者实用新型，可以作为一件申请提出。一件外观设计专利申请应当限于一项外观设计。同一产品两项以上的相似外观设计，或者用于同一类别并且成套出售或者使用的产品的两项以上外观设计，可以作为一件申请提出。"

(三)先申请原则

先申请原则，是指两个以上的申请人分别就同样的发明创造申请专利的，专利权授予最先申请的人。这意味着，在先申请原则下，是否授权取决于提起专利申请的时间先后，而不论发明创造完成的时间先后。这既易于判断，简便易行，又有利于促进发明人、设计人尽早公开发明创造的内容，造福于社会。世界上绝大多数国家都采先申请原则，2011 年，一直坚持先发明原则的美国也改弦更张，采取先申请原则。至此，世界各国专利法都统一到了先申请原则之下。

在先申请原则之下，专利申请的时间就显得十分重要，既不能随意拖延申请时间，以免被他人抢先，丧失取得专利权的机会；又不能盲目抢先，过早暴露自己的技术。究竟应当在何时申请，应当根据技术本身的情况和申请专利的目的等综合考虑。

二、专利申请文件

申请人以法定形式提起专利申请时，所提交的各种文件材料被称为专利申请文件。其作用在于：(1)启动专利局对专利申请的审批程序。(2)充分公开发

① 在对"单一性原则"采狭义界定时，"同样的发明创造只能被授予一项专利权"，也被称为"禁止重复授权原则"。

明创造的内容,使所属技术领域普通技术人员能够实施。(3)阐明申请人对该发明创造所要求的保护范围。(4)是专利局审查的原始依据。专利局根据申请文件记载的内容进行审查。(5)专利批准后的授权文本是取得专利保护范围和判断侵权的依据。所以专利申请文件具有重要的法律意义。

从广义来说,专利申请文件包括必备文件和其他文件;从狭义来说,则仅指必备文件。

1. 必备文件

必备文件指依《专利法》第26条、第27条规定申请人应提交的文件。除说明书摘要以外,如果没有提交必备文件或提交不齐备,专利局将不予受理申请。发明专利申请的必备文件是:发明专利申请请求书、说明书、权利要求书、摘要,必要时应当有说明书附图。实用新型专利申请的必备文件是:实用新型专利请求书、说明书、权利要求书、摘要,并且必须要有说明书附图。外观设计专利申请的必备文件是:外观设计专利请求书、外观设计的图片或照片以及对该外观设计的简要说明。

2. 其他文件

其他文件是指在办理专利申请手续时,提交的除必备文件以外的各种请求、申报、意见陈述、补正文件以及各种证明、证据材料。如:代理委托书、费用减缓请求书、外观设计专利申请的简要说明、在先申请文件副本、补正书、保藏单位出具的保藏证明和存活证明、外国申请人的国籍证明或总部所在地和经常营业所所在地证明、优先权转让证明文件、继承证明等。①

对其他文件,如果不提交或提交不齐备所引起的法律后果各有不同,如:不予受理、视为撤回、视为未提出等。

三、发明和实用新型专利申请文件的撰写

由于专利申请采书面原则,发明创造是否充分公开、是否具备新颖性、创造性、实用性,基本上是由权利要求书和说明书的撰写质量所决定。因此,在专利申请中一定要高度重视专利申请文件的撰写。同时,专利申请文件的撰写是一项法律性、技术性很强的工作,这也决定了它是专利申请中一个最有难度和技巧性的环节。

由于发明专利和实用新型专利申请文件的撰写,在标准和要求上基本相同,

---

① 各种证明文件应当提交正本,证明文件是复印件的,必须经公证(集中认证的除外)。

因此，本部分将着重介绍发明专利的申请文件撰写。[①] 外观设计专利由于其特殊性，将单独对其申请文件的撰写予以介绍。

(一)请求书

请求书是申请人向专利局表示请求授予专利权愿望的一个文件，其作用在于启动专利申请和审批程序。在我国，专利局提供了统一格式的请求书表格，申请人只要通过打字或印刷予以填写即可。

需要注意的是，为实现我国专利制度与遗传资源保护制度的配套和衔接，确保专利权的授予有助于实现《生物多样性公约》的目标，《专利法》第26条规定："依赖遗传资源完成的发明创造，申请人应当在专利申请文件中说明该遗传资源的直接来源和原始来源；申请人无法说明原始来源的，应当陈述理由。"为此，《审查指南(征求意见稿)》第1部分第1章5.3要求，对于依赖于遗传资源完成的发明创造，申请人应当在请求书中对于遗传资源的来源予以说明，并填写遗传资源来源披露登记表。

(二)说明书

说明书是对发明或实用新型内容进行详细描述并予以充分公开的技术性法律文件。其作用在于：(1)向社会公开发明和实用新型的内容，使所属技术领域的技术人员能够实施。(2)公开足够的技术情报，支持权利要求书要求保护的范围。(3)说明书可以用来解释权利要求书，作为审批程序中修改权利要求的依据和侵权诉讼时解释权利要求的辅助手段。

说明书依次由发明名称、技术领域、背景技术、发明内容、附图说明(如果有附图的话)、具体实施方式几部分组成，如果有附图，说明书附图应集中放在说明书文字部分之后。其中发明内容部分应写明所要解决的技术问题、技术方案以及有益效果。而技术方案不仅是整个说明书的核心，也是权利要求书确定保护范围所依据的核心。

说明书的主要撰写要求为：(1)发明或者实用新型的名称应当清楚、简明。(2)发明或者实用新型的技术领域应当是要求保护的发明或者实用新型技术方案所属或者直接应用的具体技术领域，该具体的技术领域往往与发明或者实用新型在国际专利分类表中可能分入的最低位置有关。(3)除开拓性发明外，在背景技术的撰写时，至少要引证一篇与本申请最接近的现有技术。必要时，可再引用几篇较接近的对比文件。(4)发明内容包括要解决的技术问题、技术方案和有益效果。其中，技术问题应当针对现有技术中存在的缺陷或不足，用正面的、尽

① 《审查指南》第2部分第2章对此作了较详细的规定，可予参阅。

可能简洁的语言客观描述；技术方案首先应当写明独立权利要求的技术方案，其用语应当与独立权利要求的用语相应或者相同，然后可以通过对该发明和实用新型的附加技术特征的描述，反映对其作进一步改进的从属权利要求的技术方案；有益效果可以通过对发明或者实用新型结构特点的分析和理论说明相结合，或者通过列出实验数据的方式予以说明。(5)附图说明应写明各幅附图的图名，并对图示的内容作简要说明。(6)具体实施方式中，实施例①的数量应当根据发明或者实用新型的性质、所属技术领域、现有技术状况以及要求保护的范围来确定。(7)说明书应当用词准确，语句清楚，当无法避免使用商品名称时，其后应当注明其型号、规格、性能及制造单位。

(三)说明书摘要

说明书摘要是说明书公开内容的概述，它仅是一种技术情报，不具有法律效力。摘要不得超过300字，不得使用商业性宣传用语，但可以包含最能说明发明的化学式。有附图的专利申请，应当由申请人指定并提供一幅最能反映该发明或者实用新型技术方案的主要技术特征的附图。

(四)权利要求书

权利要求书是专门记载权利要求的文件，它由一项或多项权利要求组成，是限定专利权保护范围的法律性文件。其作用在于：(1)表述专利申请人对发明或实用新型所要求的保护范围。(2)授权后的权利要求书用来确定专利权受保护的法律范围。(3)在一定程度上反映出发明或实用新型与最接近现有技术之间的联系与区别。

按照形式划分，权利要求可分为：独立权利要求和从属权利要求。前者从整体上反映发明或者实用新型的技术方案，记载解决技术问题的必要技术特征，保护范围最宽。后者除了包含有独立权利要求中的所有技术特征，还对所引用的权利要求通过附加技术特征进行进一步限定，保护范围则在其所引用的权利要求的保护范围之内。

一件专利申请的权利要求书中，应当至少有一项独立权利要求。当权利要求书中有两项或者两项以上独立权利要求的，写在最前面的独立权利要求称为第一独立权利要求，其他独立权利要求称为并列独立权利要求。

权利要求书的撰写要求包括实质上和形式上两方面。

就实质上的要求而言，主要有：(1)以说明书为依据，也就是说权利要求的保护范围不得超出说明书记载的范围。只有当所属技术领域的技术人员能够从说

① 实施例是对发明或者实用新型优选的具体实施方式的举例说明。

明书中公开的内容直接得到或者概括得出一项权利要求所要求保护的技术方案时,该权利要求才真正得到说明书的支持。(2)清楚地表述请求保护的范围。首先,权利要求的类型要清楚。其次,权利要求应当清楚地描述发明或者实用新型,不得使用多义词、含义模糊不清的词句、行话、土话或自行编造的词语。最后,权利要求之间的引用关系也应当清楚。(3)简明。除用词应当简明以外,其数目也应合理。

就形式上的要求而言,主要有:(1)权利要求书有一项以上权利要求的,应当用阿拉伯数字顺序编号。(2)每一项权利要求只允许在其结尾处使用句号。(3)权利要求中使用的科技术语应当与说明书中使用的一致。(4)权利要求中可以有化学式、化学反应式或者数学式,但是不得有插图和附图。(5)除绝对必要的外,权利要求中不得使用"如说明书……部分所述"或者"如图……所示"等类似用语。(6)权利要求中通常不允许使用表格,除非使用表格能够更清楚地说明发明或实用新型要求保护的主题。(7)权利要求中的技术特征可以引用说明书附图中相应的标记。但是,这些标记应当用括号括起来,放在相应的技术特征后面。(8)权利要求中采用并列选择时,其含义应当是清楚的。(9)权利要求一般不得引用人名、地名、商品名或商标名称。(10)若有几项独立权利要求,各自的从属权利要求应尽量紧靠其所引用的权利要求。

四、外观设计专利申请文件的撰写

(一)请求书

外观设计专利请求书的填写与发明和实用新型专利请求书的填写大致相同。难点主要在于使用外观设计的产品名称(注意:非外观设计的名称)的确定上。该名称一般应当符合国际外观设计分类表中小类列举的名称,一般不得超过 20 个字,对图片或者照片中表示的外观设计所应用的产品种类具有说明作用。

(二)图片或照片

就立体外观设计产品而言,产品设计要点涉及六个面的,应当提交六面正投影视图,即主视图、后视图、左视图、右视图、俯视图和仰视图,并将各视图的名称标注在相应视图的下方。产品设计要点仅涉及一个或几个面的,可以仅提交所涉及面的正投影视图和立体图。对于请求保护色彩的外观设计专利申请,应当提交彩色图片或照片。

外观设计专利申请人可以自申请日起两个月内对外观设计专利申请文件主动提出修改。但修改不能超出原图片或照片表示的范围。

(三)简要说明

简要说明用来对外观设计产品的设计要点、省略视图以及请求保护色彩等情况进行扼要的描述,在其中不得使用商业性宣传用语,也不能用来说明产品的性能和结构。

第五节　专利申请的流程

专利申请是一个文件、费用、期限三方面相结合的过程,其中任何一个因素的瑕疵都会影响整个流程的进展,甚至会导致申请失败。因此,在专利申请流程中一定不能忽视其中的任何一方面。

一、专利申请的提交

在准备好相应的专利申请文件后,申请人可以通过下列方式向专利局提交专利申请:面交、邮寄以及电子申请。其中,面交必须是中国境内的申请人。邮寄不能用包裹,应当使用挂号。

依据《专利法》第 19 条的规定,在进行专利申请时和办理其他专利事务时,中国单位或者个人可以委托依法设立的专利代理机构办理,在中国没有经常居所或者营业所的外国人、外国企业或者外国其他组织,则应当委托依法设立的专利代理机构办理。

二、专利申请的受理

经形式审查,对于符合条件的专利申请,专利局确定申请号并发出受理通知书。受理通知书一经发出,即具法律效力。它对专利申请给出了申请日、申请号,标志着专利局将对该专利申请依法进行审查。

申请人如果不服不予受理决定的,在收到不予受理决定通知书之日起 15 日内可以提起行政复议。

三、专利申请日的确定和优先权制度

确定了申请日,也就确定了专利申请、审查、授权、保护中的一个重要的期限起算点。在优先权制度下，以申请日的确定为基础，一个享有优先权的专利申请，除专利权保护期限的起算仍以实际申请日为准外，凡是应当以申请日为期限起算点的，均转化为以优先权日，即作为要求优先权基础的在先申请的申请日，作为期限起算点。

(一)申请日的确定

申请日是指专利申请人向专利局提起专利申请的时间。它的确定有着重要意义：(1)申请日是判断专利申请先后的客观标准。(2)申请日是判断发明专利或实用新型专利新颖性、创造性的时间界限；是判断外观设计不相同或不相类似的时间界限。(3)是要求优先权的分界日、专利权期限的起算日、适用先用权制度的分界日以及发明专利申请公布的起算日、发明专利申请实质审查请求的起算日。

申请日的确定以专利局收到专利申请文件之日为准。如果申请文件是邮寄的，以寄出的邮戳日为准。邮戳不清的，除当事人能够提出证明的以外，仍以专利局收到日为准。另外，如果说明书中有"附图说明"却没有提交附图的，以提交附图日为申请日。

(二)优先权制度

1. 优先权的由来

优先权的概念首见于1883年的《巴黎公约》第4条。即"已经在本联盟的一个国家正式提出专利、实用新型注册、外观设计注册或商标注册的申请的任何人，或其权利继受人，为了在其他国家提出申请，在以下规定的期间内享有优先权。也就是说，申请提出的在后申请对于第一次申请的申请日以后就相同内容所提出的其他申请都享有优先的地位。"

《巴黎公约》中之所以规定优先权，目的在于便利缔约国国民在一国提出申请后再向另外的缔约国提出申请。除极个别国家外，世界上大多数国家对专利申请均采用先申请原则，并且几乎所有国家的专利法均规定判断一个专利申请是否具有新颖性、创造性的时间是申请日。这就意味着，如果希望就同一内容在几个国家获得专利保护，申请人必须同时在这些国家提出申请，否则就会由于他人抢先申请或者使发明内容公开，最终不能在这些国家获得授权。然而，申请人就同一内容同时在几个国家特别是不同语种的国家提出专利申请相当困难。而且申请人在决定向其他国家申请专利以前，往往需要时间考虑许多问题，如：有关的发明创造的应用价值如何？是否有必要向外国申请专利？向哪些外国申请专利更合适？因此，一方面为了促使发明人、设计人尽早公开其所完成的发明创造，增加社会财富；另一方面为了适当保护发明人、设计人的利益，《巴黎公约》设计出优先权制度。

随着专利制度的发展和知识产权保护水平的提高，优先权不再局限于外国申请人，而是进一步扩展到可以适用于本国申请人。我国也在1992年修改《专利法》时，增加了有关本国优先权的规定。这一方面可以使申请人能够将符合单一性要求的多个在先申请合并到一份在后申请中提出，从而减少专利费用。另一方面，在保持申请主题不变的情况下，还可以实现发明和实用新型专利申请的互换。① 同时，鉴于申请人如果在优先权期限行将届满前，提出一个与在先申请完全一致的在后申请，也是合法的，因此，可以起到利用本国优先权延长专利保护期限的作用。

2. 外国优先权和本国优先权

(1)概念

依《专利法》第29条第1款产生的优先权，即在第一次申请是向外国提出的情况下所产生的优先权，称为外国优先权。依《专利法》第29条第2款产生的优先权，即在第一次申请是向本国提出的情况下所产生的优先权，称为本国优先权。

(2)外国优先权成立的条件

享有外国优先权的专利申请应当满足以下条件：①作为要求优先权基础的在先申请必须是在依该国同中国签订的协议或者共同参加的国际条约，或者依照相互承认优先权的原则，可以享有优先权的国家提出。②作为要求优先权基础的在先申请可以是发明、实用新型和外观设计，但必须是在外国第一次提出的正规国家申请。至于该申请是否已在该外国被授权，或者是否已经撤回、驳回、分案或视为撤回，均不会有所影响。③有权要求优先权的申请人必须是《巴黎公约》缔约国国民或在缔约国国内有住所或营业所的非缔约国国民。该条件必须在提出在先申请时和行使优先权时都具备，但并不要求在整个优先权期限内都具备。④发明或者实用新型的优先权期限为，自在外国第一次提出专利申请之日起12个月。外观设计的优先权期限为，自在外国第一次提出专利申请之日起6个月。⑤要求优先权的在后申请的申请人与在先申请的申请人相同或是其中之一。不一致时应当附有转让证明。⑥享有优先权的在后申请与在先申请在发明创造的内容上应该是相同主题。所谓相同主题，并不要求在文字记载或叙述方式上完全一致，而是指技术领域、所要解决的技术问题、技术方案、预期效果要实质上相同。

---

①　在外国优先权的规定中，这种互换是不允许的。

(3)本国优先权成立的条件

享有本国优先权的专利申请应当满足以下条件:①本国优先权只适用于发明或者实用新型专利申请,不适用于外观设计专利申请。②申请人就相同主题的发明或者实用新型在中国第一次提出专利申请后,又向专利局提出专利申请。③中国在后申请的时间不得迟于中国首次申请之日起12个月。④要求优先权的在后申请的申请人与在先申请的申请人相同或是其中之一。不一致时应当附有转让证明。

《专利法实施细则》第32条第2款规定,中国在先申请的主题有下列情形之一时,不得作为要求本国优先权的基础:①已经要求外国优先权或本国优先权的;②已经被授予专利权的;③属于按照规定提出的分案申请的。

为避免重复授权,当申请人要求本国优先权时,作为其基础的中国在先申请,自中国在后申请提出之日起即被视为撤回。

3. 部分优先权

部分优先权,是指当在后申请中仅有一部分权利要求所记载的主题与在先申请所记载的内容相同时,该在后申请就该部分相同内容所享有的优先权。其中,有外国部分优先权和本国部分优先权之分。

在存在部分优先权的情况下,在后申请就其与在先申请中相同的部分内容视为是在优先权日(即在先申请的申请日)提出的,而其他部分则不能享有优先权。例如:一个在先发明专利申请由主题A、B构成,其申请日为1998年8月31日。一在后发明专利申请由主题A、B、C构成,其申请日为1999年4月1日。其中,前后申请中的A、B主题相同,那么在后申请中,就A、B主题而言,可将1998年8月31日视为申请日。而对在后申请中的C主题而言,则申请日只能是1999年4月1日。

值得注意的是,部分优先权是针对权利要求书中的部分权利要求而言,而不是针对一项权利要求中的部分技术特征而言。

4. 多项优先权

多项优先权,是指当在后申请的发明创造含有多项权利要求,该多项权利要求分别以多个不同的在先申请中的技术方案为根据时,只要该在后申请具备单一性,则该在后申请就多个符合条件的在先申请所享有的优先权。外国多项优先权和本国多项优先权之分。

在多项优先权中,在后申请的优先权期限从最早的优先权日(在先申请中最早的申请日)起计算。但就新颖性判断而言,则分别以各优先权日(多个在先申请的不同申请日)为准,且作为多项优先权基础的多个在先申请可以是在不同国家提出的。

5. 优先权要求的提出

根据《专利法》第 30 条的规定，申请人要求优先权的，应当在申请的时候提出书面声明，并且在三个月内提交第一次提出的专利申请文件的副本；未提出书面声明或者逾期未提交专利申请文件副本的，视为未要求优先权。并且申请人要求优先权的，应当在缴纳申请费的同时缴纳优先权要求费；未缴纳或者未缴足的，视为未要求优先权。要求优先权的申请人的姓名或者名称与在先申请文件副本中记载的申请人姓名或者名称不一致的，应当提交优先权转让证明材料，未提交该证明材料的，视为未要求优先权。

四、费用和期限

（一）专利费用

专利费用包括基本费、手续费和服务费三种。其具体缴费名称和金额参见国家知识产权局 2000 年 75 号公告。专利费用可以请求减缓，具体减缓办法参见国家知识产权局 2006 年第 39 号公告。

专利费用既可直接向专利局缴纳，也可通过邮局或者银行汇付，或者以专利局规定的其他方式缴纳。其中，银行汇付只能是信汇，不能电汇。通过邮局汇付的，以邮戳日为缴费日。通过银行汇付的，以银行实际汇出日为缴费日。但是从汇出日至专利局收到日超过 15 天的，除有邮局或银行证明外，以专利局收到日为交费日。

（二）期限

专利期限的起算一种是从固定日期开始，如申请日、优先权日、授权公告日等；另一种是从通知或决定的推定收到日开始。

期限以年或月计算的，以其最后一月的相应日为期限届满日。该月无相应日的，以该月最后一日为期限届满日。期满时是法定节假日的，以节假日后的第一个工作日为期限届满日。

当事人因正当理由不能在期限内进行或完成某一行为或程序时，可以向国务院专利行政部门提出延长期限的请求。延长期限一般不超过两个月。请求期限延长的，应在期限届满前提交延长期限请求书，并缴纳费用。

耽误期限的法律后果是丧失各种相应的权利，如专利权、专利申请权、优先权等。产生的后果包括视为撤回、视为未要求优先权、视为放弃专利权、视为未提出请求等。耽误期限后，根据《专利法实施细则》或《专利法实施条例修订草案

(送审稿)》相同的第7条的规定,因不可抗力而耽误期限的,自障碍消除之日起2个月内,最迟自期限届满之日起2年内,可以向国务院专利行政部门请求恢复权利;因其他正当理由延误期限的,可以自收到国务院专利行政部门的通知之日2个月内,向国务院专利行政部门请求恢复权利。但特别需要注意的是:不是所有期限耽误后都能恢复。新颖性宽限期、优先权要求期、专利权期限、专利权诉讼时效被耽误后,则不能恢复。

第六节 国际申请

一、国际申请的意义

国际申请也称PCT申请,是指申请人依照《专利合作条约》(PCT)中所规定的程序和格式,通过PCT同时向多个国家提出的专利申请。

虽然《巴黎公约》为发明人在外国寻求专利保护提供了可能性,并建立起传统的巴黎公约申请体系。但在这种传统体系中,申请人向多个国家申请专利时,必须向这些国家一个一个地提出申请,这需要委托不同国家的专利代理人使用不同的语言,按照各国不同的规定撰写申请文件,并分别向各国缴纳申请费用,这显然不论是在时间还是金钱上都花费很大。而且在传统体系中,各国专利局在受理专利申请后都要重复进行初步审查,这显然会加大它们的工作负担。因此,为简化国家间申请专利的手续,加快信息传播,减轻缔约国国家局的负担,PCT应运而生。该条约于1970年6月在美国华盛顿签订,1978年1月生效,是按照《巴黎公约》第19条制定的专门协定。[①] 因此,只有《巴黎公约》成员国可以加入该条约,目前PCT已有136个缔约国。中国于1994年1月1日正式加入PCT,成为PCT体系的受理局、国际检索单位和国际初审单位。

PCT申请只适用于发明和实用新型专利申请。申请人只需以一种语言向一个受理局提出一份国际申请。自国际申请日起,该申请就在所有指定国拥有与其本国申请同等的效力。同时,PCT体系中,由受理局对国际申请进行形式审查,由一个国际检索单位进行国际检索。所有的国际申请及其国际检索报告

① 《巴黎公约》第19条规定:本同盟成员国保留有在相互间分别签订关于保护工业产权的专门协定的权利,只要这种些协定与本公约的规定不相抵触。

均由世界知识产权组织(WIPO)进行统一的国际公布。如果申请人需要,还可由国际初审单位对该国际申请是否具有新颖性、创造性制作国际初步审查报告,供申请人及申请人选定的成员国参考。至于该申请最终能否被授权仍由各国根据本国专利法的规定予以决定。

同传统《巴黎公约》体系比较起来,PCT 申请的优点在于:(1)简化提出申请的手续。(2)推迟决策时间,减少申请的盲目性。(3)准确地投入资金,节约专利申请经费。(4)给予完善专利申请文件的机会。(5)减轻成员国国家局的负担。

二、国际申请的提出

申请人可以向国际局或本国国家局(国籍国或居住国)提起国际专利申请。向中国国家知识产权局提交的 PCT 申请文件应当使用中文或英文。至于向国际局提起国际申请,则可以使用任何语言。自 2004 年 1 月 1 日起,根据修改后的 PCT 实施细则,国际申请一经提出,即自动指定在国际申请日受 PCT 约束的所有成员国。①

当申请人为多人时,只要其中一人是 PCT 缔约国的国民或居民,就认为是符合要求的。与国家申请不同,当申请人为多人时,不同的申请人可以分别作为不同指定国的申请人。如甲、乙共同提起一国际申请,其中,甲可以作为美国的申请人,乙可以作为法国的申请人。

任何单位和个人就其在国内完成的发明创造提起国际申请时:(1)尽管《专利法》已取消了任何单位或个人将其在中国完成的发明创造向外国申请专利时,必须先在中国申请专利的限制,但申请人仍然可以选择先向中国专利局提起国家申请,然后在 12 个月优先权期限内再提出国际申请。(2)直接提出国际申请,但必须在申请中指定中国。根据《专利法实施条例修订草案(送审稿)》第 132 条的规定,按照 PCT 已确定国际申请日并指定中国的国际申请,视为向国务院专利行政部门提出的专利申请。也就是说,指定中国的国际申请可被直接视为国内申请。

申请人提起国际申请应当缴纳的费用为传送费、检索费、国际申请费。如果申请人在请求书中标明请受理局为其准备优先权文件并将文件转交国际局的,受理局可收取优先权文件请求费。

---

① 以前,申请人提出国际申请时,应当在请求书中指定若干个 PCT 缔约国作为申请希望获得保护的国家。

三、国际申请的受理

专利申请提交受理局后，由受理局进行形式审查，其在内容和要求上大体同国家申请相同。不过，即使申请人在规定期限内没有提交优先权文件，也没有请求受理局准备和传送优先权文件；或者要求优先权的国际申请的前后申请人不一致，且国际申请中也不包含申请人享有优先权的声明，受理局都不能据此作出视为未要求优先权的决定，而是留待国家阶段中由指定国按本国法进行处理。

四、国际检索程序

国际检索由国际检索单位进行，是国际申请中的必经程序之一。

检索局应自收到检索用申请文本之日起 3 个月内，或自优先权日起 9 个月内(以后到期的为准)，完成检索报告或宣布不予检索。

检索完毕，应当制作国际检索报告，分别寄送申请人和国际局，申请人根据检索结果对到底想要进入哪些指定国作出决定。实践中，申请人最后实际进入的国家数量往往少于申请时的指定国数量。

自优先权日起满 18 个月，国际局应以中、英、法、德、俄、日、西班牙、荷兰语 8 种语言之一，进行国际公布，并将该申请的文本和检索报告寄送国际申请中指定的所有指定国专利局。

五、国际初步审查程序

国际初步审查程序不是国际申请中的必经程序，依申请人的请求而启动。所作出的国际初步审查报告只是初步的、无约束力的意见，供选定国专利局参考。

申请人如欲申请国际初步审查，应自收到检索报告和书面意见之日起 3 个月或自优先权日起 22 个月(以后届满的期限为准)以内，向主管国际初步审查单位提交国际初步审查要求书，并缴纳初步审查费、手续费。另外，申请人在提出国际初步审查请求时，应在指定国中选定至少一个承认 PCT 第二章的缔约国作为选定国。

在国际初步审查报告作出前，申请人有权依规定方式在规定期限内修改权利要求书、说明书和附图。但在任何情况下，申请人修改文件都不是强制性的，由其自行决定是否进行。对于国际初步审查单位作出的书面意见，申请人可以答复，也可以不答复。

完成国际初步审查报告的期限是自优先权日起28个月或自启动审查之日起6个月（以后届满的期限为准）。该审查报告是保密的，只提供给申请人、国际局和选定国专利局。

六、国际申请进入国家阶段

申请人应在不迟于自优先权日起满30个月届满之日，向指定国或选定国履行进入国家阶段的手续。[①] 我国对在上述期限内没有办理进入国家阶段手续的国际申请，在缴纳一定数额宽限费后，给予2个月的宽限期。如果申请人想主动放弃对某个国家的指定，只要不履行进入该国国家阶段的手续即可，不需特别提出撤回指定的声明。

申请人履行进入国家阶段的手续包括缴纳国家费用、提交国际申请译文、提供国际申请副本和发明人信息。在我国，如果国际申请是以中文以外的文字提出的，进入中国国家阶段必须提交其中文译本。

国际申请进入国家阶段后，其审批程序就同该国国家申请相同，不予赘述。但应注意，在实施早期公开的国家，如果国际公布的语言不是该国官方语言，通常还要将该申请用本国官方语言重新公布一次，我国也是如此。

第七节　香港的专利注册制度

香港特别行政区设立标准专利和短期专利，由知识产权署专利注册处负责审批，其审批程序都只进行形式审查。至于外观设计，则实行注册保护。

一、标准专利的注册

标准专利是指通过注册"指定专利局"（目前为中国国家知识产权局、英国专利局、欧洲专利局）已经授权的发明专利而批准的一种专利，其保护期限为自指定专利申请的申请日起20年。为了获得标准专利，请求人要办理记录、注册两

① PCT还规定，任何缔约国的本国法可以对此规定更迟届满的期限。

步手续。

向中国专利局提出发明专利申请的申请人,为获得香港标准专利的保护,应自该申请由中国专利局公布之日起6个月内向香港知识产权署办理记录请求手续,并自该申请由中国专利局授权之日起6个月内向香港知识产权署办理注册与批予请求手续。

(一)第一步:提出记录请求

办理记录请求手续需要提交的文件包括:(1)请求书。(2)指定专利申请的影印件。(3)若指定专利申请中未记载发明人的,应提供有关发明人的说明。(4)若请求人不是指定专利的申请人,应提供以合法方式获得申请权的声明以及支持该声明的证明文件。(5)要求优先权的,应写明优先权国家和优先权日期。(6)有不丧失新颖性宽限期要求的,应提供申请前发明公开情况的详细说明。上述文件,发明人和申请人的姓名或名称应当用罗马字母标注音译名,发明名称和摘要应当以中、英两种文字提供,其他文件以中文或英文提供。

记录请求经形式审查合格,并缴纳了规定的提交费和公告费后,知识产权署将以规定的方式尽快公布记录的指定专利申请的说明书、权利要求书、附图和检索报告或摘要、申请人和发明人的情况。同时应将这种记录在宪报上予以公告,并通知请求人。至此,第一步手续完成。自香港的公布日起满5年指定专利申请在指定局未授权的,从第5年起应当逐年缴纳申请维持费。

(二)第二步:提出注册与批予请求

当指定专利申请在指定局授权以后,就可以办理注册与批予请求手续。

注册与批予请求经形式审查合格,并缴纳了规定的提交费和公告费后,知识产权署将尽快办理下列手续:(1)在注册簿上给指定专利注册。(2)对指定专利说明书中的发明授予标准专利,并颁发专利证书。(3)以规定的方式尽快公布说明书、权利要求书、附图、摘要,以及专利权人和发明人的姓名或名称。(4)公布授权公告,同时将专利证书送交专利权人。

二、短期专利的注册

短期专利是指申请人直接向香港特别行政区知识产权署专利注册处提出而获得批准的专利。其保护的主题范围与标准专利大体相当,既可保护产品发明,也可保护方法发明,甚至还可保护涉及微生物的发明。短期专利的保护期限为自申请日或优先权日起4年,并可续展4年。为了获得短期专利,申请人只需办理一次注册手续。

(一)一般短期专利申请的申请手续

申请短期专利应提交的文件包括:(1)请求书。(2)有关发明内容的文件,即说明书、权利要求书、附图。(3)一份有关该发明的摘要。(4)包括中国专利局在内的国际检索单位或香港知识产权署指定的专利局所作的检索报告。

(二)以 PCT 国际申请为基础的短期专利申请的申请手续

一项国际申请如果指定了中国,并且指明要求获得实用新型专利保护,当该项国际申请进入中国国家阶段之日起 6 个月内,申请人也可申请短期专利。

不论是一般短期专利申请,还是以 PCT 国际申请为基础的短期专利申请,均应在提交申请文件后 1 个月内(如果申请不是一次提交的,自最早提交的部分申请文件之日起)缴纳提交费和公告费。经过形式审查合格并缴纳费用后,短期专利即可获得授权。

三、外观设计的注册

外观设计注册申请由香港知识产权署直接受理,经形式审查合格后予以注册。其保护期限为自申请日或优先权日起 5 年,可续展 4 次,每次续展 5 年,最多可保护 25 年。

在提出外观设计注册申请时,申请人应提交:(1)请求书。(2)有关外观设计适宜作复制的一项表述。(3)申请人非设计者本人时,作出的用于解释申请人在该项外观设计方面的权利的陈述。(4)在香港的一处供送达文件的地址。(5)以两种法定语言(中文和英文)作出的关于使用该外观设计产品的陈述。(6)如果必要,还需作出新颖性陈述。(7)申请人的姓名或名称如不是采用罗马字母或中文字的,还需提供其音译。(8)其他需要提交的陈述、证据或资料。

知识产权署在收到申请材料后,将对其予以形式审查。若形式合格或经补正后合格,将会给予外观设计注册,予以公布,并发出注册证明书。

第五章 >> 专利申请的审查授权程序

本章导读：虽然对于专利权的性质有不同的理论见解，但是专利权都是经由审查授权程序产生的，中外立法例概莫能外。什么样的审查授权程序能够最大限度地取得审查效率、审查效果（专利权可靠性、对申请人足够而公平的保护但又不会损害公众利益）的均衡目标，是非常值得研究的问题。本章概述了专利审查制度、专利授权原则，重点阐释了发明专利的审查授权程序。本章虽然名曰“程序”，但不仅仅是程序性内容，专利法中许多专利授权的实体性要件，在本章得到反映。从程序角度看，本章上承第四章内容，在学习两章时应当相互参照。相关审查授权程序中一些更细致的规则，可以参考《专利审查指南》。

第一节 专利审查制度概述

与著作权不同，一项发明创造完成之后不会自动取得专利权，自专利制度产生以来，专利权都需要按法定程序，经过国家主管机关审查核准后依法授予。

国家主管机关审查核准专利申请程序虽然不属于实体法的内容，但是同样具有重要意义。审查核准程序首先要保障专利审查的质量，保障专利审查的客观、公正、权威，保障经过审查程序所授予专利权的可靠性。不过，保障并不是保证。其次，审查核准程序要保障当事人的合法权益，审查人员要充分听取当事人的意见，当事人有权利就对其不利的审查结果获得救济。最后，审查程序还应秉持效率、节约原则，过于冗长的审查程序实际上是对公共资源的浪费和当事人利益的损害。效率、节约原则与保障审查的客观、公正、权威，与保障当事人的合法权益目标之间存在潜在的冲突。完善的专利审查制度正是在各目标间寻求平衡。

对于国家主管机关审查核准专利申请程序的法律性质，学术界有不同的认识。有观点认为主管机关审查授权行为是一种行政许可行为，专利权为行政机关的行政行为所创设。有观点认为主管机关审查授权行为是一种具有准司法性质的行政确权行为，专利权的来源不是行政创设，而是发明人的创造。有观点认为专利授权行为是民事司法性行政行为。① 我国台湾地区则有行政契约说以及确认处分说、形成处分说两种行政处分说。② 不同国家主管机关审查核准的程序有很大的不同。国际上对专利申请的审查制度有三种：

一、形式审查制度

形式审查制度又称登记制度，即仅仅审查申请人的主体资格、申请文件是否齐备、表格是否符合标准、手续是否完备等，对发明是否属于法律规定的可授予专利权的主题范围、申请是否符合专利法要求的实质条件（新颖性、创造件、实用性）等不进行审查。只要通过形式审查，即授予专利权。形式审查制度将专利技术的新颖性、创造性和实用性等发明创造的实质性问题留给诉讼解决。采用该制度的优点在于手续简便、审查授权迅速，但缺点在于无法保证授权专利的质量，在发生纠纷诉讼到法院时，专利权人败诉的可能性很大。同时，由于形式审查制度对申请专利的技术的先进性不进行审查，专利的可信度不高，不利于专利技术的转让，影响专利市场的交易效率。19 世纪末 20 世纪初，美国、德国、英国等先进的工业国家相继采用实质审查制度，到 20 世纪 50 年代，世界上实行专利制度的国家几乎都采用了实质审查制度。

但是，多数国家对实用新型和外观设计专利申请仍然采取形式审查制度。我国自 1984 年《专利法》颁布以来，对于实用新型和外观设计专利申请一直施行

---

① 有关观点及观点汇总，可参见杜颖、王国立：《知识产权行政授权及确权行为的性质解析》，载《法学》2011 年第 8 期。唐艳、王烈琦：《对知识产权行政授权行为性质的再探讨》，载《知识产权》2015 年第 1 期。

② 行政契约说认为知识产权的取得行为是国家与发明或创作人之间成立的一种契约，使接受者有义务并完整揭露其发明内容于大众，而授予者则应给予前者以法律之保障。确认处分说认为对于创作发明给予专利的保护，并不是在创设一个新的权利。专利法的功能仅是在管理这个权利而已，此即大陆学界习惯所称"行政确认"。形成处分说认为专利核准审定无非是出于国家产业政策而授予专利权之形成处分。故而国家对于发明人没有授予专利的义务，当创作或发明人提出专利申请时，国家有自由裁量的决定权。此说接近于大陆学界习惯所称"行政许可"。参见易玲：《专利确权机制研究》，湘潭大学 2012 年博士论文。

形式审查制度。

二、实质审查制度

实质审查制度又称为全面审查制度，即要求主管机关在形式审查的基础上，对每一件专利申请必须进行实质审查，看其是否具备新颖性、创造性和实用性等条件，以决定是否核准授权。该制度一般包括形式审查、实质审查与公众审查（异议）相结合的一系列程序。到 20 世纪 50 年代，多数实行专利制度的国家都采取实质审查制度。这种制度可以保证授权专利的质量，但审批时间过长，随着申请量的增加，申请案大量积压，审批机关虽大量增加审查力量，申请案积压的问题仍然日益严重。

三、迟延审查制度

迟延审查制度本身属于实质审查制度，又称“早期公开，请求审查”制度，即专利审查机关对专利申请进行形式审查后予以公布，除审查机关认为有必要者外，并不主动对申请进行实质审查，只有申请人请求审查并缴纳费用后，审查机关才对申请进行实质审查。如果申请人没有正当理由未在规定期限内提出实质审查请求，该申请被视为撤回。荷兰于 1963 年首创延迟审查制度，由于这种制度可大大提高审查效率，受到越来越多国家的推崇和效法。我国自 1984 年建立专利制度至今，对发明专利申请一直采取迟延审查制度。美国自 2000 年起也实行早期公开延迟审查制。[①] 目前，绝大部分国家对发明专利申请均采用迟延审查制度。迟延审查制度的最主要特点是，专利申请经过初步审查、早期公开后，审查机关并不主动进行实质审查，而只对申请人请求进行实质审查的申请进行实质审查。申请人无正当理由未在法定期限内申请实质审查的，该申请即被视

---

① 1999 年 11 月 29 日，时任美国总统的克林顿签署了《美国发明人保护法》(AIPA)，该法的许多重要条款都被直接纳入专利法，包括将不公开审查制改为早期公开延迟审查制，被认为这是美国自 1952 年《专利法》颁布以来专利制度发生的最重大变化之一。美国在 AIPA 中决定对发明专利和植物专利（不包括设计专利）施行早期公开制度，即有效申请日起 18 个月即行公开。然而该早期公开制度带有美国式的特点，AIPA 规定如果申请人不愿意未经审查公开，可以在申请时提出请求和证明，保证该申请只在美国及其他非 18 个月公开国家提出申请，对于此类申请则不予公开直至批准。在申请公开后至专利授权期间，对于他人的制造、使用、销售或进口行为，申请人将享有要求获得适当使用费的临时权利。

为撤回。迟延审查制度的具体细节，不同国家甚至一个国家在不同时期，又会因时而异，有所不同。

发明专利申请的迟延审查制度被广泛施行的原因。在申请人提出专利申请的发明中，有相当数量的发明并不一定具有商业前景。一些申请的发明不够成熟；也有一些申请只是为了防御的目的而提出，并不一定均具有实施价值；还有一些申请是为了抢申请日而仓促申请的，其涉及的发明还不够成熟。一项发明如果从申请专利之日起三年内还不能预期有在商业上实施的可能性，那么它日后在商业上应用的机会是很小的。故有必要给申请人一个考虑的时间，决定对其提出申请的发明专利申请是否进行实质审查。迟延审查制度既能鼓励申请人及早申请，又为申请人提供了足够时间对其申请的市场前景作出估计，从而在是否继续投入精力和资金请求实质审查的问题上给申请人留出了更多的考虑时间和选择余地。同时，对那些没有价值的专利申请一律进行实质审查，显然是对有限的审查资源的浪费。迟延审查制度另一方面也是为了减轻审查机关的负担，节约行政资源。实际上，有相当一部分申请在早期公开后即被当事人放弃，不再进入实质审查程序，从而减轻了专利审查机关的压力，有助于节约审查资源，提高审查效率。

我国《专利法》及《专利法实施细则》没有明确作出“早期公开、迟延实审”的规定，但习惯上理论与实务中均如此理解《专利法》(第 34 条、第 35 条)及《专利法实施细则》(第 46 条)的规定。国家知识产权局的实际审查流程也是如此设置。

第二节　专利授权原则

一、禁止重复授权原则

禁止重复授权原则，即同样的发明创造只能授予一项专利权的原则。《专利法》第 9 条规定：同样的发明创造只能授予一项专利权。禁止重复授权原则是专利授权的一条根本性原则，只有坚持这一原则，才能维持专利权的排他性，维护专利权人在法定期限内的市场独占利益，从而达到激励创新的立法目的。这是专利权与著作权的一个重要区别。按照著作权法的规定，如果两个以上的人各自独立创作出相同的作品，各个作者都可以取得独立的著作权。禁止重复授权原则使专利权的排他效力远强于著作权。

(一)"同样的发明创造"

禁止重复授权的本意,就是要防止两项保护范围相同的专利权存在,因此是否构成重复授权,应判断两项专利申请的保护范围。由于技术方案和设计方案之间存在性质上的差别,故技术方案与设计方案之间不会形成重叠的保护范围(逻辑上如此),即使出现针对同样的产品形状的现象。发明与实用新型之间都属于技术方案,有可能出现保护范围重叠的情况,即使是不同的专利类型。[①]

根据《专利法》第59条第1款的规定,发明或者实用新型专利权的保护范围以其权利要求的内容为准,说明书及附图可以用于解释权利要求的内容。因此,判断是否是同样的发明或实用新型,应当将两件发明或者实用新型专利申请或专利的权利要求书的内容进行比较,而不是将权利要求书与专利申请或专利文件的全部内容进行比较。《专利审查指南》规定,对于发明或实用新型,《专利法》第9条所述的"同样的发明创造"是指两件或两件以上申请(或专利)中存在的保护范围相同的权利要求。权利要求保护范围仅部分重叠的,不属于同样的发明创造,因为保护范围不同。

根据《专利法》第59条第2款的规定,外观设计专利权的保护范围以表示在图片或者照片中的该产品的外观设计为准,简要说明可以用于解释图片或者照片所表示的该产品的外观设计。因此在判断是否构成《专利法》第9条的同样的外观设计时,也是以表示在两件外观设计专利申请或专利的图片或者照片中的产品的外观设计为准。《专利审查指南》规定,同样的外观设计是指两项外观设计相同或者实质相同。"相同或者实质相同"的具体判断方式,适用对外观设计新颖性的判断方式。

(二)对"重复授权"的理解

何为"重复授权",存在两种理解。一种是将"重复授权"理解为"二次授权",专利法规定的"只能授予一项专利权",意思是只能有一次授权行为出现。第二种是将"重复授权"理解为"同样的发明创造不能同时有两项或两项以上处于有

---

① 也有观点认为,此时也不需要禁止对同一主体重复授权。参见汤宗舜:《关于禁止重复授予专利权问题的探讨》,载《知识产权》2003年第6期。

效状态的授权专利存在”。[①]《专利法》第 9 条是按照第一种理解作出的规定。这从第 9 条中关于“禁止重复授权”规定的语义解释，以及紧接着的“但书”条款（下文阐述）可以看出。

（三）“禁止重复授权”原则的实现途径

考虑以同样的技术方案（权利要求限定的技术方案）、专利申请人是否相同、申请专利的时间是否同日、申请专利的类型（发明还是实用新型）四个因素，可以概括出有可能产生重复授权的六种情形：

第一种：同一申请人，先后，同样的技术方案，分别申请两项发明专利，或者是分别申请两项实用新型专利。

第二种：同一申请人，先后，同样的技术方案，申请一项发明专利、一项实用新型专利。

第三种：同一申请人，同日，同样的技术方案，同时申请两项发明专利，或者是同时申请两项实用新型专利。

第四种：同一申请人，同日，同样的技术方案，申请一项发明专利、一项实用新型专利。

第五种：不同申请人，先后，同样的技术方案，均申请一项发明专利，或者是均申请一项实用新型专利，或者分别申请发明专利、实用新型专利。

第六种：不同申请人，同日，同样的技术方案，均申请一项发明专利，或者是均申请一项实用新型专利，或者分别申请发明专利、实用新型专利。

前述第五种情形适用《专利法》第 9 条第 2 款之规定，两个以上的申请人分别就同样的发明创造申请专利的，专利权授予最先申请的人。

前述第六种情形适用《专利法实施细则》第 41 条之规定，两个以上的申请人同日（指申请日；有优先权的，指优先权日）分别就同样的发明创造申请专利的，应当在收到国务院专利行政部门的通知后自行协商确定申请人。《专利审查指南》规定了后续处理方式：申请人期满不答复国务院专利行政部门的通知的，其申请被视为撤回；协商不成，或者经申请人陈述意见或进行修改后仍不符合专利

---

① 参见汪惠民、宋焰琴、王旭、陈桢：《关于发明和实用新型专利申请并存的问题》，载国家知识产权局条法司编：《〈专利法〉及〈专利法实施细则〉第三次修改专题研究报告（上卷）》，知识产权出版社 2006 年版，第 50～52 页。最高人民法院在关于再审申请人舒学章、国家知识产权局专利复审委员会与再审被申请人济宁无压锅炉厂发明专利权无效纠纷一案的“〔2007〕行提字第 4 号”再审判决中，对于“禁止重复授权原则的理解”问题专门发表了评论意见，可供参阅，但应注意当时的法律条文规定情况。

法第 9 条第 1 款规定的，两件申请均予以驳回。

第一种、第二种情形适用《专利法》第 22 条第 2 款的规定，发明或者实用新型不属于现有技术；也没有任何单位或者个人就同样的发明或者实用新型在申请日以前向国务院专利行政部门提出过申请，并记载在申请日以后公布的专利申请文件或者公告的专利文件中。如果在先申请在在后申请的申请日前已公开，则构成现有技术；如果在先申请在在后申请的申请日后公开，则构成抵触申请。如果在先申请在在后申请的申请日之后也不再公开，则意味着发生了在先申请的撤回、视为撤回等情形，也不会导致重复授权。

第三种情形不可能发生（申请人没这必要）。万一发生，则适用《专利法》第 9 条第 1 款之规定，同样的发明创造只能授予一项专利权。

第四种情形比较常见，从逻辑上讲可能会产生重复授权的后果。但是，该情形属于《专利法》第 9 条第 1 款中的“但书”内容，作为“禁止重复授权”原则的例外加以规定。同一申请人同日对同样的发明创造既申请实用新型专利又申请发明专利，先获得的实用新型专利权尚未终止，且申请人声明放弃该实用新型专利权的，可以授予发明专利权。

“禁止重复授权”原则的例外之所以存在，最初是因为在 20 世纪 90 年代国家知识产权局受理的专利申请数量持续增加而审查员严重不足导致出现了较为严重的申请积压现象，一些发明专利申请需要等待 6～7 年才能被授予专利权，引起了申请人和社会公众的强烈反响。为了及时解决这个问题，在未修改当时的《专利法》和《实施细则》的情况下，国家知识产权局采取了一项措施，允许同一申请人同日或先后就同样的发明创造既申请发明专利，又申请实用新型专利。由于对实用新型专利申请仅进行初步审查，能够很快被授予实用新型专利权，因此申请人可以就其发明创造及时获得专利保护；在对其发明专利申请进行实质审查后，认为符合授权条件的，只要该申请人声明放弃其已经获得的实用新型专利权，就可以授予其发明专利权。该措施较为有效地缓解了专利申请积压的矛盾，但是也带来了很大的争议。[①] 该措施实际上有违当时《实施细则》的条文规定，允许同一申请人就同样的发明创造先后申请发明、实用新型专利导致专利保护期不合理延长，实用新型专利已终止后又获得发明专利权有违公众预期导致不公平。但是该措施提高了专利审查授权的效率，又使申请人（专利权人）得到早日取得专利权及获得更高水平专利保护的双重益处，很受申请人欢迎，并且也

① 国家知识产权局条法司编：《〈专利法〉第三次修改导读》，知识产权出版社 2009 年版，第 35 页。

没有出现同样的发明同时存在两项专利权的局面。

在《专利法》第三次修改时，该措施被保留，并且针对不足之处作了完善。一是只允许“同日”，不允许“先后”提出发明、实用新型专利申请，避免了专利保护期不合理延长问题。二是规定了“先获得的实用新型专利权尚未终止”这一条件，避免出现实用新型专利权已经终止，公众以为该专利技术已经可自由使用后突然又产生专利权的情况出现。此外，原措施中的申请人声明放弃其已经获得的实用新型专利权才能授予其发明专利权的条件保留，避免两个同样的技术方案同时有两项处于有效状态的授权专利存在这种局面。

二、先发明原则和先申请原则

按照禁止重复授权原则，当同一内容的发明创造由两个以上的单位或者个人分别申请专利时，只能对其中一个申请人授予专利权。那么，在这种情形下，专利权究竟应该授予谁呢？对此，国际上存在着两种不同的处理办法：

(一)先发明原则

先发明原则即两个以上的申请人分别就同样的发明申请专利时，不论谁先提出专利申请，专利权授予最先完成发明的申请人。采用先发明原则，可以确保专利权人是真正的首创发明人，即最先完成发明的人，防止他人抢先申请专利而损害首创发明人的利益。但由于确认谁是首创发明存在着相当大的举证难度和举证成本，[①]并加重了专利审查机关的负担，另外，这种制度不利于新技术的及早公开，有助长对发明创造保密的问题。对于已就同样的发明创造获得专利权的人来说，也有权利不稳定之虞，从而影响该专利的开发利用。至2011年，此前一直坚持先发明原则的美国也改采先申请原则。[②] 现在，先发明原则在世界上已经成为历史。

(二)先申请原则

先申请原则是指两个以上的申请人分别就同样的发明创造申请专利时，不管是谁最先完成的发明，专利权授予最先提出申请的人。采用先申请原则可以克服先发明原则的种种弊端，鼓励人们尽早申请专利，从而促进科技和经济的发

---

① 通常的做法是，技术人员在研发时，必须在研究记录中详细地把日期和认证签字记下来，以备申请美国专利时使用。

② 事实上，加拿大和菲律宾也曾采用过先发明原则，但分别于1989年和1998年采用了先申请原则。

展。但这种制度也可能产生一个副作用，即人们争先恐后地提出申请，从而导致申请数量增多、质量不高的状况。于是，许多国家便在专利审查程序中采用了“延迟审查制”，以减轻专利主管部门的审查负担，提高审查效率。我国自1984年发布专利法以来，一直采用先申请原则和迟延审查制度。在我国，两个以上的申请人分别就同样的发明创造申请专利的，专利权授予最先申请的人。与世界上多数国家一样，我国也以日为单位来判断申请的先后。只有少数国家以时刻为单位来判断申请的先后。

在我国的专利审查过程中，对于不同的申请人同日（指申请日，有优先权的指优先权日）就同样的发明创造分别提出专利申请，并且这两件申请符合授予专利权的其他条件的，审查部门会根据《实施细则》第41条第1款的规定，通知申请人自行协商确定申请人。申请人期满不答复的，其申请被视为撤回；协商不成，或者经申请人陈述意见或进行修改后仍不符合《专利法》第9条第1款规定的，两件申请均予以驳回。

第三节 专利的审查授权程序

我国对发明专利采取迟延审查制度。迟延审查制度包括初步审查、早期公开、实质审查几个主要的审查阶段。

一、对发明专利申请的初步审查

专利申请人按规定缴纳申请费后，申请自动进入初步审查阶段。它是申请发明专利、实用新型专利和外观设计专利流程中的必经程序。经初审合格后，实用新型和外观设计专利申请即可核准，予以授权，发明专利申请则进入等待公布（早期公开）阶段。不过，发明专利申请在初审前还要进行保密审查，需保密的应按保密程序处理。《实施细则》第44条给出了初步审查的含义、审查事项、审查方式及不符合有关规定的法律后果。

专利法第34条和第40条所称初步审查，是指审查专利申请是否具备专利法第26条或者第27条规定的文件和其他必要的文件，这些文件是否符合规定的格式，并审查下列各项：(1)发明专利申请是否明显属于专利法第5条、第25条规定的情形，是否不符合专利法第18条、第19条第1款、第20条第1款或者本细则第16条、第26条第2款的规定，是否明显不符合《专利法》第2条第2

款、第26条第5款、第31条第1款、第33条或者本细则第17条至第21条的规定；(2)实用新型专利申请是否明显属于《专利法》第5条、第25条规定的情形，是否不符合专利法第18条、第19条第1款、第20条第1款或者本细则第16条至第19条、第21条至第23条的规定，是否明显不符合《专利法》第2条第3款、第22条第2款、第4款、第26条第3款、第4款、第31条第1款、第33条或者本细则第20条、第43条第1款的规定，是否依照《专利法》第9条规定不能取得专利权；(3)外观设计专利申请是否明显属于《专利法》第5条、第25条第1款第(6)项规定的情形，是否不符合《专利法》第18条、第19条第1款或者本细则第16条、第27条、第28条的规定，是否明显不符合《专利法》第2条第4款、第23条第1款、第27条第2款、第31条第2款、第33条或者本细则第43条第1款的规定，是否依照《专利法》第9条规定不能取得专利权；(4)申请文件是否符合本细则第2条、第3条第1款的规定。

国务院专利行政部门应当将审查意见通知申请人，要求其在指定期限内陈述意见或者补正；申请人期满未答复的，其申请视为撤回。申请人陈述意见或者补正后，国务院专利行政部门仍然认为不符合前款所列各项规定的，应当予以驳回。

《实施细则》第44条的规定存在的主要不足是：第一，对初步审查事项的规定不完备，没有列入有关费用的审查，即审查专利申请是否按照《实施细则》的规定缴纳了相关费用。没有涉及除申请文件之外的其他文件的形式审查。申请文件在专利法及《实施细则》中虽然没有明确的解释，但凡是涉及申请文件，就发明而言，都是指专利法规定的文件(请求书、说明书及其摘要和权利要求书)。但需要在初步审查阶段进行形式审查的，显然不止有申请文件。第二，第1款第(4)项与第1款第一自然段的内容有重复。①

《专利审查指南》以《实施细则》第44条为基础，并针对其不足，进一步明确了发明专利申请初步审查的范围。兹结合《专利法》及《实施细则》的相关条文内容，分列于下：②

1. 申请文件的形式审查

(1)是否具备《专利法》第26条规定的请求书、说明书及其摘要和权利要求

---

① 关于《实施细则》第44条存在的问题及由来，参见何越峰等：《初步审查制度的优化与完善》，国家知识产权局条法司编：《〈专利法实施细则〉修改专题研究报告(上卷)》，知识产权出版社2008年版，第23～40页。尹新天：《中国专利法详解》，知识产权出版社2011年版，第440～444页。

② 详细的发明专利申请初步审查内容，参见《专利审查指南》第一章。

书文件；

(2)请求书是否明显不符合《实施细则》第16条关于应写明事项的规定；

(3)说明书是否明显不符合《实施细则》第17条的规定；

(4)附图是否明显不符合《实施细则》第18条的规定；

(5)权利要求书是否明显不符合《实施细则》第19条的规定；

(6)说明书摘要是否明显不符合《实施细则》第23条的规定；

(7)是否符合《实施细则》第2条以书面形式或者国务院专利行政部门规定的其他形式办理各种手续的规定；

(8)是否符合《实施细则》第3条关于使用中文、采用规范词等的规定；

(9)就依赖遗传资源完成的发明创造申请专利的，是否符合《实施细则》第26条第2款关于申请人应当在请求书中予以说明，并填写国务院专利行政部门制定的表格的规定；

(10)是否符合《实施细则》第119条关于签字盖章、办理著录事项变更手续的规定；

(11)是否符合《实施细则》第121条关于文字、编号、纸张的规定。

对照可知，《专利审查指南》所规定的初步审查阶段对申请文件的形式审查的内容及依据比《实施细则》第44条的规定，多了适用《实施细则》第2条、第3条、第23条、第119条、第121条的情形。

在初步审查中，对于申请文件存在可以通过补正克服的缺陷的专利申请，审查员会发出补正通知书，同时指定答复期限。申请人期满未答复的，审查员会根据情况发出视为撤回通知书或者其他通知书。经申请人补正后，申请文件仍然存在缺陷的，审查员会再次发出补正通知书。发出过两次补正通知书，经申请人陈述意见或者补正后仍然没有消除的，作出驳回决定。

2. 申请文件的明显实质性缺陷审查

(1)申请的主题是否明显属于《专利法》第5条规定的违反法律、社会公德或者妨害公共利益的发明创造；

(2)申请的主题是否明显属于《专利法》第25条规定的不授予专利权的对象；

(3)是否不符合《专利法》第18条关于外国人、外国企业或者外国其他组织在我国申请专利的条件的规定；

(4)是否不符合《专利法》第19条第1款关于外国人、外国企业或者外国其他组织在我国委托专利代理的规定；

(5)是否不符合《专利法》第20条第1款关于向外国申请专利的应当事先报

经国务院专利行政部门进行保密审查的规定；

(6)申请的主题是否明显不符合《专利法》第 2 条第 2 款关于“发明”的规定，对解决技术问题的技术方案未作任何描述；

(7)是否明显不符合《专利法》第 26 条第 5 款关于依赖遗传资源完成的发明创造的披露的规定；

(8)是否明显不符合《专利法》第 31 条第 1 款的规定，一件专利申请包含了两项以上完全不相关联的发明；

(9)是否明显不符合《专利法》第 33 条关于对申请文件的修改不得超出原说明书和权利要求书记载的范围的规定；

(10)说明书是否明显不符合《实施细则》第 17 条的规定，没有描述发明的技术特征；

(11)权利要求书是否明显不符合《实施细则》第 19 条的规定，没有记载发明的技术特征，或使用与技术方案的内容无关的词句、商业性宣传用语，贬低他人或者他人产品的词句。

对照可知，《专利审查指南》所规定的初步审查阶段对申请文件的明显实质性缺陷审查的内容及依据比《实施细则》第 44 条的规定，多了适用《实施细则》第 17 条、第 19 条的情形；去掉了《实施细则》第 20 条、第 21 条的情形。

初步审查中，对于申请文件存在不可能通过补正方式克服的明显实质性缺陷的专利申请，审查员会发出审查意见通知书，同时指定答复期限。申请人期满未答复的，审查员会根据情况发出视为撤回通知书或者其他通知书。申请文件存在明显实质性缺陷，在审查员发出审查意见通知书后，经申请人陈述意见或者修改后仍然没有消除的，作出驳回决定。

3. 其他文件的形式审查

(1)是否符合《专利法》第 10 条关于中国单位或者个人向外国人、外国企业或者外国其他组织转让专利申请权应当依照有关法律、行政法规的规定办理手续的规定；

(2)是否符合《专利法》第 24 条关于不丧失新颖性条件的规定；

(3)是否符合《专利法》第 29 条关于优先权条件的规定；

(4)是否符合《专利法》第 30 条关于要求优先权的书面声明的规定；

(5)是否符合《实施细则》第 2 条以书面形式或者国务院专利行政部门规定的其他形式办理各种手续的规定；

(6)是否符合《实施细则》第 3 条关于使用中文、采用规范词等的规定；

(7)是否符合《实施细则》第 6 条关于请求恢复权利、请求延长国务院专利行政部门指定的期限的规定；

(8)是否符合《实施细则》第 7 条关于将专利申请移交国防专利机构进行审查，或按照保密专利申请处理的规定；

(9)是否符合《实施细则》第 15 条第 3 款和第 4 款关于提交委托书、指明代表人的规定；

(10)是否符合《实施细则》第 24 条关于生物材料保藏的规定；

(11)是否符合《实施细则》第 30 条关于主张新颖性宽限期，提出声明和提交证明文件的规定；

(12)是否符合关于是否符合《实施细则》第 31 条第 1 款至第 3 款关于要求优先权，应当在申请的时候提出书面声明，及有关提交在先申请文件副本、补正、提交优先权转让证明材料的规定；

(13)是否符合《实施细则》第 32 条关于要求多项优先权、要求本国优先权的规定；

(14)是否符合《实施细则》第 33 条关于在中国没有经常居所或者营业所的申请人的证明文件的规定；

(15)是否符合《实施细则》第 36 条关于申请人撤回专利申请的声明的规定；

(16)是否符合《实施细则》第 40 条关于补交附图或者声明取消对附图的说明的规定；

(17)是否符合《实施细则》第 42 条关于分案申请的规定；

(18)是否符合《实施细则》第 43 条关于分案申请的规定；

(19)是否符合《实施细则》第 45 条关于与专利申请有关的其他文件的格式或证明材料的规定；

(20)是否符合《实施细则》第 46 条关于早日公布发明专利申请的声明的规定；

(21)是否符合《实施细则》第 86 条关于因专利申请权归属纠纷请求国家知识产权局中止有关程序的规定；

(22)是否符合《实施细则》第 87 条关于中止被保全的专利申请权的有关程序的规定；

(23)是否符合《实施细则》第 100 条关于减缴或者缓缴各种费用的请求的规定。

根据《实施细则》第 45 条的规定，前述应由申请人向国家知识产权局提交的与专利申请有关的其他文件，如果未使用规定的格式或者填写不符合规定或者未按照规定提交证明材料，视为未提交。导致的后果是申请人不能享有优先权、不能享有新颖性宽限期、不能减缴或者缓缴申请费用等,不会导致申请被视为撤回或驳回。[①]

4. 有关费用的审查

审查申请人是否在《实施细则》第 95 条、第 96 条、第 99 条规定的缴费期限内,缴纳了《实施细则》第 93 条所列的相关费用。

期满未缴纳或者未缴足申请费、公布印刷费和必要的申请附加费,专利申请视为撤回。期满未缴纳或者未缴足优先权要求费,视为未要求优先权。[②]

二、早期公开

(一)含义及原因

《专利法》第 34 条规定:"国务院专利行政部门收到发明专利申请后,经初步审查认为符合本法要求的,自申请日起满十八个月,即行公布。国务院专利行政部门可以根据申请人的请求早日公布其申请。"发明专利的早期公开制度系基于维护公共利益的目的而设立,可避免或减少相同技术的重复研究、重复投资,以及相同发明由他人重复提出专利申请,并使社会能尽早知悉最新的技术信息,进一步从事更先进的研究开发,最终促进整个社会技术水平的提高。因此,早期公开是强制性的,也就是说,发明专利申请经初审合格后,一旦满 18 个月均会予以公开。

申请人如果不愿意早期公开其申请的发明,可以选择在早期公开日之前撤回发明专利申请。此时,相应的技术方案还有可能属于技术秘密。

申请人也可以选择申请提前公开。《实施细则》第 46 条规定:"申请人请求早日公布其发明专利申请的,应当向国务院专利行政部门声明。国务院专利行政部门对该申请进行初步审查后,除予以驳回的外,应当立即将申请予以公布。"请求早日公布发明专利申请的目的,通常是希望相应申请早日进入"临时保护"阶段,可以提早向实施者请求支付技术使用费的时间。由于实质审查在申请的早期公开之后,公开越早,理论上可进入实质审查的时间越早,有利于加快审查进度。

专利申请公布的方式是在专利公报上登载发明专利申请请求书中记载的著录事项和发明的摘要,另外,还出版说明书和权利要求书全文的单行本。

---

① 这也是《实施细则》第 44 条第 1 款第(4)项中的"申请文件"一词不能理解为"申请的文件"的原因之一。因为"申请文件"不符合规定又不能最终补正的,将会导致申请被视为撤回或驳回的后果。

② 此外,期满未缴纳或者未缴足实质审查费、恢复权利请求费、延长期限请求费、著录事项变更费、专利权评价报告请求费、无效宣告请求费,视为未提出相应请求。

(二)法律效果

申请公开后,社会公众可以接触、学习,进而实施被公开的技术方案。但由于尚未授予专利权,未来也未必会授予专利权,申请人无法禁止他人的实施行为。一旦授予专利权,保护期又是自申请日起算,早期公开后至专利授权日期间内,不给申请人(专利权人)任何保护,很不公平;但给予等同于专利权的禁止权,对公众也很不公平。申请人可依法获得"临时保护",即自申请公布之日起,申请人就可以要求实施其发明的单位或者个人支付适当的费用,但实施行为也不能定性为侵权行为。此请求权不能受诉权的保障。实施者也不能因为专利申请人的付费请求而承担停止侵害、赔偿损失等民事责任。实施者拒绝支付使用费的,专利申请人只有待专利授权后才能通过司法或行政途径获得公力救济。专利申请人要求实施者支付费用的请求权,更像一种期待权益。

专利申请人请求实施者支付使用费的前提是:实施者使用了专利申请人要求获得专利保护的技术方案。判断是否实施,只能参考运用专利法关于专利权利保护范围及侵权判定的规定和方法。临时保护的范围应当如何确定,是以发明专利申请公布时的权利要求书为准,还是以授权公告的权利要求书为准,理论上和实践中基本的共识是以授权公告的权利要求书为准,并且如果授权公告的权利要求书的保护范围比申请公布时的权利要求书广,超出的范围也不具有追溯力。①

---

① 可参见尹新天:《中国专利法详解》,知识产权出版社 2011 年版,第 177～178 页。李兆岭:《浅析专利技术获得临时保护的形式条件和实体条件》,载《中国发明与专利》2015 年第 12 期,第 76 页。条文方面可参见北京市高级人民法院《专利侵权判定指南》第 88 条:发明专利公开日以及实用新型、外观设计授权公告日之前的实施行为,不属于侵犯专利权的行为。在发明专利公开日至授权公告日之间,即发明专利权的临时保护期内,实施该发明的单位或者个人应当向权利人支付适当的使用费。对其实施行为的判定,可以参照适用有关专利侵权的法律规定。专利申请日时申请人请求保护的范围与专利公告授权时的专利权保护范围不一致,被诉侵权技术方案均落入上述两个保护范围的,应当认定被诉侵权人在临时保护期内实施了该发明。被诉侵权技术方案仅落入其中一个保护范围的,应当认定被诉侵权人在临时保护期内未实施该发明。《欧洲专利公约》:Article 69 Extent of protection: (1) The extent of the protection conferred by a European patent or a European patent application shall be determined by the claims. Nevertheless, the description and drawings shall be used to interpret the claims. (2) For the period up to grant of the European patent, the extent of the protection conferred by the European patent application shall be determined by the claims contained in the application as published. However, the European patent as granted or as amended in opposition, limitation or revocation proceedings shall determine retroactively the protection conferred by the application, in so far as such protection is not thereby extended.

从原理上讲，发明专利公告授权之日，临时保护期即告终结，未经授权又无法律规定的实施者将构成侵犯专利权的行为并依法承担侵权责任。但是，在临时保护期内实施者未经付费而制造并销售出的产品，在临时保护期终止后，使用人继续使用是否需要经过专利权人许可，是否属于一种“权利用尽”情形，存在很大争议。2013 年 11 月 8 日最高人民法院发布第 20 号“指导案例”：深圳市斯瑞曼精细化工有限公司诉深圳市坑梓自来水公司、深圳市康泰蓝水处理设备有限公司侵害发明专利权纠纷案。其裁判要点是：在发明专利申请公布后至专利权授予前的临时保护期内制造、销售、进口的被诉专利侵权产品不为专利法禁止的情况下，其后续的使用、许诺销售、销售，即使未经专利权人许可，也不视为侵害专利权，但专利权人可以依法要求临时保护期内实施其发明的单位或者个人支付适当的费用。[①] 对此，有支持，也有很多反对意见。反对的主要理由有：最高院判决书所持观点没有法律依据，将导致大量的侵权行为（以权利用尽的名义）被豁免掉侵权责。[②]

早期公开的另一个法律效果就是，申请文件所记载的内容构成所有在后申请的现有技术的一部分。

三、实质审查

（一）基本程序

1. 实质审查的启动

《专利法》第 35 条规定：发明专利申请自申请日起三年内，国务院专利行政部门可以根据申请人随时提出的请求，对其申请进行实质审查；申请人无正当理由逾期不请求实质审查的，该申请即被视为撤回。国务院专利行政部门认为必要的时候，可以自行对发明专利申请进行实质审查。也就是说，实质审查一般依申请人的申请而启动，但专利局也可依职权启动。这是所谓迟延审查制度的具体体现。

设三年的期限是为了给申请人一个合理的期间，让其决定是否有必要对其

---

① 第 20 号“指导案例”见：http://www.court.gov.cn/shenpan-xiangqing-6004.html。

② 反对意见可参见潘中毅：《论发明专利临时保护的法律效力——兼评最高人民法院(2011)民提字第 259～262 号判决》，载《发展知识产权服务业，支撑创新型国家建设——2012 年中华全国专利代理人协会年会第三届知识产权论坛论文选编（第一部分）》，知识产权出版社 2012 年版。

申请进行实质审查。此期间要综合考虑申请人所面对的技术成熟度、技术更新速度、申请人的经营计划、市场反应、专利审查周期等因素。我国专利法规定的三年期限，经实践证明是比较合理的。①

申请人在请求实质审查时，应当提交在申请日前与其发明有关的参考资料。有外国优先权的，可要求申请人在指定期限内提交该国专利局为审查其申请进行检索或审查的资料。申请人在提出实质审查请求的同时以及实质审查后三个月内，可以对申请文件主动进行修改。

2. 实质审查的内容

实质审查是对专利申请文件进行的更为深入和全面的审查，特别是对专利申请要求保护的发明的新颖性、创造性和实用性问题进行审查，最终作出是否授予专利权的决定。实质审查主要审查下列问题：

(1)申请专利的发明是否为专利法所称的发明，即是否明显不属于对于产品、方法或者其结合所提出的新的技术方案(依据《专利法》第 2 条)。

(2)是否违反国家法律、社会公德或妨害社会公共利益，以及是否属于违反法律、行政法规的规定获取或利用遗传资源，并依赖遗传资源完成的发明创造(依据《专利法》第 5 条)。

(3)是否存在重复授权(依据《专利法》第 9 条)。

(4)是否违反保密规定(依据《专利法》第 20 条)。

(5)申请专利的发明是否具备新颖性、创造性、实用性(依据《专利法》第 22 条)。

(6)遗传资源来源的披露(依据《专利法》第 26 条)。

(7)是否属于依法不授予专利权的对象(依据《专利法》第 25 条)。

(8)说明书是否充分公开；权利要求书是否以说明书为依据，清楚、简要地要求专利保护范围，使所属领域的技术人员能够实现；独立权利要求技术方案是否完整(依据《专利法》第 26 条、《实施细则》第 20 条)。

(9)是否符合单一性要求(依据《专利法》第 31 条)。

(10)如果申请人对申请已经提出了修改，修改是否超出原说明书和权利要求书记载的范围(依据《专利法》第 33 条)。

(11)如果申请人对申请已经提出了分案申请，分案是否超出了原申请记载的范围(依据《实施细则》第 43 条)。

3. 申请人的陈述或修改

在对发明专利进行实质审查后，审查员认为该申请不符合专利法及其实施

① 尹新天：《中国专利法详解》，知识产权出版社 2011 年版，第 426 页。

细则有关规定的，应当发出审查意见通知书，要求申请人在规定期限内陈述意见，或对申请进行修改。申请人无正当理由逾期不答复的，该申请即被视为撤回。

在实质审查中，对审查意见通知书进行仔细研究并予以及时、全面、详尽答复，可以说是实质审查阶段中申请人最重要的工作。收到审查意见通知书后，申请人首先应当根据审查意见通知书扉页表格的内容判断审查员的倾向性意见。然后根据判断结果，确定陈述意见和修改申请文件的基本方向和内容。同时，还应当核实审查意见通知书“审查的结论性意见”以及审查意见通知书表格的其他项目，从而找出审查意见通知书的法律依据以及审查所依据的文本是否正确等。在确定了审查员的倾向性意见后，申请人应当重点研究审查意见通知书正文的内容：对于审查员的意见应逐条阅读和分析；如果审查员引用了对比文件，应当结合审查员对权利要求的新颖性和创造性所进行的评价，对该对比文件进行仔细分析。

接下来，就是撰写意见陈述书和修改专利申请文件的阶段。① 其中意见陈述书至少包括开始、主体和结束三部分。在撰写时要注意：应采取先易后难的答复顺序，将完全接受的审查意见放在前面，有争议的放在后面，一些涉及申请人权益的关键性问题放在最后；避免作出不利于申请人的意见陈述，因为在侵权诉讼中专利权人在专利审批过程中所作出的陈述是禁止反悔的；注意法律法规的正确适用，避免进行技术对比而不从法律的角度陈述意见。

4. 授予专利权或驳回申请

发明专利申请经实质审查没有发现驳回理由的，由国务院专利行政部门作出授予专利权的决定。专利权自公告之日起生效。专利局在作出授权决定后，应当向申请人发出《授予专利权通知书》和《办理登记手续通知书》，申请人应当在收到通知书之日起2个月内按要求办理登记手续并缴纳规定的费用。申请人在规定的期限内办理了登记手续并缴纳了规定费用的，专利局应当授予专利权，颁发专利证书，在专利登记簿上记录并在专利公报上公告。专利权自公告之日期生效。申请人未在规定的期限内办理登记手续的，视为放弃取得专利权的权利。

专利申请经实质审查后认为不符合专利法规定的，通知申请人在指定的期限内陈述意见或者对其申请进行修改。申请人无正当理由逾期不答复的，其申请视为撤回。经申请人陈述或者补正后，专利行政部门仍然认为不符合专利法

① 参阅《专利审查指南》第二部分第八章第五节《答复和修改》。

规定的,驳回申请。

1984 年《专利法》规定有专利授权前的异议程序,发明专利申请经实质审查没有发现驳回理由的,专利局应当作出审定并公告,自公告之日起 3 个月内,任何人都可以就该申请向专利局提出异议。基于提高审查效率考虑和实践中异议成立的比例极低的实际情况,1992 年修改后的《专利法》取消了授权前的异议程序,改为授权后的撤销程序,即发明专利申请经实质审查没有发现驳回理由的,专利局即授予专利权。自专利局公告授予专利权之日起 6 个月内,任何单位和个人认为该专利不符合专利法有关规定的,都可以请求专利局撤销该专利权。同时也保留了无效程序。这一修改虽然可以防止恶意异议,提高审查效率,但是也造成撤销程序和无效程序在功能和适用方面的混乱。所以,2000 年修改《专利法》时,撤销程序被取消。①

(二)对说明书和权利要求书的实质审查

1. 充分公开

《专利法》第 26 条第 3 款要求:说明书应当对发明或者实用新型作出清楚、完整的说明,以所属技术领域的技术人员能够实现为准;必要的时候,应当有附图。摘要应当简要说明发明或者实用新型的技术要点。此即为"充分公开"的要求。集公开和独占于一身,是专利制度的特点。"充分公开"是专利制度对于申请人的必然要求,是授予专利权的必要条件,舍此,无以实现专利法的宗旨。②

根据《专利审查指南》的规定,"清楚"是指说明书应当写明发明所要解决的技术问题以及解决其技术问题采用的技术方案,并对照现有技术写明发明的有益效果,且表述准确。"完整"是指包括有关理解、实现发明所需的全部技术内容。凡是所属技术领域的技术人员不能从现有技术中直接、唯一地得出的有关内容,均应当在说明书中描述。"能够实现"是指所属技术领域的技术人员按照说明书记载的内容,就能够实现该发明的技术方案,解决其技术问题,并且产生预期的技术效果。如下皆属于因缺乏解决技术问题的技术手段而被认为无法实现的情况:说明书中只给出任务或设想,或者只表明一种愿望或结果,而未给出任何使所属技术领域的技术人员能够实施的技术手段;说明书中给出了技术手段,但对所属技术领域的技术人员来说,该手段是含糊不清的,根据说明书记载

① 国家知识产权局条法司编:《〈专利法〉第二次修改导读》,知识产权出版社 2000 年版,第 52 页。

② 参阅本书第一章。

的内容无法具体实施；说明书中给出了技术手段，但所属技术领域的技术人员采用该手段并不能解决发明或者实用新型所要解决的技术问题；申请的主题为由多个技术手段构成的技术方案，对于其中一个技术手段，所属技术领域的技术人员按照说明书记载的内容并不能实现；说明书中给出了具体的技术方案，但未给出实验证据，而该方案又必须依赖实验结果加以证实才能成立。

"充分公开"虽然是对说明书的要求，但说明书公开是否充分，不能只看说明书就得出结论。说明书要公开的是申请人要求予以专利保护的技术方案，而该技术方案是由权利要求书限定，且不同的权利要求限定的技术方案不同，因此不能脱离具体的权利要求来讨论说明书公开是否充分。

没有"充分公开"与没有"实用性"具有相同的后果，所属技术领域的技术人员无法实施申请专利的技术方案，解决其技术问题，并且产生预期的技术效果。但是没有实用性的原因是技术方案本身的固有缺陷所导致，公开再详细、充分，申请专利的技术方案也不可能实现。没有"充分公开"，则是申请文件撰写问题导致，对申请文件进行修改完善后，所属技术领域的技术人员就可以实现申请专利的技术方案。在实践中，有可能会出现不容易判断是缺乏实用性还是没有充分公开的情形，进而影响对专利法驳回依据的适用。

2. 权利要求书以说明书为依据

专利法以赋予向社会公开的发明创造以独占权为手段，实现鼓励发明创造的目的。该宗旨决定着获得专利权的发明创造的专利保护范围与向社会公开的范围应当保持一致，专利权的保护范围与其对现有技术的贡献相当。如果专利权的保护范围窄于该专利技术对现有技术的贡献范围，对鼓励创新不利。如果专利权的保护范围宽于该专利技术对现有技术的贡献范围，则损害社会公众的正当利益。

专利权保护范围由权利要求书限定，技术方案通过说明书予以清楚、完整的说明并向公众公开。这必然要求权利要求书限定的专利保护范围应当得到说明书的支持。

实践中，申请人撰写的权利要求不外乎两种情形，一种是所属领域技术人员从说明书充分公开的内容直接得到的，另一种是所属领域技术人员从说明书充分公开的内容概括得出的。在根据说明书充分公开的一个或多个具体实施方式或实施例进行权利要求的概括时，权利要求的概括应当恰当、合理，使其限定的保护范围正好适应说明书公开的范围，即说明书记载的内容和根据说明书的记载本领域技术人员结合其所具有的普通技术知识能够预期其技术效果的内容。所谓恰当、合理的概括可以理解为，一项权利要求的概括既不会窄到使申请人或专利权人因公开其发明而应当获得的权益受到损害,也不会宽到超出发明公开的范围,使申请人或专利权人不当得利。①

《专利审查指南》规定,权利要求书中的每一项权利要求所要求保护的技术方案应当是所属技术领域的技术人员能够从说明书充分公开的内容中得到或概括得出的技术方案,并且不得超出说明书公开的范围。如果所属技术领域的技术人员可以合理预测说明书给出的实施方式的所有等同替代方式或明显变形方式都具备相同的性能或用途,则应当允许申请人将权利要求的保护范围概括至覆盖其所有的等同替代或明显变形的方式。对于用上位概念概括或用并列选择方式概括的权利要求,如果权利要求的概括包含申请人推测的内容,而其效果又难于预先确定和评价,这种概括超出了说明书公开的范围。

在判断权利要求是否得到说明书的支持时,应当考虑说明书的全部内容,而不是仅限于具体实施方式部分的内容。如果说明书的其他部分也记载了有关具体实施方式或实施例的内容,从说明书的全部内容来看,能说明权利要求的概括是适当的,则应当认为权利要求得到了说明书的支持。

对于包括独立权利要求和从属权利要求或者不同类型权利要求的权利要求书,需要逐一判断各项权利要求是否都得到了说明书的支持。独立权利要求得到说明书支持,并不意味着从属权利要求也必然得到支持;方法权利要求得到说明书支持,也并不意味着产品权利要求必然得到支持。

在某一技术特征无法用结构特征来限定,或者技术特征用结构特征限定不如用功能或效果特征来限定更为恰当,而且该功能或者效果能通过说明书中规定的实验或者操作或者所属技术领域的惯用手段直接和肯定地验证的情况下,使用功能或者效果特征来限定发明是允许的。《专利审查指南》规定,对于权利要求中所包含的功能性限定的技术特征,应当理解为覆盖了所有能够实现所述功能的实施方式。如果权利要求中限定的功能是以说明书实施例中记载的特定方式完成的,并且所属技术领域的技术人员不能明了此功能还可以采用说明书中未提到的其他替代方式来完成,或者所属技术领域的技术人员有理由怀疑该功能性限定所包含的一种或几种方式不能解决发明或者实用新型所要解决的技术问题,并达到相同的技术效果,则权利要求中不得采用覆盖了上述其他替代方式或者不能解决发明或实用新型技术问题的方式的功能性限定。如果说明书中仅以含糊的方式描述了其他替代方式也可能适用,但对所属技术领域的技术人

① 刘亚:《权利要求能否得到说明书实质支持的本质及其判断方法》,载《中国知识产权报》2012 年 8 月 15 日第 011 版。

员来说，并不清楚这些替代方式是什么或者怎样应用这些替代方式，则权利要求中的功能性限定也是不允许的。

与前述《专利审查指南》的立场不同，《最高人民法院关于审理侵犯专利权纠纷案件应用法律若干问题的解释》(法释〔2009〕21 号)第 4 条规定：对于权利要求中以功能或者效果表述的技术特征，人民法院应当结合说明书和附图描述的该功能或者效果的具体实施方式及其等同的实施方式，确定该技术特征的内容。按照《专利审查指南》的立场，授权中对于技术方案的要求高更，授权后的保护范围也更宽，司法解释的立场则会导致专利保护范围相对较窄。[①]

对于说明书充分公开与权利要求得到说明书支持这两项条件之间的关系，司法实践中的判断立场是，如果本领域技术人员在说明书基础上只能实现权利要求要求保护的一部分技术方案，则一般会被认定为权利要求书得不到说明书支持，不符合《专利法》第 26 条第 4 款的规定。如果本领域技术人员在说明书基础上不能实现权利要求要求保护的任何一部分技术方案，则一般会被认为说明书公开不充分，不符合《专利法》第 26 条第 3 款的规定。[②]

3."修改不得超范围"

《专利法》第 33 条规定：申请人可以对其专利申请文件进行修改，但是对发明和实用新型专利申请文件的修改不得超出原说明书和权利要求书记载的范围，对外观设计专利申请文件的修改不得超出原图片或者照片表示的范围。这种修改的限制常被称为"修改不得超范围"。

允许专利申请人修改其专利申请文件的主要理由在于：一是申请人的表达和认知能力的局限性。申请人将自己抽象的技术构思形诸语言文字，体现为具体的技术方案时，由于语言表达的局限，往往有词不达意或者言不尽意之处。同时，申请人在撰写专利申请文件时，由于对现有技术以及发明创造等认知局限，可能错误理解发明创造。在专利申请过程中，随着对现有技术和发明创造等理解程度的提高，特别是审查员发出审查意见通知书之后，申请人往往需要根据对发明创造和现有技术的新的理解对权利要求书和说明书进行修正。二是提高专利申请文件质量的要求。专利申请文件是向公众传递专利信息的重要载体，为了便于公众理解和运用发明创造，促进发明创造成果的运用和传播，客观上需要通过修改提高专利申请文件的准确性。在允许专利申请人对申请文件进行修改的同时，专利法又作出修改的限制的理由在于：一是通过将修改限制在原说明书

① 关于功能限定的产品权利要求的解释，还可参阅本书第十章第二节。

② 石必胜：《专利说明书充分公开的司法判断》，载《人民司法》2015 年第 5 期。

和权利要求书记载的范围之内，促使申请人在申请阶段充分公开其发明，保证授权程序顺利开展。二是防止申请人将申请时未完成的发明内容随后补入专利申请文件中，从而就该部分发明内容不正当地取得先申请的利益，保证先申请原则的实现。三是保障社会公众对专利信息的信赖，避免给信赖原申请文件并以此开展行动的第三人造成不必要的损害。《专利法》第 33 条的立法目的在于实现专利申请人的利益与社会公众利益之间的平衡，一方面使申请人拥有修改和补正专利申请文件的机会，尽可能保证真正有创造性的发明创造能够取得授权和获得保护；另一方面又防止申请人对其在申请日时未公开的发明内容获得不正当利益，损害社会公众对原专利申请文件的信赖。①

《专利法》中共涉及三种修改情形：申请人主动修改、申请人针对审查意见通知书指出的缺陷进行修改（有称为"被动修改"）、审查员依职权修改。《专利法实施细则》第 51 条规定：发明专利申请人在提出实质审查请求时以及在收到国务院专利行政部门发出的发明专利申请进入实质审查阶段通知书之日起的 3 个月内，可以对发明专利申请主动提出修改。实用新型或者外观设计专利申请人自申请日起 2 个月内，可以对实用新型或者外观设计专利申请主动提出修改。申请人在收到国务院专利行政部门发出的审查意见通知书后对专利申请文件进行修改的，应当针对通知书指出的缺陷进行修改。② 国务院专利行政部门可以自行修改专利申请文件中文字和符号的明显错误。国务院专利行政部门自行修改的，应当通知申请人。

对"原说明书和权利要求书记载的范围"要有正确的理解。《专利法》第 30 条中的"原说明书和权利要求书记载的范围"，与第 26 条中的"权利要求书应当以说明书为依据，清楚、简要地限定要求专利保护的范围"、第 59 条中的"发明或者实用新型专利权的保护范围以其权利要求的内容为准"，具有完全不同的含义。"原说明书和权利要求书"是指专利申请人在申请日所提交的说明书、权利要求书。"记载的范围"是指原说明书和权利要求书最初披露的内容（original disclosure）。原说明书和权利要求书记载的范围越广，披露的技术内容越多，允

① 申请再审人郑亚俐与精工爱普生株式会社、国家知识产权局专利复审委员会、佛山凯德利办公用品有限公司、深圳市易彩实业发展有限公司专利无效行政诉讼案，最高人民法院行政裁定书，〔2010〕知行字第 53 号。

② 《专利审查指南》另规定：对于申请人提交的包含有并非针对通知书所指出的缺陷进行修改的修改文件，如果其修改符合《专利法》第 33 条的规定，并消除了原申请文件存在的缺陷，且具有授权的前景，则该修改可以被视为是针对通知书指出的缺陷进行的修改，经此修改的申请文件应当予以接受。

许的修改范围就越大，而发明或者实用新型专利权的保护范围以其权利要求的内容为准，说明书及附图可以用于解释权利要求，其权利要求记载的技术特征越多，其保护范围就越小。假如针对原权利要求书的某项权利要求增加技术特征，若该增加技术特征后的技术方案已为原说明书所披露，这种修改是允许的，这种修改缩小了专利保护范围；针对原权利要求书的某项权利要求减少技术特征①，若该减少技术特征后的技术方案已为原说明书所披露，这种修改也是允许的，但这种修改扩大了专利保护范围。但是在专利权授予之后，由于专利权已经授予，专利保护范围已经向社会公众公示，社会公众据此确定自己的行为方式，谨慎避免侵权。如果授权后再以修改的方式扩大专利保护范围，显然会损害社会公众对于专利权保护范围公示的信赖，损害社会工作的正当利益。但是在专利无效宣告程序中，应当允许专利权人修改其权利要求书，在得到说明书支持的前提下，得以维持专利权。考虑这两点，《专利法实施细则》第 68 条规定，在无效宣告请求的审查过程中，发明或者实用新型专利的专利权人可以修改其权利要求书，但是不得扩大原专利的保护范围。发明或者实用新型专利的专利权人不得修改专利说明书和附图，外观设计专利的专利权人不得修改图片、照片和简要说明。即，在无效宣告请求的审查过程中，发明或者实用新型专利的专利权人修改其权利要求书时要受原专利的保护范围的限制。

"原说明书和权利要求书记载的范围"当然包括原说明书及其附图和权利要求书以文字或者图形等明确表达的内容。但对于没有明确表达的内容，哪些修改可以属于"原说明书和权利要求书记载的范围"，国家知识产权局与法院系统存在不同的理解。《专利审查指南》规定：如果申请人对申请文件进行修改时，加入了所属技术领域的技术人员不能从原说明书和权利要求书中直接地、毫无疑义地确定的内容，这样的修改被认为超出了原说明书和权利要求书记载的范围。最高人民法院在〔2010〕知行字第 53 号行政裁定书中提出：原说明书和权利要求书记载的范围还应该包括所属领域普通技术人员通过综合原说明书及其附图和权利要求书可以直接、明确推导出的内容。只要所推导出的内容对于所属领域普通技术人员是显而易见的，就可认定该内容属于原说明书和权利要求书记载的范围。"可以直接、明确推导出的内容"外延要大于"直接地、毫无疑义地确定

① 应注意，申请人从申请中删除某个或者某些特征，也有可能导致超出原说明书和权利要求书记载的范围。

的内容”。[①]

4. 单一性

对于发明或者实用新型专利申请而言，所谓“单一性”，是指申请应当限于一项发明或者实用新型。属于一个总的发明构思的两项以上的发明或者实用新型，可以作为一件申请提出。申请的“单一性”要求主要基于两个原因：第一，便于专利审查机关对专利申请进行管理、分类、检索、审查。第二，防止申请人只支付一件专利的申请费、审查费、年费等费用而获得几项不相关的发明的保护。申请是否限于一项发明或者实用新型，要根据权利要求判断。独立权利要求及其从属权利要求属于同一项发明或者实用新型。

对于两项以上的发明或者实用新型，必须属于“一个总的发明构思”才能满足“单一性”要求。《专利法实施细则》第34条要求：可以作为一件专利申请提出的属于一个总的发明构思的两项以上的发明或者实用新型，应当在技术上相互关联，包含一个或者多个相同或者相应的特定技术特征，其中特定技术特征是指每一项发明或者实用新型作为整体，对现有技术做出贡献的技术特征。“特定技术特征”是“单一性”判断中的特定概念，对现有技术做出贡献的技术特征，也就是使发明相对于现有技术具有新颖性和创造性的技术特征，并且应当从每个要求保护的发明的整体上考虑后加以确定。如果各权利要求所包含的相同或相应的技术特征均属于本领域公知常识，则不可能属于现有技术做出贡献的技术特征，因此不构成特定技术特征。

不同权利要求之间的特定技术特征相同，或者虽不相同但相应，均有可能满足“单一性”要求。“相应”没有具体的解释，在理解上，技术特征或相应产品之间相互关联[②]，或者技术特征性质相似，解决相同的技术问题，对现有技术做出相同贡献[③]，均可以认为属于“相应的特定技术特征”。

---

① 关于“修改不得超范围”问题，最高人民法院有若干判例，理论上有不同的判断标准的见解。对于最高人民法院近年来关于修改超范围问题的判例梳理及有关理论的分析，可参阅朱理：《专利文件修改超范围的判断标准及其救济方案》，载《中国专利代理》2016年第2期。或“知产力”微信公众号，网址：https://mp.weixin.qq.com/s? __biz=MjM5NzU5ODEzNw==&mid=2665201232&idx=2&sn=a260919e657f92ba3808d1c35b2018a6&scene=1&srcid=0705E1ALe0P038L7KVtHvjtM#rd。

② 参见《专利审查指南》第二部分第六章“单一性及分案申请”之“2.2.2 单一性审查的方法和举例”。

③ 参见专利复审委员会第12227号复审请求审查决定。

四、实用新型和外观设计专利的审查授权程序

我国《专利法》对实用新型和外观设计采取不审查原则，即只进行形式审查（初步审查），不进行实质审查。初步审查的内容与发明专利初步审查的内容基本相同，只是根据实用新型和外观设计的特点，在少数问题上有所不同，如对于实用新型专利申请，要审查其是否属于专利法所的规定实用新型，即其技术方案是否属于对产品形状、构造或者其结合所提出的新的技术方案；对于外观设计专利申请，要审查其是否属于专利法所规定的外观设计，即是否属于对产品的形状、图案或者其结合以及色彩与形状、图案的结合所作出的富有美感并适于工业应用的新设计。此外，对于申请文件的明显实质性缺陷也会审查。

实用新型专利申请和外观设计专利申请经初步审查没有发现驳回理由的，由国务院专利行政部门作出授予专利权的决定。

实用新型和外观设计专利的审查授权程序与发明专利审查授权程序的差异，产生了审查时间的长短、专利授权前申请是否保密、专利权利的稳定性区别等诸多不同。

需要注意的是，专利证书上所记载的内容只反映授予专利权时的情况，不能反映授权后专利权人的变化情况和该专利权是否依然有效，因为专利可能被转让或者被宣告无效，也可能因未缴纳专利年费而终止，这些内容都记载在专利登记簿上。所以，专利证书的证据效力不强，专利登记簿的法律效力高于专利证书。当专利登记簿记载的内容与专利证书记载的内容不一致时，以专利登记簿上记载的法律状态为准。

第四节 专利复审

一、专利复审的意义及性质

复审是专利复审委员会依据专利申请被驳回的申请人提出的复审请求，对

专利行政部门作出的驳回专利申请的决定是否正确、合法依法进行的审查。[①]专利复审委员会经过复审后，认为专利申请不符合专利法及专利法实施细则的有关规定的，作出维持原驳回决定的复审决定。专利复审委员会经复审后认为原驳回决定不符合专利法及专利法实施细则有关规定的，或者认为经过修改的专利申请文件消除了原驳回决定指出的缺陷的，应当撤销原驳回决定，由原审查部门继续进行审查程序。

专利复审委员会由国务院专利行政部门指定有经验的技术专家和法律专家组成。专利复审的目的在于纠正专利审查中可能出现的错误，使专利审查更加准确，更好地保护专利申请人的权益。

专利复审程序通常被认为是由当事人启动的行政机关自我监督机制。但对"监督"性质的认识存在分歧。有观点认为复审是一种针对驳回专利申请的行政救济程序；有观点认为复审既是一种救济，同时也是专利审查程序组成部分；有观点认为复审程序是一种准司法救济程序。这些分歧影响关于复审范围及司法救济程序设置的看法。

《专利审查指南》对于复审性质的界定是：复审程序是因申请人对驳回决定不服而启动的救济程序，同时也是专利审批程序的延续。因此，一方面，专利复审委员会一般仅针对驳回决定所依据的理由和证据进行审查，不承担对专利申请全面审查的义务；另一方面，为了提高专利授权的质量，避免不合理地延长审批程序，专利复审委员会可以依职权对驳回决定未提及的明显实质性缺陷进行审查。相应地，复审委(合议组)的审查行为包括依请求审查和依职权审查两种行为。复审程序虽是基于当事人的请求启动，复审决定作出前，请求人撤回其请求，复审程序也会终止。但是，复审委可以对所审查的案件依职权进行审查，而不受当事人请求的范围和提出的理由、证据的限制。《专利审查指南》的规定缺乏专利法上的明确依据。在专利法第四次修改中，国家知识产权局提出的修订草案中，拟在专利法有关复审程序的条款中增加规定："专利复审委员会对复审请求进行审查，必要时可以对专利申请是否符合本法有关规定的其他情形进行

① 专利申请被驳回后仅能选择复审这一种救济措施，而不能直接向法院起诉或者请求行政复议。专利申请驳回决定之外的其他具体行政行为不能选择复审，只能选择向法院起诉或者请求行政复议。比如，对视为撤回、优先权审批、费用减缓审批、延长期限审批、权利恢复请求审批、复审无效中的程序性决定、不予受理等情形可以选择行政复议。

审查。”①

依职权审查的常见情形有：第一，引入足以用在驳回决定作出前已告知过申请人的其他理由及其证据予以驳回的缺陷，避免撤销驳回决定后，在先审级因实质争议问题没有解决而直接再次驳回。第二，依职权引入驳回决定未指出的明显实质性缺陷。包括：(1)专利申请中存在与驳回决定所针对的缺陷有关联的实质性缺陷，且该缺陷的存在影响合议组对驳回决定进行审查，出于从实质上解决驳回决定所引发的争议的目的，依职权引入针对该明显实质性缺陷的审查。(2)把握争议的实质，根据法律条款适用的逻辑关系，依职权选择更具针对性的法律条款，抓住审查实质，增强审查意见的针对性和说服力。(3)所属领域的公知常识属于复审审查中必然涉及的内容，并不因未在驳回决定中记载而被排斥在审理范围之外。(4)根据请求人对卷内证据的合理预期程度，依职权变更证据及其使用方式。第三，依职权引入对性质相同缺陷的审查。合议组发现与驳回决定指出缺陷性质相同的缺陷的，不论上述性质相同的缺陷是否导致专利申请完全丧失授权前景，均可以将其纳入复审依职权审查的范围。② 有观点认为《专利审查指南》的规定产生审级损失，当事人救济程序被剥夺问题，不应赋予复审委直接审查明显实质性缺陷的权力。相关问题的解决，可以采取复审委合议组在撤销驳回决定发回重审的同时，通过内部程序向前审查员发出“审查建议”，或者干脆在撤销驳回决定中指出这些明显实质性缺陷或者更合适的驳回理由等方式。③

美国、欧盟、日本、韩国及我国台湾地区的法律均规定，专利复审机构可以依职权引入新的事实和理由对专利申请进行审查，而不完全受当事人的请求范围和驳回决定所依据的事实和理由的限制。在前述国家和地区，虽然复审机构有依职权审查的权力，但是特别注重保障专利申请人的程序权益，给予其陈述意见的机会。尤其是在美国和欧盟，复审机关发现专利申请具有新的驳回理由后，一般会尽量避免直接依据新的事实和理由驳回专利申请人的复审请求，而是发回专利实审机构再次审查，或者根据申请人的申请由复审机构再次进行审查。复

---

① 国家知识产权局《关于〈中华人民共和国专利法修改草案〉(征求意见稿)的说明》给出的理由是：为了保证专利授权质量，提高审查效率，避免因程序反复而不合理地延长审批周期。

② 李越：《专利复审程序中依职权审查的理解与典型适用》，载《中国知识产权报》，2013年12月27日第011版。

③ 胡吉科：《试论专利复审程序的法律救济性质》，载《中国发明与专利》2012年第3期。

审机构依职权引入新的事实和理由审查专利申请的缺陷的做法并没有问题，关键是要保障请求人的程序利益，给予其充分的陈述意见的机会。[①]

二、专利复审的程序

《专利法》第 41 条规定："专利申请人对国务院专利行政部门驳回申请的决定不服的，可以自收到通知之日起三个月内，向专利复审委员会请求复审。专利复审委员会复审后，作出决定，并通知专利申请人。专利申请人对专利复审委员会的复审决定不服的，可以自收到通知之日起三个月内向人民法院起诉。"

按照《专利法》第 41 条及其实施细则的有关规定，复审请求人应当是专利申请被专利局驳回的专利申请人，其他人无权提出复审请求。

申请人请求复审的，应当向专利复审委员会书面提出复审请求，说明理由并附具有关证据。专利复审委员会收到复审请求书后，先要进行形式审查，主要是对请求人的资格、请求期限、请求书的格式等进行审查。复审请求书不符合规定格式的，复审请求人应当在专利复审委员会指定的期限内补正，期满未补正的，视为未提出复审请求。请求人在提出复审请求或者对专利复审委员会的复审通知作出答复时，可以修改专利申请文件，但修改应当仅限于消除驳回决定或者复审通知书指出的缺陷。修改的专利申请文件应当提交一式两份。

对于经形式审查认为符合要求的，复审委员会应当将复审请求转交作出驳回申请决定的原审查部门进行审查。原审查部门根据请求人的请求，同意撤销原决定的，专利复审委员会应当据此作出复审决定，并通知复审请求人。

专利复审委员会经过复审后，认为复审请求不符合专利法及其实施细则有关规定的，通知复审请求人，要求其在规定期间内陈述意见。期满未答复的，复审请求视为撤回。经陈述意见或者修改后，专利复审委员会认为仍然不符合专利法和实施细则的有关规定的，复审理由不成立，应当作出维持原驳回决定的复审决定。专利申请文件经复审请求人修改，克服了原驳回申请决定所指出的缺陷的，应当在新的文本基础上撤销原驳回申请的决定，交由原审查部门继续进行审查程序。

复审委员会作出复审决定后，要通知专利申请人。专利申请人对专利复审委员会的复审决定不服的，可以自收到通知之日起三个月内向法院起诉。

在专利复审委员会作出复审决定之前，复审请求人可以撤回其复审请求。

---

① 刘庆辉：《我国专利复审制度的性质、问题与重构》，载《电子知识产权》2015 年第 10 期。

复审请求人撤回其复审请求的，复审程序终止。

三、对驳回申请决定的司法审查

司法终局原则是现代制度文明的要求。2000年《专利法》修改之前，专利复审委员会对实用新型和外观设计专利申请的复审决定为终局决定，当事人不能向法院起诉。这一规定既不利于对各类专利申请人的平等保护，又不符合世界贸易组织TRIPS协定的规定。因此，在2000年《专利法》修改时，对原有规定作出修改，使各类专利申请，不论是发明专利申请，还是实用新型、外观设计专利申请，申请人如对专利复审委员会作出的复审决定不服的，均可获得司法救济。按照目前的司法管辖，具体是向北京知识产权法院起诉。对于法院一审判决不服的，可以上诉于北京市高级人民法院。

主要出于实践中对于专利授权确权程序冗长的批评，学术界在研讨如何改革专利授权确权，缩短时间但又不能损害当事人的程序权利时，结合对于复审程序性质的讨论，有着不同的见解。除了维持目前的专利授权确权程序的观点外，有观点认为，复审程序属于准司法性质的救济，专利复审委实际上是一种准司法机关（或者应该被规定为一种准司法机关），其作出的决定应视同为法院的一审判决，因此在司法救济程序设置上，对于专利复审委的决定不服的，应该向高级人民法院"上诉"（起诉），该院判决即为终审判决。[①]

思考和讨论：

1. 你认为我国现行的专利审查授权程序在效率和效果之间是否取得了平衡（例如，对于实用新型和外观设计专利是否应进行实质审查）？

2. 先发明原则是否有适用的可行性？

3. 发明专利申请早期公开后实施所获得产品应否适用"权利穷竭"？

4. 专利申请中，申请人在申请文件撰写中的错误，何者可以得到宽宥，何者不能予以宽宥？

5. 专利复审的性质是什么？

---

① 有关见解可参见最高人民法院知识产权审判庭、国家工商总局商标评审委员会、国家知识产权局条法司:《关于知识产权司法保护机制的调研报告》;最高人民法院研究室编:《审判前沿问题研究——最高人民法院重点调研课体报告集》（下册），人民法院出版社2007年版，第1406～1430页。

第六章 >> 专利权的内容

本章导读：专利权是法定权利，其权利内容是由法律直接规定的，当事人不能自行约定。准确掌握专利权的内容，是学习专利权的运用和保护的基础和前提。本章主要从禁止权的角度对专利权人的权利进行论述，这不仅符合专利法的规定，而且便于论述和理解。这样的论证方式不意味着我们认为专利权是禁止权；相反，我们认为，专利权作为绝对权、专有权，积极的“行”的权利，即实施专利权的权利是基础，禁止权是排他性实施权的题中应有之义。

第一节 概述

一、专利权的概念

《专利法》第11条规定：“发明和实用新型专利权被授予后，除本法另有规定以外，任何单位或者个人未经专利权人许可，都不得实施其专利，即不得为生产经营目的的制造、使用、许诺销售、销售、进口其专利产品，或者使用其专利方法以及使用、许诺销售、销售、进口依照该专利方法直接获得的产品。外观设计专利权被授予后，任何单位或者个人未经专利权人许可，都不得实施其专利，即不得为生产经营目的的制造、许诺销售、销售、进口其外观设计专利产品。”《专利法》不是直接规定专利权人可以如何支配自己的专利，而是从反面规定专利权人得禁止他人实施何种行为，即专利法规定的是专利权人的消极权利，而不是积极权利。该规定的方式和内容与 TRIPS 协定的规定完全一致。[①] 按此规定，专利权人的权利是禁止他人未经许可实施其专利的权利。

各国专利法对专利权的定义有两种表达方法，一是实施专利发明的专有权，二是阻止他人实施发明专利的专有权。我国采用的是第二种方法。第二种方法即从禁的方面规定专利权人的消极权利，而不直接规定专利权人的积极权利。参与我国 1984 年《专利法》起草工作的汤宗舜先生解释说："因为实施发明的权利是不需要法律授予的。例如一种产品，只要法律没有禁止，谁都可以制造或者销售。反之，如果法律禁止制造或者销售，那么专利权人也要受到限制，他不能依靠专利权逃避法律的限制。"[②]也有人从另一个角度解释这种规定的合理性：专利权人并不当然享有实施自己专利的权利，例如从属专利的专利权人要实施自己的专利，必须取得在先专利的权利人的许可，否则就构成对先前专利权的侵犯。但是，专利权人当然享有禁止他人实施自己专利的权利。我们认为，按照私法领域"法不禁止即自由"的原则，专利权人如何支配、利用自己的专利权，是专利权人的自由，法律可以不作具体规定。但是，专利权人可以禁止他人做什么，则因关系到他人的自由和社会公共利益，必须由法律明确规定。从这个意义上说，专利权的效力实质上表现为专利权人可以禁止他人做什么，而不在于专利权人自己可以做什么。因此，对专利权的这种解释颇有说服力，而且与立法实践相符。

从另一个方面看，如果按照法律人对权利的一般思维模式，将专利法第 11 条的规定理解为专利法授予专利权人专利产品的制造权、使用权、许诺销售权、销售权、进口权，和对专利方法的使用权以及对按照该专利方法直接获得的产品的许诺销售权、销售权和进口权；将得禁止他人实施的权利解释为专利权积极权利的反面效力，消极权利以积极权利为基础；将从属专利的实施须经在先专利权人的许可视为对专利权的限制，在理论上也顺理成章。这两种解释方法在实质上并不矛盾，可以说是殊途同归。事实上，许多教科书也正是按照这种思维模式对专利权人的权利进行诠释的。本书原则上按照法律的规定，从禁止权的角度对专利权进行解释，即将专利权解释为专利权人得禁止他人为生产经营目的实施其专利的权利。但是，间或也会从积极权利的角度加以讨论，如直接使用制造权、销售权等权利名称，而不使用禁止他人制造专利产品的权利、禁止他人销售专利产品的权利等。

---

① TRIPS 协定对专利权的内容规定在第 28 条。

② 汤宗舜：《专利法教程》，法律出版社 1996 年第 2 版，第 167 页。

二、实施专利行为的构成要件

如上所述，专利权人的权利是得禁止他人未经许可实施其专利。因此，准确界定“实施专利的行为”，对界定专利权人的权利范围具有十分重要的意义。根据《专利法》第 11 条的规定，实施专利的行为须具备两个条件：其一，以生产经营为目的；其二，所实施的行为属于《专利法》第 11 条规定的行为。

(一)以生产经营为目的

专利权人得禁止的行为必须是以“生产经营”为目的实施其专利的行为。换句话说，“以生产经营为目的”是专利法所说的“实施专利”行为的必备要件。因此，判断某一行为是否属于实施专利的行为，首先应当判断该行为是否为生产经营目的而进行。如果不是为生产经营目的，则不构成实施行为。所以如此规定，是因为专利法要保护的是专利权人对其发明创造在产业上利用的权利。因此，即使有人进行了制造、使用或进口等行为，但并不是基于生产经营之目的，则不构成这里所谓的“实施专利”之行为。例如为个人消费之目的而制造、使用、进口有关专利产品，就无须专利权人的许可。

TRIPS 协定关于专利权人的排他权的规定中并未出现“为生产经营目的”的限制性措辞，那么，我国专利法的规定是否符合 TRIPS 协定的要求呢？我们认为，尽管 TRIPS 协定没有直接规定专利权人得禁止的行为必须是以生产经营为目的的行为，但是该协定第 7 条规定：“知识产权的保护和执法应当有助于技术的转让和传播，有助于技术知识的创作者与使用者相互受益并且是以增进社会和经济福利的方式，以及有助于权利和义务的平衡。”第 8 条规定：“各成员在制定或者修改其法律和规章时，可以采取必要措施，以保护公共健康和营养，以及在对其社会经济和技术发展至关重要的领域促进公共利益，但以这些措施符合本协定的规定为限。”TRIPS 协定的这些规定指出了知识产权保护的公共政策目标，将专利权人的排他权限制在禁止他人为生产经营目的实施其专利的范围内，符合 TRIPS 协定承认的公共政策目标。其他国家的专利法也用不同的方式对专利权的禁止效力进行限制，如德国专利法第 11 条和法国知识产权法典 L613-5 条都规定，专利权的效力不及于以私人方式和为非商业目的而进行的行为，《欧共体专利公约》第 27 条也作了同样的规定。实际上，私人的非商业性的利用专利的行为对专利权人市场利益的影响微乎其微，不论从知识产权法的政策目标角度讲，还是从经济分析的角度讲，都不应当纳入专利权的控制范围。

那么，何为“为生产经营目的”？按照通说，“为生产经营目的”是指为工农业生产和商业经营之目的，其包含的范围十分广泛。“为生产经营目的”不能被理解为“以营利为目的”，后者的范围要较前者狭窄得多，对专利权的保护不能施加如此严格的限制。某一行为是否属于为“生产经营之目的”通常可以从以下三个角度加以判断：一是行为方式，二是行为主体，三是行为的性质和范围。从行为方式上看，许诺销售和销售行为无论其主体是单位还是个人，一般都具有为生产经营目的之性质；而对于制造、使用和进口行为来说，则既可能是具有生产经营目的的行为，也可能是为了自己研究、学习、消费等目的的行为。从行为主体上看，企业和营利性单位的行为一般都具有为生产经营目的之性质，而国家机关、非营利性单位和社会团体的行为一般不具有为生产经营目的的性质。而从行为的性质和范围来加以判断的时候则要根据实际情况进行具体分析，比如专利法第 63 条所规定的为科学研究和实验之目的而使用有关专利就不属于这里的“为生产经营之目的”的行为。在判断“为生产经营之目的”时另一个需要特别注意的问题就是：一个单位的性质并不是判断是否构成实施专利行为的关键要素，国家机关、非营利性事业单位、社会团体的某些制造、使用和进口行为也可能具有为生产经营目的的性质，如医院为治病而使用专利设备等①。

(二)行为人实施了专利法规定的行为

专利法规定的行为是指《专利法》第 11 条规定的行为。该条分别规定了发明和实用新型专利权人得禁止他人实施的行为和外观设计专利权人得禁止他人实施的行为。根据知识产权法定原则，行为人只有实施了专利法明确规定专利权人得禁止的行为，才构成对专利权的侵犯，法律未明确规定的行为，不在专利权人得禁止之列。换言之，只有以生产经营为目的进行了专利法明确规定的行为，才是专利法规定的实施专利的行为。同时应当明确，专利法规定的专利权人得禁止他人实施的每一种行为，都是专利权的一项独立的权利内容，行为人实施了其中任何一项，都构成对专利权的侵犯。因此，准确理解专利法规定的各种行为的内涵和外延，对于保护专利权人的权利和维护社会公众的利益都具有十分重要的意义。

第二节　发明和实用新型专利权的内容

专利法规定的产品专利权的内容和方法专利权的内容是不同的。产品专利

① 参见国家知识产权条法司：《新专利法详解》，知识产权出版社 2001 年版，第 65 页。

包括发明专利中的产品发明专利和实用新型专利，方法专利指的是发明专利中的方法发明专利。

一、产品专利权的内容

《专利法》第11条规定："发明和实用新型专利权被授予后，除本法另有规定的以外，任何单位或者个人未经专利权人许可，都不得实施其专利，即不得为生产经营目的制造、使用、许诺销售、销售、进口其专利产品。"按此规定，产品专利权人得禁止他人实施的行为包括制造、使用、许诺销售、销售和进口专利产品五种。也就是说，除非专利法有特殊之规定，任何其他人以生产经营为目的实施上述行为之一者都必须经过专利权人的许可，否则都将构成对专利权的侵犯。但须明确的一点是，专利法的这一规定是一个穷竭性的规定，也就是说只有实施了前述五种行为之一者才会构成直接侵权，如果行为人进行的是该五种行为之外的其他行为，都不会构成直接侵权。比如说，有人获得了一种新型发动机的专利权，某设计单位未经专利权人许可，为他人设计绘制了实现该专利技术的发动机零件图和总装图。由于设计行为不属于我国专利法规定的上述五种行为之一，因此，专利权人无权指控设计单位直接侵犯了其专利权。但是，如果有人采用了该设计方案实际制造了这种发动机，那么，设计者就可能构成了帮助侵权，也可称为间接侵权①；反之，如果并没有人利用该设计图实际制造了该种发动机，则设计者不会构成任何侵权。以下分别对五种行为进行讨论。

(一)制造专利产品

制造专利产品，"对于发明和实用新型专利权而言，是指做出或者形成具有权利要求所记载的全部技术特征的产品；对于外观设计专利权而言，是指做出或者形成采用外观设计专利的图片或者照片所表示是设计方案的产品。"②专利法对产品专利的保护和对方法专利的保护不同，产品专利的保护采取绝对主义原则，不问用什么方法制造，制造数量多与少，也不问是在受保护地域内的何处加以制造，只要制造行为再现的是具有权利要求书上所记载的全部技术特征的产品，就属于制造专利产品的行为。应当注意的是，具有权利要求书所记载的全部技术特征的产品，不一定与专利权人的产品相同，只要制造的产品具有权利要求书记载的全部技术特征，就属于制造专利产品的行为。

① 专利直接侵权和间接侵权的关系，请参见第八章的相关内容。

② 尹新天：《中国专利法详解》，知识产权出版社2011年版，第130页。

对于制造专利产品的行为，有两个问题值得探讨：

其一，制造的对象是否包括与专利产品相类似的产品。这主要涉及对权利要求书的解释。我们认为，如果权利要求书的内容可以且必须解释为同时包括与权利要求书中说明的产品相类似的产品才对权利人更加公允时，将保护范围延及到类似的产品上就是必要的；反之，即为不必要。具体如何界定，在专利侵权判定有关"等同原则"部分讨论。

其二，如何区分专利产品的修理和再造。"修理(repair)"和"再造(reconstruction)"是美国专利诉讼中发展起来的两个概念。所谓专利产品的修理，是指专利产品的合法拥有者为维持专利产品的正常使用状态而修理、更换其已损坏或失效之零部件的行为。按照专利权"权利穷竭"之原则，经专利权人制造、进口或者经专利权人许可而制造、进口的专利产品或者依照专利方法所直接获得的产品售出后，专利权人对于该产品的专有权利也就被"用尽"了。之后，该专利产品的合法拥有者如何使用和处置专利产品，专利权人均无权干涉。比如说，专利产品的合法拥有者对专利产品进行以维持产品正常使用为目的的修理行为时，专利权人则无权过问。但问题是，如果专利产品合法拥有者的该种修理行为超出了一定的限度，使之实际上变成了重新制造或者重新组装专利产品的"再造"行为时，该如何处理？从国外的经验来看，该种超出必要限度的再造行为仍然属于需要经过专利权人许可之行为，否则，就构成了对专利权的侵犯。但是，某一行为在性质上究竟属于可以自由实施的修理行为，还是属于必须经过专利权人许可进行的再造行为，理论上和实践中都是一个有待进一步研究的难点。有关修理和再造的区别将在专利侵权判定部分作更进一步的论述。

(二)使用专利产品

使用专利产品，是指将权利要求书所描述的产品依据其功能和用途加以实际使用的行为。包括直接利用专利产品以获得其所能产生的效果，如用专利拖把做清洁；也可以利用专利产品作为手段来制造其他产品，如利用专利刀具加工其他产品；还可以用专利产品作为零部件生产其他产品，如利用享有专利的半导体芯片制造电子产品等。在利用专利产品作零部件制造其他产品的情况下，不论专利产品在最终产品中占有核心地位还是只起次要作用，都构成对专利产品的使用。

为生产经营目的使用专利产品的，原则上都需要专利权人同意。而从现实情形看，"使用专利产品"的行为，既可以是使用者使用自己制造的专利产品，也可以是使用购买他人制造并售出的专利产品。不管哪种使用，只要未经权利人的许可，都属于侵犯专利权的违法行为。因此，使用专利产品的权利是产品专利权人一项独立的权利类型，对该权利的侵犯，并不需要以制造、销售等关联行为的发生为前提。但是，根据“权利用尽”原则，如果所使用的专利产品是经专利权人许可合法销售的产品，那么，购买者的使用就是合法的，不需要再经过专利权人的许可。

值得讨论的问题是，一种专利产品，其功能或用途可能是一种也可能是多种。此时，产品专利的效力应当及于专利产品的全部用途，还是仅及于权利要求书和说明书记载的用途？一种观点主张，“无论是专利说明书中说明的还是没有说明的，也无论在专利申请时是否预见的，不论是用它的哪一种用途，也不问是反复连续使用还是只使用一次，都是这里所说的使用。”①反对的意见认为，使用产品专利的行为是否构成专利权人有权禁止的使用，与专利权利要求书所记载的请求保护的技术特征有关。如果产品本身的结构特征即可满足专利法规定的批准专利权的条件，申请人可以只用结构特征来撰写权利要求，不必写入产品的用途特征，这样的权利要求保护范围最宽。这时，未经专利权人许可为生产经营目的使用该产品的行为都构成侵权行为，而不论将该产品用于何种用途。如果仅用产品本身的结构特征不能满足专利法规定的批准专利的条件，申请人就会在权利要求中写入其他特征，如用途特征，这种情况十分常见。在这种情况下，用途特征限定实际上已经成为能否获得专利权的必要条件。如果忽略用途特征，就会不适当地扩大专利权的保护范围，损害公众的合法利益。如果权利要求中明确要求保护的产品限于某种特定的用途，那么，将该产品用于其他用途就不构成对该专利产品的使用，从而不构成侵权。② 我们赞成后一种观点。

(三)许诺销售专利产品

许诺销售专利产品，是指以做广告、在商店橱窗中陈列或者在展销会上展出等方式作出销售专利产品的意思表示，③包括要约邀请和要约行为。许诺销售权是我国 2000 年修改《专利法》时增设的专利权人的一项权利，此前，我国专利法并无相关之规定。之所以要为专利权人增加禁止许诺销售行为的权利，主要是因为许诺销售不同于下面我们要讲到的实际销售，它是实际销售的准备阶段，销售权不能覆盖许诺销售行为。即许诺销售往往表现为行为人通过在各种媒体上做广告、在商店橱窗中陈列商品或者在各种展览会、展销会上展出的方式以促

① 汤宗舜:《专利法解说》(修订版)，知识产权出版社 2002 年版，第 75 页。

② 参见尹新天:《中国专利法详解》，知识产权出版社 2011 年版，第 154～155 页。

③ 最高人民法院 2001 年 6 月 19 日《关于审理专利纠纷案件适用法律问题的若干规定》第 24 条。

成专利产品的销售,只要相对人允诺,实际销售的行为旋即发生,如果专利权人必须等到实际销售发生后才能主张权利,则势必造成侵权产品的扩散,给专利权人造成不必要的麻烦和损失。因此,增设许诺销售权可以为专利权人提供防患于未然的救济手段,同时也可以起到节约社会资源的作用。此外,增设许诺销售权也是为了使我国专利保护符合 TRIPS 协定的要求。①

许诺销售的对象只能是专利产品,包括依照专利方法直接获得的产品,而不包括方法专利本身。尽管有的国家如《欧共体专利公约》中规定,方法专利权人也有权禁止未经许可的许诺使用方法专利的行为(offering the process for use),但 TRIPS 协定并未将禁止许诺使用专利方法作为一项最低保护标准加以规定。最后还要注意的一点是,如前所述,禁止未经许可的许诺销售行为的目的在于尽早制止对专利产品的违法商业交易,防止未经许可而制造、进口的专利产品扩散。因此,许诺销售权是专利权人一项独立的权利,对许诺销售权的侵犯不需要以发生了实际销售的行为为前提,只要行为人未经许可而进行了许诺销售的行为,就构成了对权利人专利权的直接侵犯,而不是间接侵犯。

专利权有法定的保护期,保护期届满,专利权消灭。因此,如果有人在专利权期限届满前作出将要销售专利产品的意思表示,但是明确表示要在专利权期限届满以后才能提供该产品的,因为提供产品时该产品已经不受专利权保护,所以其行为不属于专利法禁止的许诺销售行为。

(四)销售专利产品

销售专利产品是指将权利要求书中所描述的专利产品的所有权从卖方让渡给买方,而买方向卖方支付相应对价的行为。销售专利产品的权利是专利权人一项重要的独占性权利,是专利权人实现自己专利权价值的最重要的权利,任何人未经产品专利权人许可而销售专利产品的行为即构成对专利权的侵害。因为说到底,专利权人申请取得专利权并花钱维持专利权的根本目的,就是要独占该专利产品的市场利益。禁止他人未经许可使用专利产品,实质上也是为了维护专利权人的市场利益,即迫使使用者使用合法购买的专利产品。

值得讨论的问题是,这里所说的销售究竟是指销售合同的成立还是必须交付销售合同的标的物?从国外的理论看,也有多种不同的见解。比如说美国法院对此就先后作出了截然相反的解释。早期法院的判决认为必须实际交付了销售合同的标的物时,销售行为才能成立。而在 1998 年美国联邦巡回上诉法院审理的 Enercon GmBH v.U.S.Trade Commission 一案中认为,只要销售合同成立

① 参见 TRIPS 协定第 28 条。

就可以构成销售行为。而从欧洲国家来看，由于其专利法基本上没有使用“销售专利产品”的说法，①因此，我们也很难得出一个划一的结论。那么，我国究竟应当采取怎样的立场？尹新天先生主张“对销售行为时间起点的判断采用一种主要以合同成立与否为主，合理考虑实际交付因素的混合型判断方式，即在一般情况下以订立买卖合同的日期作为销售行为发生的时间起点。”但是，未交付侵权产品或者交付的产品与买卖合同约定的产品不同，未落入专利权的保护范围之内，则可以认定没有发生销售专利产品的行为。② 我们认为，只要买卖双方达成了一致的意思表示就可以构成销售行为，而无须完成标的物所有权的转移。理由是，按照合同法，买卖合同依法成立后，即在当事人之间确立了交付专利产品和支付价金的权利义务关系，合同成立即足以构成销售行为，交付专利产品不过是对合同的履行。既然尚未形成权利义务关系的许诺销售行为都受到专利权人的控制，更何况已经达成一致意思表思，在当事人之间形成交付专利产品的权利义务关系的实际销售行为呢？从对权利人造成现实损害的可能性上看，签订销售合同也远较许诺销售具有紧迫性。如果认为必须完成了标的物的交付才构成销售行为，必然给专利权人控制侵权产品进一步扩散造成人为的困难，不利于对专利权的保护。因此，无论按照举轻以明重的法律解释方法，还是从保护专利权人的正当利益考虑，只要销售合同成立就可以构成销售专利产品的侵权行为更符合立法本意。

如果行为人不是销售专利产品，而是销售另一以专利产品作为零部件的产品，该行为应如何认定？最高法院的司法解释规定，以侵犯发明或者实用新型专利权的产品作为零部件制造另一产品的，应认定属于使用行为，销售该另一产品的，应当认定属于销售行为。以侵犯外观设计专利权的产品作为零部件制造另一产品并销售的，应当认定属于销售行为，但侵犯外观设计专利权的产品在该另一产品中仅具有技术功能的除外。③

(五)进口专利产品

进口专利产品，是指将权利要求书中所描述的产品从国外输入到我国境内的行为。专利权人有控制专利产品进口的权利，凡未经专利权人的许可，为生产

① 比如丹麦的专利法采用的是“转移或者借出”(transfer or loan)，英国采取的是“贩卖”(vending)，德国、瑞士、法国采用的是“投放市场”(putting on the market)，可谓不一而足。

② 尹新天：《中国专利法详解》，知识产权出版社 2011 年版，第 151 页。

③ 参见《最高人民法院关于审理侵犯专利权纠纷案件应用法律若干问题的解释》(2009年)第 12 条。

经营目的进口专利产品的行为,即构成对专利权的侵犯。专利权人的该项权利称为进口权。我国1984年《专利法》没有规定进口权。1992年修改《专利法》时,为了达到正在协议中的TRIPS协定的要求,为"复关"创造条件,新增加了进口权的规定,即在第11条增加第3款,规定:"专利权被授予后,除法律另有规定的以外,专利权人有权阻止他人未经专利权人许可,为上两款所述用途进口其专利产品或者进口依照其专利方法直接获得的产品。"2000年修改《专利法》时,取消了第3款,将有关进口权的规定合并到第1款和第2款,使进口权与制造、使用、销售和许诺销售并列为专利权的权项,不仅简化了条文,而且有利于人们对专利权更全面的认识。我国《专利法》对进口权的规定,与TRIPS协定的修改规定是一致的。

本来专利权人可以通过使用权和销售权控制进口专利产品的使用和销售,但实际上,进口的专利产品一旦经过海关的放行并进入商业流通渠道之后,专利权人由于时间、精力和财力上的限制,对进口后产品的销售和使用行为一一查禁、起诉、制裁和取得赔偿将变得十分困难和复杂。尤其是在进口后的产品不是通过正常的流通渠道加以转让,而是通过内部销售和调拨的方式进入使用者的手中时,这将为专利权人的调查和取证增添更多的困难。在很多情况下,专利权人实际上无法得到任何有效的救济。但是,如果赋予专利权人以进口权,使其可以在该种产品的进口时就要求海关对该种产品进行扣押并等待法院的处理,就可以避免专利权人面临的种种调查取证上的困难,使专利权人的权益得到最有效的保护。

在理解进口权时,要注意的问题是只要产品是从其他国家输入我国境内,至于该产品在其制造国或者出口国是否得到专利权的保护则在所不问。① 原因就在于专利权具有地域性,制造国或者出口国的专利法对我国没有效力,因此,进口的产品是否违反了它们的法律,我国无须顾及。而对权利人而言,需要关心的是看进口产品是否与权利要求书中所称的产品相同或近似,以及确认产品的进口行为是否经过了自己的许可。如果属于未经许可而进口,则权利人就可以启动海关保护程序要求对涉嫌侵权的产品予以扣押。

在理解专利权人的权利时,必须将权利用尽原则考虑在内。专利法上的权利用尽原则,是指专利权人自己或者经专利权人许可而制造、进口的专利产品售出后,他人对该专利产品的分销、使用、许诺销售行为是合法的,不构成对专利权

① 如果进口行为构成了"平行进口"则另当别论,对平行进口问题本章第三节有专门的探讨。

的侵犯。[①] 即专利权人不得再对他人的这些行为进行干涉。专利权的权利用尽问题,是一个十分敏感的、在乌拉圭回合谈判中争论最激烈的问题,以至于争论双方最后不得不达成妥协。这一妥协体现在协定的第 6 条和第 28 条。

TRIPS 协定第 28 条对进口权的规定是:"在一专利的客体是产品时,阻止第三方未经其同意而进行制造、使用、许诺销售、销售或为这些目的而进口该产品";"在一专利的客体是一项工艺时,阻止第三方未经其同意而使用该工艺,或者使用、许诺销售、销售或为这些目的而进口至少是以此工艺直接获得的产品"。应当注意的是,该条对"进口"加了一个"注",内容是:"这一权利,与依照本协定赋予的关于商品的使用、销售、进口或者分销的所有其他权利一样,应遵守第六条的规定。"而第 6 条的规定是:"对于依照本协定的争端解决而言,在遵守第三和第四条规定的前提下,本协定的任何规定不得用于涉及知识产权的权利用尽问题。"也就是说,协定将权利用尽问题交给各成员自行选择、决定。

二、方法专利权的内容

按照《专利法》第 11 条的规定,方法发明专利权人有权禁止他人为生产经营之目的而实施的以下行为:使用专利方法;使用依照专利方法直接获得的产品;许诺销售、销售和进口依照专利方法直接获得的产品。这五种行为中,使用专利方法指向的是方法专利本身,其余四种行为则是对方法专利的延伸保护,即方法专利权人不但有权禁止他人未经许可而实施其专利方法,同时也可以禁止他人未经许可对依照该方法直接获得的产品的使用、许诺销售、销售和进口。对方法专利的保护延及依照该专利方法直接获得的产品,是我国在 1992 年修改《专利法》时增加的一项权利,此前我国专利法对方法专利的保护只及于专利方法本身。当然,延伸保护以专利方法属于产品的制造方法为前提条件,如果一项方法专利不是用于制造产品的,例如测量温度的方法、施工的方法等,则谈不上延伸保护。

(一)使用专利方法

要明确使用专利方法,首先应当明确的是何为专利方法。简单地讲,专利方法指的是具有专利权利要求书中所描述的技术特征的方法,在实践中能为权利要求书中所说的目的被使用。一项方法究竟是不是专利方法,应依照方法发明权利要求书的内容来加以确定,说明书和附图可以用来解释权利要求书中的内

① 参见《专利法》第 69 条第 1 项。

容。也就是说,一种方法是否为专利方法,要看它是否属于方法发明专利的保护范围。如果仅仅是对权利要求书中所述的方法进行改头换面的变化,只要这些变化没有超出依据说明书对权利要求书所作的解释范围,就可以认为这些变化仍然属于专利权保护范围之内。如果方法专利是用来制造某种产品的方法,只要具体的使用包含在专利权利要求书的范围之内,并且依照该方法直接获得的产品又是权利要求书中所述的产品,那么这种方法的使用就属于必须经过专利权人许可的行为。尽管制造的产品和依照专利方法制造的产品相同,但是行为人是用其他的方法制造的,其行为即不构成侵权,这是方法专利和产品专利在保护力度上的区别。当然,行为人要对其使用的是不同于专利方法的其他方法负举证责任。

(二)方法专利的延伸保护

1. 延伸保护的必要性

1992年,我国对1984年的《专利法》进行了第一次修改,修改后的《专利法》采取了一系列强化专利权保护的措施,其中之一就是将制造产品的方法专利的保护延伸到使用该方法所直接获得的产品上。即一项制造产品的方法发明被授予专利权后,任何人未经专利权人的许可,除了不得为生产经营目的使用该专利方法外,还不得为生产经营目的使用、销售、许诺销售或者进口依照该方法直接获得的产品。要为制造产品的方法专利提供延伸保护,理由主要在于:第一,如果不提供延伸保护,则任何使用和销售依据制造产品方法专利所直接获得的产品的行为都不构成侵权,专利权人只能根据专利方法是否被他人使用来控告该他人侵权。而我们知道,方法专利权的权利要求往往是步骤特征的组合,它表征的是一种行为过程而不是具体的物品,要求专利权人去证明被控侵权人进行的过程性行为是否采用了专利权利要求书中记载的步骤特征十分困难,这容易带来侵权人侵权责任承担的经常性逃避。相反,如果我们对制造产品的方法专利权延及到产品上加以保护,权利人只要证明被控侵权人制造的产品包含了专利权利要求书中记载的产品技术特征即可。而由于产品相较于步骤而言具有稳定性、客观性等特征,这就非常有利于专利权人去指认该侵权产品中是否包含专利权利要求书中记载的技术特征,从根本上方便了专利权人的举证,使其可以更好地追诉各种侵犯方法专利权的行为。第二,专利权具有地域性,只有在我国进行的实施专利的行为才构成对我国专利权的侵犯。如果有人在国外使用制造产品的方法专利并将所获得的产品进口到国内,在没有延伸保护的情况下,专利权人对此将毫无办法。因此,把专利方法和按照该方法直接获得的产品作为一个整体来加以保护是十分必要的。

2. 延伸保护的具体内容

根据《专利法》第 11 条的规定，对方法专利的延伸保护，包括禁止他人未经许可以生产经营目的而“使用、销售、许诺销售和进口”直接依照该专利方法获得的产品的行为。使用、销售、许诺销售和进口的含义，在产品专利部分已作了详尽之论述，此处不再赘言。唯需要注意的一点是，方法专利的延伸保护具有独立性，当行为人没有使用他人的专利方法，而仅仅是为生产经营目的进行了使用、许诺销售、销售或者进口依照该专利方法直接获得的产品时，也同样构成侵权。对于延伸保护应注意以下几点：

第一，可获得延伸保护的专利方法必须是能产生专利法意义上某种产品的方法，对不能产生产品之方法，则无延伸保护之必要和可能。比如某种采掘煤炭的新方法，由于这些方法所产生的对象难于被认为是使用专利方法所获得的产品，因此，对该种方法自无提供延伸保护之必要。

第二，可获得延伸保护的产品必须是依照专利方法而获得的产品，如果是依据其他方法获得的产品，即使与依照专利方法直接获得的产品相同，也不在方法专利延伸保护之列。因此，被控侵权人可以通过证明自己的产品是使用不同于专利方法的方法生产出来的进行抗辩。这是方法专利延伸保护与产品专利保护的重要区别。

第三，可延伸保护的产品必须是依据专利方法直接获得。对“直接”的理解，各国的解释并不完全一致。一种观点认为，直接获得的产品是指依照专利方法最初获得的原始产品，也就是实施了方法专利权利要求书记载的最后一个步骤特征之后所获得的那个产品。而其后对该产品进行进一步的技术加工处理所获得的产品，就不再是直接获得的产品了。举例说，某方法专利是一种制造耐磨性很高的橡胶的方法，那么用该方法生产的橡胶就当然地属于依照该方法直接获得的产品，但用该橡胶制造的轮胎则不能认为是依照专利方法直接获得的产品。另一种观点则认为，直接获得的产品不限于上述的原始产品，还包括对原始产品进行加工后所得到的、与专利方法使用之间有密切联系的产品，如前述例子中的轮胎。我们认为，对“直接”的理解采第一种解释为宜。还是以前面的橡胶生产方法专利为例，如果采第二种解释，那么专利权人的保护范围究竟应当延伸到哪儿为止才是适当的呢？是权利人可以禁止其他人利用其方法专利生产的橡胶来制造轮胎，还是可以进一步至禁止他人将该轮胎用来制造汽车呢？如果把后者也包括进去，那么，专利权的保护链条是不是太长了？因此，为了促进后续产品的自由流通，对专利权划出一个适当的界限是十分必要的。而把直接获得的产品限定在“原始产品”上，既兼顾了方法专利权人之利益，也有利于产品的自由流通并使公众受益，因此，我们认为，将“直接获得的产品”解释为限于利用专利方法获得的“原始产品”为宜。

第三节　外观设计专利权的内容

《专利法》第11条第2款规定：“外观设计专利权被授予后，任何单位或者个人未经专利权人许可，都不得实施其专利，即不得为生产经营目的制造、许诺销售、销售、进口其外观设计专利产品。”以下，我们对这四种行为逐一加以解释：

一、制造外观设计专利产品

专利法上所称的外观设计，是指对产品的形状、图案或者其结合以及色彩与形状、图案的结合所作出的富有美感并适合于工业应用的新设计。[①] 因此，外观设计的核心要素是形状、图案和色彩。图案和色彩通常体现在产品的外表，而形状则必须和产品本身相结合。因此，按照这种理解，所谓的外观设计专利产品，就是指产品的外观设计，而且产品本身也就是申请外观设计专利时被指定使用该外观设计的产品。因此，制造外观设计专利产品就是在制造外观设计权利要求书指定的产品时，同时在该产品上复制受专利权保护的外观设计的行为。为生产经营目的制造外观设计专利产品的权利是专利权人的一项重要的独占性、排他性的权利，任何人欲实施该行为都须取得专利权人的许可，否则就构成侵权。

应当注意的是，以侵犯外观设计专利权的产品作为零部件制造另一产品的行为应如何认定。由于外观设计专利权的权利内容没有使用权，即使用外观设计专利产品不需要经过专利权人的许可，所以使用外观设计专利产品制造另一产品的行为并不构成对外观设计专利权的侵害，专利权人无权禁止。但是，如果制造者将使用了外观设计专利产品制造的产品投入市场销售，则会损害外观设计专利权人的利益。因此，最高法院在司法解释中规定，以侵犯外观设计专利权的产品作为零部件制造另一产品并销售的，应当认定属于销售行为，但侵犯外观

① 《专利法实施细则》第2条第3款。

设计专利权的产品在该另一产品中仅具有技术功能的除外。[①]

二、销售和许诺销售外观设计专利产品

销售外观设计专利产品，是指把体现了受专利权保护的外观设计产品的所有权从卖方让渡给买方，而买方向卖方支付相应对价的行为。销售外观设计专利产品是专利权人的独占性、排他性的权利，任何人实施该行为都应当取得专利权人的许可，否则即构成侵权。

1984 年专利法和 1992 年修订的专利法都没有规定外观设计专利的许诺销售权。这一规定和 TRIPS 协定的规定一致。但从比较法的角度看，很多外国专利法都作了许诺销售之规定。如《法国知识产权法典》就明确规定外观设计的创作人及其权利继受人享有使用、销售和许诺销售外观设计的独占权，美国、挪威等国家也有类似之立法。[②] 我国所以没有作此类之规定，据说是因为外观设计专利产品的价值较发明专利小。我们认为这是不妥当的。虽然外观设计保护的是产品的外观，与技术无关，但是，外观设计在市场竞争中有其独特的价值。归根结底，专利权保护的是专利权人的竞争力和市场利益，那么，只要有可能对专利权人的市场利益构成侵害的行为，就应该受到规范。因此，我们认为许诺销售权对外观设计专利权人同样重要，我们没有理由不为其配置该权利。2008 年修订的专利法，已经为外观设计专利权人配置了许诺销售权。

三、进口外观设计专利产品

进口外观设计专利产品，是指将载有或体现与享有专利的外观设计产品相同的产品直接从国外输入国内的行为。对于进口外观设计专利产品的行为，通常只需要考虑进口产品的外观设计与我国获得保护的外观设计是否相同或相近，使用该外观设计的产品与我国享有专利权的外观设计所使用的产品是否相同或相近，如果是，该种进口行为就应当得到专利权人之许可。而至于产品的外观设计在产品的输出国是否获得专利保护或者是否得到其他方式的保护，比如

---

① 参见《最高人民法院关于审理侵犯专利权纠纷案件应用法律若干问题的解释》(2009 年)第 12 条。

② 《法国知识产权法典》第 L.511-1 条，《美国法典》第 171 条第 2 款，《挪威外观设计法》第 5 条。

在一些国家不是通过专利法而通过版权法来加以保护，这些都不会对外观设计专利权人进口权构成任何的实质性影响。

思考和讨论：

平行进口问题

在对专利权人提供法律保护时，另一个颇具争议性的问题就是专利权人是否有权禁止专利产品的平行进口。所谓平行进口(Parallel Import)，又被称为灰色市场进口，指的是专利权人就同一项发明创造在两个以上的国家或地区获得了专利权，专利权人或其被许可人在其中一个国家或地区合法售出其专利产品后，购买者未经专利权人的许可将其购买的专利产品进口到另一个国家或地区的行为。平行进口具有以下特征：第一，针对同一项发明创造，专利权人分别在两个以上的国家或地区获得了专利权。也就是说，要构成平行进口，前提之一就是，在专利产品的进口国和出口国专利权人系同一人，如果专利权分属于不同的主体则不构成这里所说的平行进口。① 当然，如果专利权人虽属不同主体，但彼此间存在着一定的利益关联，比如说二者属于母子公司，或者有许可关系，则另当别论，仍然构成这里所言的平行进口。第二，平行进口的产品必须是由专利权人或其被许可人在出口国合法投放市场的真品。如果购买者所进口的产品属于未经专利权人或其被许可人合法投放市场，或者系假冒他人专利的赝品，则无探讨平行进口的必要，因为对未经许可的销售和假冒专利的侵权产品，专利权人完全可以主张侵权并阻止其进口。第三，平行进口的行为属于没有得到专利权人同意之行为。如果进口行为获得了专利权人之事前允准，这时的进口就属于合法，专利权人不得再予干涉②。

平行进口形成的根本原因在于同一专利产品在不同的国家和地区存在着价

① 如果在专利产品的进口国和出口国，专利权是由不同的主体分别享有，而这些专利权人之间又没有任何利益上的关联，比如说它们之间既不是专利权的受让关系，也不存在着公司组织形式上的母子公司关系，则无论从哪国将产品进口到别国都将构成对进口国专利权人专利权的侵犯，这里没有平行进口讨论之余地。

② 在理解平行进口时要注意的是，平行进口行为之主体既可以是任何一个第三人，也可以是专利权的受让人或被许可人自己。在平行进口的方向上，既可以是从技术输入国进口到技术输出国，也可以从技术输出国进口到技术进口国，甚至于在技术进口国之间进行。比如专利权人在A国取得了专利权，他先后把自己的专利分别许可给了B、C两个国家(技术进口国)的当事人使用，而第三人将从B国的被许可人手中合法购得专利产品返输到C国销售就属于前面提到的在技术进口国之间进行的平行进口行为。

格差。由于受专利保护程度、制造成本高低以及关税、对外贸易政策和汇率等因素的影响,同样一种专利产品在不同的国家和地区存在不同定价的情况时常发生。而价格差的存在就为进口商在不同国家间贩销专利产品提供了利益驱动。进口商往往将专利产品从低价位的国家进口到高价位的国家销售,以赚取其中的差额利润。然而平行进口行为究竟是否合法,由于它涉及知识产权的国际保护、国内保护和国家间的利益平衡等问题,因此,自其产生之日起就变得复杂而富有争议,这可以从下文中提到的不同国家的理论争议和实际做法差距之大窥见一斑。

一、平行进口的法理争议

如前所述,由于不同的国家出于贸易利益最大化之考量,这使得各国在平行进口问题上表现出了几近不同的立场,而每个国家在进行不同的立法选择时都须以一定的法理作支撑,如此一来,在平行进口问题上就表现出了多种不同理论相互竞争之态势。具体而言,有代表性的理论主要有以下三种:

1. 权利用尽理论

权利用尽理论在本质上是一种赞成平行进口的理论。所谓权利用尽,指的是专利权人自己或经过其许可而制造的专利产品(包括依照专利方法直接获得的产品)一经合法投放市场后,对该产品的进一步销售或使用就不再受专利权人的控制。权利用尽所以必要,是因为专利产品一经专利权人或其许可的当事人合法投放市场后,专利权人的对价利益便已实现,如果让其进一步控制该专利产品的销售,则必然使专利权人获得超过对价利益之回报,同时还将对商品的自由流通造成妨碍。因此,为了衡平专利权人及社会公众之间的利益,权利用尽理论随之诞生。权利用尽理论又分为国内用尽和国际用尽两种不同的主张。国内用尽说认为,专利权具有地域性,一国的专利产品被专利权人或者被许可人售出后,其在该国的专利权用尽,专利权人在其他国家的专利权仍然有效。国际用尽说认为,就特定的专利产品而言,一经合法销售,其专利权即在全世界范围内用尽,之后对该专利产品的许诺销售、销售、使用、进口都是不会构成对专利权的侵犯。

对权利用尽理论的解释与对平行进口的态度密切相关,直接涉及各国的经济利益,成为TRIPS协定谈判过程中争论最激烈的问题之一。最终,权利用尽问题的争论使谈判者们筋疲力尽,不得不采取折中方案,在TRIPS协定第6条规定,“就本协定的争端解决而言,在遵守第三和第四条规定的前提下,本协定不得用于处理知识产权的权利用尽问题。”这等于说WTO将平行进口问题留给成员国自己抉择。这样的条文在TRIPS协定中是绝无仅有的,这从一个方面反映了权利用尽原则的重要性和各国分歧之大。WTO 多哈部长会议于 2001 年 11 月 14 日通过的《多哈宣言》第 5 段，又进一步重申了 TRIPS 协定在权利用尽问题上的中立立场，指出：在 TRIPS 第 3 条、第 4 条规定的最惠国待遇和国民待遇原则前提下，TRIPS 协定中有关知识产权权利用尽的规定应当使各成员能够自由地、不受干扰地建立其权利用尽体系。

而根据该理论，结合平行进口之场合，由于平行进口商进口的产品属于经专利权人或其许可的人制造并售出，平行进口商取得该产品时，专利权人的对价利益已经实现，此后，专利权人就应该无权对该产品的进一步流通加以控制和限制，平行进口商可以对其为自由处分之行为，包括将其平行进口到别的国家。如此一来，权利用尽理论在很大程度上也就成了赞成平行进口的重要理论依据，视平行进口为合法的国家也多是从权利用尽的角度来加以阐释的。可见，这里所说的权利用尽，实际上是专利权的国际用尽。

2. 专利地域性理论

与支持平行进口者不同，许多反对平行进口的国家则转而从专利权地域性理论来说明平行进口的非法。而所谓专利权的地域性理论，是指专利权是依各个国家的国内法取得的，仅具有域内效力，而且其维持和消灭也只能依照国内法来确定。一项发明创造能否获得专利权，能获得何种专利权，获得专利权后能得到哪种程度的保护以及专利权在什么样的情况下可能用尽或丧失，都应根据主权国家的国内法来加以判断。而且不同主权国家对专利权的保护和丧失之规定也仅具有域内效力，对其他国家并不产生影响。根据地域性理论，在平行进口之场合，尽管专利权人在进口国和出口国就同一内容的技术方案都取得了专利权，但它们是两项在各自主权国家内分别发生效力的权利。虽然根据权利用尽原则，在专利产品售出后，专利权人的权利确实用尽了，但该用尽也仅仅是在出口国被用尽了，它丝毫不会影响进口国专利权的效力。在进口国，专利权人依然可以基于其“进口权”要求对平行进口行为予以查禁。因此，地域性理论所主张的实际上是一种专利权的国内用尽而不是国际用尽理论。反对平行进口的国家往往以专利权的地域性原则为理论工具，为其禁止各种平行进口行为提供立法和司法依据。

3. 默示许可理论

这是近年来在平行进口问题上提出来的一种新的理论。所谓默示许可，是指当专利产品被第一次售出时，如果专利权人或其被许可人没有明确提出限制条件，比如说禁止销往某些国家，就意味着购买者获得了某种默认许可，可以将该专利产品销往任何国家，而专利权人不得反对。[①] 默示许可理论实际上是一种有条件的平行进口理论。也就是说，当专利权人或其被许可人没有对售出专利产品的再销售附加限制性条件时，它就和权利用尽理论得出的结论一样，即此时的平行进口为合法；反之，则为非法。默示许可理论源自于英美法系衡平法上的"禁反言"原则，即不允许一个人后来否认其先前授予的财产权利或者有关利益，或者背弃其先前所作出的使他人对之产生依赖作用的承诺。默示许可理论原来主要是在英美法系国家适用，但近年来，一些大陆法系国家，如日本，也开始向这种理论靠拢，在实践中用它来解决平行进口的问题。

二、美国等国家的做法

平行进口的复杂性和富有争议性，除了前面提到的有关平行进口法理争议的纷繁多彩外，不同国家和地区的实践做法也是相去甚远。以下我们将以美国、欧盟和日本等国家的做法为实例，加以具体阐释和说明。

1. 美国的做法

美国在专利产品的平行进口问题上一贯采取的是严格禁止之态度。根据美国《专利法》第 154 条的规定，未经专利权人的许可而进口专利产品的行为属于侵权。在最近审理的"Jazz Photo 案"[②]中，美国巡回上诉法院重申了该立场。美国之所以旗帜鲜明地反对平行进口，主要是因为美国是世界上最大的技术输出国和专利产品的高价位市场国。如果允许平行进口商从低价位国家把国外技术受让方的产品返输到美国销售，那么，其必然要和美国本土专利权人的产品形成竞争，并挤占其市场。为了保证美国专利权人的市场利益及其产品的国际竞争能力，美国在平行进口问题上采取了前面所述的权利用尽的地域性理论，即专利权只在国内用尽，在国际并不用尽，专利权人在国外的销售并不赋予购买者将其产品带入美国的权利。规定专利权国内用尽原则并对平行进口行为加以严格禁止，既维护了美国世界上最大技术输出国的地位，同时也有效地保护了美国专利权人的垄断利益。美国在平行进口上的态度和美国一贯坚持的所谓全球贸易自由化的主张形成鲜明的对比，该种态度上的反差无疑表明：在平行进口问题上没有中立的价值标准，有的只是某个国家的具体国情及其本国最大化的贸易利益。当一国认为平行进口有利于其本国的贸易利益时，平行进口就是合法的；反之，

① 曲三强：《平行进口与我国知识产权保护》，载《法学》2008 年第 3 期。

② Catalin Cosovanu, Piracy, Price Discimination, and Development: The Softaure Sector in Eastern Europe and Other Ennerging Marketes Columbia. *Science and Technology Law*, Review, 2003/2004.

就是非法的。

2. 欧盟的规定

与美国不同，欧盟在平行进口问题上所采取的是一种内外有别的政策。在欧盟内部平行进口是合法的，但欧盟以外的国家或地区制造并销售的专利产品平行进口到欧盟国家时则被视为非法。欧盟所以采取这种做法，是因为自其成立以来，它就一直致力于在其成员国之间形成一个共同的欧洲大市场，从而实现欧盟内部货物和服务贸易的自由流通。而在该原则的指导下，欧盟法院通过一系列的判例形成了在欧盟内部允许专利产品平行进口的原则立场。早在1974年的Centrafarm v. Sterling案①中，欧共体法院就已经建立起了欧共体内处理专利权利用尽的一般规则。欧共体法院在判决中着重区别了专利权的“权利存在”和“权利行使”，并认为一旦专利产品投放欧共体市场后，就属于“权利行使”的范围，应当适用欧共体的法律。而在欧共体内部，为了保证商品和货物的自由流动，平行进口就应当被允许。自Centrafarm v.Sterling一案后，欧盟法院在后来处理的诸如Merck v. Stephar等一系列案件中，也都一以贯之地坚持了欧盟内部允许平行进口的原则立场。但我们一定要注意的是，欧盟视平行进口为合法仅仅限于欧盟内部成员国之间适用，欧盟以外的国家或地区是不能共享平行进口之利益的。欧盟这种内外有别的制度安排再一次表明：平行进口问题并不是一个是非对错的价值判断问题，而实乃是一国一地区的利益考量和政策选择问题。

3. 日本的安排

日本对平行进口问题的处理规则集中反映在1997年7月1日日本最高法院审理的BBS一案②当中。该案的原告德国BBS公司对一项汽车车轮的发明在日本和德国分别取得了专利权。本案的被告一家日本公司在德国市场上购得了BBS公司及其受让公司出售的专利车轮，然后将这些车轮进口到日本。BBS公司认为被告向日本的进口行为侵犯了其在日本的专利权。该案经过三审程序，最后由日本最高法院作了侵权行为不成立的终审判决。日本最高院在该案中针对平行进口问题主要解决了以下问题：第一，它明确了《巴黎公约》第4条之

① Centrafarm BV and Another v.Sterling Drug, Inc(Case15/74).

② BBS Kraftfahreugtechnik AG v. Rashimekkusu Japan Co. Ltd., IIC Vol. 29, No. 3/1998, p.331, 335.

二规定的专利独立原则和专利地域性原则与平行进口是两个在本质上不相干的问题①。第二，法院认为，如果在专利产品的流通过程中，每一次交易都要专利权人的许可，这会影响商品的自由流通，而且这在根本上将与日本专利法“鼓励发明，促进工业发展”的宗旨相违背。第三，专利权人在德国向日本公司售出其专利产品时，应当预见到售出的产品可能会进口到日本，既然权利人在售出时没有限制，就应当认为给买者提供了可以在日本自由处置该专利产品的默认许可。BBS案的判决的关键的意义在于它明确了专利权独立性原则、地域性原则和平行进口的关系，澄清了人们长期以来用专利地域性理论来否认平行进口行为的误解，在新的层面上为处理平行进口问题提供了理论框架。当然，该案也反映了日本正在向英美法系的默认许可理论靠拢，表现出在平行进口问题上更加关注权利人自己的利益安排。

三、中国的选择

从前面的分析我们可以看出，平行进口问题不可不谓是国际贸易领域中的一个见仁见智的问题，各国的实践差距之大，因此而形成的学理争议之复杂在国际经济领域是十分罕见的。但不管各国的态度有多大的不同，有一点是始终不变的，那就是这些国家在进行相关理论的创新和制度的选择安排时，都要以自己的贸易政策为导向。贸易政策和一国最大限度的贸易利益决定了他们的理论倾向和制度选择。中国在进行战略性安排的时候同样要以这种原则精神为指引。

那么，我国究竟应当作出怎样的安排才是有利于最大化实现我国的经济利益的呢？我们认为应当区别产品出口和进口的不同情况分别加以分析。

首先，从产品的出口看，尽管我国目前已经取代了英美等西方国家而成了“世界加工厂”，越来越多的产品在我国制造并输出到世界各地。但必须看到的是，我国在新技术研发能力上和西方国家还有很大的差距，而且这种差距在一定

① 该案审理中，原告曾经用《巴黎公约》第4条之二规定的专利独立原则和专利地域性原则来辩称即使其专利权在德国被用尽了，但不意味着在日本的专利权也被用尽，因为两个国家的专利是彼此独立的。但日本最高法院则认为，《巴黎公约》第4条之二规定的专利独立原则是指一项专利的形成、修改和终止在不同的国家是相互独立的。一个国家驳回一项专利申请或宣告一项专利权无效，不应影响该专利申请或专利权在另一个国家的结局。但《巴黎公约》的这一规定和专利权的行使无关。专利权的地域性原则是指一项专利权的授予、转让、有效性必须服从各国的国内法的规定，同时意味着一项专利权仅仅在其地域范围内有效。但平行进口问题和上述问题没有任何关系。因为原告辩称的前述原则并没有排除专利权人在一个国家进行的有关行为（首次销售）对他在另一个国家所获得的专利权的效力（权利用尽）可能产生的影响。因此，法院判决原告的主张不成立。

时间内还将长期存在。因此，如果我们要想保住世界工厂的地位，则势必要尽可能地引进西方国家的先进技术以提高我国产品的国际竞争力。而一旦采用先进技术，则又必然涉及专利保护。如此一来，在产品出口问题上我们唯一的选择就是采取权利（国际）用尽原则，主张平行进口为合法。因为如果不这样做，那么即使我国企业在国内的制造行为获得了外国专利权人的许可，但制造出来的产品一旦出口到其他国家时，仍然将遭遇专利权人在这些国家的专利狙击。我国企业为在国内制造专利产品而获得外国专利权人的许可已经付出了代价，如果在任何情况下都不允许平行进口，则我国合法制造的产品出口到不同的国家时还要另外付出代价，这就意味着我国在利用外国的专利技术时进行了双重付费，对我国显然极为不利。当然，我国产品的出口主要取决的是其他国家对平行进口的立场，而不是取决于我们自己的立场。因此，我们能做的就是在知识产权国际规则的制定上采取赞成并积极推动专利权国际用尽的态度，以争取使国际用尽成为世界各国普遍遵守之规则，从而实现我国最优的贸易利益。

其次，从产品的进口看，尽管我国许多产品的国产化程度在逐步提高，但应当看到的是许多产品的关键部件还有赖进口。而这些零部件，发达国家往往都已在许多国家获得了专利。而为了确保我国企业从国外合法购买的零部件进口到我国进行销售和使用时不致构成对这些零部件国内专利权人权利的侵犯，我们同样需要采取专利权国际用尽的立场，或者借鉴英美国家的默认许可理论来加以解决。这样就不致使我国《专利法》第 11 条关于进口权的规定构成我国企业将在外国合法购得的各种部件进口到我国的障碍，从而能在根本上维护我国企业的利益。总之，不管从哪个角度上看，采取专利权权利用尽原则应当是我们的基本立场，只有这样，我们才能更好地促进本民国产业的发展，并在国际贸易中获得较大的经济利益①。

基于上述考虑，2008 年修改的专利法，承认了平行进口行为的合法性，在第 69 条第 1 款(1)规定："专利产品或者依照专利方法直接获得的产品，由专利权人或者经其许可的单位、个人售出后，使用、许诺销售、销售、进口该产品的行为不视为侵犯专利权的行为。"该规定可以分解为以下两层含义：专利权人或其被许可人在我国境内售出其专利产品或者依照专利方法直接获得的产品后，购买者在我国境内使用、许诺销售、销售该专利产品的，不视为侵权行为，这就是"专利权的国内用尽"；专利权人或者其被许可人在我国境外售出专利产品或者依照

① 本部分的写作参考了尹新天：《专利权的保护》，知识产权出版社 2005 年第 2 版，第 121～125 页的相关内容。

专利方法直接获得的产品后，购买者将该产品进口到我国境内以及随后在我国境内的使用、许诺销售、销售，不视为侵犯专利权的行为，这就是“专利权的国际用尽”。①

① 参见尹新天：《中国专利法详解》，知识产权出版社 2011 年版，第 790～804 页。

第七章 >> 专利权的运用

本章导读：专利许可、专利转让、专利质押均可归于专利权的运用名下。尤其专利许可为技术贸易的常见形态，相关法律制度在实践中极有应用价值。读者可以比照传统民法上关于有体物的对应制度思考：何者可以适用于专利领域？何者不能？为什么？另外，技术标准中的专利许可问题更有其特殊性，本书因篇幅原因未涉及，读者可参阅马海生所著《专利许可的原则：公平、合理、无歧视许可研究》。

法律规范的财产关系，大抵包含两个层次：一是所谓财产归属秩序，“使各个财产均归属于特定的权利主体”；一是所谓财产流转秩序，“使归属于一定主体之财产，得经由权利主体的自由意思完成其流转”。[①] 在有形财产领域，前者依赖物权法中的所有权制度，发挥定分止争的功能，实现经济生活静的安全。后者借助债法和用益物权、担保物权制度，力求物尽其用，在商品交换中维系动态秩序。规范无形财产领域的知识产权法也需要回应归属与流转两个层面的问题。确认知识产权归谁所有，诚然是立法无法回避的课题。但当事人取得知识产权，终归着眼于其经济价值。而此种经济价值的实现，依赖知识产权实施和交易，以使知识产权得到利用，在流转中取得利益。因此如何促进知识产权的利用，如何规范知识产权的流转秩序，也是知识产权法不可忽视的问题。

本书前几章涉及专利权的归属，本章讨论专利的行使。专利权人自己实施专利技术，许可他人实施，将专利权转让，以专利权出质，或以专利权出资，均为其专利权的行使，从经营管理的角度，可称之为“专利权的运用”。以上诸种利用方式将逐一讨论。其中尤以许可实施、转让和出质，在技术贸易实践中发展出繁复的形态，滋生种种法律问题，有详加研究之必要。

① 梁慧星：《中国物权法研究》，法律出版社 1998 年版，第 1～2 页。

第一节 专利实施许可

一、专利实施许可的概念和特征

专利实施许可,是指专利权人许可他人在一定时间和地域范围内实施其专利的法律行为。专利实施许可是双方法律行为,在专利权人与被许可人之间形成合同法律关系。专利权人授权被许可人在约定的范围内实施专利,被许可人则向专利权人支付专利使用费。实施专利的权利本为专利权人垄断,但被许可人以给付许可使用费为对价,获得授权后即可以约定的方式实施专利。

(一)专利实施许可的实质

对专利实施许可合同的实质,理论上有不同的解读。我国专利法著作一般认为,专利实施许可是专利权人将专利实施权移转给他人行使。[①] 这与对专利权内容的理解有关,认为"独占实施权"或"实施权"是专利权的一项内容或权能,专利法确认了专利权人自己实施专利的权利。[②] 同时,专利权人也可以处分其实施权,将实施权转让给他人,此即所谓专利实施许可。而美、英等国专利法理论侧重从禁止他人实施的角度理解专利权,认为专利法只规定了排除他人实施的"消极权利"。专利权人自己实施专利可能还需要取得其他相关专利的权利人许可,更没有资格授权他人实施。因此他们认为,专利实施许可本质上就是专利

---

① 例如,有人定义专利许可证为"专利权人通过专利许可证合同将依法取得的对某项发明创造的实施权移转给非专利权人行使的一种贸易形式"。(吴汉东主编:《知识产权法学》,北京大学出版社 2000 年版,第 201 页。)又如,"专利实施许可的实质是专利权人将实施专利的权利授予被许可人"。(尹新天主编:《专利代理概论》,知识产权出版社 2002 年版,第 437 页。)

② 在论述专利权的内容时,许多教材首先列举的就是"专利实施权"或"独占实施权"。参见吴汉东主编:《知识产权法学》,北京大学出版社 2000 年版,第 190 页。张玉敏主编:《知识产权法学》,中国检察出版社 2002 年版,第 192 页。刘春田主编:《知识产权法》,中国人民大学出版社 2002 年版,第 232 页。据学者对德国专利法的介绍,德国学者也持相同的见解,认为专利权包括了积极的独占实施权与消极的禁止权两个方面内容。所谓独占实施权,仅专利权人有权实施被授予专利的发明。所谓禁止权,未经专利权人同意,任何第三人不得实施被授予专利的发明。范长军:《德国专利法研究》,科学出版社 2010 年版,第 93 页。

权人在被许可人实施专利时不起诉被许可人侵权的承诺。专利权人与被许可人订立合同,约定给予被许可人侵权责任豁免。①

(二)专利实施许可的特征

我国《专利法》第12条规定:"任何单位或个人实施他人专利的,应当与专利权人订立实施许可合同,向专利权人支付专利使用费。"专利实施许可合同"是许可方与被许可方就实施专利的方式、期限、地域范围等有关事项达成的协议"。它是专利许可关系产生的法律基础,是确定专利许可中当事人权利义务的依据。我国合同法将专利实施许可合同归入技术转让合同的范畴。以"让与人"和"受让人"指称"许可人"与"被许可人"。②

专利实施许可合同是双务合同、有偿合同、合意合同、连续履行合同和有名合同,自无疑义。但其是否为要式合同?法国专利法明确规定专利实施许可合同应采用书面形式 。③ 我国专利法原来也有类似规定,但2008年第三次修订后的专利法取消了专利实施许可合同应采用书面形式的要求。④ 这一方面是为了回应实践中认可口头形式或者其他形式许可合同的需要;另一方面,也是为承认默示许可奠定法律基础,被认为"对保证专利制度的正常运作,防止专利权滥用具有重要意义"。⑤

专利实施许可不仅无须书面形式,甚至不需明示。如美国法即承认默示许可(implied contracts)。在De Forest无线电话公司诉合众国一案中,联邦最高法院阐释了默示许可的法理,"并非只有正式授权许可才能达到许可使用的目的。如果专利权人使用的语言或实施的行为,使他人可以由此正当地推断专利权人同意其实施专利进行制造、使用或销售,并且已据此实施专利,则亦构成一种许可,可在侵权诉讼中作为抗辩事由"。⑥ 又如英国专利法认为,在专利产品第一次售出时,如果专利权人或者被许可人没有明确提出限制条件,则意味着购

---

① Robert L. Harmon: *Patent and the Federal Circuit*, 2nd ed., Chicago, IL: Willian Brinks Olds Hofer Gilson 343 & Lione Ltd, 991, p.211.

② 《中华人民共和国合同法》第343条至第350条。

③ 《法国知识产权法典》L.613-8条第5款,"前两款所指转让或许可文件应以书面为之,否则无效"。

④ 参见修改前后的《专利法》第12条。但《合同法》第342条第2款仍有"技术转让合同应采用书面形式"的规定。

⑤ 国家知识产权局条法司:《〈专利法〉第三次修改导读》,知识产权出版社2009年版,第41页。

⑥ De Forest Radio Telephone Co. v. United States, 273 U. S. 236(1927).

买者获得了一种"默示许可",有了这样的许可,专利权人就不能对售出后的专利产品的使用和销售再进行控制。①

二、专利实施许可的类型

(一)专利实施许可的基本类型

按照被许可人所获得授权的性质,我国专利法实践将专利实施许可分为独占许可、排他许可和普通许可。兹分述之:

1. 独占许可(exclusive license),是指依约定被许可方在一定期限和地域内,独占专利实施权利的专利实施许可方式。许可方不得再授权第三方实施该专利,自己亦不得实施该专利。

2. 独家许可(sole license),也称为排他许可,是指依约定被许可方在一定的期限和地域内享有排他性的专利实施权利。许可方不得再授权第三方实施该专利,但自己保留实施该专利的权利。

3. 普通许可(bare license),是指依约定或法律规定被许可方虽享有实施专利之权利,但许可方仍可许可第三方以相同的方式实施该专利,自己也保留实施该专利之权利。②

(二)特殊形式的专利实施许可

1. 专利申请许可

广义的专利许可还包括专利申请许可,即对已提出专利申请但尚未授予专利权的技术,专利申请人许可他人实施。专利申请,特别是发明专利申请,审批周期较长。设立专利申请期间的许可制度,有其现实需求。但专利申请许可协议的特殊之处在于,专利申请法律状态尚不确定,将来既可能获得授权,也可能被驳回,因此双方当事人应对正式授权或驳回后的权利义务如何处理事先做出约定。③ 国家知识产权局2011年颁布的《专利实施许可合同备案办法》对专利申请许可做出了规定。该办法第20条规定:"当事人以专利申请实施许可合同申请备案的,参照本办法执行。申请备案时,专利申请被驳回、撤回或者视为撤

① 尹新天:《专利权的保护》,专利文献出版社1998年版,第78~79页。原文译为"默认许可"。

② 徐红菊:《专利许可法律问题研究》,法律出版社2007年版,第76页。原文将普通许可译为"sole licensing agreement"。

③ 参见徐红菊:《专利许可法律问题研究》,法律出版社2007年版,第77页以下。

回的，不予备案。"该办法第 21 条规定："当事人以专利申请实施许可合同申请备案的，专利申请被批准授予专利权后，当事人应当及时将专利申请实施许可合同名称及有关条款作相应变更；专利申请被驳回、撤回或者视为撤回的，当事人应当及时办理备案注销手续。"

2. 当然许可

英国和法国规定了当然许可。[①]"专利当然许可是指专利权人在申请并取得专利权后向专利主管机关请求登记，在专利权的有效期间范围内，任何人可以不经与其另行谈判，只要缴纳一定数额的使用费就可以实施其专利技术的一种许可形式。"[②]当然许可介于纯粹的自愿许可与强制许可之间。[③]它较之专利权人与被许可人逐一谈判的缔约方式便捷，可以减少专利权人与被许可人之间的交易成本，从而鼓励专利技术的推广和应用，是能够减少专利制度负面影响的法律制度。我国正在进行的《专利法》第四次修改，国务院法制办公布的征求意见稿增加了关于当然许可的规定。

3. 分许可(sublicense)

分许可是指专利许可协议的被许可人再以自己的名义许可第三人实施该专利。我国专利法规定"被许可人无权允许合同规定以外的任何单位或者个人实施该专利"[④]，因此分许可以专利权人同意为前提。否则，擅自签订的分许可协议为无效合同。日本《专利法》有类似规定："仅在得到专利权人许可时，独占实施权人方得就独占实施权设定质权，或者对他人许可普通实施权。"[⑤]

4. 交叉许可(cross license)

前面所述各种类型设想的情况是技术的单向移转。实际生活中往往多个企业各自拥有自己的专利技术，在同一技术领域形成竞争或互补关系，甚至某一专利的实施以实施他人的其他专利为前提，此时可以通过交叉许可双向交换技术。所谓"交叉许可"，是指两个专利权人互相许可对方实施自己的专利。通过一系列的交叉许可可以形成专利池(the pooling of patent)，其中包含的限制性条款

---

① 英国《专利法》(1977)第 46 条(1)规定："在专利授权后的任何时间，专利权人可向专利局局长申请登记，向公众提供专利许可。"第 46 条(2)："一俟提出该申请，专利局局长应告知公众基于该注册专利已提出上述申请，只要专利权人未排除订立合同授予专利许可，则任何人均可要求获得许可。"法国《专利法》第 L613-10 规定了当然许可。

② 上引徐红菊书，第 111～112 页。

③ 吴汉东等：《知识产权基本问题研究》，中国人民大学出版社 2005 年版，第 476 页。

④ 我国《专利法》第 12 条。

⑤ 日本《专利法》第 77 条(4)。

引起复杂的专利权滥用和反垄断问题。①

三、专利实施许可合同的内容

专利实施许可合同的权利义务可由当事人协商确定。合同的主要条款包括：专利实施许可的类型、许可的实施方式、许可实施的地域范围和有效期限、专利许可使用费的标准和支付方式、专利权有效性保证条款、资料交付、技术指导和技术服务、后续改进技术的归属、保密条款、违约责任、争议解决等。②

我国《合同法》对专利实施许可合同中双方的主要权利义务做了规定。其中许可方的义务是“按照约定许可受让人实施专利，交付实施专利有关的技术资料，提供必要的技术指导”。而被许可方的义务是“按照约定实施专利，不得许可约定以外的第三人实施该专利；并按照约定支付使用费”。③

支付使用费是被许可方承担的主要义务。④ 所谓使用费，是指“被许可人为使用许可人的专利发明向许可人支付的补偿”。⑤ 实践中使用费的支付方式包括一次总付、定期付款、浮动使用费。浮动使用费是最常见的使用费支付方式。它按照产量或被许可专利的使用量计算，可以依据收入或销售价格的一定比例，或每个生产单位、每个生产周期、每单位原材料对应一定数额使用费。⑥

许可合同的缔约双方可以自主确定使用费数额。基于下述思想：“只有自愿的交易能够正确评估知识产权的价值并为创造者提供适当的激励”，美国法律对于许可使用费的数额没有限制。⑦ 道格拉斯法官在布鲁洛案中提出了处理此问题的规则：“专利权人凭借专利垄断效力这一杠杆，尽其谈判所能，获取最大收益”，而法院不应干涉。⑧ 联邦最高法院承认，专利权人有权获得依其谈判能力

---

① William Cornish, David Liewelyn: *Intellectual Property: Patents, Copyright, Trademarks and Allied Rights*, London: Sweet & Maxwell, 2003, p.275.

② 参见张玉敏主编：《知识产权法学》，中国检察出版社 2008 年版，第 215～218 页。

③ 《中华人民共和国合同法》第 345 条和第 346 条。

④ 并非所有的许可都需要支付使用费。交叉许可中可能相互都不必支付使用费；专利许可的对价也可以是其他形式，如技术援助或交换技术信息。

⑤ Hazeltine Corp. v. Zenith Radio Corp., 100 F. 2d 10, 16(7th Cir. 1938).

⑥ 德雷特勒：《知识产权许可》，王春燕等译，清华大学出版社 2003 年版，第 283～285 页。

⑦ 德雷特勒：《知识产权许可》，王春燕等译，清华大学出版社 2003 年版，第 287 页。

⑧ Brulotte v. Thys Co., 379 U. S. 29, 33.

所能获得的最高使用费，从而否定了以使用费率过高为基础的反托拉斯请求。[①]从反托拉斯法和权利滥用原则中都不会得出对专利许可使用费数额的概括性限制。[②]

值得注意的是，实践中的许可协议往往针对包含专利在内的多种知识产权，特别是专利技术与技术秘密有时一并许可。例如，一项生物技术产品的许可协议可能包括新的生物种类或生物活分子专利，同时涉及其制造方法的商业秘密，以及有利于销售的富含价值的商标。[③]

四、专利实施许可的外部法律关系

专利实施许可是一种债权关系，具有相对性，仅仅拘束双方当事人。虽然标的为无形的知识产品，但债的相对性规则也适用于专利实施许可合同。另一方面，专利权属于对世权，对于专利权人以外的任何人均有其拘束力。由此发生专利实施许可合同的外部法律关系问题：合同双方当事人对外的法律地位如何？与第三人法律关系如何？上述问题理论上有澄清之必要，实务中也常生纠纷，所以有探讨价值。

(一)被许可人的诉权

我国《专利法》第 60 条规定，未经专利权人许可，实施其专利，即侵犯其专利权，引起纠纷的，专利权人或者利害关系人可以向人民法院起诉。该法第 66 条规定，专利权人或者利害关系人可以在起诉前申请人民法院采取责令停止侵权行为的措施。该法第 67 条规定，专利权人或者利害关系人可以申请诉前证据保全。依《最高人民法院关于对诉前停止侵犯专利权行为适用法律问题的若干规定》，利害关系人包括独占实施许可和排他实施许可的被许可人，[④]即独占实施许可的被许可人具有相当于专利权人的原告主体资格，排他实施许可的被许可人在一定条件下可以单独提起侵权诉讼，而普通许可的被许可人则没有权利以自己的名义提起侵权诉讼。

---

① GAF Corp. v. Eastman Kodakco., 519F. Supp. 1203,1237(S. D. N. Y. 1981).

② Bela Seating Co. v. Poloron Products, Inc., 438 F. 2d 733, 738(7th Cir. 1971).

③ 德雷特勒:《知识产权许可》,王春燕等译,清华大学出版社 2003 年版,第 34 页。

④ 该规定第 1 条第 2 款:"专利实施许可合同被许可人中,独占实施许可合同的被许可人可以单独向人民法院提出申请;排他实施许可合同的被许可人在专利权人不申请的情况下,可以提出申请。"

立法与司法采纳此种立场的理由，系因“独占实施许可合同的被许可人依据合同，享有在一定的期间和地域范围内独家实施该专利技术的权利，包括专利权人在内的任何人不得实施该专利技术，因此，发生侵犯专利权的行为，直接受到侵害的是独占实施许可合同被许可人的民事权益”。“排他实施许可合同的被许可人依据与专利权人的合同，取得的实施权并不排除专利权人实施该项专利技术，发生侵犯专利权的情况，可以和专利权人共同提起专利侵权诉讼。”①

西方国家专利法的规定大体相同。例如日本专利法规定，独占实施权人对于侵权行为，得请求停止侵害和赔偿损失。② 英国专利法也允许独占许可的被许可人起诉侵权人。③ 法国专利法不仅规定许可合同没有相反约定时，独占许可的被许可人可以起诉；而且规定普通许可的被许可人也可以提起诉讼，但只限于主张赔偿自己受损的利益份额。④

美国专利法的处理有所不同：只有专利权人是提起侵权诉讼的适格主体，被许可人没有资格对侵犯专利权的行为提起诉讼。其理由为：就非独占许可而言，许可人仍可以向第三方颁发专利实施许可。如果专利权人容忍第三方的侵权行为存续，如同颁发了一个新的许可而已，不会给被许可人造成额外的损失，与被许可人所获得的授权不发生冲突，所以非独占许可的被许可人没有理由提起侵权诉讼。至于否认独占许可的被许可人独立提起侵权诉讼的资格，则是基于间接禁止反悔原则的考虑。但独占许可的被许可人可以通过强制要求专利权人作为共同原告提起共同诉讼，从而在实际效果上拥有针对第三方的诉权。⑤

(二)许可人的权利瑕疵担保责任

依我国《合同法》第353条：“受让人按照约定实施专利、使用技术秘密侵害他人合法权益的，由让与人承担责任，但当事人另有约定的除外。”专利权人对所许可使用的专利负有权利瑕疵担保责任。但这里所规定者，乃是许可人和被许可人之间的内部法律关系。如果被许可人实施专利侵害他人合法权益，并不能据此免除被许可人对他人应承担的民事责任。例如被许可人依据许可协议实施某一改进专利，则可能侵犯基础专利权利人的权利。此时，被许可人不能以合同

① 段立红：《〈关于对诉前停止侵犯专利权行为适用法律问题的若干规定〉的理解与适用》，载于蒋志培编：《知识产权法律适用与司法解释》，中国法制出版社2002年版，第133页。

② 日本《专利法》第100条和102条。

③ 蒂娜·哈特：《知识产权法》，法律出版社2003年版，第41页。

④ 《法国知识产权法典》，L.615-2条第4款。

⑤ 德雷特勒：《知识产权许可》，王春燕等译，清华大学出版社2003年版，第774～778页。

法的上述规定和许可协议中的免责条款免除对该第三人的侵权责任。被许可人在向该第三人承担侵权责任后,可以向许可人追偿。

在专利许可中,无论缔约双方如何谨慎注意,被许可人实施专利侵害第三人权利的法律风险始终存在。其原因在于:第一,专利权的保护范围不确定,取决于对权利要求和说明书文字的解释、专利申请中的记录、等同原则的适用,甚至专家证言。第二,可能存在他人在先的专利申请,而此专利的申请文件在许可人与被许可人签订专利许可协议时尚未公开,所以双方当事人也无从得知。第三,许可人的专利与第三人的专利可能存在从属关系,许可人和被许可人也未必完全能够检索出此类专利。为减少此种法律风险,被许可人可以要求在专利许可协议中明确许可人的权利瑕疵担保责任。"被许可人通过要求许可人提供非侵权担保的方式,保护自己免于受到上述侵权指控的风险。他们也可以要求许可人同意对于被许可人受到的该种侵权指控而给与补偿或者进行答辩,并自行承担费用支出。该种担保或者补偿、答辩条款通常是可以强制执行的,只要他们符合某些解释规则。"①

五、专利实施许可合同纠纷的处理

因专利许可证贸易在技术交易中占有相当的比重,专利实施许可合同所发生的法律纠纷是司法实践中常见的形态。研究专利实施许可合同纠纷法律问题也就具有一定的现实意义。在我国审判实务中遇到的此类案件主要涉及以下情况:违反协议约定,转让专利技术;超越合同范围,实施专利技术;不能按照约定交付技术资料或提供技术指导;不能依约支付专利使用费;因专利权被宣告无效,专利实施许可合同双方就合同的履行所生纠纷。②

(一)专利实施许可合同案件的法律适用

专利实施许可合同系合同法中规定的有名合同。合同法提供了调整专利实施许可合同当事人之间法律关系的主要规范。专利实施许可合同案件不仅应适用《合同法》分则中关于技术合同的具体规定,而且应适用《合同法》总则关于合同的一般规定。③ 有关合同的订立、效力、履行、变更、转让、权利义务终止、违约

① 德雷特勒:《知识产权许可》,王春燕等译,清华大学出版社 2003 年版,第 840 页。

② 柯昌信:《审理专利实施许可纠纷案件的探讨》,载《法学评论》1994 年第 3 期。

③ 蒋志培编:《知识产权法律适用与司法解释》,中国法制出版社 2002 年版,第 329 页。

责任以及合同的解释、时效等其他一些共同性的规定,均适用于专利实施许可合同。[①]

专利实施许可合同的法律适用具有双重性。一方面,它适用合同法的规定,体现合同自由的原则。另一方面,它也适用专利法的规定,专利法的许多强制性规定对缔结专利实施许可合同构成了限制。在美国,专利许可证受州合同法的支配;因为涉及受联邦法支配的专利权,必须同时考虑联邦法中可适用的规范。[②] 另外专利实施许可合同还受到竞争法(反垄断法)的限制。[③] 我国亦同。专利实施许可合同纠纷案件除了适用合同法,也应适用专利法的相关规定。[④]在合同条款的效力上,还适用反垄断法、反不正当竞争法和对外贸易法的相关规定。[⑤]

(二)专利实施许可合同无效的认定

我国《合同法》第52条关于合同无效的一般规定自应适用于专利实施许可合同。若出现一方以欺诈、胁迫的手段订立合同,损害一方当事人的利益,受害一方当事人可以请求撤销该合同。如果合同双方当事人恶意串通,损害国家、集体或者第三人利益;以合法形式掩盖非法目的,损害社会利益;或者违反法律、行政法规有关合同效力的强制性规定的情形,专利实施许可合同归于无效。除此以外,基于专利实施许可合同的特性,以下情形亦可认定合同或合同的部分条款无效。

1. 专利权有效期限届满、专利权终止或被宣告无效后订立的专利实施许可合同无效

我国《合同法》第344条规定:“专利实施许可合同只在该专利的存续期间内有效。专利权有效期限届满或者专利权被宣布无效的,专利权人不得就该专利

① 专利权和专利申请权转让合同的法律适用亦同。由此发生一个饶有趣味的现象,虽然专利权的归属关系不能适用物权法的规定,但作为财产流转关系专利许可和转让却可以与有形物交易统一于合同法典中。

② 德雷斯特:《知识产权许可》,王春燕等译,清华大学出版社2003年版,第35页。

③ William Cornish, David Liewelyn: *Intellectual Property: Patents, Copyright, Trademarks and Allied Rights*, London: Sweet & Maxwell, 2003, p.274.

④ 例如,《专利法》第15条关于专利权共有的规定,第47条关于专利无效的法律效力的规定,第6章关于强制许可的规定。

⑤ 马海生将专利许可的法律渊源归纳为三句话:“专利法是专利许可的法律根源”;“合同法是专利许可行为的主要法律依据”;“专利许可必须受到反垄断法的规制”。(马海生:《专利许可的原则:公平、合理、无歧视许可研究》,法律出版社2010年版,第5~8页。)

与他人订立专利实施许可合同。”技术转让合同的标的须为“特定的”和“现有的”的技术成果。专利实施许可合同则以订立时存在有效的专利权为前提。若专利权终止、被宣告无效或者期限届满，所涉及技术进入公有领域。他人实施该技术已无取得专利权人许可之必要。此时所订立的专利许可合同因违反法律强制性规定而无效。

2. 侵害他人技术成果的专利实施许可合同无效①

《合同法》第329条明申“侵害他人技术成果的技术转让合同无效”。该条规范意在调适技术转让合同双方与第三人权益之关系，具有重要的价值功能。依据《全国法院知识产权审判工作会议关于审理技术合同纠纷案件若干问题的纪要》，“侵害他人技术成果”包括以下情形：侵害他人专利权、专利申请权、专利实施权；侵害他人技术秘密成果使用权、转让权的；侵害他人植物新品种权、植物新品种申请权、植物新品种实施权的；侵害他人计算机软件著作权、集成电路布图设计权、新药成果权等技术成果权的；侵害他人发明权、发现权以及其他科技成果权的。

3. 专利实施许可合同中非法垄断技术、妨碍技术进步的条款无效

如前所述，专利实施许可中涉及复杂的反垄断问题。聚焦在专利实施许可中的专利法与反垄断法的关系，是专利法的核心课题。

第二节　专利权转让

一、专利权转让的概念和特征

专利权权利主体的变更，意味着专利权的移转。专利权可能因为法定事由而移转，例如专利权人死亡，由其继承人继承专利权；或者作为法人的专利权人终止，专利权由其他法人或自然人承继。专利权也可能基于当事人间的合同而移转，即专利权的转让。所谓专利权转让，是指专利权人和受让人基于让渡专利权的合意将该专利权移转至受让方的法律行为。

专利申请权亦可转让。因专利申请权的转让，“受让人不仅获得转让人的私权利，而且获得转让人的行政法上的地位，可以继续推动专利授予程序并能请求

① 《中华人民共和国合同法》第329条。

授予专利”。[①]

(一)专利权转让合同的形式要件

我国《专利法》第10条第3款规定:“转让专利申请权或者专利权的,当事人应当订立书面合同,并向国务院专利行政部门登记,由国务院专利行政部门予以公告。专利申请权或者专利权的转让自登记之日起生效。”应当注意的是,专利法规定的是,“专利申请权或者专利权的转让自登记之日起生效”,而不是转让合同自登记之日起生效。按照权利转让合同和权利移转的区分理论(即通常所说的债权行为和物权行为区分理论),转让合同和专利权的转移是两个紧密联系但性质不同的行为,前者是债权合同(负担行为),在当事人之间产生合同约定的权利义务关系;后者属于处分行为,是让与人履行其合同义务,将专利权移转与受让人的行为,产生专利权转移的法律效果。未办理登记手续不影响合同的效力,只是专利权不能转移,但是,受让人可以依据合同要求其履行转移义务或者承担违约责任。

进言之,无因原则是否适用于专利权转让?在民法典采无因原则的德国,专利权的转让适用无因原则,并无争议。即“区分签订转让合同与转移专利权两种行为,前者为义务行为,后者为处分行为,处分行为不管义务行为是否有效而自行发生效力”。[②]

(二)专利权变动的公示原则

可比照物权变动的公示原则来解释这个问题。因为专利权与物权一样是对世权,具有排他性效力。在一定的技术范围设定垄断性的专利权,权利人以外的其他人均受到不得擅自实施该技术的拘束。如果专利权的变动没有令社会公众足以查悉的征象,则难免致第三人于不测之损害。故此,专利权移转需要采用一定的公示形式,公众方可知晓专利权的权属状态,从而维护无形财产领域的财产秩序和交易安全。所以公示也是专利权变动应坚持的原则。[③]

基于客体无形的特点,专利权的变动无法通过移转占有来表征,因此只有像不动产一样,以登记作为公示的方法。这是各国法律都规定专利权转让合同应履行登记手续的原因。但关于登记的效力,物权法上有成立要件主义和对抗要

---

① 范长军:《德国专利法研究》,科学出版社2010年版,第145页。

② 范长军:《德国专利法研究》,科学出版社2010年版,第150页。

③ 物权法上公示成立要件主义和对抗要件主义的分别,参见孙鹏:《物权公示论——以物权变动为中心》,法律出版社2004年版。在该书中,作者也提到公示原则的适用和采行已经超越了物权变动的范围,商标权等无体财产权也以登记为其公示方法。

件主义的分别。相似的区分也存在于专利权变动中。如果以公示为对抗要件，当事人一旦做出专利权变动的意思表示，即生专利权变动的法律效果，只是未经登记公示，不具有公信力，不能对抗善意第三人。如果采纳成立要件主义，不仅对第三人，就是在转让合同的双方当事人之间，专利权变动不进行登记，也不产生专利权移转的法律效果。

法国专利法和英国专利法采对抗要件主义，未登记不能对抗善意第三人。① 日本专利法采生效要件主义，未注册不发生专利权移转的效力。② 我国专利法的规定，属于生效要件主义。

二、专利权转让合同的内容

专利权转让合同主要包括以下条款：所转让专利权的名称、专利号、有效期限等；转让费及支付方式；转让方需要交付技术资料的内容、时间、地点和方式；对已订立的专利实施许可合同的处理；专利权被宣告无效的处理；过渡期条款；违约责任等。

在专利权转让合同中，专利权人应当保证合同订立时自己是专利权的合法权利人。即需保证该项专利权不是虚假的，不是假冒他人专利，也不是期满、失效专利。此项权利瑕疵担保义务是由《合同法》第 349 条引申出的强制性规定，当事人不得以协议约定免除专利权人的责任，但法律并没有赋予专利权人担保专利权以后不被宣告无效的义务。若专利权嗣后被宣告无效，双方有约定的，依合同约定处理。没有约定，则适用《专利法》第 47 条的规定。

三、专利权转让的外部效力

专利权转让的外部效力，最突出的问题在于专利权转让合同与专利实施许可合同的关系。专利实施许可合同订立后，专利权人将专利权转让给第三人，对专利实施许可合同效力有何影响？有学者认为："专利实施许可合同的地位如何，应当根据专利权转让合同的内容确定。如果专利权转让合同规定承认许可合同，那么许可合同的效力不受影响。如果专利权转让合同根本没有涉及原专

---

① 蒂娜·哈特：《知识产权法》，法律出版社 2003 年版，第 38 页。

② 参见日本《专利法》第 98 条："(1)下列事项，未经注册不发生法律效力：一、专利权的移转……"

利权人许可的实施问题，新专利权人又不愿给予实施的许可，原专利许可合同即被终止，被许可人只能要求原专利权人赔偿损失。”①

这一见解值得商榷。其一，如果将实施许可合同的效力完全让诸转让合同决定，将使实施许可合同的效力始终处于不稳定状态，被许可人的利益无法保障。这将影响人们以许可方式实施专利技术的积极性。其二，我国专利法规定备案的专利实施许可合同要在专利公报上公告。② 受让人在签订转让合同之前，很容易通过查询公报对专利权是否已许可他人实施的状态进行调查，并在此基础上做出是否签订转让合同的决定。没有理由再任其决定已签订的专利实施许可合同是否有效。其三，如果被许可人已经开始生产专利产品，或者已经做好生产的准备，而专利权的受让人却拒绝承认专利实施许可合同的效力，以此宣告已签订的许可合同终止，会使被许可人为实施专利投入的人力物力归于闲置，造成资源的浪费。最后，如果将许可合同的效力让诸转让合同决定，则给专利权人恶意欺诈被许可人提供可以利用的法律漏洞。它会鼓励试图毁约的许可人与第三人签订虚假的专利权转让合同达到终止专利许可合同的目的。总之，如果采纳上述学者的见解，专利转让的受让人有权利决定此前订立的专利许可合同是否存续，那么不仅会产生种种弊端，而且造成对被许可人极不公平的结果。

其实，有体物上存在类似问题。例如，房屋买卖合同对此前订立尚未到期的房屋租赁合同有何影响？合同法处理此类问题已经形成成熟的制度，即所谓“买卖不破租赁”。我国《合同法》第 229 条即为其适例。依此规定，“租赁物所有权在租赁期间内的转移并不影响承租人的权利，原租赁合同对受让租赁物的第三人仍然有效，该第三人不得解除租赁合同”。③ 合同法的此规定当然不能直接适用于专利转让合同中。但其中所蕴含的规范旨意则一脉相承，并无二致。前者涉及所有权人、受让人与承租人三者之间的关系，后者则涉及专利权人、受让人与被许可人之间的关系。前者立法衡量者在于受让人与承租人之间的利益冲突，后者需衡量者在于受让人与被许可人之间的利益冲突。被许可人之法律地位类似于承租人。此处法律所选择者应该是承租人与被许可人对租赁合同或许可合同可预期性和稳定性之法益。考虑到租赁未必有登记（或备案）公示，而专利许可依我国法律规定均须备案公告，在专利法领域甚至更有理由采纳“转让不破许可”的制度。

① 汤宗舜：《专利法教程》，法律出版社 2003 年版，第 179 页。

② 《专利实施许可合同备案办法》第 14 条。

③ 王利明等：《合同法》，中国人民大学出版社 2002 年版，第 382 页。

考察外国立法，大多采纳此种立场。如德国《专利法》规定："专利权转让或者许可实施不影响与他人订立的在先专利许可的效力。"①日本《专利法》第99条(1)："普通实施权已经注册时，对在其后取得该专利权或独占实施权或者对于该专利权的独占实施权者，亦发生效力。"②法国《专利法》规定，专利权转让不损害第三方在此转让前所获得的权利。美国专利法也有类似规定。

我国国家知识产权局2001年颁布的《专利实施许可备案管理办法》第23条规定："正在履行的专利合同发生专利权移转的，对原专利合同不发生效力。当事人另有约定的除外。""不发生效力"的含义应该是，专利实施许可合同继续有效，专利权人和专利权受让人不得以专利权移转为理由终止专利实施许可合同的履行。"当事人另有约定的除外"，是指专利实施许可合同中有不同约定。许可人与被许可人同意，在专利许可合同履行期间专利权移转时，专利许可合同终止履行。此时，从其约定。专利权转让合同中约定之前签订的专利实施许可合同终止的，该约定并不发生效力。由此可见，我国专利行政主管机关在此问题上亦持相同见解，只是在规章中的表述不太清晰而已。但《专利实施许可备案管理办法》现已废止，为2011年颁布的《专利实施许可合同备案办法》所取代。《专利实施许可合同备案办法》中无上述规定。专利权转让对于专利实施许可合同效力的影响如何？对此问题，法律似有必要明确规定"转让不破许可"。

第三节　专利权质押

"专利权质押是指为担保债权的实现，由债务人或第三人将其专利权设定质权，在债务人不履行债务时，债权人依法就该设质专利权的价值优先受偿的担保物权。其中，为担保债务履行而以专利权设质的人为出质人，享有质权的债权人为质权人。"③专利权质押系担保法上权利质押之一种，是以专利权为标的设定质权对债权予以担保的法律制度。

---

① 德国《专利法》第15条(3)。

② 杜颖、易继明译：《日本专利法》，法律出版社2001年版，第42页。

③ 杜蓓雷、吴寒青：《专利权质押制度的现状及完善》，载《中国发明与专利》2009年第2期。

因专利权为财产权，且具有可转让的性质，[①]各国法律大多允许在专利权上设定质权。[②] 专利权质押法律制度，一方面在转让和许可以外设立了新的专利权利用方式，丰富了专利这一无形财产的利用形态；另一方面将有形物上的他物权制度移植到知识产权之上，拓宽了质押法律制度的适用范围，创设了新的担保方式。

多数国家的立法都将专利权质押直接规定于专利法之中，如《美国专利法》第 261 条，《英国专利法》第 30 条第 4 款，《日本特许法》第 73 条、第 77 条、第 95 条、第 96 条。我国的立法例与其他国家不同，关于专利权质押的法律规范主要见之于《担保法》和《物权法》，《专利法》则对专利权质押未做规定。[③] 恰当的立法方式是，在专利法中规定专利权质押的特殊规则；专利法未规定的事项，适用担保法中权利质押的一般规定。

一、专利权质押的设定

因为专利权的保护对象无体无形，无法移转占有，所以专利权质押的设定与有形财产质押的设定有不同之处。《担保法》第 79 条规定："以依法可以转让的商标专用权、专利权、著作权中的财产权出质的，出质人与质权人应当订立书面合同，并向其管理部门办理出质登记。质押合同自登记之日起生效。"专利权质押为严格的要式法律行为，须履行以下形式要求，才能发生法律效力。

(一)出质人应当与质权人就专利权的质押订立书面合同

以专利权等知识产权设定质押则须签订书面质权合同。依据《专利权质押登记办法》第 9 条、第 10 条之规定，专利权质押合同主要包括以下条款：被担保的主债权种类及数额；债务人履行债务的期限；出质的专利件数以及每项专利的名称、专利号、申请日、授权公告日；质押担保的范围；质押期间专利权的转让和实施许可；质押期间专利费的缴纳；质押期间专利权被宣告无效或归属发生变更时的处理；实现质权时相关技术资料的交付。

---

① 作为质权的标的，需要具备财产权性、适质性和可让与性三大要件。见史尚宽：《物权法论》，中国政法大学出版社 2000 年版，第 390～392 页。

② 除了专利权，有的国家还允许以专利申请权或独占许可，甚至普通许可所获的专利实施权设定质押。我国担保法列举的质权标的不包括专利申请权、独占许可和普通许可所获得实施权。我国《担保法》第 75 条规定，专利权可以质押。

③ 杜蓓雷、吴寒青：《专利权质押制度的现状及完善》，载《中国发明与专利》2009 年第 2 期。

(二)出质人与质权人应办理出质登记

质权之设定,一般以移转质物或权利凭证的占有为必要条件。但专利权的质押与此不同。因为专利权的保护对象乃是无形之发明创造,无占有可言。物权法上的占有概念不能用之于专利权。[①] 专利权质押不以专利证书的移转为条件,而是要求在专利主管机关登记。我国《担保法》规定,专利质押合同自登记之日起生效,采纳登记生效要件主义,以登记为专利权质押合同生效之条件。

二、出质人和质权人的权利义务

(一)出质人的权利和义务

1. 依《担保法》第 80 条和《物权法》第 227 条之规定,专利权出质后,未经质权人同意,出质人不得转让专利权或者许可他人使用专利。经质权人同意,出质人可以转让或者许可他人实施专利,但所得的转让费、许可费应当向质权人提前清偿所担保的债权或向与质权人约定的第三人提存。上述规定立法本意在于限制出质人处分专利权,以确保担保功能之实现。但由于未能理解专利权的特点,立法的方向出现偏差。限制出质人转让专利权,有其道理。但限制专利权人许可他人实施,则无必要。专利技术与有体物不同,并不因实施而导致折旧或价值贬损。相反,在出质期间内专利许可实施所产生的收益可以更好地起到担保功能。对《担保法》第 80 条做出下述修改可能更为恰当:"专利权出质后,未经与质权人协商一致,出质人不得转让该专利权。出质人可以许可他人实施该专利,但应通知质权人,所得专利许可费应当向质权人提前清偿所担保的债权或向与质权人约定的第三人提存。"

2. 出质人应以勤勉态度维持专利的有效性。所谓勤勉态度,不仅要求出质人符合一般专利权人的谨慎注意标准,而且要求其尽可能以积极措施维持专利的有效性。例如,(1)出质人应按时交纳专利年费——是否交纳年费以维持专利权,专利权人本来可以自由选择,但将专利权质押后,出质人即不得怠于交纳年费以致使专利权失效。(2)除非与质权人协商一致,出质人不得放弃专利权。[②]

(二)质权人的权利和义务

1. 质权人不得擅自实施专利。如日本《专利法》第 95 条规定:"以专利权、

---

① 有的学者把专利权质押登记理解为移转占有的一种方式。如梁慧星、陈华彬主编:《物权法》,法律出版社 2003 年版,第 349 页。此见解并不妥当。

② 参见日本《专利法》第 97 条(1)。

独占实施权或者普通实施权为标的已设定质权时,质权人除于契约中已作特别规定的外,不能实施该专利发明。"在我国法律中,由《物权法》第214条亦可推导出相同结论。未经出质人同意,质权人不得使用、处分质押财产。专利权质押中,质权人不仅不得自己实施该专利,也不得许可他人实施。

2. 质权人得请求保全质权。出质期间内,专利权有价值显著降低或消灭之虞者,质权人可采取下述措施以担保债权受偿:(1)要求出质人提供相应的担保;(2)出质人不提供担保的,质权人可以提前将专利权变价,所得价款用于清偿债务。[①] 较之有体物,专利的价值更具有不确定性和可变性。因此上述问题在专利权质押中尤显突出。

3. 变价质物和优先受偿的权利。《物权法》第219条第2款规定:"债务人不履行到期债务或者发生当事人约定的实现质权的情形,质权人可以与出质人协议以质押财产折价,也可以就拍卖、变卖质押财产所得的价款优先受偿。"专利权质押之实现方式,亦不过以质押专利权折价,或者拍卖、变卖该专利权。但具体专利权如何折价、拍卖、变卖,则有待实践中丰富经验。

思考和讨论:

若专利权人甲与乙签订专利转让合同,但未办理登记手续。乙支付了转让费,甲交付了相关技术资料,乙即开始实施该专利。嗣后,甲又与丙就同一专利签订了专利转让合同。丙支付了转让费,双方并在国家知识产权局办理了转让登记。现乙主张享有专利权,并要求办理转让登记。乙之主张能否成立?为什么?又,丙据其专利权要求乙停止实施该专利,丙之主张能否得到支持?为什么?

① 《物权法》第216条。

第八章 >> 专利权的限制

本章导读：专利权的限制为专利法上重要的制度。它与专利权的内容如同硬币的两面，相伴相生，缺一不可。本章涉及对专利权的各项限制措施：专利权的例外、强制许可、权利滥用之禁止、反垄断法的限制等。其中尤以强制许可最为繁难，读者欲有更深的了解，可参阅林秀片所著《TRIPs体制下的专利强制许可制度研究》。除解释论层面对具体规范的斟酌，读者亦可考虑专利权限制的法理：为什么要限制专利权？此问题与专利法的正当性命题相关联，有兴趣的读者可参阅胡波所著《专利法的伦理基础》。

第一节　概述

一、专利权限制的概念

专利权的限制，是指依法律规定或法律原则对专利权效力范围的限缩，或对专利权行使方式的约束，包括专利权的例外、强制许可、禁止专利权滥用和外部限制。其中，专利权的例外和强制许可主要限定专利权效力范围，而禁止专利权滥用和外部限制则着眼于专利权行使方式的合法性和合理性。①

专利权的限制不可与所有权的限制相类比。虽普遍接受“所有权应受限制”

① 有人在宽泛的意义上理解专利权的限制。如徐隶枫认为广义的限制涵盖了从专利申请、专利授权、专利行使到权力救济的全过程。例如专利授权条件也是对专利权的限制。（徐隶枫：《专利权的扩张与限制》，知识产权出版社 2007 年版，第 79 页。）

的观念，但其前提在于承认所有权为对物全面支配的权利。该等支配力具有全面性、整体性、弹力性、恒久性和观念性。[①] 所有权的限制系在尊重此种全面支配力的基础上对于个殊情形的处理。其适用限于所有权某一方面权能之行使，一般不及于权利内容本身。

专利权的限制则不然。专利权人对于作为权利对象的发明或设计并不具有“全面的支配力”。专利权的内容由两方面的规定结合起来加以限定：一是正面对专利权效力的规定，如我国《专利法》第11条，此谓“赋权条款”；二是反面对专利权效力所不及部分的排除，如我国《专利法》第69条，此谓“限权条款”。前者减去后者方为专利权效力之边界。足见专利权的限制首先即为对其权利内容的限制，然后才涉及权利行使。专利权的限制绝非个别与偶然现象，而为专利权的固有面向，在专利法体系中居于重要地位。

二、限制专利权的理由

为什么要限制专利权？可以从实际需要和法理支撑两方面论证其理由。

就实际需要而言，专利权虽有激励发明创造之功效，但也带来不可忽视的负面影响。限制制度为消解其负面影响所必须。专利权的弊端在于：(1)专利产品之垄断生产造成高昂价格，可能给消费者带来负担；(2)一些技术领域的既有专利可能构成后续研究之障碍；(3)专利权人的机会主义行为产生限制竞争效果，并形成不公平的利益分配格局。[②] 各项专利权的限制措施，若能充分发挥，对前述弊病有“对症下药”之功效。如强制许可在解决专利药品高价格所带来的公共健康危机方面颇受倚重，专利权例外中的实验使用例外或可缓解生物技术领域的专利阻碍后续研究问题，专利权滥用之禁止与反垄断法规制对减少专利权人的限制竞争行为应有助益。

限制专利权的法理依据则可概括为下述方面。

其一，利益平衡。“专利制度需要在发明者的利益和一般公众的利益之间达成平衡”。而专利权的限制则是实现此种平衡的法律机制。限制制度的正当性在于，它体现了知识产品权益分配的公平正义观，体现了知识产品的社会属性和知识产权的公共利益属性，体现了知识产权人的社会责任，体现了有限的自然权

---

① 梁慧星主编：《中国物权法研究（上）》，法律出版社1998年版，第229～233页。

② 参见胡波：《专利法的伦理基础》，华中科技大学出版社2011年版，第74～76页。

利观念。[①]

其二,公共领域。专利法上的公共领域既需可专利性主题、专利授权条件、专利保护期限等法规范确立和保障,也需专利权的限制制度充盈和丰富。对于取得专利权的发明或设计,其专有权仅限于专利法所规定的为其垄断的实施和利用方式。专利权的限制规范明申对该技术的其他利用为专利权效力所不及,并将专利权人的行权方式限定于特定范围;划定专利权边界的同时亦令为专利权效力所不及的对发明或设计的其他使用归于公共领域。专利权的限制诚为专利法上公共领域的一道屏障。

其三,专利法的伦理基础。依此学说,专利法的实体正当性标准包括了三项原则——无害原则、分配正义和效率原则。无害原则是指专利法不得损害基本人权,不得贬损人的尊严。分配正义包括机会的(公平)平等原则和惠顾最少受惠者两项内容。机会的(公平)平等原则在专利法中体现为保障所有人从事科学技术研究的自由,以实现发明机会向所有人平等开放,避免专利制度被机会主义行为所利用,成为阻碍后续研究的工具。惠顾最少受惠者使得关注基点从专利权人或一般公众下移到最不发达国家的流行病患者、遗传资源的保有者和处于不利竞争地位的小企业等"最少受惠者"。它要求专利法的任何变革都有利于改善"最少受惠者"的生存发展状态,要求任何非平等分配都要趋向于矫正专利法造成的不平等的利益格局和竞争态势。而效率原则具体体现为下述目标:专利法所产生的社会效益大于社会成本,并能够实现社会福利最大化。在前述三项原则间,存在两个优先规则,以确立不同原则间的优位次序。第一个优先规则是无害原则的优先性,即无害原则优先于分配正义和效率原则。这一优先规则确立了专利法立法、司法、执法必须首先满足的限制条件——不得损害基本人权和人的尊严。第二个优先规则是分配正义对于效率原则的优先性。其含义在于,只有在保障科学研究自由和惠顾最少受惠者的前提下,才能考虑如何发挥专利法激励创新的功能和实现效率最大化。[②]

上述三项正义原则和两项优先规则形成的词典式序列,完整地揭示了专利

---

① 冯晓青:《知识产权法利益平衡理论》,中国政法大学出版社 2006 年版,第 1 页、第 546～551 页。

② 胡波:《专利法的伦理基础》,华中科技大学出版社 2011 年版,"前言"第 3 页。相关论述另可参见胡波:《关于知识产权法价值的再思考——以罗尔斯"正义论"为理论基础》,王立民、黄武双主编:《知识产权法研究》(第 8 卷),北京大学出版社 2011 年版,第 219 页以下;胡波:《惠顾最少受惠者:知识产权立法理念的反思与超越》,载《西南民族大学学报》2011 年第 8 期。

法实体权利义务中所包含的人权、尊严、分配、效率等善目,并回答了不同善目间发生冲突时何者应予优先考虑的问题。由是观之,鼓励发明创造、促进技术进步的功利考量虽为设立专利制度之初衷,但受到无害原则和分配正义的约束。专利法赋予和保护专利权固能实现效率追求,但须以专利权的限制等制度保证其无害于基本人权和科学研究自由,并使其能体现惠顾最少受惠者原则。

第二节 专利权的例外

专利权的效力主要表现为,专利权人在法定期限内独占专利技术或设计之实施,排除他人擅自实施之可能。但在此范围中,应剔出一部分内容,为专利权效力所不及。换言之,特定情形下他人以某些个殊方式在限定范围实施专利,虽未经专利权人许可,专利法仍肯认其合法性,专利权人不得请求其停止实施或赔偿损失,亦不发生支付使用费之请求权。此即专利权之例外。

《TRIPS 协定》第 30 条明申,成员国可规定专利权之例外。但此类规定须符合下述三项条件:其一,有限的例外(limited exception);其二,没有不合理地与专利的正常利用相冲突;其三,没有不合理地损害专利权人或第三方的合法利益。普遍以是否满足此等条件的三步测试作为判断内国法关于专利权例外之规定合法性的标准。

各国于专利权之例外,均以明文加以列举,但所包括之内容则略有差异。如法国专利法规定了私人使用、试验使用例外、药方使用、专利权穷竭和先用权。[①] 德国专利法规定了为私人目的实施、为研究目的实施、药品配置、临时过境、先实施权、国家命令、强制许可、许可意愿声明、继续实施权和专利权用尽。[②] 日本专利法规定了试验使用例外、临时过境、药方使用,以及专利申请时已存在之物。[③] 英国专利法规定了私人使用、试验使用例外、药方使用、临时过境、专利权穷竭和先用权。[④] 我国《专利法》第 69 条所规定的专利权例外包括:专利权穷竭、先用

① 《法国知识产权法典》第 3 章第 1 节,L613-5,L613-6,L613-7。

② 范长军:《德国专利法研究》,科学出版社 2010 年版,第 97 页以下。

③ 日本《专利法》第 69 条"专利效力不及的范围"。

④ 英国《专利法》第 60 条(4)、(5)以及第 64 条。值得注意的是,法国、德国和日本等大陆法系国家都是在专利权的效力范围部分规定专利权的例外,将其理解为专利权效力所不及的事项。而英国和美国则将其作为专利侵权的抗辩事由加以规定。

权、临时过境、实验使用例外和博拉例外。兹分述之。

一、专利权穷竭

(一)专利权穷竭的概念

我国《专利法》规定了专利权穷竭原则(exhaustion doctrine)①。专利权穷竭是指,专利产品或者依照专利方法直接获得的产品,由专利权人或者经其许可的单位、个人售出后,使用、许诺销售、销售、进口该产品的,不视为侵犯专利权。专利权穷竭也称为首次销售原则(first sale doctrine)、权利用尽原则,其理论源于德国。德国最高法院在1902年的一个判决中指出:"如果专利权人在享有独占权的条件下将其专利产品投放市场,那么该专利权人就已经从其专利获利,从而将其权利用尽。"一些大陆法系国家,如法国、意大利、西班牙、荷兰、奥地利等,采纳此种理论。②

英国法上没有"权利穷竭"这个概念。"即便专利权人制造或授权销售了专利产品,基于专利权的效力仍然可以对后续的转售或使用加以限制;此种限制不仅及于有合同关系的相对方,而且在通知后对于专利产品的其他持有者均有约束力。"自《1964年再销售价格法案》开始,加上1973年《罗马条约》和1975年《欧共体专利条约》的作用,上述法律原则逐渐趋于瓦解。③ 特别是《欧洲专利公约》明申,除非欧共体法律有例外规定,一旦专利权所覆盖的产品由专利权人或经其明示许可在欧共体任何成员国投放市场,该专利权或欧共体其他成员国所赋予的专利权不再延及该产品。④ 该规定在欧共体范围整体确立了专利权穷竭原则。

英国专利法承认默示许可,在一定程度上也可收到与专利权穷竭制度相似的功效。"在专利产品第一次售出时,如果专利权人或者被许可人没有明确地提出限制条件,则意味着购买者获得了一种默示许可,有这样的许可,专利权人就不能对售出后的专利产品再进行任何控制。"澳大利亚、加拿大和新西兰等英美

---

① 也译为"专利权用尽"。

② 尹新天:《专利权的保护》,专利文献出版社1998年版,第79页。法国《专利法》第30条、意大利《专利法》第1条、西班牙《专利法》第53条规定了专利权穷竭。

③ William Cornish, David Liewelyn: *Intellectual Property: Patents, Copyright, Trademarks and Allied Rights*, London:Sweet & Maxwell,2003,pp.249-251.

④ CPC, Art 28, 76.

法系国家采纳默示许可理论。①

美国把默示许可作为专利侵权的抗辩事由。在 Univis Lens 一案中联邦最高法院的判决确立了下述原则:“首次销售包含发明专利的产品使该产品上的专利权穷竭。”②联邦巡回上诉法院在 Unidisco, Inc. v. Schattner 一案中重申了该原则:独占许可的被许可人安排了一位独家代理的销售商,将专利产品卖给他,让其再销售。专利权人起诉该销售商侵犯专利权,认为此种安排实际上给予销售商分许可,而被许可人并没有获得分许可的授权。法院驳回了该诉求。理由是,当销售商从被许可的卖方购买了专利产品,他就获得了再次转售该产品的权利,此种转售不侵犯专利权。③

专利权穷竭与默示许可两种制度的实际效果大部分重叠,但二者理论出发点不同,其功能也不能相互替代。专利权穷竭是对专利权效力范围的界定,申明专利产品售出后其转售和使用并非专利权控制力所及。而默示许可乃是基于禁反言的法理。“将权利或利益让与他人后自己不得再除去所授予的权利,即禁止授权者取回自己已获取对价而授予他人的权利。”④依据专利权人的销售行为足以认定购买者与专利权人之间存在许可购买者进一步销售或使用的默示合同,这可以作为侵权的抗辩事由。

专利权穷竭与默示许可在具体规定上的差异主要表现在是否允许专利权人以合同条款明示地禁止购买者的转售或使用行为。按照默示许可理论,如果不涉及权利滥用或反垄断问题,存在类似条款时默示许可被明确排除,购买者没有权利销售或使用。按照专利权穷竭理论,此类条款没有法律效力,进一步的销售或使用已超出专利权效力范围,专利权人不得限制后续的销售或使用。从这一角度理解,专利权穷竭比默示许可在限制专利权的效果上更为彻底。但默示许可也可覆盖专利权穷竭所不能适用的一些案例。例如,专利权人拥有一项方法专利,他所售出的是本身没有获得专利权保护的某种装置,但该装置只能用于实施该方法专利,购买者现在使用该装置实施了方法专利。此时方法专利没有权利穷竭的问题,但可能认定存在默示许可,从而不构成侵犯专利权。⑤ 总之,专

① 尹新天:《专利权的保护》,专利文献出版社 1998 年版,第 79 页。

② United States v. Univis Lens Co., 316 U. S. 241, 53 USPQ 404 (1942).

③ Unidisco, Inc. v. Schattner, 824 F. 2d 965, 3 USPQ2d 1439 (Fed. Cir. 1987).

④ Robert L. Harmon: *Patents and Federal Circuit*, Washington, DC: BNA Books, 1993, p.174.

⑤ 德国联邦最高法院 1979 年的一个判决对类似案件以默示许可做出了判决。(尹新天:《专利权的保护》,专利文献出版社 1998 年版,第 92 页。)

利权穷竭和默示许可在实际适用范围上存在交叉，但也有各自特有的适用领域；在功效上有互补性。所以一些国家在承认专利权穷竭的同时，又引入默示许可的理论。

（二）专利权穷竭的构成要件

依我国《专利法》第 69 条第（1）项之规定，专利权穷竭的构成要件包括下述各项。

1. 该产品系经专利权人同意投放市场。或者是专利权人销售，或者是经专利权人许可的人销售。未经许可擅自制造和销售的侵权产品不发生专利权穷竭的问题。但专利权人或者“经其许可的单位、个人”是否中国人，在所不问；此“售出”行为发生于中国境内还是境外，亦在所不问。[①] 换言之，专利权人在国外的销售行为，也导致专利权穷竭，即承认专利权之国际穷竭。

2. 所售出者，系“专利产品或依照专利方法直接获得的产品”。我国专利法采用的此种表达，不同于欧洲专利公约所使用的“专利权所覆盖的产品”[②]，对专利权穷竭的范围语义上已做了严格限制。因此，出售由专利方法直接获得的产品，该方法专利并未穷竭；出售专门用于实施一项方法专利的设备也未导致该方法专利穷竭；出售某一专利产品更不使其他关联专利或关联的其他独立权利要求穷竭。

3. 所穷竭者，及于该产品的使用、许诺销售、销售和进口。它只是针对每一件投放市场的产品而言，并非整个专利权被用尽。[③] 值得注意的是，2008 年专利法修改时增加了“进口”一词，意味着明确确立允许平行进口的法政策。据此，“专利权人或者经其许可的单位或者个人在国外销售专利产品或者依照专利方法直接获得的产品，任何人向我国进口其购买的该产品，以及进口者以及他人在该产品进口之后在我国销售、许诺销售、使用该产品的，均不视为侵权”。[④]

（三）专利权穷竭与平行进口

专利产品的平行进口（parallel ımport），是指同一专利权人针对相同的发明创造在不同的国家分别拥有专利权，当专利权人在其中一个国家出售或许可他

---

① 国家知识产权局条法司：《〈专利法〉第三次修改导读》，知识产权出版社 2009 年版，第 88 页。

② CPC，Art 28，76.

③ 尹新天：《专利权的保护》，专利文献出版社 1998 年版，第 81 页。

④ 国家知识产权局条法司：《〈专利法〉第三次修改导读》，知识产权出版社 2009 年版，第 88 页。

人出售其专利产品后，他人未经专利权人同意将该产品进口到另一个国家的行为。[①] 平行进口是否侵犯专利权？这一问题曾备受关注，且颇多争议。

解决平行进口问题的一个法律工具是专利权穷竭。如果承认专利权的国际穷竭，则可以得出平行进口不侵权的结论。最典型的立法例是我国台湾地区的"专利法"："发明专利之效力不及于下列各款情事：专利权人制造或经其同意制造之专利物品贩卖后，使用或再贩卖该物品者。上述制造贩卖不以国内为限。"[②]但是多数国家的立法将专利权穷竭局限于国内穷竭。如法国《专利法》："专利权所有者或者在其同意下，把专利产品投放法国市场后，在法国领土上有关该产品所发生的行为，不包括在专利权利范围内。"[③]意大利《专利法》："专利权应当延伸至发明覆盖之下的产品的贸易，但是这种权利在该产品由专利权人或经其同意后投放意大利国内市场后穷竭。"[④]上述立法用语都明确排除了专利权国际穷竭适用之可能。由于专利权的地域性，在出口国与进口国存在两个不同专利权。在出口国出售专利产品的行为，依系于出口国所授予的专利权。对此专利权的行使如何能导致进口国所授予的另一专利权的穷竭？专利权国际穷竭必定存在逻辑上的障碍，实为不足采信之学说。

解决平行进口问题也可以诉诸默示许可。英国法中的"默认许可"原则适用于国际贸易，因此当专利权人或其分支机构在另一个具有平行专利保护的国家出售其专利产品，同时又没有附加明确的限制条件时，则意味着购买者获得默认许可，使其可以在包括英国在内的全世界任何地方以任何方式使用或转售该产品。[⑤]

日本的"BBS铝制车轮案"是关于平行进口有影响的判例。日本最高法院在判决中指出，类似此案的情形并非专利权穷竭的问题。该判决以默示许可承认平行进口的合法性："专利权人在德国向一家日本公司出售其产品时，应当预见到出售后的产品可能会进口到日本，既然专利权人售出时没有作出限制，就应当认为给购买者提供了可以在日本自由处置该专利产品的默示许可。"[⑥]日本法院的推理思路可以说明：默示许可而不是专利权穷竭理论，更适合于平行进口

① 尹新天：《专利权的保护》，专利文献出版社1998年版，第83页。

② 我国台湾地区"专利法"第57条之六。

③ 法国《专利法》第30条之二。

④ 意大利《专利法》第1条。

⑤ Beeham Group Ltd. v. Intenational Product Ltd (1968), R. P. C. 129, p. 134.转引自尹新天：《专利权的保护》，专利文献出版社1998年版，第84页。

⑥ 尹新天：《专利权的保护》，专利文献出版社1998年版，第87页。

问题。

二、先用权

(一)先用权的概念

我国《专利法》第 69 条第(2)项规定,“在专利申请日前已经制造相同产品、使用相同方法或者已经作好制造、使用的必要准备,并且仅在原有范围内继续制造、使用的”,不视为侵犯专利权。此条款赋予在先使用者以先用权抗辩。英国 1977 年《专利法》第 64 条、德国《专利法》第 12 条、日本《专利法》第 79 条有类似规定。

法律规定先用权抗辩的理由,依现有学说包括:(1)弥补先申请制度之不足。对采用先申请制的国家而言,专利权授予先提出专利申请者。即便他人独立研发在先完成该技术,专利权人仍可禁止其实施。此种局面未免有失公允。专利法规定先用权,可以缓解先申请原则造成的困境。(2)避免资源浪费。在先实施者已投入人力和资金,形成或将形成产能,禁止其实施徒然造成浪费。故规定先用权符合效益原则。崔国斌指出:“在先使用例外并不单纯是为了减轻在先发明人没有获得专利权的道德不平感,更为重要的立法目的是避免在先使用者在商业化合法拥有的技术秘密时,因无法预见的专利权障碍而遭受投资损失。”① (3)协调商业秘密保护与专利保护目标的一项法技术。② 对于采用商业秘密方式保护其技术的人而言,在他人获得专利权后先用权抗辩使其能继续实施该技术。这种制度安排兼顾了商业秘密权利人的利益,有其必要性。美国专利法理论主要以此论证先用权的正当性。③

(二)先用权的构成要件

适用先用权抗辩的构成要件包括:(1)申请日前实施或准备实施专利的行为;(2)限于原有范围继续制造、使用。兹分述之。

1. 申请日前实施或准备实施

我国《专利法》第 69 条第 2 项只列举了制造专利产品和使用专利方法两种实施方式,从字面上看未包括销售、许诺销售和进口。学者认为其语义过窄,有

① 崔国斌:《专利法:原理与案例》,北京大学出版社 2012 年版,第 573 页。

② 崔国斌:《专利法:原理与案例》,北京大学出版社 2012 年版,第 570 页。

③ The Advisory Commission on Patent Law Reform, A Report to the Secretary of Commerce 48-49 (1992). Adelman p.1067.

扩大解释之必要，使其涵盖其他实施行为。[①] 在庄志和诉中国印刷公司一案的判决中，法院也认为许可继续制造自然包含销售的意思。[②]

该实施行为只限于我国领土范围之内。申请日前之实施行为发生于外国者，并不享有先用权。[③] 在先实施行为的时间以申请日为界。有优先权者，则为优先权日。通说认为，上述实施行为须开始于申请日前，并持续至申请日。[④]

何谓准备实施之"作好必要准备"？英国《专利法》的表述值得参考："须基于善意为实施发明做了有效和正式的准备"；"此种准备达到了足够充分的程度，似乎实施行为行将发生"。[⑤] 依我国最高人民法院之司法解释，所谓"必要准备"是指"已经完成实施发明创造所必需的主要技术图纸或者工艺文件"，或者"已经制造或者购买实施发明创造所必需的主要设备或原材料"。[⑥]

实施者的技术来源是否影响先用权？问题在于：从专利权人处获取该技术并予实施者，是否享有先用权。日本《专利法》排除此种情况下在先使用者享有普通实施权之可能。也就是说，在先实施者只有独立做出发明创造或者从独立做出发明创造的第三人处合法获取发明内容，才产生先用权。[⑦] 俄罗斯《专利法》则无此种限制，无论是从专利申请人还是第三人处获知先用技术，只要是善

① 郑胜利等：《专利权的限制和例外》，国家知识产权局条法司编：《专利法及专利法实施细则第三次修改专题研究报告》(下卷)，知识产权出版社 2006 年版，第 1516 页。比较德国《专利法》对此处之"实施"的解释："实施是指第 9 条规定的制造、许诺销售、销售、使用或为这些目的的进口与占有。"(范长军：《德国专利法研究》，科学出版社 2010 年版，第 100 页。)

② 另外，先用权亦可引发后续的权利穷竭。先用权人制造和销售专利产品后，后续受让人可以销售、许诺销售该当产品，而不构成侵权。(崔国斌：《专利法：原理与案例》，北京大学出版社 2012 年版，第 575 页。)

③ 尹新天：《专利权的保护》，专利文献出版社 1998 年版，第 21 页。我国《专利法》行文上虽未对在先实施的地域加以限制，但亦应做此理解。

④ 汤宗舜：《专利法教程》，法律出版社 2003 年版，第 188 页。

⑤ Lubrizol v. Esso Petroleum [1988] R. P. C. 727 at 770, CA.

⑥ 《最高人民法院〈关于审理侵犯专利权纠纷案件应用法律〉若干问题的解释》第 15 条第 2 款。

⑦ 日本《专利法》第 79 条规定"在先使用的普通实施权"，"不知与专利申请有关的发明内容而自行做出该发明，或者不知与专利申请有关的发明内容，而由发明人得知该发明，并在专利申请时已在日本国内经营实施该发明的事业者或者准备经营该事业者，在该实施或者准备实施发明及事业的目的范围内，就该专利申请有关的专利权拥有普通实施权"。

意的，均可产生先用权。[①] 德国《专利法》的规定介于二者之间，实施从专利申请人处获知的技术亦可产生先用权，但附加了限制条件。[②] 我国《专利法》用语并未对在先实施者的技术来源加以限定，应理解为从专利权人处合法获取技术后在申请日前实施，设若实施者之行为系善意为之，亦能产生先用权抗辩。[③]

2. 在原有范围继续制造、使用

何谓"原有范围"？我国之通说认为，它是指不得超过申请日原有设备可以达到的生产能力，或者根据原先的准备可以达到的生产能力。[④] 这一解释亦为司法实践所采纳。《最高人民法院关于审理侵犯专利权纠纷案件应用法律若干问题的解释》之规定与此相仿。[⑤] 但国外立法少有采取此种限制先用权人生产数量的做法。学理认为，只要在其事业范围内，实施规模不一定局限于申请时的规模，可以扩大生产。[⑥] 日本《专利法》第 79 条即表明了此种立场。

将"原有范围"理解为生产数量上的限制，其实不合情理。设想先用权人不能扩大生产，始终只能保持原来产量，此为经济生活中无法理解的奇怪场景。故此，对"原有范围"的解释有加以纠正之必要。"原有范围"系指对先用权人实施范围的下述限制：(1)限于与在先实施目的相同的事业范围。例如，申请日前将该技术用于烧碱，在后实施不得及于炼铁。(2)限于先用权人本人实施，或者连

---

① 俄罗斯《专利法》第 12 条："任何自然人或法人在发明、实用新型、工业品外观设计的优先权日之前在俄罗斯联邦境内善意地使用他人所创造的相同的解决方案，或为此已经做好必要准备的，在不扩大这种使用范围的情况下继续保留无偿使用的权利。"

② 德国《专利法》第 12 条(1)："专利对于在申请时已经在国内实施发明或为实施做好必要准备的人，不发生效力。该人有权为自己经营的需要在自己或他人的工厂充分使用发明。该权限仅能连同经营被继承或转让。申请人或其原权利人在申请之前将该发明告知他人，并且在此对于授予专利的情形保留了权利的，因为告知而知道该发明的人，不得以其在知道发明之后的六个月之内采取的第 1 款规定的措施为证据。"译文见范长军：《德国专利法研究》，科学出版社 2010 年版，第 185 页。

③ 最高人民法院司法解释排除以非法获得技术或者设计主张先用权抗辩。《最高人民法院关于审理侵犯专利权纠纷案件应用法律若干问题的解释》第 15 条第 1 款。

④ 汤宗舜：《专利法教程》，法律出版社 2003 年版，第 189 页。

⑤ 该解释第 15 条第 3 款："专利法第六十九条第(二)项规定的原有范围，包括专利申请日前已有的生产规模以及利用已有的生产设备或者根据已有的生产准备可以达到的生产规模。"另参见王孝忠诉广西南宁市中高糖机设备制造有限公司侵犯实用新型专利权案和北京逊普电子技术公司诉沈阳荣达电子有限公司等侵犯专利权纠纷裁判文书，以及北京市高级人民法院 2001 年制定的《关于专利侵权判定若干问题的意见(试行)》第 96 条。

⑥ 纹古畅男：《专利法 50 讲》，魏启学译，法律出版社 1984 年版，第 258 页。

同营业整体承继或转让,不得许可他人实施。

三、临时过境

(一)临时过境的概念

我国《专利法》第 69 条第(3)项规定,“临时通过中国领陆、领水、领空的外国运输工具,依照其所属国同中国签订的协议或者共同参加的国际条约,或者依照互惠原则,为运输工具自身需要而在其装置和设备中使用有关专利的”,不视为侵犯专利权。此即所谓“临时过境”。临时过境之规定来源于《巴黎公约》。① 日本专利法和美国专利法也做出类此规定。② 其立法理由在于,各国为维护国家间的运输自由而相互提供便利,给予专利侵权之豁免,避免交通运输工具临时进入某国而需取得使用许可之困难。

(二)临时过境的构成要件

必须满足下述条件,方构成所谓临时过境:(1) 运输工具系暂时或者偶然进入;(2)系为运输工具自身需要使用专利;(3)须为外国运输工具;(4)运输工具所属国必须是特定国家。兹分述之。

1. 暂时或者偶然进入

暂时进入是指进入我国境内时即准备在合理时间离境。即便是定期进入的航班,亦可归入“暂时”之列。对巴黎公约条文的解释,明确指出“暂时进入包括定期进入”。③ 英国、德国和美国的判例都确认,固定的航班进入本国,按预定计划停留后离开,构成临时入境。④ 偶然进入是指因迷航或者船舶失事等原因进入我国境内。偶然进入的情况下,即便非暂时停留在我国,也不侵犯专利权。⑤

2. 为运输工具自身需要使用专利

“为运输工具自身需要”宜依《巴黎公约》第 5 条之三相关文字表述解释之:就船舶而言,是指“在该船的船体、机械、滑车、传动装置及其他附件上使用构成

---

① 《巴黎公约》第 5 条之三。

② 日本《专利法》第 69 条第(2)款;美国《专利法》第 272 条。

③ 《海牙会议记录》(法文版),第 435 页。

④ Cali v. Japan Airlines, Inc., 380 F. Supp. 1120,1126 (E. D. N. Y. 1974);LG Hamburg, GRUR Int. 1973, Heft 12, at 703 (F. R. G.);Stena Rederi Aktiebolag v. Irish Ferries Ltd.(Irish Ferries I), [2002] EWHC (Pat) 737.

⑤ 博登浩森:《保护工业产权巴黎公约指南》,汤宗舜等译,中国人民大学出版社 2003 年版,第 54 页。

专利主体的器械，但以专为该船的需要而使用这些器械为限”；就飞机或车辆而言，是指“在该飞机或陆地车辆的构造或机能中或者在该飞机或陆地车辆附件上的构造或机能中使用构成专利主题的器械”。

首先，临时过境不及于运输工具所运输的货物，只适用于运输工具机体或其附件。附件包括船的机械、滑车和传动装置；根据不同运输工具之性质，还可包括其他附件，如航海仪器等。

其次，临时过境仅针对运输工具使用的构成专利主题的器械，不适用于运输工具上物品的制造，也不适用于取得专利的产品以及用取得专利的方法获得的产品的公开销售。[①] 美国专利法条文中明申，临时过境使用发明不得用于销售、许诺销售，也不得为销售或自美国出口而制造任何产品。[②] 但所谓“构成专利主题的器械”，既可以是器械本身取得的产品专利，也可以是“用以制造它的方法取得专利而成为专利主题”。[③]

3. 外国运输工具

排除了中国运输工具适用临时过境之可能。所谓“外国”，应依国际法准则确定运输工具之国籍。所谓“运输工具”，包括船舶、飞机和陆地车辆。对船舶、飞机和陆地车辆之范围，巴黎公约允许各国自行解释。

4. 运输工具所属国

运输工具所属国须为下述国家之列：(1)该国与我国签订有协定，或者均为某国际条约之成员国，而该协定或国际条约规定相互提供临时过境待遇；或者(2)该国与我国按照互惠原则彼此提供临时过境待遇。例如，某运输工具所属国为《巴黎公约》成员国，即有适用临时过境之可能。

四、实验使用例外(experimental use exception)

(一)实验使用例外的概念

我国《专利法》第69条第(4)项规定，“专为科学研究和实验而使用有关专利的”，不视为侵犯专利权。此为实验使用例外的专利侵权抗辩事由。对于该规定之理由存在下述见解：(1)实验使用并非生产经营使用，不在我国《专利法》第11

---

① 《海牙会议记录》(法文版)，第435、541～542页。

② 美国《专利法》第272条。

③ 博登浩森：《保护工业产权巴黎公约指南》，汤宗舜等译，中国人民大学出版社2003年版，第54页。

条所述“为生产经营目的”实施的语义涵盖范围，故为专利权效力所不及。[①] (2)实验使用不追求商业利益，不对专利权人的商业利益产生负面影响，权利人不存在回报之损失，因此不构成侵权。[②] (3)实验使用例外是为了鼓励对专利技术本身进行验证和改进。(4)泛言之，规定实验使用例外目的在于实现专利权人与社会公众之间的利益平衡，促进技术进步。上述不同表述存在微妙差异，这与对实验使用范围的不同理解不无关系。此处我们不妨做一中性的概括：实验使用例外之规定是为掌握和研究专利技术以及利用专利技术从事新的科学研究提供便利条件，以实现专利法促进技术进步的宗旨。

(二)实验使用例外的立法例

西方国家大多在专利法条文中规定了实验使用例外。未明文规定者，亦以判例法发展出类似的规则。但对于实验使用的范围，却在解释上参差不齐。

1. 美国

一般的实验使用例外系从普通法中生长起来。1813 年，斯托里法官在判决中首次提出下述原则：无论是为了满足科学上的兴趣、好奇，还是为了验证说明书之准确性和真实性，或者纯为娱乐，仅为实验制造或使用专利产品并不构成侵权——只要没有为获取利润而使用之目的。[③] 在 20 世纪后期至 21 世纪初期的罗奇诉博拉和梅迪诉杜克大学等案件中，实验使用被限缩到非常狭窄的范围。对案件思考的重点在于使用的目的，即便包含“最轻微”的商业意图也导致不能适用实验使用抗辩，而被判定侵权。梅迪诉杜克大学案中，杜克大学的非营利性质不能使其免于侵权责任。联邦巡回上诉法院的判决认为其研究项目能增进大学或研究机构的既有事业，它们为学生提供教育收取费用，也经常为他人提供相关服务收取费用，因此其实验室使用专利设备并不能构成实验使用例外。[④] 但是，美国在限缩实验例外的同时创制了博拉例外，并逐步扩大博拉例外的适用范围。

2. 欧洲

《欧共体专利公约》(CPC)第 27 条(b)规定：“欧共体专利不及于为实验目的

① 吴汉东主编：《知识产权法》，中国政法大学出版社 1999 年版，第 238 页。

② Eisenberg, Patents and the Progress of Science: Exclusive Rights and Experimental Use, 56 U. Chi. L. Rev. 1017 (1989).

③ Whittemore v Cutter, 29 Fed. Cas. 1120 (1813), Sawin v Guild, 21 Fed. Cas 554 (1813).

④ Madey v. Duke University, 266 F. Supp. 2d(M. D. N. C. 2001).

与专利发明主题有关的行为。”2004 年《欧共体专利条例草案》亦有相同规定。[①] 现在，除了奥地利和荷兰以外，欧盟所有成员国的专利法都以近乎相同的语言规定了实验使用例外。如德国《专利法》第 11 条第 2 项。

欧洲国家对该条款的解释传统上将实验使用限定于大学或公立实验室中科学家的非商业行为。但欧洲专利公约（EPC）成员国最近的发展表明，该例外亦可适用于商业性质的试验。[②] 问题的关键在于该实验是用于发展和改进发明，还是其他。或者说，是否满足《欧共体专利公约》（CPC）第 27 条（b）用语中“与专利发明主题有关”所谓“有关”一词。如果试验针对与专利主题无关的事项，则不能构成实验使用例外。例如，将一种拥有专利权的培养基用于培养一种特殊的微生物，仍可能构成侵权。[③]

为发现某种物质新的有益的特性进行实验，该种特性尚未被专利权人市场化利用，如果该实验使用落入专利权范围，则可构成实验使用例外。为发现专利产品新的用途或信息进行实验，包括药物的临床实验，一般会被认定为实验使用例外。[④]

（三）我国专利法上实验使用例外的构成要件

对我国专利法上的实验使用例外，通说认为应解释为包括下述构成要件：（1）该实验或研究针对专利技术本身；（2）“使用专利”。兹分述之。

1. 该实验或研究针对专利技术本身

实验使用例外需为专门针对专利技术本身进行的科学研究和实验，“目的在于考察专利技术本身的技术特性或者技术效果，或者对专利技术本身作进一步的改进”。[⑤] 例如，通过研究实验，判断专利权利要求记载的技术方案是否能够实现，确定其最佳实施方案，以及探讨如何对其加以改进。但是，对实施专利技术的商业前景进行研究实验，利用该专利产品或方法作为实验工具进行其他实

---

① Art. 9(b) of the draft Community Patent Regulation of 2004.

② William Cornish, David Liewelyn: *Intellectual Property: Patents, Copyright, Trademarks and Allied Rights*, London: Sweet & Maxwell, 2003, p. 245.

③ William Cornish, David Liewelyn: *Intellectual Property: Patents, Copyright, Trademarks and Allied Rights*, London: Sweet & Maxwell, 2003, p. 245.

④ William Cornish, David Liewelyn: *Intellectual Property: Patents, Copyright, Trademarks and Allied Rights*, London: Sweet & Maxwell, 2003, p. 246.

⑤ 国家知识产权局条法司：《新专利法详解》，知识产权出版社 2001 年版，第 366 页。

验研究,均不能构成实验使用例外。[①] 此条件类似于前述《欧共体专利公约》(CPC)第27条(b)"与专利发明主题有关"之要求。

2."使用专利"

此处之"使用",系指以下述方式实施专利:对产品专利而言,自己制造该产品在实验中使用,或从其他途径获得该产品后在实验中使用;对方法专利而言,在实验中使用该方法。其范围宽于我国《专利法》第11条中所用的与制造、销售等并列的"使用"一词。[②] 但实验使用例外中之"使用",不包括许诺销售、销售、进口专利产品或者依照专利方法直接获得的产品。[③]

五、博拉例外(Bolar Exemption)

(一)博拉例外的概念

我国《专利法》第69条第(5)项规定,"为提供行政审批所需要的信息,制造、使用、进口专利药品或者专利医疗器械的,以及专门为其制造、进口专利药品或者专利医疗器械的",不视为侵犯专利权。此即前述美国法中所谓博拉例外。

我国专利法中引入博拉例外法律规定的理由是:药品和医疗器械需要提供实验资料和数据经过行政审批获得上市许可。在专利权期限届满前,允许仿制药生产商利用专利药品或医疗器械进行实验,以获得上市许可,可以在专利权期限届满后及时提供仿制药供应市场。这对我国解决公共健康问题具有意义。[④]

(二)博拉例外的立法例

1. 美国

美国1984年通过哈奇-韦克斯曼法案(Hatch-Waxman Act),该法案后被纳入专利法,即所谓博拉条款(Bolar Section):"如果实施专利仅仅是为了依照关于管理药物或兽用生物制剂制造、使用或销售的联邦法律合理关联地获取或提交信息,在美国制造、许诺销售、销售或者向美国进口专利发明,不构成侵权;但

---

① 参见尹新天:《专利权的保护》,知识产权出版社2005年版,第128页;汤宗舜:《专利法教程》,法律出版社2003年版,第190～191页。

② 在同一部法律中,一个规范的法律用语在不同的条款中含义不同;立法的形式伦理正当性要求尽量避免此种情况。参见胡波:《专利法的伦理基础》,华中科技大学出版社2011年版,第136页。

③ 汤宗舜:《专利法教程》,法律出版社2003年版,第190～191页。

④ 国家知识产权局条法司:《专利法第三次修改导读》,知识产权出版社2009年版,第88～89页。

主要利用DNA和RNA重整技术、细胞融合技术或其他特殊位点基因操控而获得的新兽药和兽用生物产品、依新药简易程序或未经授权援引他人的研究资料申请新药的程序而申请的药品，以及与其他与病毒、血清等有关的限制性药物除外”。① 此为各国类似立法之肇端。

2. 欧洲

欧盟于2004年通过《关于人用药品的指令》(Directive 2004/27/EC)。该指令确立了博拉例外：为取得管理部门的批准而对药品进行的研究和实验与专利权不相抵触。②

根据德国《专利法》第11条第2b项，专利的效力不及于为在欧盟销售而获得药品法规定的许可，或为在欧盟成员国或第三国获得药品法规定的审批所必须的研究、实验及因此产生的实际提供。③

(三)博拉例外的构成要件

依我国《专利法》第69条第(5)项之用语以及立法时的背景资料解释，博拉例外的构成要件包括：(1)目的为提供行政审批所需信息；(2)限于药品和医疗器械；(3)实施方式限于制造、使用或进口，或者为实验者制造、进口。兹分述之。

1. 为提供行政审批所需信息

博拉例外之目的限于提供行政审批所需信息。具言之，仅限于依据我国关于药品或医疗器械的管理规定，为履行上市审批手续，以该手续所需的方式实施专利。以药品为例，依《药品注册管理办法》之规定，取得药品生产批文需要完成试制工作、向管理部门报送资料和药物样品、接受现场核查和抽样检验，有必要时还须进行临床实验、提供临床实验资料。在上述审批环节制造或使用专利药品，可能构成博拉例外。

对博拉例外范围的界定，宜借鉴美国判例的解释。在Integra Lifesciences诉MerckKGAA 案中，美国联邦最高法院指出，只要有合理的根据确信检测的化合物可能成为向联邦食物与药品管理局(FDA)递交的申请标的，而且实验产生的数据和所需递交的申请文件有关，则临床前测试使用专利化合物进行的

---

① 美国《专利法》第27条e(1)。

② Directive 2004/27/EC, Section 10.6, 6. “Conducting the necessary studies and trials with a view to the application of paragraphs 1, 2, 3 and 4 and the consequential practical requirements shall not be regarded as contrary to patent rights or to supplementary protection certificates for medicinal products.”

③ 范长军：《德国专利法研究》，华中科技大学出版社2010年版，第98页。

实验亦在博拉例外范围。所述临床前测试包括药物的人体安全实验、药物效力实验和药理实验等。据此，下述实验或研究均可援引博拉例外豁免于专利侵权责任：适当配合 FDA 申请对专利化合物的临床或临床前实验；药物在动物身上的药理学、病毒学、药物动力学和生物品质学实验；评估临床测试的“风险—收益”信息研究；FDA 条例之外的安全测试。[①]

循此判例，就我国专利法上之博拉例外而言，尤须澄清以下问题：(1)博拉例外所述实验，既包括临床实验(clinic experiment)，也包括临床前实验(pre-clinic experiment)。(2)即便最后未获得主管机关批准，只要对专利药品或专利医疗器械之使用出于获得审批之目的，且有合理根据确信存在获得批准之可能，仍可适用博拉例外。换言之，博拉例外之构成，不以实际获得批文为条件。(3)实验中对专利的实施未必全部要求直接产生行政审批所需填报的数据或资料，只要该实施是与行政审批所需要的任何信息合理相关(reasonably related)即可。

2. 限于药品或医疗器械

美国《专利法》第 271 条(e)将博拉例外所针对的专利界定为药物专利和兽用生物制剂专利。联邦最高法院在 Eli Lilly & Co v. Medtronic, Inc 案中，认为医疗设备专利亦适用博拉例外。[②] 我国《专利法》第三次修改时，曾有建议将博拉例外延及所有需要特别审批的产品，但未为立法采纳。[③] 依现行法律，博拉例外针对药品和医疗器械。唯此处之“药品”是否包括兽药？查诸“药品”一词在我国法律中之使用，一般仅指人用药品，而不包括兽药，如《中华人民共和国药品管理法》即为例证。国家知识产权局 2005 年颁布的《涉及公共健康问题的专利实施强制许可办法》中，“药品”也仅指人用药品。故此，适当的解释是，我国专利法中所规定的博拉例外限于人用药品和医疗器械；美国法上之兽用生物制剂，在我国无适用博拉例外之余地。

3. 使用方式

美国专利法允许基于获得审批所需信息目的对专利药品的下述行为：制造、许诺销售、销售和进口。加拿大《专利法》第 55.2(1)条所规定的博拉例外包括

① 郑胜利等：《专利权的限制和例外》，国家知识产权局条法司：《专利法及专利法实施细则第三次修改专题研究报告》，知识产权出版社 2006 年版，第 1525 页。

② Eli Lilly & Co v. Medtronic, Inc.(89-243), 496 U. S. 661(1990).

③ 郑胜利等：《专利权的限制和例外》，国家知识产权局条法司：《专利法及专利法实施细则第三次修改专题研究报告》，知识产权出版社 2006 年版，第 1537 页。

对专利的发明(patented invention)、制造(make)、建造(construct)、使用和销售。[①] 我国《专利法》所规定的博拉例外包括下述实施行为:"制造、使用、进口专利药品或者专利医疗器械的,以及专门为其制造、进口专利药品或者专利医疗器械的。"具言之,包括下述两种情况:一是药品生产企业或者研发机构为提供行政审批所需要的信息而制造、使用、进口专利药品或者专利医疗器械;二是他人专门为药品生产企业或者研发机构提供行政审批所需要的信息而制造、进口专利药品或者专利医疗器械并将其提供给药品生产企业或者研发机构。[②]

第三节 强制许可

一、强制许可的概念

专利强制许可(compulsory licensing),又称为非自愿许可(non-voluntary licensing),我国《专利法》称为"专利实施的强制许可",是指依法定事由,在未取得专利权人自愿许可情形下,政府直接授权第三人在限定范围内实施专利,被许可人按照商定数额或者政府裁决的数额向专利权人支付专利使用费。

强制许可乃基于政府行政裁决强令缔结的专利许可协议。此种制度与缔约自由原则相左,为合同法上所未有,突出地表现了专利权与传统民事权利之差异。规定强制许可之理由在于以下四点。

其一,促进专利实施。专利法的目的既在于鼓励发明创造的出现,更在于促进发明创造的推广应用。[③] 专利权人为谋求利益最大化,可能怠于实施专利。规定强制许可制度,在专利权人不实施也拒绝许可他人实施专利技术的情况下,保留国家授权他人实施的可能。强制许可犹如悬挂于专利权人头上的达摩克利

① 加拿大《专利法》第55.2(2)还规定了储存例外(stockpiling exception)。但在欧共体诉加拿大的争端中,该条款被WTO专家组裁决为不符合《TRIPS协定》第30条。

② 国家知识产权局条法司:《专利法第三次修改导读》,知识产权出版社2009年版,第89页。

③ 我国《专利法》第1条,"为了……鼓励发明创造,推动发明创造的应用……,制定本法。"

斯剑,所造成的压力促使专利权人以更积极的态度将专利付诸生产。① 从历史上看,专利法中强制许可制度的发展也是与将专利付诸本国实施的要求相联系的。②

其二,防止滥用专利权。《巴黎公约》第 5 条 A(2)申明:“本联盟各成员国都有权采取立法措施规定授予强制许可,以防止由于行使专利所赋予的排他权而可能产生的滥用,如未实施专利。”强制许可被认为是防止专利权人滥用专利权,维护公益的重要手段。当专利权人利用独占权利阻止其他新技术的实施时,政府给予衍生专利(derivative patent)的权利人以强制许可,使其可以实施在先专利(head patent)。③ 一些国家甚至基于反垄断的理由授予强制许可。④

其三,降低专利产品价格,满足消费者需求。通过强制许可授权他人生产专利产品,与专利权人形成竞争,经济学家的研究表明这一措施可以有效降低专利产品价格。特别是巴西的经验说明,以强制许可授权本国企业生产药品,可以降低药品价格,有助于解决公共健康危机问题。⑤

其四,主权国家保留在紧急情况下强制实施专利的权力。其中,最有说服力

---

① 由于各国关于强制许可所规定的诸多限制以及烦琐的申请程序,真正适用强制许可的案例并不多。但专利法中相关规定的存在起到威慑作用,迫使专利权人不能无理由地拒绝他人的许可实施请求。See William Cornish, David Liewelyn: *Intellectual Property: Patents, Copyright, Trademarks and Allied Rights*, London: Sweet & Maxwell, 2003, p. 289.例如 1999 年巴西药厂准备申请强制许可生产美国药厂默克(Merck)持有专利的药品斯多克宁(Stocrin)时,默克等美国大药厂不得不主动提出与巴西药厂成为“建设性伙伴”,商讨“如何使药品价格更符合发展中国家的购买能力”。参见林秀芹:《TRIPS 体制下的专利强制许可制度研究》,法律出版社 2006 年版,第 147 页。

② 为了使专利在本国实施,一些国家早期专利法规定进口专利产品导致专利可以被撤销,或者规定不实施专利导致专利可以撤销,强制许可是为了替代上述专利撤销制度而出现。

③ William Cornish, David Liewelyn: *Intellectual Property: Patents, Copyright, Trademarks and Allied Rights*, London: Sweet & Maxwell, 2003, p. 291.

④ 美国联邦贸易委员会就多次根据反托拉斯的需要颁发专利强制许可。例如在 Chiron/HSV-tk Related Therapeutics 案中,联邦贸易委员会认定存在垄断可能,强制两家参与合并的公司许可第三人使用其专利组合下的基因疗法发明及相关专利技术。Rr Ciba-Geigy Ltd., 123 F. T. C. 842, (1997).

⑤ 林秀芹:《TRIPS 体制下的专利强制许可制度研究》,法律出版社 2006 年版,第143～144 页。

的理由是基于国防安全和公共健康原因。[①]

总之,强制许可制度在专利法中占有重要地位。19世纪欧洲曾风行"反专利运动",许多人因专利制度的弊端而反对制定或要求废除专利法。专利制度的支持者和反对者以接受强制许可制度为妥协条件保留或通过了专利法。[②] 由是观之,强制许可制度被赋予消解专利权负面影响的重任。有人甚至认为,"专利保护和强制许可犹如天平的两端:一端为专利权,重在保护发明人的利益;另一端为强制许可制度,重在保护社会公众的利益,防止和克服专利垄断权的滥用"。[③]

二、强制许可的立法例

(一)国际条约

《巴黎公约》和《TRIPS协定》对强制许可均有规定。《巴黎公约》第5条A(2):"本联盟各成员国都有权采取立法措施规定授予强制许可,以防止由于行使专利所赋予的排他权而可能产生的滥用,如未实施专利。"该公约第5条A(4)则对强制许可的授予条件加以限定。[④]

《TRIPS协定》第31条虽然允许成员国规定强制许可,但立法方向重在限制强制许可的适用条件。这些限制包括:(1)必须根据个案情况逐一审查决定;(2)事先以合理的条件请求自愿许可;(3)范围和期限限于授权目的;(4)系非排他性的;(5)不得转让;(6)主要供应国内市场;(7)条件消除时应终止强制许可;(8)充分补偿;(9)应受司法审查或上级机关独立审查;(10)对反竞争行为、半导体技术和依赖性专利颁发强制许可的特殊限制。《TRIPS协定》的上述规定渗

---

① William Cornish, David Liewelyn: *Intellectual Property: Patents, Copyright, Trademarks and Allied Rights*, London: Sweet & Maxwell, 2003, p. 289.

② F. Machlup, An Economic Review of the Patent System, Comm. Print., 1958, Staff of Senate Subcomm on Patents, Trademarks and Copyrights, Senate Comm. On the Judiciary, 85 Cong., 2d Sess, p.5.

③ 林秀芹:《TRIPS体制下的专利强制许可制度研究》,法律出版社2006年版,第54页。

④ "自提出专利申请之日起四年期满以前,或自授予专利之日起三年期满以前,以后期满的期间为准,不得以不实施或不充分实施为理由申请强制许可;如果专利权人证明其不作为是有正当理由的,应拒绝强制许可得申请。这种强制许可不是排他性的,而且与利用该许可的部分企业或商誉一起转让外,不得转让,包括授予分许可证的形式在内。"

透着美国对强制许可的“敌意”，严格的限制也束缚了强制许可的适用。[①]

近年来，为解决公共健康危机国际社会要求修改《TRIPS 协定》相关规定，使不发达国家能够利用强制许可制度获取专利药品。2001 年 WTO 成员第四次部长会议通过《关于 TRIPS 与公共健康的宣言》，允许发展中国家在紧急情况下较灵活地利用《TRIPS 协定》中的有关知识产权保护例外条款，强制许可生产有关专利药品，以解决公共健康危机。2003 年 WTO 总理事会通过《实施多哈 TRIPS 与卫生健康宣言第 6 条的决议》，明确当一个出口国通过颁发强制许可制造必要的药品或者将这种药品出口到适格进口国时，该出口国根据《TRIPS 协定》第 31 条第(f)项所承担的义务应当豁免。2005 年 WTO 部长级会议通过《香港宣言》，同意修订《TRIPS 协定》相关条款，允许利用强制许可生产的药品出口到缺乏生产能力的国家。WTO 在强制许可方面的上述立法变化，说明专利法国际条约的缔结过程中，道义因素有时也会发生作用，而不全是为功利动机所左右。[②]

(二)内国法

世界上绝大多数国家都规定了强制许可制度。如弗维所言，“除美国以外，强制许可制度是世界各国专利制度的共同点”。[③] 下面以英国和美国为例，加以说明。

1. 英国

英国专利法所规定的可颁发强制许可的事由因专利权人是否属于 WTO 成员而不同。对成员国专利权人而言，专利局长可基于下述原因颁发强制许可：(1)英国对专利产品的需求没有得到合理满足；(2)因为对许可专利不合理的限制，另一个技术和经济上有重要价值的专利发明被阻止实施，或者英国的商业或工业活动受到不合理的损害；(3)因为对专利许可所提出的条件，或者因为对专利产品或方法的使用，非专利产品的制造、使用或处置，或者英国的工商业受到不公平的损害。[④] 对非 WTO 成员专利权人而言，可颁发强制许可的事由更

---

① William Cornish, David Liewelyn: *Intellectual Property: Patents, Copyright, Trademarks and Allied Rights*, London: Sweet & Maxwell, 2003, p. 290.

② 胡波:《话语伦理视域下的专利立法程序》，载《法制与社会发展》2010 年第 4 期。

③ C. M. Favauver, “Compusory Patent Licensing in the United States: An Idea Whose Time Has Come”, *Northwestern J of Int'l and Business*, 1988, p. 666.

④ William Cornish, David Liewelyn: *Intellectual Property: Patents, Copyright, Trademarks and Allied Rights*, London: Sweet & Maxwell, 2003, p. 292.

广泛。[1]

2. 美国

在美国专利法中并不存在关于强制许可的一般规定。正如联邦最高法院的判决所言："强制许可在我们的专利制度中是稀罕之物……它经常被人提议，却从未在广泛的范围内获得立法通过。"[2]一些单行法，如《原子能法》《空气清洁法》《贝-多尔法》规定了特殊领域的强制许可。除此以外，主管机关只有为制裁违反反托拉斯法的行为，才颁发强制许可。[3]

3. 德国

德国《专利法》第 24 条规定了强制许可，包括为公共利益的强制许可、从属专利的强制许可和为防止滥用的强制许可。强制许可被认为是宪法(《基本法》第 14 条第 2 款)规定的所有权的社会责任的体现。"但是，第 24 条强制许可之规定在德国专利法中只具有心理和精神层面的意义，而不具有实践意义，因为自 1945 年以来，在德国仅授予了两例强制许可"。[4]

三、强制许可的启动事由

何种情况下可以颁发强制许可？我国专利法规定了未实施专利、反垄断需要、紧急状态、为公共利益目的、公共健康和依赖性专利六项事由。兹分述之。

(一)未实施专利

我国《专利法》第 48 条第(1)项规定，"专利权人自专利权被授予之日起满三年，且自提出专利申请之日起满四年，无正当理由未实施或未充分实施其专利的"，可以给予具备实施条件的单位或个人强制许可。具言之，以此项理由申请强制许可需要满足两项条件。

1. 授权满三年，且自申请日起满四年。此规定来源于《巴黎公约》第 5 条 A(4)："自提出专利申请之日起四年期满以前，或自授予专利之日起三年期满以前，以后满期的期间为准，不得以不实施或不充分实施为理由申请强制许可。"

2. 无正当理由未实施或未充分实施该专利。此条件涉及"当地实施要求"

---

① 英国专利法(1977)，48B-(1)

② Dawson Chemical Co. v. Rohm & Hass Co., 448 U. S. 176，215 & N.21(1980).

③ 林秀芹：《TRIPS 体制下的专利强制许可制度研究》，法律出版社 2006 年版，第 51～55 页。

④ 范长军：《德国专利法研究》，科学出版社 2010 年版，第 101 页。

这一备受争议的问题，牵连到对《巴黎公约》和《TRIPS 协定》相关条款的理解。① 结合上述背景以及我国专利法的措辞，宜做如下解释："未实施"，是指专利技术具备在我国商业性实施的条件，但专利权人没有在我国实施。"未充分实施"则是指"专利权人及其被许可人实施其专利的方式或者规模不能满足国内对专利产品或者专利方法的需求"。② 未实施或未充分实施包含了本地实施要求，系指未在我国实施或不能满足我国需求，但进口亦为实施方式。对未在我国生产，但从外国进口者，亦视为已实施，不得强制许可。

(二)反垄断需要

《专利法》第 48 条第(2)项规定："专利权人行使专利权的行为被依法认定为垄断行为，为消除或者减少该行为对竞争产生的不利影响的"，可以给予具备实施条件的单位或个人以强制许可。反垄断法与专利法的关系微妙而复杂。我国《反垄断法》第 55 条规定："经营者依照有关知识产权的法律、行政法规规定行使知识产权的行为，不适用本法；但是，经营者滥用知识产权，排除、限制竞争的行为，适用本法。"专利权是法律赋予的垄断技术实施的权利。依照专利法行使专利权并不构成反垄断法意义上的违法垄断行为，但是滥用专利权，排除、限制竞争的行为，如果构成反垄断法上的经营者达成垄断协议、经营者滥用市场支配地位，或者限制竞争的经营者集中行为，则亦为反垄断法所禁止，应承担相应法律责任。

强制许可是对滥用专利权行为的重要救济手段。以反垄断为由颁发强制许可，符合《巴黎公约》和《TRIPS 协定》，其合法性为包括美国在内的各国普遍接受。具体到我国专利法，适用该条文，应符合两项条件。

(1)专利权人滥用专利权，被司法机关或行政机关认定为违反《反垄断法》。

(2)强制许可有利于消除垄断行为对竞争的不利影响。根据《TRIPS 协定》第 31 条(k)，为反垄断颁发强制许可，不需要事先请求自愿许可，也不受"强制许可的实施应当主要为了供应国内市场"规则的限制。同时，因此种强制许可系专利权人违法行为引致的法律责任，故确定补偿费时可以考虑反垄断需要，裁定被许可人支付较正常情形为低的专利使用费。③

---

① 林秀芹：《TRIPS 体制下的专利强制许可制度研究》，法律出版社 2006 年版，第 254 页以下。

② 《中华人民共和国专利法实施细则》第 73 条第 1 款。

③ 林秀芹：《TRIPS 体制下的专利强制许可制度研究》，法律出版社 2006 年版，第 193 页。

(三)紧急状态

我国《专利法》第49条规定,国家出现紧急状态或非常情况时,国务院专利行政部门可以给予实施发明或实用新型专利的强制许可。所谓紧急状态或非常情况,即《TRIPS协定》第31条(b)项所说的"国内紧急状态或其他极其紧急情势"。对其含义存在不同解释,"每一成员国有权决定什么情况构成国家紧急状态或者其他极其紧急情势"。《多哈宣言》确认,包括艾滋病在内的公共健康危机可以构成国家紧急状态或者其他极其紧急的情况。[①] 此项规定之适用并不以政府宣布紧急状态为条件,只要确定紧急状态存在即可直接颁发强制许可。典型的案例,如加拿大政府在"9·11"事件后,根据"极其紧急情势"的需要,强制许可生产100万粒美国贝尔公司持有专利的治疗炭疽病的药品西普罗。[②]

(四)为公共利益目的

我国《专利法》第49条亦规定,为公共利益目的可以颁发强制许可。"公共利益"是富有弹性的不确定性概念。[③] 虽然德国、瑞士、荷兰、法国、英国等许多国家的专利法都有基于公共利益需要的强制许可规定[④],但是对公共利益的解释却存在差异。通常认可的公共利益包括国防需要、环境保护、增加能源供应、加强劳工保护或治疗新疾病等。尤需澄清下述认识:(1)公共利益并无普适的定义,宜在个案中裁量;(2)公共利益需要并非只在专利权人滥用专利权的情况下存在,为公共利益目的是与滥用专利权并列的颁发强制许可理由;(3)公共利益的确定,实质上是专利法所蕴含的不同法律价值之间的衡量过程,也是对不同法价值权重的评价过程。[⑤]《TRIPS协定》和《巴黎公约》都未排除以公共利益为强制许可之理由,且未对公共利益的含义做出限定,专利法中的此类不确定性概念为我国政府实现特定的公共政策目标提供了空间。

(五)公共健康

我国《专利法》第50条规定了基于公共健康事由的强制许可,"为了公共健

① 《多哈宣言》第5段(C)。

② 林秀芹:《TRIPS体制下的专利强制许可制度研究》,法律出版社2006年版,第188~189页。

③ 关于专利法中不确定性概念,参见胡波:《专利法的伦理基础》,华中科技大学出版社2011年版,第38页。

④ 德国《专利法》第24条第1款,瑞士1954年《专利法》第38条,荷兰1910—1963年《专利法》第32条,奥地利1950年《专利法》第9条,法国1968年《专利法》第37条至第41条。

⑤ 参见胡波:《关于知识产权法律价值的再思考——以罗尔斯"正义论"为理论基础》,王立民、黄武双主编:《知识产权研究》(第8卷),北京大学出版社2011年版,第219页以下。

康目的，对取得专利权的药品，国务院专利行政部门可以给予制造并将其出口到符合中华人民共和国参加的有关国际条约规定的国家或者地区的强制许可”。这一条款源于2001年世界贸易组织部长级会议通过的《多哈宣言》、2003年世贸组织总理事会通过的《关于实施TRIPS协定与公共健康宣言第6段的决议》和2005年世贸组织总理事会通过的《关于修改TRIPS协定的议定书》。适用该条款应符合下述条件。

(1)为公共健康目的。为公共健康目的，主要是指为预防或治疗流行病实施药品专利。《多哈宣言》列举的流行病包括艾滋病、肺结核、疟疾等。是否包括心脏病、糖尿病和癌症等非传染性慢性病，则并不明确。①

(2)许可的实施方式限于制造并出口到符合中华人民共和国参加的有关国际条约规定的国家或者地区。如果为解决公共健康问题，在我国制造药品以供应我国需要，可以援引前述为公共利益目的或紧急状态条款，不必适用本条规定。② 本规定之意旨在于申明强制许可生产的药品可以出口至无相应生产能力而又存在公共健康问题的国家或地区，作为特例豁免于《TRIPS协定》第31条(f)“主要为供应授权之成员域内市场之需”的要求。所谓“符合中华人民共和国参加的有关国际条约规定的国家或者地区”，既包括按照《TRIPS协定》明文规定有权作为进口方的世界贸易组织成员(包括所有最不发达国家成员以及缺乏有关药品制造能力或者能力不足并依照《TRIPS协定》规定已履行了相关手续的发展中或者发达成员)，也包括目前还不是世界贸易组织成员的最不发达国家。③

(六)依赖性专利

实施一项专利必须使用其他人的另一项专利，此即“依赖性专利”。如果前一专利的权利人拒绝许可或提出不合理的许可条件，后一专利面临无法实施的局面。此种情况下，多数国家之专利法给予在后专利权人实施在先专利的强制许可，如法国《知识产权法典》第36条、瑞士《专利法》第36条、意大利《专利法》第54条、荷兰《专利法》第34条。《TRIPS协定》第31条(l)规定了依赖性专利

① 林秀芹:《TRIPS体制下的专利强制许可制度研究》，法律出版社2006年版，第387页。

② 《涉及公共健康问题的专利强制许可实施办法》第3条:“在我国预防或者控制传染病的出现、流行，以及治疗传染病，属于专利法第四十九条所述为了公共利益目的的行为。传染病在我国的出现、流行导致公共健康危机的，属于专利法第四十九条所述国家紧急状态。”

③ 国家知识产权局条法司:《专利法第三次修改导读》，知识产权出版社2009年版，第67页。

的强制许可。

依我国《专利法》第51条，此种强制许可须具备下述条件：(1)在后专利比在先专利具有显著经济意义的重大技术进步。这一条件直接来源于《TRIPS协定》第31条(l)之(1)。(2)在后专利之实施以实施在先专利为条件。换言之，若无许可，实施在后专利必定构成对在先专利的侵权。此即"依赖性"之含义。(3)若颁发强制许可，依在先专利权人之申请，亦须向在先专利权人颁发实施在后专利的强制许可。此种情形构成所谓"交叉许可"(cross-license)。

四、强制许可的限制条件

《TRIPS协定》第31条对强制许可规定了严格的限制条件。其主要内容已转化为国内法。

(一)对半导体技术强制许可的特殊限制

我国《专利法》第52条规定，如涉及的发明创造为半导体技术，则只限于以前述公共利益和反垄断两项事由启动强制许可。该规定源于《TRIPS协定》第31条(c)："如果所使用的是半导体技术，则仅仅应进行公共的非商业性使用，或经司法或行政程序已确定为反竞争行为而给予救济的使用。"为何对涉及半导体技术的强制许可施以特殊限制？这是在《TRIPS协定》谈判的最后阶段应美国代表要求加入的条款，而美国代表不过是响应"美国半导体行业协会"的利益诉求而已。专利法中突如其来插入的规定，其中的道理不能依法律自身的逻辑给出合理解释。它说明，在涉专利条约的缔结过程中，产业利益集团起着主导作用。缔约参与者的行为表现为以逐利为主要动机的策略行为。专利立法程序如何由策略行为到交往行为，由工具理性到交往理性，由功利主义到话语伦理，最终实践民主商谈，这是需要思考的课题。①

(二)主要供应国内市场

依我国《专利法》第53条，强制许可的实施应主要为了供应国内市场。此规定来源于《TRIPS协定》第31条(f)，"任何这类使用的授权，均应主要为供应授权之成员域内市场之需"。前述强制许可的启动事由中有两类豁免于此项限制：(1)为反垄断目的的强制许可；(2)为公共健康目的的强制许可。

(三)拒绝许可

如果强制许可系基于前述未实施专利或依赖性专利事由，申请人须事先已

---

① 参见胡波：《话语伦理视域下的专利立法程序》，载《法制与社会发展》2010年第4期。

请求专利权人自愿许可而未获同意，即以专利权人拒绝许可为前提。此规定来源于《TRIPS 协定》第 31 条(b)，除了"国家紧急状态，或在其他特别紧急的情况下，或在公共的非商业性场合"，"意图使用之人已经努力向权利持有人要求依合理的商业条款及条件获得许可，但在合理期限内未获成功，方可允许这类使用"。具言之，须满足下述条件。

1. 申请人曾以合理的条件请求专利权人许可实施

何为"合理的条件"？法律并无一般性规定，只能个案裁量。根据每一案件中发明的性质，已经颁发的许可条件，专利权人为取得发明支付的费用及承担的责任，公众对有关专利产品的需求等条件，加以综合判断。① 许可条件主要考虑许可的期限、使用者实施专利技术的方式和范围、专利使用费。请求许可的对象仅限于专利权人，不包括独占许可的被许可人。②

2. 在合理的期限内未获得专利权人许可

以语义解释，"未获专利权人许可"，无须专利权人明确做出拒绝许可的意思表示。以苛刻的条件拖延做出许可决定，超过合理期限未订立许可协议，亦能满足申请强制许可的条件。唯何谓"合理的期限"，需审查机关依具体情势做出判断。另外，是否曾以合理的条件申请自愿许可，并在合理期限内未获得许可，该等情事之举证责任在于申请人。

(四)非独占许可

我国《专利法》第 56 条规定，强制许可不得为独占许可，被许可人无权再许可他人实施。《巴黎公约》第 5 条 A(4)规定，强制许可不是排他性的，而且除与利用该许可的部分企业或商誉一起转让外，不得转让，包括授予分许可证的形式在内。《TRIPS 协定》第 31 条(d)规定，未经权利持有人许可的其他使用应系非专有使用。依上述规定，无论专利权人意思如何，强制许可只能解释为仅具普通许可的效力，不得再许可，不得转让——除非连同营业整体移转。

五、强制许可的程序

根据《专利法》《专利法实施细则》以及《专利实施强制许可办法》，强制许可

---

① 〔1929〕46 RPC 457，473.转引自林秀芹：《TRIPS 体制下的专利强制许可制度研究》，法律出版社 2006 年版，第 266 页。

② 参考英国 Colbourne Engineering's Application 案的判决意见，[1955]72 RPC 169.转引自林秀芹：《TRIPS 体制下的专利强制许可制度研究》，法律出版社 2006 年版，第 266 页。

的申请和审核应遵循下述程序。

(一)颁发强制许可的程序

1. 强制许可申请的提出

请求强制许可,申请人应向国家知识产权局提交强制许可请求书,并应交纳强制许可请求费。国家知识产权局将强制许可请求书的副本送交专利权人,专利权人应当在指定的期限内陈述意见;期满未答复的,不影响作出关于强制许可的决定。

2. 强制许可申请的审查

国家知识产权局对请求人陈述的理由和提交的有关证明文件进行审查。需要实地核查的,指派两名以上工作人员实地核查。请求人或者专利权人要求听证的,由国家知识产权局组织听证。国家知识产权局举行听证时,请求人、专利权人和其他利害关系人可以进行申辩和质证。请求人可以随时撤回其强制许可请求。请求人在国家知识产权局作出决定前撤回其请求的,强制许可请求的审查程序终止。

3. 给予强制许可的决定

强制许可请求经审查没有发现驳回理由的,国家知识产权局作出给予强制许可的决定。已生效的给予强制许可的决定应当在专利登记簿上登记并予以公告。专利权人对给予强制许可的决定不服的,可以自收到通知之日起 3 个月内向人民法院起诉。

如请求人不具备规定的主体资格,理由不符合《专利法》规定的法定事由,则国家知识产权局作出驳回强制许可请求的决定。请求人对驳回强制许可请求的决定不服的,可以自收到通知之日起 3 个月内向人民法院起诉。

(二)强制许可费争议的裁决程序

"取得实施强制许可的单位或者个人应当付给专利权人合理的使用费,或者依照中华人民共和国参加的有关国际条约的规定处理使用费问题。付给使用费的,其数额由双方协商;双方不能达成协议的,由国务院专利行政部门裁决。"①请求裁决强制许可使用费的,应向国家知识产权局提交强制许可使用费裁决请求书。国家知识产权局将请求书副本送交对方当事人,对方当事人在指定期限内陈述意见。强制许可使用费裁决过程中,当事人双方可以提交书面意见。国家知识产权局可以根据案情需要听取当事人双方的口头意见。请求人可以随时撤回其裁决请求。请求人在国家知识产权局作出决定前撤回其裁决请求的,裁

① 《中华人民共和国专利法》第 57 条。

决程序终止。

国家知识产权局自收到请求书之日起3个月内作出强制许可使用费的裁决决定。强制许可使用费裁决决定应当及时通知双方当事人。专利权人和取得实施强制许可的单位或者个人对强制许可使用费的裁决决定不服的，可以自收到通知之日起3个月内向人民法院起诉。

(三)强制许可的终止程序

“给予实施强制许可的决定，应当根据强制许可的理由规定实施的范围和时间。强制许可的理由消除并不再发生时，国务院专利行政部门应当根据专利权人的请求，经审查后作出终止实施强制许可的决定。”[①]强制许可期限届满时，强制许可自动终止。国家知识产权局在专利登记簿上登记并予以公告。

强制许可期限届满前，强制许可的理由消除并不再发生的，专利权人可以请求国家知识产权局作出终止强制许可的决定。请求终止强制许可的，应当提交终止强制许可请求书。国家知识产权局对专利权人陈述的理由和提交的有关证明文件进行审查。经审查认为请求终止强制许可的理由不成立的，国家知识产权局应当作出驳回终止强制许可请求的决定。专利权人对驳回终止强制许可请求的决定不服的，可以自收到通知之日起3个月内向人民法院起诉。终止强制许可的请求经审查没有发现驳回理由的，国家知识产权局应当作出终止强制许可的决定。取得实施强制许可的单位或者个人对终止强制许可的决定不服的，可以自收到通知之日起3个月内向人民法院起诉。已生效的终止强制许可的决定应当在专利登记簿上登记并予以公告。

第四节 专利权滥用的规制

禁止权利滥用是现代社会普遍接受的法律观念，也是各国法律乃至宪法规定的法律原则。但专利权滥用概念的提出有其特定的含义和特别的意义，不可与民法领域的一般权利滥用概念等量齐观。

一、专利权滥用的概念

有人认为，专利权滥用是指专利权人滥用其市场支配地位，采取不实施或在

① 《中华人民共和国专利法》第55条第2款。

专利许可中不正当地限制交易以及采取不公正的交易方法的行为。专利权滥用的行为主体是专利权人，主观上须有滥用专利权的故意，客观上采取了不实施或在专利许可中不正当地限制交易以及采取不公正的交易方法的行为，并造成损害他人或社会公共利益的结果。其实质是权利人不适当地扩张其专利权。①

有人认为，专利权滥用是指专利权人超出专利所赋予的垄断权或独占权范围，违背公共政策，不公平或不合理地行使专利权的行为。判断滥用成立的标准是，行使权利的行为是否违反专利权所要实现的相关公共政策。②

还有人认为，专利权的滥用，系相对于专利权正当行使而言，它是指专利权的权利人在行使其权利时超出了法律所允许的范围或者正当的界限，导致对该权利的不正当利用，损害他人利益和社会公共利益的情形。③

事实上，对专利权滥用无法给出精确的定义。作为抽象的法律原则，专利权滥用体现为一种衡平理念——专利权人行使权利的方式应公平、合理、适度。它主要反映了在鼓励发明创造的专利法价值目标与维护自由竞争的竞争法价值目标之间的平衡。因此，立法只能宣示不得滥用专利权的一般原则。是专利权的正当行使，还是滥用专利权，往往需要法官在个案中裁量。

《TRIPS 协定》第 8 条第 2 款规定："可以采取适当的措施防止权利所有人滥用知识产权，防止不合理地限制贸易或者反过来影响技术的国际性转让的实施行为，只要该措施与本协定的规定一致。"第 40 条第 2 款则具体规定："各成员方可以在与该协定的其他规定相一致的前提下，根据该成员的有关法律和规章，采取适当的措施制止或者控制那些可能构成对知识产权的滥用、在市场上对竞争产生不利影响的订立许可合同的做法或者条件，例如独占性回授条件、禁止对知识产权有效性提出质疑的条件、强迫一揽子许可。"

二、专利权滥用的类型

在我国现行法律框架下，对专利权滥用概念之外延应作如是观：专利权滥用包括一般滥用专利权行为，违反反不正当竞争法的滥用专利权行为，以及违反反

---

① 陈丽萍：《论专利权滥用行为的法律规制》，载《法学论坛》2005 年第 2 期。

② 郑友德、陶双方：《美国知识产权滥用》，载《知识产权》2001 年第 1 期。原文是对知识产权滥用作出界定。

③ 王先林：《知识产权滥用及其法律规制》，载《法学》2004 年第 3 期。原文是对知识产权滥用作出界定。

垄断法的滥用专利权行为。

违反反不正当竞争法的滥用专利权行为，是指滥用专利权，构成反不正当竞争法上之不正当竞争行为者。例如我国《反不正当竞争法》第 12 条规定："经营者销售商品，不得违背购买者的意愿搭售商品或者附加其他不合理的条件。"专利许可中要求购买非专利产品或服务，即可能构成搭售，为反不正当竞争法上所禁止的滥用专利权行为。此种行为可依据反不正当竞争法，诉请停止违法行为和赔偿损失，以为救济措施。

违反反垄断法的滥用专利权行为，是指滥用专利权，构成反垄断法上之垄断行为者。我国《反垄断法》第 55 条规定："经营者依照有关知识产权的法律、行政法规规定行使知识产权的行为，不适用本法；但是，经营者滥用知识产权，排除、限制竞争的行为，适用本法。"不当行使专利权的行为是否构成"垄断"，依反垄断法之标准，考察其是否符合该法第 3 条所规定的垄断行为的要件——具有或者可能具有排除竞争效果的经营者集中、滥用市场支配地位或者达成垄断协议。常见者如拒绝许可、搭售、价格歧视等滥用专利权的行为都可能构成对反垄断法的违反。对此类滥用专利权行为，可依据反垄断法诉请专利权人停止违法行为和赔偿损失。依专利法之规定，亦可请求强制许可，以消除滥用专利权造成的影响。

一般的滥用专利权行为是指并不构成反不正当竞争法上之不正当竞争行为和反垄断法上之垄断，但依专利法之规定或一般法理为不正当行使专利权者。仅有部分滥用专利权行为触及竞争法，构成不正当竞争或垄断；其余滥用专利权行为，其违法性只能系于专利法的一般规定或者法理，而并不违反竞争法。对此类行为，以"一般滥用专利权行为"概括，有兜底条款之意。其范围和界限较之前述两类更不确定，以保持"滥用专利权"概念之张力和弹性，使之成为规制专利权人行权方式的有力手段。

从各国立法来看，专利权滥用与反垄断法存在密切联系。欧盟和日本主要通过反垄断法规制专利权滥用行为。① 在美国法中，一些专利权滥用案件也适

① 欧盟执法机关发布专门的规章明确界定反垄断法上应予禁止、不予禁止与可受豁免的许可合同条款。日本公正交易委员会则根据《禁止垄断法》第 6 条的规定发布了《国际许可协议的反垄断指导方针》(1968)、《关于管制专利和技术秘密许可协议中的不公正交易方法的指导方针》(1989)、《专利和技术秘密许可协议中的反垄断法指导方针》(1999)，对在知识产权领域适用禁止垄断法的问题提出了全面、系统的指导意见。

用反托拉斯法的判断标准。[①] 但专利权滥用并不等同于垄断。构成垄断的滥用专利权行为与一般的滥用专利权行为存在区别:第一,前者违反反垄断法,构成垄断;后者不构成反垄断法上之垄断。由此,前者适用反垄断法上之判断标准,后者适用专利法或者其他法律标准。第二,前者产生积极的法律效果,可据此诉请停止违法行为和赔偿损失,并可请求强制许可;后者产生消极的法律效果,仅能作为不侵权的抗辩事由或者导致合同无效。

一般滥用专利权行为无法为反垄断法或反不正当竞争法所涵摄,因此有必要在专利法中规定。建议我国《专利法》概括性地规定,"专利权人不得以违反诚实信用原则的方式滥用专利权",列举专利权滥用的几种典型表现形式,并规定专利权滥用可为侵权诉讼的抗辩事由。《合同法》《对外贸易法》《反不正当竞争法》的某些条款虽可作为处理专利权滥用问题的依据,但只涉及一种或数种专利权滥用行为,适用对象有其局限性。反垄断法制定后,仍有必要在专利法中对专利权滥用加以规定。专利权滥用制度与反垄断制度的属性、目的、范围、手段都不相同,反垄断法不能替代专利权滥用规范的功能。考虑到我国建立专利法律制度的时间不长,司法、执法人员对知识产权法律的认识还不深入,以及现行专利法整体上偏重于专利权人权利保护的一面,而缺乏有效限制专利制度负面影响的法律手段,专利法实有必要以明文规定专利权滥用问题。

三、几种典型的专利权滥用行为

(一)搭售

专利权人以向其或其指定的人购买非专利材料、设备或者其他服务作为授予专利许可的条件,称为搭售。搭售的效果是将专利权延伸到没有获得专利保护的产品或服务,事实上扩大了专利效力范围,常会被认定为滥用专利权。[②] 我

---

① 徐隶枫指出规制专利权滥用有两种立法模式:美国是兼有专利法上专利权滥用与反垄断法规制手段的二元模式,欧盟则是反垄断法的一元模式。(徐隶枫:《专利权的扩张与限制》,知识产权出版社 2007 年版,第 262 页以下。)

② 美国联邦最高法院作出的第一个有关专利权滥用的判决就涉及搭售协议的合法性问题。该案涉及一项有关冷冻式运输装置的专利,该装置采用干冰作为制冷剂,用于运输食品等容易腐烂的物品。专利权人拒绝与任何不同意购买其干冰的公司订立专利许可合同。联邦最高法院的判决认定此种行为构成专利权滥用。早期美国法院的看法认为搭售协议一律构成专利权滥用。1988 年的《专利权滥用修正法》则加以限定,如果专利权人对于搭售的产品并不具备市场支配能力,专利权人的搭售行为不视为滥用专利权。

国《反不正当竞争法》第 12 条规定“违背购买者的意愿搭售商品或者附加其他不合理条件”为不正当竞争行为。《合同法》和相关司法解释明确技术转让合同中的下述条款为“非法垄断技术、妨碍技术进步”:“要求技术接受方接受并非实施技术必不可少的附带条件,包括购买非必需的技术、原材料、产品、设备、服务以及接受非必需的人员等”。[①] 此类条款构成滥用专利权,导致相应合同条款无效的法律后果。

(二)强制性一揽子许可

一揽子许可是指专利权人拒绝就某项专利单独提供许可,而是将多项专利捆绑在一起予以许可,迫使被许可人接受不需要的专利。被许可人被迫为不需要的专利支付许可费,违反合同自愿原则,造成对被许可人不公平的结果。此系专利权人利用其专利谋取不当利益,常被认定为滥用专利权。[②] 依我国《对外贸易法》第 12 条之规定,专利权的强制性一榄子许可,若危害对外贸易公平竞争秩序,应属滥用专利权。

(三) 回授条款

在专利许可协议中要求被许可人向许可人报告所做的后续改进技术,并授予许可人对改进技术的一定权利,称为回授条款。其中,有的约定被许可方应将改进技术转让给许可方,有的约定授予许可方对改进技术的实施许可。回授条款并不当然构成专利权滥用;而是要考虑其对竞争的影响,以及条款本身对双方当事人是否公平。按照我国《合同法》及相关司法解释,下述行为属于“非法垄断技术、妨碍技术进步”,导致专利转让或许可合同无效:“双方交换改进技术的条件不对等,包括要求一方将其改进的技术无偿提供给对方、非互惠性转让给对方、无偿独占或者共享该改进技术的知识产权 ”。[③] 此类无对价的回授条款应属滥用专利权。依我国《对外贸易法》第 30 条,“在许可合同中规定排他性返授条件”导致“危害对外贸易公平竞争秩序的”,亦属违法。足见限制竞争的独占性回授条款为滥用专利权。

---

① 《合同法》第 329 条、《最高人民法院关于审理技术合同纠纷案件适用法律若干问题的解释》第 10 条。

② 例如美国国际贸易委员会(ITC)2004 年就曾裁决荷兰飞利浦采取强制一揽子许可的方式,将依橘皮书标准(Orange Book Standards)生产 CD-R 及 CD-RW 盘片的必要专利与其他非必要专利搭售,构成专利权滥用,从而当然违法(patent misuse per se)而不可执行。

③ 《合同法》第 329 条、《最高人民法院关于审理技术合同纠纷案件适用法律若干问题的解释》第 10 条。

(四)恶意诉讼

故意获取本不具备授权条件的专利，然后以此“问题专利”提起侵权诉讼，借此谋求不当利益；或者明知对方不构成侵权，恶意提起侵权诉讼或以诉讼相威胁，借此打压竞争，图谋利益，谓之“专利权的恶意诉讼”。知识产权的欺诈性实施和诉讼在美国可能被认定为滥用专利权的行为。[①] 问题专利和恶意诉讼的问题在我国也渐次显现。北京市高级人民法院曾在其指导意见中明确，“恶意取得专利权，并滥用专利权进行侵权诉讼”可作为抗辩事由。该意见界定“恶意取得专利权”，是指“将明知不应当取得专利保护的发明创造，故意采取规避法律或者不正当手段获得了专利权，其目的在于获得不正当利益或制止他人的正当实施行为”。[②]

实践中亦见此种情形：专利权人并不起诉，却以发送律师函，或者在媒体上登载告示，指称他人侵犯专利权。为规制该等滥用专利权行为，我国有所谓“确认不侵权之诉”。《最高人民法院关于审理侵犯专利权纠纷案件应用法律若干问题的解释》第18条规定：“权利人向他人发出侵犯专利权的警告，被警告人或者利害关系人经书面催告权利人行使诉权，自权利人收到该书面催告之日起一个月内或者自书面催告发出之日起二个月内，权利人不撤回警告也不提起诉讼，被警告人或者利害关系人向人民法院提起请求确认其行为不侵犯专利权的诉讼的，人民法院应当受理。”

第五节　专利权的外部限制

上述专利法本身设定的限制措施，对于防止专利权滥用、消解专利制度的负面影响，有一定的作用。但从各国专利法运行的实效来看，无论是专利法律制度已经发展的比较成熟的西方发达国家，还是类似我国专利制度初具雏形的发展中国家，完全依赖专利法的内部限制，并不能充分抑制专利制度的弊端。其中的原因大致有以下几点。

一是专利法律的制定和修改，无论是内国法还是国际法层面，都受到跨国公

---

① ABA Section of Antitrust Law, Intellectual Property Misuse: Licensing and Litigation (2000), p. 37.

② 北京高级人民法院2001年9月29日下发的《专利侵权判定若干问题的意见(试行)》第90条。

司或大企业的深刻影响。从上世纪中叶以来，专利法的变迁更多地反映了他们的利益要求。社会公众、公共利益和发展中国家的诉求很难对专利立法产生决定性的影响。受制于西方国家既有的政治运行模式和现存不平等的国际经济秩序，这种状况在今后仍将持续。而跨国公司和大企业是多数专利的持有者，他们的主张主要还是扩大专利权的范围和强化对专利权的保护。限制专利权在总体上未必符合其利益，对于专利制度的负面作用他们的态度常常是讳疾忌医。所以立法层面设定和强化专利法的内部限制受到利益集团的掣肘。

二是专利法本身的理论积累存在一定局限性。激励论和自然权利论是专利法领域占主导地位的法哲学学说。但是从其指导专利法发展的趋向来看，结果都是鼓励专利保护的泛化和强化，专利制度的消极面被有意无意地忽略。激励论的逻辑常常被解释为，不给予专利保护，不强化专利保护，就不能激励发明创造的产生。由此发生一个错误的推论：限制专利权会打击发明创造者的积极性。激励论往往强调专利制度的激励功能，但忽视了专利也可能阻碍后续研发和技术推广的后果。自然权利学说更是类比有形物上的所有权，把专利权视为天赋权利。既然是天赋权利，实定法就不能剥夺，也不能轻易给予限制。在这两种理论指引下，专利权的限制都不能得到有力的理论支撑。

基于上述原因，有必要在专利法外部寻找能更有效地制约专利这匹“脱缰野马”的法律资源和伦理资源，以期能达致专利法均衡发展，在一定程度上缓解专利法运行中发生的诸如公共健康危机等严重问题。从美国等西方国家的经验看，反垄断法是限制专利权行使的一种机制。从国际法最近几年的发展看，人权法则构成对专利权行使的另一种制约。而按照笔者的理解，更广义层面的伦理道德也构成对专利权的外部限制因素。

一、反垄断法的限制

反垄断法禁止不合理的限制竞争行为，专利法却授予发明人一定时期的垄断权，由此使专利成果不能得到竞争性的开发和利用。[①] 专利法与反垄断法存在潜在冲突的可能性。虽然不能认为专利必然构成反垄断法意义上的“垄断”，但专利权也不能当然从反垄断法中获得豁免。相反，专利权的行使负载了不得违反反垄断法的一般义务，应该受到反垄断审查。如果构成法定垄断情形，则应承担反垄断法上的法律责任。所以反垄断法构成对专利权行使的法律限制。

① SCM Corp. v. Xerox Corp.. 645f. 2d 1195，1203(2 Cir. 1981).

反垄断法的目的是保护竞争，专利法的重要目的是鼓励创新，反垄断法对专利权的限制本质上反映了在自由竞争和为鼓励创新的有限独占之间保持微妙平衡的需要。专利本身是一种技术“垄断”，但这种“垄断”从1623年英国颁布的第一部垄断法令开始，就作为一种特例存在。允许这种例外豁免，是为了达到激励创新目的不得不付出的代价。但这种豁免，也只限于激励创新积极作用与限制竞争的负面影响两相比较，利大于弊，总体上能增进社会福利的情形。超过这一界限，反垄断法就要对专利权发挥作用，限制其负面影响。因此，反垄断法与专利法联系紧密。有人甚至称之为“一个硬币的两面”。

专利池交叉许可使用协议、单方面拒绝许可和涉及标准的专利许可等都可能涉及反垄断问题。反垄断法禁止的垄断性协议、滥用市场支配地位和经营者过度集中三类垄断行为都可能发生在专利权的行使过程中。对于专利的反垄断分析，三步检验法揭示了反垄断法对专利权行使的限制方式和程度。首先，对于不涉及专利的限制。应该运用通常的反托拉斯分析方法进行单独分析。其次，对于涉及专利的限制内容，确定此种限制是否具有基本的反竞争后果。最后，对于涉及专利且反竞争的限制内容，评估其提供创新刺激的益处，决定是否豁免于反托拉斯责任。[①] 显然，反垄断法的评价相当复杂。其中的许多因素，特别是作为核心的“合理原则”，具有不确定性，依赖司法者的主观裁量。但正是这种弹性空间，使反垄断法这一经济宪章，能够对专利权的行使保留最后的合法性审查权力。它犹如悬在专利权人头上的达摩克利斯剑，把专利权的行使限定在不破坏自由竞争的前提下。

反垄断法对专利权的限制是成熟市场经济国家已经普遍确立的做法，是目前广泛采用的对专利权的外部限制措施。除了反垄断法的一般规定外，一些国家总结包括专利在内的知识产权领域的反垄断经验，制定了具体的法规和规章。如美国司法部和联邦贸易委员会于1995年发布了《知识产权许可的反托拉斯指南》，2007年又发布了《反垄断执法与知识产权：促进创新和竞争》。[②] 另外司法判例的发展也为专利领域的反垄断积累了法律资源。

我国2007年通过的《反垄断法》第55条规定：“经营者依照有关知识产权的法律、行政法规规定行使知识产权的行为，不适用本法；但是，经营者滥用知识产

① Jay Dratler:《知识产权许可》，王春燕译，清华大学出版社2003年版，第524～525页。

② 钮京晖编译:《反垄断法与知识产权：促进创新和竞争》，载《电子知识产权》2007年第7期。

权，排除、限制竞争的行为，适用本法。”随着反垄断法的出台，今后有可能借助反垄断手段限制专利权的不当行使。

二、人权法的限制

在国际法层面，人权法对专利权开始发挥实质性的限制作用。人权法本来是与知识产权法彼此隔绝的两个系统，但在《TRIPS 协定》订立后开始对专利法发挥影响。“由于 TRIPS 协定的实施并未充分地反映所有人权的基本性质和不可分割性，包括人人享有科学进步及其所带来的利益的权利、健康权、食品权和自决权，因此 TRIPS 协定所体现的知识产权制度，与作为另一方的国际人权法律之间存在明显的冲突。”①

专利权与人权冲突的情况在公共健康危机问题上表现得尤其突出。在跨国公司的游说和操纵之下，美国和欧共体贸易制裁威胁之下形成的《TRIPS 协定》最后文本是不平衡的文本，较多体现了发达国家的利益诉求，而较少顾及发展中国家的要求。《TRIPS 协定》要求所有国家对药品都要提供专利保护。对专利强制许可也规定了严格条件和程序，事实上限制了强制许可的使用。这样，发展中国家的大量传染病患者买不起昂贵的专利药品。跨国公司又利用《TRIPS 协定》的规定阻挠发展中国家使用强制许可制度在本国生产廉价的救命药品，或者阻止病人从专利权人以外的渠道获得低价药品，从而使许多患者得不到药物救治。这样造成专利权与生命权、健康权等基本人权的紧张关系。这一问题引起国际社会广泛关注。

为消除专利制度背离人权法的局面，2001 年 11 月 14 日在多哈召开的第四次 WTO 成员部长会议通过了《关于 TRIPS 协定与公共健康的宣言》。宣言允许发展中国家在紧急情况下较灵活地利用《TRIPS 协定》中的有关知识产权保护例外条款，强制许可生产有关专利药品，以解决公共健康危机。2003 年 WTO 总理事会通过的《实施多哈 TRIPS 与卫生健康宣言第 6 条的决议》和 2005 年在香港举行的部长级会议通过的《香港宣言》，进一步明确和修订《TRIPS 协定》相关条款，允许利用强制许可生产的药品出口到缺乏生产能力的国家。

上述进程表明，人权法已经对国际专利法制产生切实的影响，促成 WTO 框架下专利法律的修改以缓解与公共健康问题的紧张关系。从多哈宣言中可以抽象出的一个共识是，生命权、生存权、健康权等基本人权应该优先于专利保护的

① 联合国人权促进保护小组委员会 2000 年通过的《知识产权与人权》决议。

要求。专利权的行使受到人权法的制约，不得损害生命权等基本人权。[①] 可以预见，人权法在今后将构成对专利权限制的一种实质性力量。

三、伦理的限制

除了法律的限制，我们认为伦理正当性的要求构成对专利权的“前法律限制”。道德伦理虽然不是法律的一部分，不具有法律的强制力，但它通过立法过程能够影响专利法的走向，通过渗入法律的解释能影响司法活动，通过舆论作用对专利法的运行施加压力，甚至能直接影响专利权人，促使其考虑对专利权行使方式的自我约束。其中的制度伦理，能够回答什么样的专利法制度是正当的和可欲的这样一个根本问题，比自然权利、激励论等法哲学学说更有解释力，能为专利权的限制提供有说服力的理论范式。因此，伦理将是法律以外，却能对专利法律发挥有效限制作用的因素。[②]

思考和讨论：

有学者认为知识产权是政策工具。若专利权为政策工具，则立法者可为实现一定的政策目标(如激励发明创造)创设专利权，也可为某种“合目的性”的考虑(如公共健康)任意限制专利权之效力范围。但依《TRIPS 协定》第 30 条规定，专利权的例外须满足三步测试法之要求。你如何看待此问题：存在“对专利权限制的限制”吗？其法理依据为何？

---

① 无害原则及其优先性，见胡波：《专利法的伦理基础》，华中科技大学出版社 2011 年版，第 112 页。

② 胡波：《强化专利权的外部限制》，载《电子知识产权》2007 年第 11 期。

第九章 >> 专利权的消灭

本章导读：专利权的发生基于申请和特定的行政核准程序。专利权的消灭呢？本章对引致专利权消灭的四种原因加以阐述。重点在于专利权的期限和无效宣告。实务中专利无效宣告的案件很多，问题也不少，读者可以做进一步调查研究。相关行政程序中一些更细致的规则，可以参考《专利审查指南》。

凡是权利都处于变动中，有生有灭。但各种私权类型，发生与消灭的原因并不相同。引起专利权消灭的原因主要有：(1)专利权期限届满；(2)不缴纳专利年费；(3)放弃专利权；(4)无效宣告。兹分述之。

第一节 专利权期限届满

一、规定专利权期限的理由

以创造性成果为对象的知识产权大多规定了一定的期限。期限届满，权利也就终止。专利权也不例外。各国专利法和国际公约都规定专利权只能在一定时间内享有，这一点与有形财产领域的物权截然不同，被认为是专利权的特征。

所谓专利权期限，是指专利权具有法律效力的期限，即自生效到失效之间的法定时间。[①] 在该期限内，专利权人独占其实施权利，任何人未经许可，不得擅自实施专利技术。而专利权期限届满后，该技术或设计进入公有领域，任何人无须许可即可无偿使用。

---

① 谭启平：《专利制度研究》，法律出版社 2005 年版，第 238 页。

专利权规定一定期限的原因，可以归纳为以下几点。

1. 专利权是限制他人实施专利技术的权利。如果允许这种排他性的权利长期存在，则“工业界和一般公众将不堪忍受，技术进步和经济发展也将受到严重阻碍”。[①] 专利制度的存在历史表明，它是一柄双刃剑，既有鼓励发明创造、促进技术公开的积极作用，也有增大技术应用成本、在一定程度上限制技术推广传播的负面影响。规定一定期限是消解专利制度负面影响的一种方法。

2. 专利法律制度可以理解为专利权人和以政府为代表的社会之间的一项契约。专利权人公开其发明创造，而政府赋予专利权人垄断实施的权利。[②] 作为公开技术信息的对价，这种垄断性的排他权利应当限定在一定期限内。否则双方所负义务将失去平衡，专利权人所得与其付出不成比例。

3. 利益平衡是专利法的基本原则。[③] 利益平衡要求兼顾保护专利权和促进社会公共福利双重目标。无限期或者过长的专利被认为是有害公众利益的，因而不符合利益平衡原则。规定专利权期限，是对专利权的一种特殊限制，是实现利益平衡的手段。

4. 赋予专利权人垄断权利的一个重要原因是使专利权人可以从中获得经济报酬，以弥补其研发投入的资金。[④] 一定期限的专利权即足以实现这一目的，没有必要给予无限期的权利。

5. 专利制度本质上是一种技术信息私有的产权安排形式，但信息、技术、知识具有典型的公共产品属性，私有制从根本上说是与其公共产品属性不协调的。因此专利法规定一定的期限，在期限届满后使专利技术回归公有领域。

6. 这是由专利权保护对象的性质所决定。[⑤] 与物权以有形物为客体不同，专利权保护对象是技术信息。技术信息本质上具有公共产品的属性。人类社会对于技术信息有着广泛传播和自由使用的内在要求。虽然出于激励发明创造的目的，授予发明人一定期间的垄断权利，但这种以技术信息为对象的权利，不可能也不应该永续存在。

---

① 汤宗舜：《专利法教程》，法律出版社 2003 年版，第 191 页。

② 参见范长军：《德国专利法研究》，科学出版社 2010 年版，第 4 页；汤宗舜：《专利法教程》，法律出版社 2003 年版，第 13 页。

③ 关于知识产权法的利益平衡，参见冯晓青：《知识产权法利益平衡理论》，中国政法大学出版社 2006 年版。

④ 蒂娜·哈特：《知识产权法》，法律出版社 2003 年版，第 9 页。

⑤ 张玉敏：《知识产权法》，中国检察出版社 2002 年版，第 15 页。

二、专利权期限的立法例

1623年英国《垄断法规》规定的专利保护期限为授权之日起14年。其后各国专利法规定的保护期限并不一致,计算期限的起算时间也不一样。作为最低保护标准,《TRIPS协定》规定发明专利的保护期间最少应为自申请日起20年,而工业品外观设计的保护期间至少为10年。[①] 各缔约国有义务修改国内法达到这一标准。

现在各国关于发明专利保护期限的规定,大体有以下几种情况:自申请日起20年,如日本、法国、英国、美国,《欧洲专利合作条约》也作了类似规定;自申请之日的次日起算20年,如德国;自授权之日起20年,如澳大利亚。[②]

起算时间的不同处理,会造成实际保护期限的长短差异。以美国为例,在1995年以前其专利权的保护期限是自授权日起算17年,再加上其专利申请案在授权之日才公开,由此造成申请人总是想方设法拖延专利的审查和授权,以延长实际享有的保护期限。自《乌拉圭回合协议法》1995年6月8日生效后,其专利保护期限改为自申请日起20年。起算时间的改变,可以避免上述弊端。[③]

各国规定的实用新型保护期限比发明专利要短。如日本和法国规定的实用新型保护期限为申请日起6年;德国是自申请次日起10年。其原因在于,“实用新型的创作所需投资少,技术比较简单,经济价值也比较低,其专利权的期限不需要很长;另一方面,实用新型的期限长了,对他人创作新的实用新型和发明的自由有影响”。[④]

外观设计的保护期限一般会长一些。例如日本“外观设计的存续期间,自设定注册之日起算,15年终了”。[⑤] 德国外观设计的保护期限是自申请日起25年;[⑥]欧共体、英国、西班牙和我国香港地区的保护期为5年,但均可续展4次,

---

① 《TRIPS协定》第33条和第26条。

② 胡开忠主编:《知识产权法比较研究》,中国人民公安大学出版社2004年版,第319页。

③ 李明德:《美国知识产权法》,法律出版社2003年版,第55页。

④ 汤宗舜:《专利法教程》,法律出版社2003年版,第193页。

⑤ 杜颖、易继明:《日本专利法》,法律出版社2001年版,第144页。

⑥ 德国《外观设计改革法》第27条。

因而保护期最长可达25年。[①] 美国为自核发证书之日起14年。法国的保护期限为自申请日起25年,经注册人申明可以再延长25年。[②]

我国专利法规定,发明专利权的期限为20年,实用新型和外观设计专利权的保护期限为10年,均自申请日起计算。这一规定已经达到《TRIPS协定》的要求,但仍然有改进的余地。

其一,可以考虑延长外观设计的保护期限。很多国家通过允许续展使外观设计所能获得的实际保护期限达到了25年以上。我国目前的外观设计专利保护期规定为10年,且不能续展,相较而言几乎是最短的。从实际效果来看,10年的保护期限也不敷其用。好的外观设计如同商标一样,不仅能帮助消费者识别商品,而且能培养消费者持久的偏好,其市场存续周期可能不止10年。规定更长的外观设计专利保护期限,可以鼓励企业设计更多好的外观设计,并且外观设计专利在产品上持续使用可以提高我国产品外观设计水平。[③] 作为对各方意见的回应,此次专利法修改《征求意见稿》规定的外观设计专利权的期限是15年。

其二,发明专利的保护期限没有准予延长的例外规定。这方面美国专利法的处理方式可资借鉴。对于人用药品、食品添加剂和兽药,如果由于食品与药品管理局的审查期限而延误了上市的时间,经专利权人向PTO提出申请,可以适当延长专利保护期,以补偿行政审查延误的时间。[④] 其他国家的专利法也有类似规定。1992年欧共体还专门颁布了《药品补充保护证书条例》,规定对于药品专利可以请求在专利期限届满之后的补充保护,"补充保护的期限为提出专利申请至第一次通过行政审批之间的时间减去5年所剩余的时间,但最高不超过5年"。[⑤] 而我国没有关于药品等特殊产品专利保护期延长的例外规定,可能使其获准上市后能够实际享有的保护期限过短。

---

① 吴观乐等:《外观设计专利的保护》,国家知识产权局条法司编:《〈专利法〉及〈专利法实施细则〉第三次修改专题研究报告》,知识产权出版社2006年版,第516页。

② 《法国知识产权法典》L.513-1条。

③ 有人提出允许续展,以延长外观设计专利保护期限的建议。(吴观乐等:《外观设计专利的保护》,国家知识产权局条法司编:《〈专利法〉及〈专利法实施细则〉第三次修改专题研究报告》,知识产权出版社2006年版,第549页。)

④ 李明德:《美国知识产权法》,法律出版社2003年版,第56页。

⑤ 范长军:《德国专利法研究》,科学技术出版社2010年版,第110页。

三、关于专利权期限的经济分析

1967年诺德豪斯提出了关于最优专利保护期限的经济分析模型，这个模型奠定了对专利制度进行经济学分析的基本框架。[①] 专利保护期限的延长可以激励更多的发明创造活动，从而增加整个社会的收益。但社会收益是以递减的速度增加的。另一方面，专利期限的延长会增加社会成本，包括两个方面，一是使用专利技术的人要支付更多的费用，二是更多的消费者剩余损失。而且社会成本增加的速度是递增的。政府确定的最佳专利保护期，应该使边际社会成本等于边际社会收益。

诺德豪斯模型的一个基本结论是，差别性的专利保护期更能增进社会福利，因此应对不同的技术提供不同的专利保护期限。这个观念得到许多经济学家的认同。现在的专利年费制度实际上在一定程度上起到了对经济效益不同的专利技术提供不同保护年限的作用。科尔内利和尚克曼则将不对称信息引入其模型，不仅论证了对不同企业提供不同年限的专利保护有利于增进社会福利，而且还提出了实施这一制度改进的思路，即提供一份由不同的专利保护期和专利费组合而成的菜单，让各个企业自己决定是否延长专利保护期。[②]

四、保护期届满之前专利权消灭

(一)未缴纳专利年费

缴纳年费是专利权人的一项义务，专利权人应当自被授予专利权的当年开始逐年缴纳年费。如果不按照规定缴纳年费，专利权将在期限届满前终止。专利法中的年费制度，既可以减轻财政负担，也可以鼓励专利权人实施专利技术，还可以淘汰掉一批没有市场价值的专利。[③]

缴纳年费的时间，依《专利审查指南》的规定，除授予专利权当年的年费应当在办理登记手续的同时缴纳外，以后的年费应当在前一年度期满前一个月内缴纳。例如一件专利的申请日是1997年6月3日，如果该专利申请于2001年8

① 吴欣望:《专利经济学》，科学文献出版社2005年版，第3页以下。

② William D. Nordhaus, *Invention, Growth, and Welfare: A Theoretical Treatment of Technological Change*, Cambridge, MA: MIT Press, 1969).

③ 谭启平:《专利制度研究》，法律出版社2005年版，第242～243页。

月1日被授予专利权，在办理登记手续时已缴纳了第5年度年费，那么该专利权人应当在2002年5月3日至6月3日之间按第6年度年费标准缴纳第6年度年费。[1]

专利权人未按时缴纳年费或者缴纳的数额不足时，国务院专利行政部门应当通知专利权人自应当缴纳年费期满之日起6个月内补缴，并应缴纳规定数额的滞纳金。专利年费滞纳期满仍未缴纳或者缴足专利年费或者滞纳金的，自滞纳期满之日起两个月后审查员应当发出专利权终止通知书。专利权人未启动恢复程序或者恢复权利请求未被批准的，专利局应当在终止通知书发出四个月后，在专利公报上公告。并将专利申请文档转入失效文档库。专利权终止日应当是上一年度期限届满日。[2]

（二）专利权人放弃专利权

专利权是私权，权利人可以依自主意思处分其权利——包括放弃专利权；但放弃专利权需要采取特定形式。否则，不发生法律效力。依照《专利审查指南》的规定，专利权人主动放弃专利权的，应当提出书面声明。主动放弃专利权的声明不得附有任何条件。放弃专利权的，只能放弃一件专利权的全部，放弃部分专利权的声明视为未提出。[3] 因未缴纳年费或者放弃专利权专利消灭的，均应将有关事项在专利登记簿和专利公报上登记和公告。

五、专利权消灭的法律效果

若专利权因上述原因消灭，专利权自消灭时即不复存在。法律对他人使用专利技术和设计的种种限制由此宣告解除。一度处于专利权人垄断状态的技术和设计，回归公有领域。知识和信息具有公共产品的禀性，“灯塔效应”表现得尤其明显。私有的专利制度安排虽然能发挥激励功能，但也与其公共产品的属性产生种种矛盾。专利权的消灭，科学技术重新被公有公用，是向其公共产品禀性的回归，其意义犹如鱼入大海。

专利权消灭后，原权利人不得再向他人就该技术的利用收取许可使用费。约定专利权消灭后继续支付许可使用费的专利许可合同无效。美国法院在1964年的Brulotte v. Thys Co一案的判决中指出，在专利权届满后不应再支付

---

① 《专利审查指南》第五部分第九章2.2.1.2。

② 《专利审查指南》第五部分第九章2.2.2。

③ 《专利审查指南》第五部分第九章2.3。

权利使用金,合同自由原则不应否定专利法规定的“有限的保护期”。[①]

第二节 专利权的无效宣告

对于实用新型和外观设计专利申请,专利局不进行实质审查。因此,在已授权的实用新型和外观设计专利中必然有一部分不符合专利法规定的专利实质条件。发明专利申请虽然经过了实质审查,但审查员有发生误判的可能,已授权的发明专利中也存在不符合专利法规定的授权标准的情况。为此,专利法规定了无效宣告程序以资补救。我国《专利法》第 45 条规定:“自专利局公告授予专利权之日起,任何单位或者个人认为该专利权的授予不符合专利法规定的,可以请求专利复审委员会宣告该专利权无效。”

一、无效宣告程序的启动

(一)启动的时间

启动无效宣告程序的时间应该是在专利公告授权之后。如果提出的无效宣告请求不是针对已经公告授权的专利,专利局将不予受理。无效宣告请求不一定在专利权有效期内提出,请求人也可以针对已经终止或者放弃的专利权提出无效宣告请求。[②] 例如,在专利权终止后,原权利人请求支付专利权终止前发生的许可使用费,此时被许可人可以请求宣告该专利权无效,以为抗辩之理由。[③]

(二)启动的主体资格

专利法的用语是“任何单位和个人”都可以提出无效宣告请求。此处之单位和个人,包括法人、自然人和其他组织,需具备民事诉讼法上之主体资格。[④] 如外国公司在我国之常驻代表机构,并非适格的无效宣告请求人。[⑤] 专利权人亦可请求宣告自己的专利权无效,但受到一定限制。《专利审查指南》规定,“专利权人针对其专利权提出无效宣告请求且请求宣告专利权全部无效、所提交的证

① 李明德:《美国知识产权法》,法律出版社 2003 年版,第 57 页。

② 《专利审查指南》第四部分第三章 3.1。

③ 汤宗舜:《专利法教程》,法律出版社 2003 年版,第 197 页。

④ 《专利审查指南》第四部分第三章 3.1。

⑤ (2002)一中行初字第 137 号判决书。

据不是公开出版物或者请求人不是共有专利权的所有专利权人的”，其无效宣告请求不予受理。[①]

(三)启动的理由

请求宣告专利权无效只能基于法定事由，包括[②]：专利主题(paten subject)不属于发明、实用新型或外观设计；专利主题违反国家法律、有悖社会公德、妨害公共利益；依赖遗传资源完成的发明创造，该遗传资源的获取、利用违反法律规定；专利主题属于《专利法》第 25 条规定不授予专利权的情况；不符合专利授权的实质条件，即发明、实用新型专利不具备新颖性、创造性和实用性，外观设计专利不具备新颖性或者与他人在先取得的合法权利相冲突；发明或者实用新型说明书没有达到充分公开标准；权利要求书没有以说明书为依据；权利要求书不符合“以说明书为依据，清楚、简要地限定要求专利保护范围”这一条件；独立权利要求不符合《专利法实施细则》第 20 条第 2 款之要求；修改时超出原申请记载的范围；向外国申请专利没有履行保密审查程序。

如果请求宣告无效的理由不在上述范围之列，专利复审委员会不予受理。例如不能以专利权归属存在争议为理由提出无效宣告请求，也不能以专利主题违反单一性为理由提出无效宣告请求。

二、无效宣告的审查程序

(一)无效宣告的审查机关

在我国，无效宣告的审查机关为专利复审委员会。《专利法》第 41 条规定，“国务院专利行政部门设立专利复审委员会”。国家知识产权局是我国的专利行政机关，专利局受国家知识产权局的委托行使专利申请的受理和审批职权；专利复审委员会则是国家知识产权局设立的独立的事业单位法人，它行使复审和无效宣告请求的审查两项职能，相关决定均以自己的名义做出。

(二)无效宣告的审查原则

专利复审委对无效宣告案件进行审查时应遵循下述原则：一事不再理原则、当事人处置原则、保密原则。所谓一事不再理原则，是指“对已作出审查决定的无效宣告案件涉及的专利权，以同样的理由和证据再次提出无效宣告请求的，不

---

① 《专利审查指南》第四部分第三章 3.2。

② 参见汤宗舜：《专利法教程》，法律出版社 2002 年版，第 197 页；《专利法》第 45 条；《专利法实施细则》第 65 条第 2 款。

予受理和审理”。所谓当事人处置原则,是指专利无效宣告程序中,允许双方当事人自行和解,允许请求人放弃全部或者部分无效宣告理由及证据,也允许专利权人放弃从属权利要求或者针对请求人提出的无效宣告请求主动缩小专利权保护范围。所谓保密原则,是指“在作出审查决定之前,合议组的成员不得私自将自己、其他合议组成员、负责审批的主任委员或者副主任委员对该案件的观点明示或者暗示给任何一方当事人”。①

(三)无效宣告的审查流程

专利复审委员会收到无效宣告请求书后,首先对其进行形式审查。对形式审查合格者,专利复审委员会予以受理;由三或五人组成合议组审查无效宣告请求案件。针对不同情形,可以采取不同的审查方式:经过书面审查后即做出审查决定;或者在有必要时进行口头审理,然后再做出审查决定。

(四)审查决定

专利复审委员会对无效宣告请求的理由和证据进行审查,在考虑双方陈述意见的基础上,对请求作出“专利权无效”“专利权部分无效”或者“维持专利权有效”的不同决定。“宣告专利权无效的决定,由国务院专利行政部门登记和公告。”②

三、无效宣告的法律效力

首先,专利复审委员会的审查决定并非终局裁决。我国《专利法》规定,请求人或被请求人对专利复审委员会宣告专利权无效或维持专利权的决定不服,均可以自收到通知之日起三个月内向人民法院起诉。③ 这体现了“司法最终裁决”的原则。《TRIPS 协定》第 62 条第 5 款明确提出了按照知识产权无效或撤销程序作出的行政决定,“均应接受司法或准司法当局的审查”的要求。为符合《TRIPS 协定》的上述规定,2000 年修改的《专利法》删除了专利复审委员会关于实用新型和外观设计专利的无效宣告决定系终局决定的规定,规定对专利复审委员会宣告专利权无效或者维持专利权的决定不服的,均可自收到通知之日起三个月内向法院起诉。

其次,无效宣告决定具有溯及力,“宣告无效的专利权视为自始即不存在”。

① 《专利审查指南》第四部分第三章 2.1、2.2、2.3。

② 《专利法》第 46 条第 1 款。

③ 《专利法》第 46 条第 2 款。

之所以如此规定，是因为“如果在授权以前已经发现后来在无效宣告程序中所提出的事实和证据，本来是不会授予专利权的。因此专利权被宣告无效后，任何人实施其发明创造就无须得到专利权人的许可。如果专利权人原来已经许可他人实施其专利的，专利权被宣告无效后被许可人即可停止支付使用费，即使在专利权被宣告无效前应支付而尚未支付的，也可以停止支付”。[①]

专利权无效宣告决定存在不具有追溯效力的例外情形，包括：(1)在宣告专利权无效前人民法院作出并已执行的专利侵权的判决、调解书；(2)已经履行或者强制执行的专利侵权纠纷处理决定；(3)已经履行的专利实施许可合同和专利权转让合同。[②]《专利法》亦规定，如果依前述规定无溯及力，使原专利权人不必返还专利侵权赔偿金、专利使用费、专利权转让费，“明显违反公平原则”，那么原专利权人应当全部或者部分返还专利侵权赔偿金、专利使用费或专利权转让费。[③]

我国专利法关于无效宣告溯及力问题的上述规定，语意曲折、意象复杂，不易把握；且多含混之处，造成实际适用的困难，不符合法律形式伦理上清晰性的要求。[④] 例如，是否有溯及力以判决、合同等是否已经执行或履行为标准，但执行或者履行也有一个过程，如果是处于执行、履行过程中或者部分履行或执行，则将如何？又如，以“公平原则”这样一个一般性条款诉诸法官的伦理判断自无不可[⑤]，但何谓“明显违反公平原则”？若无判例将其类型化以为支撑，法官适用该条款时会感到“无法操作或者具有无限大的操作余地”。也有人批评上述规定忽略了专利法与民法基本制度的衔接。[⑥] 确实，专利法并非能自立于民法之外，思考专利法问题也应该放在民法体系之下，以民法的思维方法关照之，以民法的

---

① 汤宗舜：《专利法教程》，法律出版社 2002 年版，第 201 页。

② 《专利法》第 47 条第 2 款规定，此种情况下因专利权人的恶意给他人造成损失的，应当给予赔偿。

③ 《专利法》第 47 条。

④ 胡波：《专利法的伦理基础》，华中科技大学出版社 2011 年版，第 138 页。

⑤ 关于专利法适用中的伦理因素、一般性条款和不确定概念的伦理蕴含，参见上引胡波书，第 36～39 页。

⑥ 李扬：《重塑整体性知识产权法——以民法为核心》，载《科技与法律》2006 年第 3 期。李杨提出了知识产权法与民法原理如何衔接这样一个重要问题，但李杨关于该条款应该如何规定的具体建议，本书作者并不赞同。

语汇描述之，此乃专利法形式伦理性体系化之要求。[①]

四、无效宣告程序的性质

无效宣告程序的法律性质如何？一种观点认为，无效宣告程序是行政程序，无效宣告决定是具体行政行为，“是根据请求人的请求，审查专利局授予的某个专利权是否符合专利法的程序，并不是请求人对专利权人的控告程序”。专利权人在无效宣告程序中的地位仅仅是第三人；因其与无效宣告请求有直接利害关系，专利复审委员会通知其参与程序。如果依此理解无效宣告程序，向法院起诉的后续诉讼程序即为对具体行政行为提起的行政诉讼。该诉讼以专利复审委员会为被告，无效宣告程序中的对方当事人作为第三人。[②] 我国现行专利法即依循此种观点。

另一种观点认为，“无效宣告程序是一种带有民事争议性质的程序，即请求人与专利权人之间就专利权这种民事财产权利的独占范围而产生的一种争议，专利复审委实际上是居中裁决的角色，属于行政机关的行政裁决制度的一种”。[③] 无效宣告程序所处理者，实际为请求人与专利权人之间的民事争议。持此观点者主张，就无效宣告决定提起的诉讼亦为民事诉讼。该诉讼列无效宣告程序中的对方当事人为被告，专利复审委员会并非被告，在必要时可以证人或第三人的身份参加诉讼。

关于无效宣告程序性质的争议，实际意义在于无效宣告的后续司法救济程序应该依循行政诉讼程序还是民事诉讼程序处理。我国现行做法是当作行政诉讼，把专利复审委员会列为被告，无效宣告的对方当事人列为第三人。但这种处

---

① 胡波：《专利法的伦理基础》，华中科技大学出版社 2011 年版，第 134 页以下。另外可参考德国对此问题的处理：专利被宣告无效，专利的效力视为一开始即未发生。专利授予之后、终止之前实施发明的行为，不视为侵害专利权的行为，产生的不作为或损害赔偿请求权有溯及力地消灭。对于在公布专利申请与授予专利决定期间实施发明的行为，不产生补偿请求权。被判决侵害专利权的，根据《民事诉讼法》第 767 条可以针对判决提起执行异议之诉。已经履行判决的可以依据民法典第 812 条至 822 条以不当得利要求返还。但是，宣告无效之前的许可合同，并不视为自始无效。范长军：《德国专利法研究》，科学技术出版社 2010 年版，第 113 页。

② 汤宗舜：《专利法教程》，法律出版社 2002 年版，第 200～201 页。

③ 董巍等：《无效宣告诉讼程序的性质》，国家知识产权局条法司编：《专利法及专利法实施细则第三次修改研究报告》（中卷），知识产权出版社 2006 年版，第 804 页。

理方式带来一些问题，困扰着专利法实践，如无效宣告程序与无效诉讼程序适用法律和审理模式不一致，专利纠纷解决程序冗长，专利效力长期不稳定，专利复审委应诉压力大，专利复审委充当无效诉讼程序的被告带来的角色错位，专利行政诉讼中的和解困境，法院内部不同审判庭审理结果和审判方式不统一等。[①]为解决上述问题，不少人提出改专利无效宣告的后续诉讼程序为民事诉讼程序的建议。[②] 此种处理方式确实可以化解部分问题，但 2008 年《专利法》修改未予以回应。

五、无效宣告程序与专利侵权诉讼程序的协调

在专利侵权诉讼案件中，被告常常启动专利无效宣告程序，以达到抗辩原告侵权诉求的目的。如何协调专利复审委员会进行的无效宣告审查程序与法院进行的专利侵权诉讼程序，是个困难的问题。如果侵权诉讼程序中止审理，等待无效宣告程序完结，往往造成专利侵权案件久拖不决，不利于充分有效地保护专利权。如果不顾无效宣告程序，直接对专利侵权案件进行审理和判决，专利一旦被宣告无效也造成不妥当的局面。最高人民法院在《关于审理专利纠纷案件适用法律问题的若干规定》中区别情况，做出不同处理：[③]对于实用新型、外观设计专利侵权纠纷案件，被告在答辩期内提出无效宣告请求的，原则上应当中止诉讼；答辩期满后提起无效宣告请求的，一般不中止审理。对于侵犯发明专利权纠纷案件或者经专利复审委员会审查维持专利权的侵犯实用新型、外观设计专利权纠纷案件，人民法院可以不中止诉讼。

思考和讨论：

1. 为什么要对专利权规定一定的期限？目前专利权期限的规定有什么问题？应当如何克服或者化解？

2. 法院在审理专利侵权案件时能否直接对专利权的效力作出认定(如认为其不具备新颖性，不符合授权条件)？在此问题上有哪些不同的立法例？各有何利弊？

---

① 李携等：《无效宣告请求诉讼程序的性质》，国家知识产权局条法司编：《专利法及专利法实施细则第三次修改研究报告》(中卷)，知识产权出版社 2006 年版，第 756 页。

② 如程永顺：《无效宣告请求诉讼程序的性质》，国家知识产权局条法司编：《专利法及专利法实施细则第三次修改研究报告》(中卷)，知识产权出版社 2006 年版，第 739～740 页。

③ 《最高人民法院关于审理专利纠纷案件适用法律问题的若干规定》第 8 条至第 11 条。

第十章 >> 侵犯专利权的行为

本章导读：专利权是绝对权，在专利权有效期内，未经专利权人许可，以生产经营为目的实施专利且不具备阻却违法性的法定理由时，就有可能构成侵犯专利权的行为。本章介绍侵犯专利权的行为类型和特征，重点研讨侵犯专利权的判定原理和操作性规则。难点和重点在于侵犯专利权具体判定规则的理解与适用，如何确定专利权的保护范围，进而将被控侵权产品所用技术或设计与之比对，最终以"全面覆盖原则"或"等同原则"判定是否构成侵权行为。对此相关的案例支持和理论著述，可以查阅美国、日本和欧盟的相关判例及法律规定，并参阅尹新天《专利权的保护》(第二版)、最高人民法院《知识产权审判案例指导》(第1—5辑)。

第一节 侵犯专利权行为的分类和构成要件

侵犯专利权的行为也被简称为专利侵权，是指在专利权有效期限内，未经专利权人许可，以生产经营为目的实施其专利的行为，且该行为不具备阻却违法性的法定理由。侵犯专利权行为的判定，是专利权司法和行政保护的核心业务和中心环节。侵犯专利权的行为成立与否，决定着行为人是否应当承担民事责任以及承担何种民事责任。在司法实践中，侵权纠纷构成专利权民事纠纷的主要部分。无论是在司法裁判还是行政处理程序中，侵犯专利权的判定均依循相同的法律原则和推理方法；在制度结构意义上，侵犯专利权判定规则还保持着与专利授权条件的一致性和对称性。根据专利权内部权利体系构造的不同，侵犯专利权行为的主要形式及其判定过程则呈现出与其他知识产权不同的细节差异。按照现有法律规定，专利权权利体系大致呈现出依循市场交易环节的纵向构造，即包括制造、生产、进口、广告、销售及使用等。无论处于何种交易环节，侵犯专利权的判定都必须通过被控侵权行为指向的对象与权利要求技术特征对比才能完成。对处于不同市场交易阶段的不同行为主体，例如制造者与销售者，专利法采取了不同的态度，承担不同程度的侵权责任。

一、侵犯专利权行为的分类

根据不同的标准，可以将侵犯专利权的行为分为不同类型。按照侵犯的权利类别进行划分，可分为侵犯发明专利权的行为、侵犯实用新型专利权的行为、侵犯外观设计专利权的行为等。这一分类主要侧重于司法审判、行政执法、中介服务等事务管理领域的运用，具有简单明了的作用。此外，司法实践还有依照技术所属行业对侵权行为进行分类的做法，例如机械、电学、通信、医药生物、化学、光电技术、材料工程等。如果按照侵权行为发生的交易环节进行划分，则可以分为侵犯制造权、侵犯进口权、侵犯许诺销售权、侵犯销售权、侵犯使用权等侵权行为。在法学理论上，按照侵权行为是否包含第三人行为介入的标准，则可分为直接侵权和间接侵权。按照一项侵权行为是由一人完成还是由多人完成的标准，则可分为单独侵权行为和共同侵权行为。

(一)按交易环节划分的侵权类型

任何侵犯专利权的行为都发生于一个或多个交易环节之中，因此，可以以侵权行为所处的交易环节为标准，对侵犯专利权的行为进行分类。这种分类具有直观、易于掌握的特点，对于专利法的学习和司法实践都具有重要的意义。

《专利法》第 11 条规定："发明和实用新型专利权被授予后，除本法另有规定的以外，任何单位或者个人未经专利权人许可，都不得实施其专利，即不得为生产经营目的制造、使用、许诺销售、销售、进口其专利产品，或者使用其专利方法以及使用、许诺销售、销售、进口依照该专利方法直接获得的产品。外观设计专利权被授予后，任何单位或者个人未经专利权人许可，都不得实施其专利，即不得为生产经营目的制造、许诺销售、销售、进口其外观设计产品。"按此规定，凡未经许可实施他人专利的行为，都属于侵犯专利权的行为，法律另有规定者除外。具体而言，按照侵犯专利权的行为发生于交易的何种环节，可以将侵犯专利权的行为分为以下类型。

1. 未经许可制造专利产品的行为。制造专利产品，对于发明专利和实用新型专利而言，是指做出或者形成具有专利权利要求所记载的全部技术特征的产品；对于外观设计专利而言，是指做出或者形成采用外观设计专利的图片或者照片所表示的设计方案的产品。由于产品专利保护的是产品，只要被控侵权人制造出专利产品，不管该产品是用什么方法制造出来的，都构成对他人专利权的侵害。

2. 未经许可使用专利产品的行为。对于产品专利而言，使用专利产品是指利用专利产品，使其技术功能得到应用。使用专利产品的方式通常有以下几种：(1)直接利用专利产品，以获得其所能产生的效果，如利用专利取暖炉取暖；(2)利用专利产品作为手段制造其他产品，如利用专利机床制造机器零部件；(3)用专利产品作为零部件制造其他产品，如利用专利发动机制造汽车。使用专利产品构成侵权的一个条件是该专利产品是未经许可制造出来的，如果被使用的专利产品是经过专利权人许可制造并售出的，根据权利用尽原则(首次销售原则)，他人可自由使用，不发生侵权的问题。

对于使用专利产品，有两个问题需要特别加以讨论。一个是在权利要求中写入用途限定的产品发明专利，如何认定对专利产品的使用。如"转用发明"，即将一种与已知产品相同或相似的产品用于另一不同的领域或用途，能够产生令人意想不到的效果，在这种情况下，对产品用途的限定实际上已经成为专利能否授权的必要条件，此时，忽略用途特征就会不适当地扩大专利权的保护范围。因此，对此种专利产品，只有对在权利要求中记载的用途的使用，才构成《专利法》第 11 条规定的使用，对其他用途的使用，不构成《专利法》第 11 条规定的使用，即不构成对专利权的侵害。

另一个问题是外观设计专利产品的使用。外观设计专利权人没有禁止他人使用专利产品的权利，因此，未经许可使用他人外观设计专利产品的行为不构成侵犯他人专利权的行为；但是，将侵犯外观设计专利权的产品作为零部件，制造另一产品并销售的，属于《专利法》第 11 条规定的销售行为，但侵犯外观设计专利权的产品在该另一产品中仅具有技术功能的除外。

3. 未经许可使用专利方法以及依照该专利方法直接获得的产品的行为。未经许可使用他人的专利方法构成侵权是没有任何问题的。将对专利方法的保护延伸到依照专利方法直接获得的产品，则是方法专利效力的扩张，也是保护方法专利权人正当利益的需要。问题是应当如何理解依照专利方法直接获得的产品？根据《最高人民法院关于审理侵犯专利权纠纷案件的解释》，依照专利方法直接获得的产品是指使用专利方法获得的原始产品。对于原始产品再加工、处理获得的产品，以及利用原始产品所获得的后续产品，都不属于《专利法》第 11 条"依照专利方法直接获得的产品"。

4. 许诺销售专利产品以及依照专利方法直接获得的产品的行为。"许诺销售"来源于《TRIPS协定》第28条的"offering for sale"。欧洲各国在缔结《欧洲专利公约》的卢森堡会议上达成的共识认为,"offering"不应当被理解为合同法中的含义,而应当从商业活动的意义上理解,任何商业意义上的提供专利产品的意思表示都应当构成侵犯专利权的行为。① 美国认为可以理解为合同法中"销售要约"②。我国2000年修改《专利法》时采用了"许诺销售"来表达"offering for sale"的意思。2001年《最高人民法院关于审理专利纠纷案件适用法律问题的若干规定》对许诺销售进行了解释:"专利法第十一条、第六十三条所称的许诺销售,是指以做广告、在商店橱窗中陈列或者在展销会上展出等方式作出销售专利产品的意思表示。"许诺销售专利产品和依照专利方法直接获得的产品的行为,虽然没有直接销售专利产品,但是,具有侵犯专利权的潜在危险,如果必须等到实际发生销售行为专利权人才有权制止,不利于对专利权的保护。赋予专利权人禁止许诺销售专利产品的权利,可以有效制止侵权行为,降低维权成本。

需注意的是,2000年修法时,鉴于《TRIPS协定》没有对禁止许诺销售外观设计专利产品做出规定,所以,专利法没有赋予外观设计专利权人许诺销售权。2000年之后,我国外观设计专利权的数量快速增长,展会经济蓬勃发展,各种展览会、展销会、交易会上,侵犯外观设计专利权的情况突出起来。为了维护外观设计专利权人的合法权益,2008年修法时,明确规定了外观设计专利权人禁止许诺销售外观设计专利产品的权利。

5. 销售专利产品以及依照专利方法直接获得的产品的行为。在我国,销售相当于出卖。侵权产品不进入市场销售,就不会对专利权人的市场利益造成损害。因此,从最本质的意义上说,销售专利产品以及依照专利方法直接获得的产品的行为才是真正侵害专利权的行为。销售行为是一个过程,包括签订合同和履行合同。因此,究竟以完成什么行为作为实施了销售行为的争论没有多少实际意义。③ 我们认为,签订买卖合同和交付侵权货物的行为都属于销售专利产品的行为,构成侵权行为。

值得讨论的是,"销售"的表述是否准确表达了法律所要表达的意思。丹麦专利法采用的是"转移或者出借",荷兰专利法采用的是"出租、交付或者以任何其他形式进行交易",德国、瑞士、法国采用的是"投放市场",日本专利法采用的是"让渡、出租(包括为让渡、出租而展示)"的表述方式。我们认为,从立法本意

---

① 尹新天:《中国专利法详解》,知识产权出版社2011年版,第138～139页。

② 尹新天:《中国专利法详解》,知识产权出版社2011年版,第140页。

③ 尹新天:《中国专利法详解》,知识产权出版社2011年版,第148～150页。

或者从专利权人得禁止他人实施行为的范围来看，应不限于销售，出租、互易等交易形式也应在禁止之列。因此，对我国专利法规定的“销售”似应做广义的解释，即包括各种交易形式。

6. 进口专利产品以及依照专利方法直接获得的产品的行为。进口即从其他国家或者地区购买商品到国内。从国外进口专利产品或者依照专利方法直接获得的产品到国内销售的行为是否构成对国内专利权的侵犯，是一个值得讨论的问题。我国1984年和1992年《专利法》没有对此作出明确规定，学界对于专利产品售出后到底是专利权国内用尽还是国际用尽争论不休。2008年《专利法》修改时，利用《TRIPS协定》第6条关于“本协定的任何规定不得用于处理知识产权的权利用尽问题”的规定，以及2001年通过的《关于TRIPS协定与公共健康的宣言》的有关规定，在《专利法》第69条规定，专利产品或者依照专利方法直接获得的产品，由专利权人或者经其许可的单位、个人售出后，使用、许诺销售、销售、进口该产品的，不视为侵犯专利权。即肯定了专利权国际用尽，允许专利产品的平行进口。[①] 平行进口的条件是，进口的专利产品必须是经我国的专利权人或者经其许可的单位或者个人首次销售的。如果进口的专利产品不是经专利权人或者其许可的单位或个人首次销售的，则仍然构成对专利权人进口权的侵犯，后续的销售、使用行为也都是侵权行为。

如果专利产品的进口是合法的，那么，将进口产品投放国内市场，进行许诺销售、销售和使用的行为都是合法的。

以上各类行为的类型、特征和构成要件，详见专利权的内容部分。

专利法对未经许可实施专利的行为的规定是穷尽式的，只有进行了上述五种行为中的至少一种，才构成直接侵犯专利权的行为。如果进行的是五种行为之外的行为，则不构成直接侵犯专利权行为。例如，单独的设计行为，如果并未发生生产制造等实施行为，不构成侵权行为。举例而言，有人获得了一种新型机床的专利权，某设计单位未经专利权人许可，为他人设计绘制了实现该专利技术的机床零件图和总装图，由于设计行为不属于本条规定的上述五种行为之一，因此专利权人无权指控该设计单位直接侵犯了其专利权。至于该设计公司是否应当承担连带侵权责任的问题，则属于共同侵权的范畴，应当适用《民法通则》的有

① 国家知识产权局条法司编：《〈专利法〉第三次修改导读》，知识产权出版社2009年版，第87～88页。

关规定。①

(二)直接侵权和间接侵权

以侵权行为的成立是否必须有其他人行为的介入为判定标准,可以将侵犯知识产权的行为分为直接侵权行为和间接侵权行为。直接侵权行为是指行为人的行为直接侵害了权利人的知识产权,中间没有第三人行为的加入。直接侵权行为在司法实务中最为常见,构成知识产权侵权纠纷案件的主要类型。直接侵权的判定,通常需要考察该行为是否受到专有权利的控制,是否存在法定的免责事由。简单地讲,即要考察该行为是否直接造成对某一特定权利的损害。

间接侵权,是知识产权侵权理论领域中独特的概念和系统,是指行为人的行为并非直接地实施受知识产权专有权利控制的行为,但该行为与他人可能发生的直接侵权行为之间存在特定的联系,基于公共政策等非直接法律因素的考虑,法律将之规定为一种独立的侵权行为。构成间接侵权的各种行为都不在知识产权"专有权利"的控制范围以内,将其界定为侵权行为在客观上呈现出扩大知识产权保护范围的面貌。即间接侵权行为所涉及的都是非专利产品,但其行为会促使、甚至导致直接侵权行为的发生,故具有一定的规范必要性。但我国到目前为止,专利法并没有间接侵权的规定。

专利间接侵权原则来源于美国判例法,1871 年对 Wallace v. Holmes 一案的判决第一次在美国明确地认定他人制造或者销售用于专利装置或者专利方法的非专利部件也可以被认定为侵犯专利权的行为。1952 年的美国《专利法》第 271 条(c)对间接侵权行为的主要类型进行了规定:任何人在美国销售专利装置、组合品或组合物的部件,或者用于实施一项专利方法的材料或装置,如果他明知这样的部件、材料或装置是为侵犯专利权而专门制造的或专门改造的,而且这样的部件、材料或装置不是一种常用商品或者具有实质性非侵权用途的商品,则应当承担连带侵权责任。

对间接侵犯专利权行为类型的准确把握,需要弄清楚"常用商品"和"实质性非侵权用途"的含义。根据《韦氏大辞典》的解释,"常用商品"是指以定期或大量的方式为批发市场所生产的商品。② 该解释能让我们大概理解"常用商品"的含

① 《民法通则》第 130 条规定:"二人以上共同侵权造成他人损害的,应当承担连带责任。"在司法实务中,专利权人常有将被控侵权产品设计方一并起诉的情况。参见山东省高级人民法院(2008)鲁民三终字第 59 号民事判决书。

② *Webster's Third International Dictionary*, Springfield, MA: G & C. Merriam Co., p. 2225.

义,但却无法了解其准确定义。“实质性非侵权用途”是指只要被控侵权人能够证明其产品具有任何一种实际的非侵权用途,就可以推翻专利权人提出的间接侵权指控。[①] 美国第五巡回上诉法院 1963 年作出的一份判决给出了如何认定“非侵权用途”的例子。该案涉及一种用于修补无内胎车轮的装置,专利权人指控被控侵权人销售用于该装置的橡胶栓塞的行为构成了间接侵权。被控侵权人争辩其销售的橡胶栓塞还可以用于修补普通车轮的工具。但经法庭调查发现,尽管被控侵权人销售的橡胶栓塞从理论上可以用于修补普通车轮的工具,但是其成本是采用普通栓塞进行修理的三倍,并且该领域的有关证人指出,直到该案预审过程中被控侵权人演示的用途他们从来没有听说过。据此,法院认定这种用途是事后杜撰出来的。

日本《专利法》第 101 条对间接侵权的行为类型作出了规定:(1)对于产品专利权来说,在商业过程中制造、出让、租借、为了出让或租借目的而出示,或者进口仅仅只能用于制造该产品的物品;(2)对于方法专利权来说,在商业过程中制造、出让、租借、为了出让或租借目的而出示,或者进口仅仅只能用于实施专利方法的物品。日本的专利法与美国专利法规定相比,将间接侵权行为类型严格限定为“仅仅只能用于制造该产品的物品”,这意味着只要被控侵权人提供的物品具有任何其他的实际用途,则不构成间接侵权。关于“具有实际用途”的含义,日本大阪地方法院 1979 年 2 月 16 日作出的一份判决中指出,“在讨论有关物品是否具有其他用途时,仅仅举出物品的实验性用途或一时性用途是不充分的,必须要从商业角度看是否具有实用价值的用途,这种用途应当具有被人们所承认的通用性”。[②]

《欧共体专利公约》第 26 条“禁止对发明的间接利用”对间接侵权的行为类型作出具体规定:1. 欧共体专利赋予其专利权人如下的权利,即禁止任何第三人未经许可而在成员领土范围内向无权利用该专利发明的人提供或者许诺提供与专利发明的实质性特征有关的产品,用于实施该专利发明,其条件是所述第三人明知或实际情况表明明显应知这样的产品适合用于并且本意就在于用于实施该专利发明;2. 如果上面所述的产品是一种常用的商品,则不属于 1 中所规定的情况,除非是第三人诱导被提供者作出公约第 25 条规定的行为。《欧共体专利公约》与美国专利法相比:(1)欧洲的专利法所规定的间接侵权行为并不以“促

---

① 尹新天:《专利权的保护》,知识产权出版社 2008 年第 2 版,第 521 页。

② 鸿常夫:《日本专利判例精选》,张遵逵、郝庆芬译,专利文献出版社 1991 年版,第 278~292 页。

使、导致直接侵权行为”为前提；(2)将提供或许诺提供常用商品的行为也纳入可能构成间接侵权行为的范围；(3)被控侵权人提供或许诺提供的产品应当与专利发明的实质性特征相关，美国和日本并不要求构成间接侵权行为的产品是专利技术核心部分，辅助部分也可以。

我国在理论研究和制度设计中，专利间接侵权一般是指未经专利权人的同意，以间接的方式实施其发明创造的行为。该间接行为本身并不符合传统意义侵权行为的判定要件，但鼓励、怂恿、教唆、帮助别人实施专利侵权行为。[①] 考察美国、日本和欧洲国家的做法，最为典型的专利间接侵权行为表现为“故意制造、销售、进口只能用于专利产品的关键部件”，并不包括除此之外的教唆、帮助行为。我国早期的司法实务中，也有将故意制造、进口、销售只能用于专利产品的关键部件视为侵犯专利权的判例，如山西省高院曾在判决书中认为：“上诉人所发明的磁镜式直流电弧炉是经中华人民共和国专利局授权的有效专利，在该专利有效期限内，被上诉人太原电子系统工程公司未经专利权人许可，客观上实施了为直接侵权人加工该专利产品核心内容的专用部件激磁线圈，主观上具有诱导他人直接侵权的故意，而且被上诉人的行为与直接侵权有明显的因果关系，故已构成了对上诉人 85203717 号专利的间接侵权。”[②]广东法院也曾经认为：“由于该侵权产品的部件为被告加工生产，依据专利间接侵权的法律特征，被告帮助生产销售只能用于侵权产品的部件及使用侵权产品的模具属于间接侵权。”[③]

专利间接侵权行为是否具备独立性，以及法律是否应对其进行规制等问题，在学术讨论和立法过程中都产生极大争议。2000 年对《专利法》进行第二次修订时，国家知识产权局在向国务院提交的修改草案建议稿中曾经写入“禁止间接侵权”的条款。但考虑到《TRIPS 协定》没有规定专利间接侵权，我国不宜提供超过该协定标准的保护力度，因此最终删除该建议条款。2006 年底，第三次修订《专利法》的送审稿中，同样也没有写入“禁止间接侵权”的条款。国家知识产权局对此给予解释：“在《专利法》中增加制止专利间接侵权行为的规定，实质上是将对专利权的保护扩大到与专利技术相关，但其本身并未获得专利权的产品。因此，专利间接侵权问题已经落入专利权人利益与公众利益之间十分敏感的灰

---

① 田力普：《关于专利保护与专利侵权中若干基本问题研究》，载《专利法研究》，知识产权出版社 1995 年版，第 69 页。

② 山西省高级人民法院(1993)晋经终字第 152 号民事判决书。

③ 广东省佛山市中级人民法院(1998)佛中法知初字第 17 号民事判决书、广东省高级人民法院(1998)粤终知字第 23 号民事判决书。

色区域，有关规则的制定和适用略有不当，就会损害公众自由使用现有技术的权利。考虑到上述因素，并考虑到专利权人可以通过向直接侵权人主张权利而获得保护，且可以依据《民法通则》有关共同侵权的规定追究有关人员的连带责任，我局认为目前在《专利法》中规定专利间接侵权的时机尚不成熟。"[①]

（三）单独侵权与共同侵权

按侵权行为由一人完成还是由多人完成，可将侵犯专利权的行为分为单独侵权行为和共同侵权行为。单独侵权行为是行为人一人实施的致人损害的行为，而共同侵权行为是指多人共同致人损害的行为。在理论上，广义的共同侵权行为分为共同加害行为和共同危险行为，共同加害行为即狭义的共同侵权行为。[②] 关于共同加害行为的成立，是否以各个行为人间存在"意思联络"为要件，存在分歧。多数学者主张，只要有"行为上的关联性"和"结果的统一性"，即可成立共同加害行为，而不要求有"意思联络"。

《侵权责任法》对有"意思联络"的共同侵权行为和"行为关联"的共同侵权行为做出了区别规定。第 8 条规定："二人以上共同实施侵权行为，造成他人损害的，应当承担连带责任。"所谓"共同实施"，指行为人就侵权行为实施有"意思联络"。若无"意思联络"，不得称为"共同实施"。[③] 第 11 条规定："二人以上分别实施侵权行为造成同一损害，每个人的侵权行为都足以造成全部损害的，行为人承担连带责任。"第 12 条规定："二人以上分别实施侵权行为造成同一损害，能够确定责任大小的，各自承担相应的责任；难以确定责任大小的，平均承担赔偿责任。"所谓"二人以上分别实施侵权行为造成同一损害"，相当于日本和我国台湾地区法院判例所谓"行为关联共同"或"客观共同"。所谓"分别实施"，指行为人之间不存在"意思联络"、各自分别实施侵权行为。按照《侵权责任法》第 11 条和 12 条的规定，"分别实施"的侵权行为造成同一损害的情况下，只有在每个人的行为都足以造成全部损害时，行为人才承担连带责任；如果并非每个人的行为都足以造成全部损害，能够确定各人责任大小的，各自承担相应的责任，难以确定各人责任大小的，平均承担赔偿责任。

《侵权责任法》将教唆和帮助行为规定为共同侵权行为，该法第 9 条规定："教唆、帮助他人实施侵权行为的，应当与行为人承担连带责任。"即教唆、帮助不

---

① 国家知识产权局条法司：《专利法研究》，知识产权出版社 2008 年版，第 430 页。

② 下文若未特别说明，所有共同侵权的表述均指狭义的概念。

③ 梁慧星：《中国民事立法评说：民法典、物权法、侵权责任法》，法律出版社 2010 年版，第 352 页。

是一种独立的侵权行为，它必须与被教唆、帮助人实施的侵权行为相结合，才能构成一个完整的侵权行为，并与行为人一起承担连带责任。这是侵权责任法规定的帮助、教唆行为在性质上与知识产权领域中所谓间接侵权的区别。

二、侵犯专利权行为的构成要件

以上讨论了侵害专利权的行为类型。但是，并非实施了上述行为就一定构成对专利权的侵犯。一个行为构成对专利权的侵犯，必须具备侵害的客体是有效的专利权、以生产经营为目的和未经权利人授权三个要件。至于过错、因果关系等则是确定责任时应当考虑的问题。

(一)侵害的客体是专利权

顾名思义，侵犯专利权行为侵害的客体是专利权，即在被控侵权行为发生时处于有效状态的专利权。在侵犯专利权诉讼案件中，原告必须先行证明其主张的专利权是有效权利。这包括两个方面的证据：一是国家知识产权局授予的专利证书，并证明侵权行为发生时该专利权未超过法律规定的保护期；二是原告缴纳专利维持费即年费的凭证。实施已经过了保护期或者被宣告无效或者被放弃的专利，不构成侵犯专利权的行为。

侵犯专利权的行为损害了专利权人的合法利益，行为的法律后果表现为仅承担民事责任。因此，侵犯专利权的行为是典型的民事侵权行为，这一点区别于假冒专利的行为。假冒专利行为包括假冒他人专利行为和冒充专利行为，前者既侵犯了他人的专利权，也侵害消费者的利益；后者未侵犯特定专利权人的权利，但侵犯了国家专利管理秩序和消费者的利益。从本质上看，假冒他人专利与冒充专利都是作假欺骗行为，即冒用专利号或者专利标记，借用专利名义欺骗公众，损害公共利益、扰乱正常市场秩序。据此，假冒专利行为的法律后果表现为承担行政责任甚至刑事责任。

需要注意的是，根据“早期公开、迟延审查”制度，发明专利保护还存在临时保护的问题。《专利法》第 13 条规定，发明专利申请公布后，申请人可以要求实施其发明的单位或者个人支付适当的费用。他人在发明申请公布日至专利权生效日之间的临时保护期内未经许可而实施同样的发明创造，在性质上不属于“侵犯专利权”的行为。该行为侵犯的客体并非已经公告授予的专利权，发明人只能在授权之后向实施者要求支付适当费用，在未授权之前则无权要求实施者停止实施、赔偿损失，这也被称为“事后追责”模式。但如果实施者在授权之后持续实施行为,则构成侵犯专利权的行为。[①]

(二)以生产经营为目的

侵犯专利权的行为必须以生产经营为目的,非生产经营目的的实施行为,不构成侵犯专利权的行为。生产,是指工农业生产。经营,是指商业、服务业,也包括一些事业的经营,有以营利为目的的,也有不以营利为目的的,如环境保护、气象预报、道路和航道的维护等。所以"以生产经营为目的",不能仅仅理解为"以营利为目的"。[②] 在实践中,不以生产经营为目的的专利实施行为主要有:一是专为科学研究和实验而实施专利,二是个人自用或为家庭使用而实施专利。前者《专利法》明文规定为"不视为侵犯专利权"的行为之一,后者则是知识产权领域中典型的侵权例外,即"个人使用行为"。个人使用并不包含企业法人等非自然人的使用行为。在工业化大规模、技术专业化生产的背景下,从经济成本角度考虑,自然人的个人使用实际上并不会侵占专利权人的多少市场利益,这与互联网时代"作品个人使用"对权利人市场利益的巨大影响存在根本性区别。在这个意义上,"个人使用"不视为侵权也体现了知识产权领域中的"利益平衡原则"。

但要注意的是,并非所有以生产经营为目的的相关行为,都属于侵权行为。如前所述,采用"用途权利要求"或"限定用途的产品权利要求"撰写方式的专利权,非权利要求用途的使用,不构成对专利权的侵犯。

(三)未经授权

未经专利权人许可实施其专利的行为才构成侵犯专利权的行为。实施者如果取得专利权人或者有授权资格主体的许可,无论其方式为明示还是默示,均不构成侵权行为。所谓明示许可,通常是指用许可使用协议(授权使用协议)的方式,双方将权利义务以合同条款形式加以固定的许可使用方式,也包括口头许可他人实施的方式。所谓默示许可,则有别于以书面合同方式确立的许可方式,它是指在特殊的情形之下,专利权人的既有行为使专利实施者产生了允许其使用该专利的合理信赖,从而成立一种专利许可模式。

我国 1984 年《专利法》和 2000 年《专利法》都规定,"任何单位或者个人实施他人专利的,应当与专利权人订立书面实施许可合同",杜绝了实践中承认默示许可的可能。这在实践中可能发生不公平,对我国经济发展不利。2008 年《专利法》修改时,将第 12 条修改为"任何单位或者个人实施他人专利的,应当与专利权人订立实施许可合同",删除了"书面" 二字,等于承认了默示许可。这一修

① 最高人民法院(2011)民提字第 259～262 号判决书。

② 汤宗舜:《专利法解说》,知识产权出版社 2007 年版,第 72 页。

改具有重要的实践意义。我国的专利司法实践中，已经出现多种默示许可形式，具体包括“实施国家药品标准中的专利是否构成专利默示许可”“实施科技推广项目中的专利是否构成专利默示许可”“实施建筑行业标准中的专利是否构成专利默示许可”等。[①] 在司法过程中，专利默示许可方式时常以侵权抗辩理由的形式出现。需要注意的是，默示许可并非免费许可，即使默示许可成立，亦须支付使用费，否则仍然可能构成侵权行为。

另外，还需要注意因不存在“交易权利保留”制度而可能发生的专利权默示许可。由于专利权利体系结构呈现为纵向结构，因此著作权法上的“权利保留”模式不适用于专利权交易。《著作权法》第 26 条规定：“许可使用合同和转让合同中著作权人未明确许可、转让的权利，未经著作权人同意，另一方当事人不得行使。”作品的每一种利用方式都可能涉及不同的版权产业，横向结构的著作权体系决定了“权利保留”模式具有市场划分的意义，但这种模式对专利权交易并不具有同样的意义，专利法上也没有类似著作权法的规定。即使交易合同仅提及制造权的许可或转让，在法律意义上亦应当认为被许可人或受让人获得交易链条上所有权利，即实施包括进口、许诺销售、销售和使用等行为。

第二节　侵犯专利权行为判定的基本方法和原则

在侵犯专利权行为构成诸要件中，被控侵权人是否实施了他人的专利技术或专利设计方案，即行为人所制造、使用、销售、许诺销售、进口的产品或者所使用的方法是否涵盖了专利权利要求的全部技术特征，是最重要的前提性条件，也是侵犯专利权判定与其他侵权行为判定的区别所在。如果被控侵权行为不构成实施他人专利的行为，其他要件便无须考虑。因此，所谓侵犯专利权行为判定，实际上指的就是对实施他人专利行为的判定。本节将根据法律规定和理论研究成果，对实施他人专利行为判定的基本方法和原则进行讨论。

---

① 广西壮族自治区高级人民法院(2007)桂民三终字第 46 号民事判决书、江苏省高级人民法院(2009)苏民三终字第 0040 号民事判决书、河北省高级人民法院(2011)冀民三终字第 15 号民事判决书。

一、侵犯专利权判定概述

(一)判定的基本方法是技术特征对比法

根据我国专利法的规定和司法实践,被控侵权人所制造、使用、许诺销售、销售、进口的产品或者所使用的方法是否落入专利权利要求的范围,或者说是否被专利权利要求所覆盖,是判定其行为是否构成侵犯专利权的标准。那么,如何判定被控侵权人所制造、使用、销售、许诺销售、进口的产品或者所使用的方法是否落入专利权利要求的范围呢?基本的方法就是将被控侵权产品、方法的技术特征与专利权利要求记载的技术特征进行对比。

技术特征/设计要点对比法是侵犯专利权行为判定的基本方法。该方法贯穿于行政主管机关对专利申请的审批授权和法院审理专利侵权纠纷的司法判定各个环节。区别在于,在专利审批过程中,审查员的主导思想是强调申请专利的发明创造与相关对比技术的差异。而在专利侵权判定中,法官的主导思想则与之相反,法官应当着重观察被控侵权物与专利技术方案有多少相同、近似之处。①

在侵犯知识产权行为的判定中采用对比法,是由知识产权的客体是信息这一特点以及由这一特点所决定的侵犯知识产权行为的特点决定的。作为知识产权客体的信息具有可复制性,侵犯知识产权的行为往往就表现为对权利客体的复制和销售,即非法侵占本属于权利人的市场份额,损害权利人的利益,如抄袭、模仿、假冒、仿造、仿冒等。而被控侵权产品是否属于对权利客体的复制、仿冒、抄袭,只有通过将二者进行对比的方法才能实现判断。在专利侵权判定中,无论是侵犯发明、实用新型这类技术专利还是外观设计专利,都必须使用对比法。

(二)对比的对象是技术特征

所谓对比,是将被控侵权的产品或方法的技术特征与专利权利要求所记载的技术特征进行对比,而不是将被控侵权产品与专利产品进行对比。在专利侵权诉讼实务中时常出现这样的错误,即将被控侵权产品与权利人生产的专利产品进行对比。事实上专利权客体与专利产品是不同的概念,特别是在当今技术条件下,一件产品中往往包含多件甚至成百上千件专利,拿产品与产品比较,是无法得出科学结论的。

就发明、实用新型专利权而言,进行对比的对象是抽象的技术方案以及组成

① 文希凯:《专利法教程》,知识产权出版社 2011 年版,第 290 页。

技术方案的技术特征。根据专利权的授权模式，权利要求书、说明书、附图等专利文献成为专利权的书面依托。科学技术的权利化过程，通由这类文件实现。因此，将技术特征进行对比，就必须将文字和图像的表达还原为可供实际操作的技术或技术步骤，这一还原过程无疑涉及了复杂的文本解释方法。专利法理论、法律法规及司法实践，将这一过程称为“权利保护范围的确定”。技术方案的对比还需要完成另一个过程，即抽取“被诉侵权产品的技术特征”。最后，将专利权的“权利保护范围”与“被诉侵权技术方案”进行比对，如果相同或者相似，则侵犯专利权的行为成立。这里的“相同”，专利法理论及司法实践将其称为“完全覆盖”或“落入专利权的保护范围”；而所谓“相似”，司法解释将其称为“等同”。由于对比法的具体实现表现出多样性和复杂性，以至于有论者就此提炼出直接对比法、间接对比法、交叉对比法、视角对比法、要部判断法、整体观察/综合判断法等。[①]

（三）侵权判定的原则——全面覆盖原则和等同原则

1. 全面覆盖原则。最高人民法院司法解释为对比法规定了基本的适用规则，即“全面覆盖原则”，也称“全部技术特征原则”：只要被诉侵权技术方案的技术特征包含了专利权利要求的全部技术特征，即认定落入了专利权的保护范围，构成侵权行为。据以上判定标准，在侵权纠纷案件中，法院只需判断原告的专利权是否为一项有效的专利，被告未经许可而进行的实施行为是否落入原告专利的保护范围之内即可。只要对这两个问题的回答是肯定的，就可以得出侵权成立的结论，这与被告对其实施行为的客体是否还拥有另一项专利权无关，与原告是在先专利的专利权人还是在后专利的专利权人无关。例如，在基础专利与从属专利的关系中，两个专利权人都可以分别主张其权利，都可以针对另一人的有关行为提出侵权控告。也就是说，对专利权保护范围的确定通过技术特征对比实现，而与其他因素并无关系。无论是在理论还是在实务中，单独或抽象地分解权利要求记载的技术特征是极为少见的情形，甚至可以说这并不具有实际意义。

2. 等同原则。在司法审判中，真正的“字面”侵权，即完全仿制他人专利产品或者照搬他人专利方法的侵权行为并不多见。为避免“全面覆盖原则”的适用而被认定为“相同”的侵权，多数行为人往往会尽量避免实施与专利权完全相同的技术方案，转而采用与专利技术方案相等同的技术或步骤，来替代专利技术方案中相应的一个或多个技术特征。在这情形中，如果严格遵照权利要求记载的

---

① 胡充寒：《外观设计专利侵权判定理论与实务研究》，法律出版社2010年版，第125～133页。

技术方案和技术特征适用“全面覆盖原则”，必然将此类行为排除在侵权行为之外。这对权利人而言是不公平的，因为这些“替代的技术特征”完全可能是该技术领域中普通技术人员不需要创造性劳动就能够联想到的，但整个技术方案却是普通技术人员必须通过创造性劳动才能发明。显然，“替代的技术特征”在“置于整体技术方案中”的前提之下，搭了专利权人的便车，获得不正当的利益。因此，对此类行为必须加以规制和禁止。为了使专利权人的合法权益得到全面、切实的保护，2001 年《最高人民法院关于审理专利纠纷案件适用法律问题的若干规定》第 17 条规定：“专利法第五十六条第一款(即 2008 年修改后《专利法》的第 59 条第 1 款)所称的‘发明或者实用新型专利权的保护范围以其权利要求的内容为准，说明书及附图可以用于解释权利要求的内容’，是指专利权的保护范围应当以权利要求书中明确记载的必要技术特征所确定的范围为准，也包括与该必要技术特征相等同的特征所确定的范围。等同特征是指与所记载的技术特征以基本相同的手段，实现基本相同的功能，达到基本相同的效果，并且本领域的普通技术人员无须经过创造性劳动就能够联想到的特征。”从而为侵犯专利权的判定确立了“等同原则”。据此，在判断被诉侵权产品的技术特征与专利技术特征是否等同时，不仅要考虑被诉侵权产品的技术特征是否属于本领域的普通技术人员无须经过创造性劳动就能够联想到的技术特征，还要考虑被诉侵权产品的技术特征与专利技术特征相比，是否属于基本相同的技术手段，实现基本相同的功能，达到基本相同的效果，只有以上两个方面的条件同时具备，才能够认定二者属于等同的技术特征。①

二、侵犯技术方案专利权的判定

根据专利法规定和司法实践经验，判定侵犯技术方案专利权一般须经由以下几个步骤。

(一)权利保护范围的确定

1. 确定保护范围的一般规则

发明、实用新型专利侵权判定遵循“全部技术特征”基本规则：只有当被控侵权行为再现了权利要求中全部技术特征或者其等同物时，才能认为构成了侵权行为。② 因此，首要的工作就是确定发明、实用新型专利权的保护范围，也就是

① 最高人民法院(2010)民申字第 181 号民事裁定书。

② 970 F.2d 834，23 USPQ. 1481.

确立对比法适用的基本对象。技术方案必须通过对权利要求进行解释方能被准确界定，而成为可供对比使用的“基准”。权利要求的解释过程，就是专利权保护范围的确定过程。由于必须经由对权利要求的文字解释，技术专利权保护范围的确定就存在遵循何种解释标准的问题。在侵犯专利权纠纷案件中，作为原告的专利权人当然希望获得最大范围的保护，而被告则更希望获得权利范围较小的解释。被告的愿望实际上也代表着社会大众利益，因为作为原告专利权人是特定的，而被控侵权的人则是不特定的。据此，如何协调专利权人与社会大众之间相互冲突的利益诉求，以及如何维持专利权作为财产权利的稳定性和公信力，成为专利法在处理侵犯专利权纠纷案件时必须面对的政策性问题，而这个政策性问题就技术性地集中在如何解释权利要求上。

关于权利要求的解释，理论上有两种比较极端的学说：一是中心限定主义（原则），二是周边限定主义（原则）。中心限定主义学说实际上是一种扩大解释论，其认为，专利制度保护的是发明构思，权利要求书只是该发明构思的一个示例。因此，在解释权利要求时，不应拘泥于权利要求的字面含义，可以以权利要求记载的技术方案为中心，通过说明书及附图的内容全面理解发明创造的整体构思，从而将保护范围扩大到专利权人所期望达到的保护范围。根据这一扩大解释论，专利权人可以获得较为充裕的法律保护。但是这种放宽尺度的解释，显然会使社会公众不能清晰地确定专利权的边界，无法清楚地判定自己的行为是否可能侵犯到专利权人的权利。因此，目前少有国家专利法采用这一解释原则。

所谓周边限定主义，实际上是一种字面解释论。其认为，权利要求本身就是专利权人对科学技术拟获得的权利边界的划定，因此，对权利要求的文字应当作严格、忠实的解释，其文字表达的范围就是专利权保护的最大范围，专利权人不得超过这一范围行使权利。这一解释法具有较高的确定性，有利于公众形成明确的法律预期，能有力地保护公众利益。但对于专利权人而言，则是较为严苛甚至可能产生不公平的要求。因为对于专利权人而言，其专长在于进行发明创造，而不在于用文字描述发明创造，也就是说，用准确无误、简洁明了的文字撰写完美的权利要求书对其而言，是一件较为困难的事情。因此，目前也极少有国家采用这一解释原则。

为了调和上述两种解释原则，兼采二者的优点，《欧洲专利公约》“关于第69条的议定书”确立了折中解释的原则：专利权的保护范围由权利要求的内容确定，说明书和附图可以用以解释权利要求。我国《专利法》采用这一折中解释原则，第59条规定：“发明或实用新型专利权的保护范围以其权利要求的内容为准，说明书及附图可以用于解释权利要求的内容。”《专利法实施细则》第21条第

1款规定，权利要求书应当有独立权利要求，也可以有从属权利要求。独立权利要求是记载构成一项发明创造必不可少的必要技术特征，从整体上反映发明或者实用新型的技术方案，因此，独立权利要求所确定的保护范围最大；而从属权利要求是用附加的技术特征对引用的权利要求作进一步的限定，其所限定的专利权保护范围小于独立权利要求或者被引用的权利要求所限定的专利权保护范围。《专利法》第59条第1款规定的"权利要求"，没有仅限定为"独立权利要求"，故也可以包括"从属权利要求"。专利权人在侵犯专利权诉讼中可以选择独立权利要求，也可以选择从属权利要求作为确定专利权保护范围的依据。诉讼中，人民法院应该根据当事人的主张确定专利权的保护范围，权利人在一审辩论终结前变更其主张的权利要求的，人民法院应当准许。

当然，也有人会质疑，既然独立权利要求的保护范围最大，那么为何还需要撰写从属权利要求呢？如果我们将权利要求的这种撰写结构比喻为"洋葱"，那么独立权利要求就是最外层的洋葱片，而从属权利要求就如同洋葱里面的各层。这种结构有利于产生保护作用，能够防止外层被剥离之后产生的损害，即防止出现因一项权利要求被宣告无效致使整个专利权无效的情形。在有从属权利要求的情形下，专利无效宣告的结果可能就仅仅是专利权部分无效，而非全部无效。

在司法实践中，权利要求内容的确定，是由法院根据权利要求的记载，结合本领域普通技术人员阅读说明书及附图后对权利要求的理解来完成的。所谓的"本领域普通技术人员"，是法律拟制人，是个抽象概念，是指侵权行为发生时，具有该专利所属技术领域平均知识水平的技术人员，既不是该领域的技术专家，也不是不懂技术的人。在实务操作层面上，人民法院对权利要求，可以运用说明书及附图、权利要求书中的其他相关权利要求、专利审查档案进行解释。说明书对权利要求用语有特别界定的，从其特别界定。以上述方法仍不能明确权利要求含义的，可以结合工具书、教科书等公知文献以及本领域普通技术人员的通常理解进行解释。

需要指出的是，一般情况下，权利要求中的用语应当理解为相关技术领域中的通常含义。在特定情况下，如果说明书指明了某用语具有特定的含义，并且权利要求的保护范围因说明书对该用语的说明而被限定得足够清楚，则应当以该特别界定作为权利要求用语的含义。这与"不得将说明书的限制读入权利要求"并不矛盾。因为后者通常是指，不得以说明书的实施例等例示性解释来限制专利权的保护范围。[①] 如果权利要求特定用语的表述存在明显错误，本领域普通技术人员能够根据说明书和附图的相应记载明确、直接、毫无疑义地修正权利要求的该特定用语的含义的，应该根据修正的含义解释权利要求。

除了通过解释权利要求获得作为对比"基准"的技术方案之外，还需要抽象被对比的另一个对象，即被诉侵权技术方案。被诉侵权技术方案显然不是通过解释的方法获得，而是通过对被控侵权产品的技术拆解、概括和抽象方法获得。在诉讼实务中，主张权利的原告一般会将侵权产品的技术方案按照其权利要求进行拆解和提炼，而被告往往会主张其所使用的技术方案与原告权利要求记载描述的技术方案不同，并努力朝这一方向分析、概括和论证。

2. 几种特殊权利要求的解释

确定权利保护范围，最重要的就是对权利要求的准确解释，这里介绍三种撰写格式特殊的产品权利要求的解释方法：方法限定的产品权利要求、功能限定的产品权利要求、用途限定的产品权利要求。

(1)方法限定的产品权利要求的解释

产品的权利要求一般采用产品的结构、组合成分等特征来限定其保护范围，但在某些情况下也允许采用产品的制造方法来定义该产品。例如蛋糕的风味可能不仅仅取决于制作蛋糕的原料和添加成分，也可能因为制作方式的不同而使其风味有了变化。对于用方法定义的产品而言，最为重要的是如何解释权利要求中的制造方法特征。

欧洲专利局认为，只有当产品本身满足专利性的要求，即具备新颖性和创造性时，才允许以制造方法来定义该产品的权利要求。这样顺理成章地在判断该产品专利新颖性、创造性以及侵权构成时不受产品制造方式的限制，可以将之忽略。美国采用不同的立场。首先，限制"方法限定的产品权利要求"的撰写方式，仅在别无其他选择时才允许；其次，专利权人所获得的专利保护范围就应当限于用所述方法制造的产品。在侵权诉讼判断中，必须考虑用方法特征定义的产品权利要求中所包含的技术特征，否则将与"全部技术特征"原则相违背。

(2)功能限定的产品权利要求的解释

如果在一项权利要求书中不是采用产品结构、成分或者方法步骤来限定发明的技术特征，而是采用零部件或步骤在发明中所起的作用、功能或者产生的有

① 孔祥俊、王永昌、李剑：《〈最高人民法院关于审理侵犯专利权纠纷案件应用法律若干问题的解释〉的理解与适用》，载最高人民法院：《知识产权司法解释理解与适用》，法律出版社2011年版，第116页。

益效果来限定技术特征,则为功能性限定特征。无论是在专利申请案的新颖性、创造性判断中,还是在侵权诉讼中确定这类权利要求的保护范围,都需要对功能性限定特征进行准确解释。

美国早期判例,对权利要求书中的功能性特征均作比较宽泛的解释,认为功能性限定特征不仅覆盖了其说明书中覆盖的具体实施方式,而且覆盖了能够实现该功能的任何其他方式。但近年来,法院偏向于收窄解释范围。美国联邦巡回上诉法院认为,在解释权利要求中所包括的功能性特征时,应该将其解释为所指的说明书中记载的相应具体结构、材料、步骤以及等同物。① 即在侵权判断中,不应仅考虑被控侵权技术是否实现了相同的功能,还要考察实现该功能的方式是否与说明书中记载的具体实现方式相同或等同。

(3)用途限定的产品权利要求的解释

专利法中的权利要求主要分为两大类:产品专利权利要求和方法专利权利要求。用途限定的权利要求属于产品专利权利要求,只是获得专利保护是基于该产品的新用途。以用途限定的产品专利权,最为关键的是判断他人未经权利人许可而制造的相同产品是否用于权利要求所限定的用途。此类解释仍然要依据"全部技术特征"原则,专利权的保护范围应该以权利要求的内容为准,既然用途限定的产品权利要求书中包含有用途技术特征,那么在侵权判断中就不应该忽略。在侵权诉讼中,除非专利权人能够证明被告生产的产品具有与专利文件中记载的相同用途,例如在产品说明书中明确记载,否则不能认为侵犯了专利权。由此可见,无论是方法限定的产品权利要求、功能限定的产品权利要求,还是用途限定的产品权利要求,对于其权利保护范围的确定都要秉承"全部技术特征"原则,不能忽略记载在权利要求中的技术特征。

(二)相同侵权判定:全面覆盖原则

在完成对比法适用所需要的两个对象的提炼、概括之后,就进入实际比对阶段。按照最高人民法院相关司法解释确立的"全面覆盖原则",只要被诉侵权技术方案的技术特征包含了专利权保护范围的全部技术特征,即认定其落入了专利权的保护范围,构成侵权行为。无论是独立权利要求前序部分记载的已知技术特征,还是特征部分记载的非已知技术特征都同样对专利权保护范围产生限定作用,不允许通过等同原则的适用来忽略权利要求书中记载的任何技术特征。如果被控侵权产品没有包含权利要求中的某一个技术特征,则应当得出不构成相同侵权的结论。需要注意的是,这并不代表侵权行为不成立,因为该产品的合

① In re Donaldson Company, Inc. 16 F. 3d 1189, 29 USPQ2d 1845 (Fed. Cir. 1994).

法性还需要专利“创造性”检视，即通过“等同规则”的检验。至于被诉侵权技术方案是否包括其他增加的技术特征，则在所不问。

在现实生产和交易过程中，完全相同的专利侵权行为极少发生，符合“相同”的情形主要表现为在专利技术方案的基础上增加新的技术特征。从“相同”的角度理解，我们可以认为此时被诉侵权技术方案与专利权技术方案构成相同，从而构成侵犯专利权。2009 年《最高人民法院关于审理侵犯专利权纠纷案件应用法律若干问题的解释》第 7 条第 2 款规定，被诉侵权技术方案包含与权利要求记载的全部技术特征相同或者等同的技术特征的，人民法院应当认定其落入专利权的保护范围；被诉侵权技术方案的技术特征与权利要求记载的全部技术特征相比，缺少权利要求记载的一个以上的技术特征，或者有一个以上技术特征不相同也不等同的，人民法院应当认定其没有落入专利权的保护范围。不落入保护范围，当然也就不构成侵犯专利权的行为。

在操作层面上，要判断被诉侵权技术方案是否构成对专利技术的“全面覆盖”，首先就要将这两种技术方案分解为单个技术特征，然后将被控侵权技术方案的技术特征与专利技术方案相应的技术特征逐一对比，获得两个技术方案的相应技术特征“是否相同”的结论，并由此作出被控侵权技术是否“全面覆盖”专利技术的判断。一般来说，“全面覆盖”具体表现为两种情形：(1)被控侵权技术方案的技术特征与专利技术方案的技术特征完全相同；(2)被控侵权技术方案包含了专利技术方案的所有技术特征，但同时还包含了专利技术方案所没有的技术特征。前者是典型的侵犯专利权的模式，后者往往是实施从属发明创造的典型表现。对前一专利技术进行改造，可能形成新的发明创造，如果这一新的发明创造获得专利授权，那么就是“从属专利”。从属专利的专利权人如果拟实施该项专利技术，则必须取得前一发明创造专利权人的许可，否则极有可能构成侵权行为。

需要注意的是，对于以封闭式权利要求进行表征的组合物专利，如果被控侵权技术方案含有权利要求记载的组分之外的组分，则应当认为其未落入专利权的保护范围，而不应当以“增加的技术特征不影响侵权判定”为由认定落入保护范围。封闭式权利要求与开放式权利要求，是化学及医药领域发明专利权利要求撰写的基本方法。在这一技术领域中，组分常常是一项有关组合物发明的关键内容。组合物权利要求应当用组合物的组分或者组分和含量等组成特征来表征。在诉讼中，以封闭式权利要求进行表征的组合物专利常见的是组合物医药专利。[①] 开放式表示组合物中并不排除权利要求中未指出的组分;封闭式则表示组合物中仅包括所指出的组分而排除所有其他的组分。[②] 例如,当权利要求采用封闭式表达记载一种组合物由 A+B+C 三种成分组成,其保护范围就仅仅覆盖于 A、B、C 三种组分的组合,不得少一种组分,也不能多一种组分。因此,如果被控侵权技术方案含有权利要求记载的组分之外的组分,不能认定为落入专利权的保护范围。这与全面覆盖原则并不矛盾。因为组合物封闭式权利要求,本身就是指组合物中仅包括权利要求记载的组分而排除所有其他组分。因此,对其他组分的排除也是封闭式权利要求的内涵特征之一。如果被控侵权技术方案存在其他组分,则可以视为没有"覆盖"全部的技术特征,从而没有落入专利权的保护范围。也有论著认为,对"封闭式"权利要求的解释方式与对权利要求的一般解释原则,即全部技术特征原则不同,是一种特殊的解释方式。[③]

(三)等同侵权判定:等同原则

在司法审判中,真正的"字面"侵权,即完全仿制他人专利产品或者照搬他人专利方法的侵权行为并不多见,侵权人为了逃避法律的追究,往往采用一个或者几个不具有创造性的技术替代专利权利要求中的一项或几项技术,即以与权利要求所记载的技术特征基本相同的手段,实现基本相同的功能,达到基本相同的效果。由于这种替代性技术特征是本领域的普通技术人员无须经过创造性劳动就能够联想到的,本质上行为人搭了权利人的便车。此种行为实践中被称为等同侵权,判定等同侵权的方法,称为等同原则。

等同原则,是指将被控侵权行为客体与权利要求记载技术方案进行对比,如果结论是"基本相似""差别不大""实质相同",那么侵权行为可以判立。等同原则适用的困难在于,如何对这些本来就是"模糊表达"的术语制定一套具有操作性的、可遵循的、稳定可靠的判断程式。

适用等同原则时,等同的判定是指相对应的技术特征之间的等同判定,而不是指技术方案的整体等同。技术特征之间的等同,并不要求专利技术特征与被控侵权方案的技术特征要数目相同、一一对应。具体而言,就是被控侵权行为客体中的某一或者某些要素与权利要求记载的对应技术特征有所不同,但是如果它们"以基本上相同的方式,实现基本上相同的功能,产生基本上相同的效果",

① 江苏省无锡市中级人民法院(2007)锡民三初字第 006 号民事判决书。

② 国家知识产权局:《专利审查指南》,知识产权出版社 2010 年版,第二部分第十章 4.2.1.

③ 尹新天:《中国专利法详解》,知识产权出版社 2011 年版,第 577 页。

则可以得出构成等同侵权行为的结论。

需要指出的是，等同特征的界定以及等同原则的适用，都需要通过拟制的判断主体进行操作，即专利权涉及的技术领域中普通技术人员。在发明和实用新型专利权创造性条件的审查过程中，授权机构也设定了对授权条件"实质性特点和进步"进行判断的"所属技术领域的技术人员"。这类技术人员，是指一种假设的"人"，假定他知晓申请日或者优先权日之前发明所属技术领域所有的普通技术知识，能够获知该领域中所有的现有技术，并且具有应用该日期之前常规实验手段的能力，但他不具有创造能力。如果所要解决的技术问题能够促使本领域的技术人员在其他技术领域寻找技术手段，他也应具有从其他技术领域获知该申请日或者优先权日之前的相关现有技术、普通技术知识和常规实验手段的能力。如前文所述，专利技术创造性判断与侵权等同判断具有结构上的对称性，这在判断主体上就表现为统一于"本领域的普通技术人员"的拟制。其中的细微差别在于，判断创造性的假定的时间点是申请日或优先权日之前，而判断等同特征假定的时间点是侵权发生时。

对于封闭式权利要求的等同原则适用，存在一定的特殊性。封闭式权利要求通常采用"由……组成"封闭式表达方式，此类句式限定了专利权保护范围，明确将其他未被限定的结构、组成部分或者方法步骤排除在专利权保护范围之外。最高人民法院指出，专利权人选择封闭式权利要求，表明其明确将其他未被限定的结构、组成部分或者方法步骤排除在专利权保护范围之外，不宜再通过适用等同原则将其重新纳入保护范围。①

（四）多余指定原则

多余指定原则是一项被司法解释和司法实践否定的侵犯专利权判定原则。多余指定原则也被称为"非必要技术特征"理论，是指在侵犯专利权的判定中，在解释专利独立权利要求和确定专利权的保护范围时，将记载在专利独立权利要求中的非必要技术特征，即多余技术特征略去，仅以专利独立权利要求中的必要技术特征来确定专利权的保护范围，判断被控侵权技术方案是否覆盖专利权保护范围的判定原则和方法。所谓的"非必要技术特征"或"多余技术特征"是指专利所属技术领域中的普通技术人员在理解权利要求所记载的技术方案时，认为该权利要求中记载的某一技术特征对于解释该发明创造所要解决的技术问题而言是不必要的、多余的。按照这一判定原则，即使被控侵权技术方案中不存在该技术特征，也同样可以得出构成侵权行为的结论。这显然不符合全面覆盖原则

① 最高人民法院(2012)民提字第10号民事判决书。

的要求。"多余指定"原则或者"非必要技术特征"理论的出发点在于认为撰写出恰到好处的权利要求对发明创造人而言，是一件比较困难的事情，申请人有时难免会将本来不应当写入独立权利要求中的非必要技术特征写入其中，从而造成对其保护范围的过分限制。如果不采取这种宽恕政策，在一些情况下会使专利权人处于不利和吃亏的境地。①

中国的司法实践中曾一度采用多余指定原则，但很快被否定。2005 年最高人民法院通过判例明确表态不支持"多余指定原则"：本院不赞成轻率地借鉴适用所谓的"多余指定原则"。最高人民法院否定该原则的适用，有两个理由。首先，从权利要求书的撰写要求看，《专利法实施细则》第 20 条、第 21 条（即 2010 年《专利法实施细则》第 19 条、第 20 条）明确规定，权利要求书应当清楚、简要地表述请求保护的范围。权利要求书应当有独立权利要求。独立权利要求应当从整体上反映发明或者实用新型的技术方案，记载解决技术问题的必要技术特征。应当认为，凡是专利权人写入独立权利要求的技术特征，都是必要技术特征，都不应当被忽略，而均应纳入技术特征对比之列。其次，从权利要求书的作用看，根据《专利法》第 56 条第 1 款（即 2008 年《专利法》第 59 条第 1 款）的规定，发明或者实用新型专利权的保护范围以权利要求书的内容为准。权利要求书的作用是确定专利权的保护范围。即通过向公众表明构成发明或者实用新型的技术方案所包括的全部技术特征，使公众能够清楚地知道实施何种行为会侵犯专利权，从而一方面为专利权人提供有效合理的保护，另一方面确保公众享有使用技术的自由。只有对权利要求书所记载的全部技术特征给予全面、充分的尊重，社会公众才不会因权利要求内容不可预见的变动而无所适从，从而保障法律权利的确定性，从根本上保证专利制度的正常运作和价值实现。②

此后，最高人民法院于 2009 年将这一态度通过司法解释加以固定。2009 年《最高人民法院关于审理侵犯专利权纠纷案件应用法律若干问题的解释》第 7 条第 1 款规定："人民法院判定被诉侵权技术方案是否落入专利权的保护范围，应当审查权利人主张的权利要求所记载的全部技术特征。"需要注意的是，这里所谓的"权利人主张的权利要求"包括独立权利要求和从属权利要求。可以说，该规定从根本上否定了"多余指定原则"，也就是说只要记载于权利要求中的技术特征，无论是独立权利要求记载的"必要的技术特征"还是从属权利要求记载的"附加的技术特征"，都属于不可忽略的技术特征，不存在所谓的"非必要技术

① 尹新天：《专利权的保护》，知识产权出版社 2005 年版，第 429～430 页。

② 最高人民法院（2005）民三提字第 1 号判决书。

特征”。侵犯专利权的司法判定，必须审查权利要求记载的所有技术特征。

三、侵犯设计方案专利权的判定

设计方案不同于技术方案，其性质更接近于美术作品。侵犯外观设计专利权判定规则的制定，必须先行考察外观设计的目的及其作用。外观设计以产品本身为载体，其目的及作用在于通过具有美感的商品外观来吸引消费者的注意，从而获得更多行销于市的收益。在这个意义上，外观设计与商标具有“同与消费者发生关联”的共性，据此现有授权审查条件及侵权判定均采用类似于商标侵权判断的规则。也就是说，侵犯外观设计专利权的判定除了对比设计方案本身之外，还需要考察外观设计载体的产品类别与使用被控侵权外观设计的产品类别。

有学者提出不同的理论，认为外观设计专利权的保护客体是一种发明创造，因此外观设计专利权属于创新成果类型的知识产权；注册商标的主要作用在于通过商标的使用使消费者能够将注册人提供的商品或者服务与他人提供的商品或者服务区分开来，因此注册商标专用权属于识别性标记类型的知识产权。①由于外观设计并不具备区别商品/服务来源的功能，不具有商标的识别功能，因此侵犯外观设计专利权的判定不要求有“混淆”的条件。简单地说，在其他产品上采用相同或者实质上相同的外观设计，仍然有可能会被认定为落入外观设计专利权的保护范围。

我们认为，外观设计由产品形状、图案及色彩等要素组成，强调整体设计的美感。以“美感”或“审美意义”的措辞定义法律概念，这在现行法律规范中并不多见。前者出现在外观设计定义内容之中，后者则是对美术作品的规范表述，法学与美学在这一特别场合中发生碰撞。法学研究对象是规则，而规则的思维基础是逻辑。“逻辑研究的是抽象的名理思维，而美学研究的是具体的感性思维或形象思维。”②外观设计的侵权判断应该更接近于美术作品侵权的判定规则，而非商标。这不是说商标不具有美感，而是商标侧重的是显著性以及消费者对产品来源的识别功能。因此，外观设计是否受到侵权的判断应当引入普通设计者概念，而不是“普通消费者”。同时，基于结构对称性的需要，也应将其引入授权审查过程之中。这一改造将对判断标准带来根本性的影响，只有美术设计人员才能真实地体验创造的高度和难度，才能更准确地定义“与现有设计或者现有设

---

① 尹新天：《中国专利法详解》，知识产权出版社 2011 年版，第 639 页。

② 朱光潜：《西方美学史》，人民文学出版社 1979 年版，第 3 页。

计特征的组合相比具有明显区别”。例如，设计人员利用自身专业技能，很容易就现有设计进行元素分解并重新组合新设计，而在普通消费者看来，这一新设计明显区别于原设计。[①] 相比之下，采用消费者判断规则不利于外观设计的创新和权利人利益的保护。鉴于现行规范和制度，下文分析仍然采用消费者判断主体这一主流观点和司法经验。

（一）权利保护范围的确定

外观设计是对产品的形状、图案或者其结合以及色彩与形状、图案的结合所做出的富有美感并适于工业应用的新设计。构成外观设计的要素与发明、实用新型的技术特征具有明显差异，因此，外观设计专利权范围的确定方法不能采用解释权利要求的方法。从本质上讲，外观设计专利的保护范围就应当是该外观设计客观呈现出来的“表达形式”本身，这与美术作品的权利保护范围并无二致。在授权程序中，申请外观设计专利权所要求提交的相关文件，不包括权利要求书和说明书，而是发明和实用新型专利申请所没有的该外观设计的图片或者照片以及对该外观设计的简要说明。申请人提交的有关图片或者照片应当清楚地显示要求专利保护的产品的外观设计。外观设计的简要说明应当写明外观设计产品的名称、用途，外观设计的设计要点，并指定一幅最能表明设计要点的图片或者照片。省略视图或者请求保护色彩的，应当在简要说明中写明。根据司法经验，如果图片或照片显示的外观设计具有色彩，但简要说明未予以说明，那么在判定外观设计与被控侵权设计方案是否相似时，应当将色彩要素排除在外。[②]

《专利法》第 59 条第 2 款规定，外观设计专利权的保护范围以表示在图片或者照片中的该产品的外观设计为准，简要说明可以用于解释图片或者照片所表示的该产品的外观设计。所谓的以“该产品的外观设计为准”有两层含义：一是外观设计的保护对象是形状、图案、色彩等元素构成的设计，包括与之相同的设计和与之相似或实质相同的设计；二是外观设计的保护范围仅限于指定使用该外观设计的产品类别。这就意味着，如果产品类别相同或者相近，但被诉侵权设计与授权外观设计不相同也不相近似，或者被诉侵权设计与授权外观设计相同或者相似，但产品类别不相同也不相近，则被诉侵权设计没有落入外观设计专利权的保护范围，从而不构成侵权行为。反之，根据《最高人民法院关于审理侵犯专利权纠纷案件应用法律若干问题的解释》第 8 条规定，在与外观设计专利产品相同或者相近种类产品上，采用与授权外观设计相同或者近似的外观设计的，人

① 重庆市高级人民法院(2012)渝高法民终字第 170 号民事判决书。

② 广东省高级人民法院(2011)粤高法民三终字第 164 号民事判决书。

民法院应当认定被诉侵权设计落入外观设计专利权的保护范围，构成侵犯外观设计专利权。显然，这一规定借鉴了《商标法》的侵权判定规则，将消费者可能产生的主观“混淆”作为判断核心。

（二）设计方案相同或近似的判定

与侵犯商标权判定相同，侵犯外观设计专利权的判定必须对比设计方案是否相同或者相近似。由于外观设计的受众是消费者，其主要作用在于吸引消费者眼球、刺激消费者购买的欲望，因此，关于侵权诉讼中外观设计近似性的判断，应当基于一般消费者的知识水平和认知能力，并根据外观设计的全部设计特征或设计要点，以外观设计的整体视觉效果进行综合判断。也就是说，外观设计的相似性判断主体应当是一般消费者。最高人民法院 2009 年司法解释规定：“人民法院应当以外观设计专利产品的一般消费者的知识水平和认知能力，判断外观设计是否相同或者近似。”这里所谓的“一般消费者”，是指对授权外观设计的相关设计状况具有常识性了解，并且对不同外观设计之间在形状、图案、色彩上的差别具有分辨力的人，但其通常不会注意到形状、图案、色彩的微小变化。根据最高人民法院知识产权庭的解释，这里的“常识性了解”，不应理解为基础性、简单性的了解，而应当是通晓相关外观设计状况，但其并不具有设计的能力。此外，虽然任何产品都有其消费群体，但并不是任何产品的消费群体都是相同的，应当根据产品的实际购买、使用等情况进行判断。比如，残疾人专用品的消费群体比较特定，而日常生活用品的消费群体则很广泛。如果与商标近似性判断主体的“相关公众”比较，即“与商标所标识的某类商品或者服务有关的消费者和与上述商品或服务的营销有密切关系的其他经营者”，就本质而言，应当是指同一主体。

在相似性的判断方法上，最高人民法院在司法解释中规定了“整体观察、综合判断”的规则。2009 年司法解释第 11 条规定：“人民法院认定外观设计是否相同或者近似时，应当根据授权外观设计、被诉侵权设计的设计特征，以外观设计的整体视觉效果进行综合判断；对于主要由技术功能决定的设计特征以及对整体视觉效果不产生影响的产品的材料、内部结构等特征，应当不予考虑。下列情形，通常对外观设计的整体视觉效果更有影响：（一）产品正常使用时容易被直接观察到的部位相对于其他部位；（二）授权外观设计区别于现有设计的设计特征相对于授权外观设计的其他设计特征。被诉侵权设计与授权外观设计在整体视觉效果上无差异的，人民法院应当认定两者相同；在整体视觉效果上无实质性差异的，应当认定两者近似。”有意见认为，外观设计相似性的判断应当采用“创新点判断法”，即只有被控侵权产品采用了专利外观设计的创新部分，才能认定为侵权。但最高人民法院认为，判断外观设计相同或者近似的根本标准是整体视觉效果，创新部位的设计特征（设计要点）只是影响整体视觉效果的重要组成部分。

司法实践中，亦有法院对相同相似性判断主体产生不同的意见。主张以“一般消费者”为判断主体的，形成“混同理论”；主张“一般设计者”的，形成“创新理论”。[①] 确立不同的判断主体，直接决定了在判断过程中应采用何种比对方法。依照“混同理论”，需要模拟消费者实际消费并形成主观上“混淆”的行为模式。由于消费者在购物过程中通常不携带可比对样品，大多凭借上一次的购物体验或者广告留下的印象作出选择。[②] 据此，一般应采用“隔离比对”方法，即所谓的“背靠背”方法，比对应当在比对对象隔离的状态下分别进行。而“创新理论”，以一般设计者为判断主体，适用于消费者规则的“隔离比对”方法即不可采用，而应当运用“面对面”的比对方法，即将比对对象放在一起，由一般技术人员判断是否存在整体视觉效果上的差异。

（三）产品相同或类似的判定

在司法判定中，侵犯外观设计专利权的判定与侵犯商标权的判定，还存在另一处相同的地方，即必须判断产品是否相同、是否类似或者相近。人民法院应当根据外观设计产品的用途，认定产品种类是否相同或者相近。确定产品的用途，可以参考外观设计的简要说明、《国际外观设计分类表》、产品的功能以及产品销售、实际使用的情况等因素。这里所谓的“外观设计产品”，包括外观设计专利产品和被控侵权产品。[③] 确定外观设计专利产品的类别，应该考虑具有独立存在形态、可以单独销售的产品用途为依据。[④]

需要注意的是，在外观设计专利权侵权的判定过程中，是否应当辨别产品的相同或类似因素具有相当大的理论争议。“创新理论”认为，商标侵权判定的核心在于是否存在“混淆”，亦即产品与提供者之间的关系，这必然要考虑消费产品；而外观设计的目的不在于标识产品来源，而在于通过“美感”获得消费者的喜爱和青睐，因此，外观设计侵权的判断应该采用的是靠近“著作权侵权”的标准，

---

① 北京市第一中级人民法院(2005)一中行初字第 115 号行政判决书；北京市高级人民法院(2005)高行终字第 337 号行政判决书；专利复审委员会第 6335 号无效宣告请求审查决定。

② 黄晖：《商标法》，法律出版社 2004 年版，第 128 页。

③ 《最高人民法院关于审理侵犯专利权纠纷案件应用法律若干问题的解释》第 9 条。

④ 最高人民法院(2012)民申字第 41 号、第 54 号民事裁定书。

而不是“商标侵权”标准。《TRIPS 协定》第 25 条第 1 款以作品“复制(copy)”的措辞表述外观设计的权利效力:“受保护的工业品外观设计的权利人应当有权制止第三方未经权利人同意而为商业目的制造、销售或者进口载有或者体现受保护的外观设计的复制品或者实质上是复制品的物品。”对此,唐纳德·齐兹厄姆教授进而认为:“对特定产品外观设计授予的外观设计专利权,在不同产品上采用相同外观设计是否构成侵权行为是一个由来已久的问题,在美国从来就没有得到令人满意的解决。在几乎所有被公开的判例中,被控侵权产品都具有与专利产品相同的特点;反之,如果对产品的特点做出变动,则必然导致该产品的外观产生实质性变化,从而排除了被认定为侵权行为的可能性。”①

对最高院“根据外观设计产品的用途,认定产品种类是否相同或者相近”的司法解释,也有中国学者直接表示反对:“产品的用途通常是由产品的功能来决定的,而不是由产品的外观来决定。因此,对用途、分类或者功能明显不同的产品来说,并不能排除盗用、模仿外观设计专利权人的设计创新成果的可能性。”②

可以举出的例子很多,例如将真实汽车的外观用于玩具汽车,将橱柜的外观用于冰箱等。具体而言,只要被控侵权人出于改善其产品外观装饰效果的目的,在其产品上采用授权外观设计,使其被控侵权产品在形状、图案或者色彩上与专利产品相同或者实质上相同,就应当认定构成了侵权行为,至于两者从功能或者用途的角度来看存在何种区别是无关紧要的。

第三节　侵犯专利权的抗辩

专利权是具有排他性的财产权利,未经权利人的许可而实施其专利即构成侵权行为,应承担相应的民事责任。但是,与一般有形财产不同的是,专利技术在经济意义上具有公共产品属性,导致侵犯专利权行为的认定规则存在权利限制的特殊情形。这种权利限制的情形从侵权判定的角度上讲,也可被称为违法性排除规则。这就意味着,在判定某一行为是否构成侵犯专利权行为时,需要注意是否存在违法性排除情形。如果存在,那么该行为不构成侵权行为。

从诉讼的角度讲,违法性排除规则也称为抗辩理由,即在侵权诉讼中,被告

---

① Donald S. Chisum. *Chisum on Patent*, New York, Matthew Bender, Revised edition (March 6, 1997).

② 尹新天:《中国专利法详解》,知识产权出版社 2011 年版,第 643 页。

可举出违法性排除事由进行抗辩,对抗原告的侵权指控。若被控侵权人的行为符合抗辩理由的构成条件,其行为即不构成侵犯专利权的行为,法官将驳回原告的诉讼请求。根据专利法规定及司法实践经验,这类侵权抗辩的具体理由主要有:非生产经营性目的、权利用尽、平行进口、现有技术/设计、先用权、临时过境、科学和实验目的、医药审批(博拉例外)、捐献规则、禁止反悔原则、专利强制许可、专利指定实施等。

一、权利用尽抗辩

专利权权利用尽,是指专利产品或者依照专利方法直接获得的产品,由专利权人或者经其许可的单位、个人售出后,使用、许诺销售、销售、进口该产品的,不视为侵犯专利权的行为。专利权权利用尽,是对专利权效力范围的一种界定。由于权利客体并非可观察、可触及之实体,且具有公共产品属性,专利权的效力边界难以获得清晰的认定。权利用尽原则的设定,有效地解决了这一问题,建立了清晰的权利边界,将专利权的效力限定于合法专利产品的首次销售行为。在购买了合法的专利产品之后,专利权人不得对该产品主张专利权,购买者享有自由使用和处置该产品的权利。

从经济运行自由和市场交易秩序的角度,权利用尽规则能够获得正当性解释。专利权人的前期研发投入成本,在制造和首次销售环节获得补偿和回报,在法律授予一定时间的独占期后,其合法利益已经得到充分保障。如果在首次销售之后,专利权效力仍及于该产品,则意味着专利权人仍然可以对该产品行使权利,据此控制该产品的进一步流通,这显然不利于市场自由交易,违背经济效率原则。

根据首次销售的发生地点,可将专利权权利用尽情形分为两种类型:国内用尽和国际用尽。前者是指,中国专利的有权主体在我国境内售出专利产品后,购买者在我国境内使用、许诺销售、销售该产品;后者是指,中国专利的有权主体在我国境外售出(无论是否已经取得该境外的专利权)其专利产品后,购买者将该产品进口到我国境内销售、许诺销售或使用。专利权的国际用尽涵盖了专利产品平行进口的问题,我国专利法采取了允许平行进口行为的立场。有论者认为,《巴黎公约》规定了专利权独立性原则,同一发明在各个国家之间申请获得的专利权是相互独立的。以此作为推论基点,必然得出这样的结论:即便是同一个专利权人和同一个发明,但是由于是两个相互独立的专利权,因此,专利产品在境外的销售,产生的是国外专利权用尽的法律效果,并不导致中国专利权的用尽,因此，进口行为仍需取得专利权人的许可，允许专利产品的平行进口，违反了专利权独立性原则。事实上，这一论证存在基础错位和前提错误的问题。专利产品可否平行进口，只需考虑在我国获得专利权的产品在境外销售这一客观事实，与其在销售地是否获得专利权并无关系。具体而言，在我国判断平行进口行为是否合法时，不需要考虑同一专利权人在外国享有的专利权是否已经权利用尽的法律结论，只需要以我国《专利法》的有关规定为准绳，以专利权人同意在销售国出售其产品的事实为依据进行判断。[①] 因此，允许专利产品的平行进口与《巴黎公约》规定的专利独立原则并不相悖，《巴黎公约》的规定并不妨碍我国专利法采用专利权国际用尽规则。

在司法过程中，权利用尽规则时常作为被诉专利侵权人的侵权抗辩理由。根据专利权权利用尽规则，抗辩成立的基本前提是：专利产品或者依照专利方法直接获得的产品，必须是由有权单位或个人售出，包括专利权人或者是获得授权的被许可人。实践中，被诉侵权人多数无法提供合同、发票等证据以证明其产品的合法来源，权利用尽抗辩难以为法院采信。[②]

权利用尽规则在作为抗辩理由的适用中，还涉及专利产品销售之后的修理问题。使用者购买并经使用后，专利产品可能损坏，对此类专利产品的修理行为，应当适用权利用尽规则，专利权人不得主张修理构成侵权行为。但如果是收集已售出的专利产品的零部件并重新组装成专利产品，或者是为生产经营目的回收他人使用过的包装物外观设计专利产品用于包装自己的产品，则应当排除权利用尽规则的适用，认定其行为属于制造，构成侵权行为。

二、现有技术/设计抗辩

《专利法》第62条规定，在专利侵权纠纷中，被控侵权人有证据证明其实施的技术或者设计属于现有技术或者现有设计的，不构成侵犯专利权。现有技术，是指申请日以前在国内外为公众所知的技术；现有设计，是指申请日以前在国内外为公众所知的设计。

现有技术按照其所处的法律状态可以分为两种类型：第一种类型是不仅在涉案专利申请日之前已经为公众所知，而且在发生专利侵权纠纷时，并没有处于任何人拥有的有效专利权控制之下的现有技术。第二种类型是虽然在涉案专利

---

① 尹新天：《中国专利法详解》，知识产权出版社2011年版，第799页。

② 广东省深圳市中级人民法院(2014)深中法知民初字第38号民事判决书。

的申请日之前已经为公众所知，但是在发生专利侵权纠纷时尚处于案外人有效专利权控制之下的技术/设计。第一类现有技术/设计属于公有领域，任何人都有权自由予以实施应用，享受其实施应用产生的利益，任何他人均无权干预、剥夺这种权利。第二类现有技术/设计是第三人控制之下的专利权，属于主张权利的专利权申请日之前已经公开的技术/设计。当然，这仅仅表明在本案中构成不侵权的抗辩理由，不意味着被诉侵权人未经许可实施第三人专利的行为是合法行为，如果该第三人提起追诉，行为人则可能要承担侵权责任。

根据2009年《最高人民法院关于审理侵犯专利权纠纷案件应用法律若干问题的解释》规定，被诉落入专利权保护范围的全部技术特征，与一项现有技术方案中的相应技术特征相同或者无实质性差异的，人民法院应当认定被诉侵权人实施的技术属于现有技术。被诉侵权设计与一个现有设计相同或者无实质性差异的，人民法院应当认定被诉侵权人实施的设计属于现有设计。法院一旦认定现有技术/现有设计抗辩成立，就可做出不侵权的判决，无须就被控侵权技术或者设计是否落入专利权保护范围进行判断。只有在抗辩不成立的情况下，才需要继续判断被控技术或者设计是否落入专利权的保护范围。

现有技术抗辩实现的过程，必然涉及专利技术、现有技术、被控侵权技术三者之间的比对关系。根据专利授权规则，专利技术与现有技术之间的比对，用于审查前者是否符合授权条件；根据侵权判定规则，专利技术与被控侵权技术之间的比对，用于判定侵权行为是否成立；根据现有技术抗辩规则，则需要将被控侵权技术与现有技术进行比对。

根据司法解释，被诉落入专利权保护范围的全部技术特征，与一项现有技术方案中的相应技术特征相同或者无实质性差异的，人民法院应当认定被诉侵权人实施的技术属于《专利法》第62条规定的现有技术。[①] 法院审查现有技术抗辩时，比对方法是将被诉侵权技术方案与现有技术进行对比，在两者并非相同的情况下，审查时可以专利权利要求为参照，确定被诉侵权技术方案中被指控落入专利权保护范围的技术特征，并判断现有技术是否公开了与之相同或等同的技术特征。[②] 具体的审查方式，可以首先将专利权利要求的内容进行分解，并将专利权人所指称的落入专利权利要求保护范围的技术特征列出一个清单；其次，以此为参照，对被诉侵权人实施的技术方案与其举证的现有技术的技术特征进行对比。也就是说虽然现有技术的抗辩重点是现有技术与被诉侵权的技术方案的

① 《最高人民法院关于审理侵犯专利权纠纷案件应用法律若干问题的解释》第14条。

② 最高人民法院(2012)民申字第18号裁定书。

比较,但并不需要对两者的全部技术细节逐一地进行对比。现有技术抗辩的成立,并不要求被诉技术方案与现有技术完全相同,对于被诉侵权产品中与专利权保护范围无关的技术特征,以及并没有被控落入专利权保护范围的技术特征,在判断现有技术抗辩是否成立时并不予以考虑。即在被诉侵权技术方案与专利权保护范围完全一致,但与现有技术有所差异的情况下,也有可能认定现有技术抗辩成立。

现有技术/设计的抗辩由被控侵权人主张并举证证明,法院既不能依职权主动进行检索,更不能主动审理原告的专利技术是否属于现有技术。在诉讼过程中,被控侵权人只能以其实施的技术或设计是现有技术或者现有设计为由进行抗辩,不能依据其他法定的能够宣告专利权无效的理由进行抗辩。这就意味着,专利权无效不能构成侵权诉讼抗辩理由,但被告可以通过申请宣告该专利权无效,间接达到抗辩的目的。

三、先用权抗辩

专利法规定,在专利申请日前已经制造相同产品、使用相同方法或者已经作好制造、使用的必要准备,并且在原有范围内继续制造、使用的,不视为侵犯专利权。该规定在专利法理论上解释为对先用权的确认。在侵犯专利权诉讼中,被告可以自己享有先用权为理由对原告的侵权指控进行抗辩。先用权抗辩的前提条件是被告的先用权成立。先用权的成立条件详见专利权的限制部分。

关于先用权抗辩,有以下问题需要注意。

1. 先用权仅仅是一种抗辩权,不是实体权利,不能转让和许可他人实施。因此先用权人在专利申请日后将其已经实施或作好实施必要准备的技术或设计转让或者许可他人实施,被诉侵权人主张该实施行为属于在原有范围内继续实施的,人民法院不予支持,但该技术或设计与原有企业一并转让或者承继的除外。

2. 支持先用权成立的技术应当是主张先用权的人自己开发的或者合法取得的。根据司法解释,被诉侵权人以非法获得的技术或者设计主张先用权抗辩的,人民法院不予支持。

3. 需要注意与新颖性宽限期、现有技术抗辩之间的衔接与区别。现有技术是指申请日以前在国内外为公众所知的技术。但根据《专利法》第 24 条新颖性宽限期的规定,申请人在申请日之前的 6 个月内在中国政府主办或者承认的国际展览会上首次展出其发明创造、在规定的学术会议或者技术会议上首次发表其发明创造的,不影响随后提出的专利申请的新颖性。因此,尚未丧失新颖性的发明创造不能因为展出和发表行为就成为现有技术或现有设计;被诉侵权人在申请日之前已经开始实施通过上述方式公开的发明创造或已经做好实施准备的,只能以先用权进行抗辩,不得以其技术属于现有技术进行抗辩。①

四、医药审批抗辩

为提供行政审批所需要的信息,制造、使用、进口专利药品或者专利医疗器械的,以及专门为其制造、进口专利药品或者专利医疗器械的,不视为侵犯专利权。这一专利侵权抗辩理由也被称为药品和医疗器械的实验例外,即博拉例外。博拉例外规则产生于美国判例制度,目的是克服药品和医疗器械上市审批制度在专利权期限届满之后对仿制药品和仿制医疗器械上市带来的迟延。② 这是因为:在药品或者医疗器械专利权的保护期届满后,即使其他公司仿制该药品或者专利医疗器械,按照各国对药品和医疗器械上市审批制度,仍然必须提供其药品或者医疗器械的各种实验资料和数据,证明其产品符合安全性、有效性等要求,才能获得上市许可。因此,如果只有在专利权保护期限届满之后才允许其他公司开始进行相关实验,以获取药品和医疗器械行政管理部门颁发上市许可所需的资料和数据,就会大大延迟仿制药品和医疗器械的上市时间,导致公众难以在专利权保护期限届满后及时获得价格较为低廉的仿制药品和医疗器械,这在客观上起到了延长专利权保护期限的效果。③

为了解决这一问题,美国、加拿大、英国、澳大利亚等国均在其专利法中明确规定了博拉例外,而且这一制度也被世界贸易组织争端解决机构的有关纠纷裁决所认可,认为采用博拉例外没有违背《TRIPS 协议》的规定。④ 我国《专利法》第 69 条规定,不仅药品生产者或者研发机构为提供行政审批所需要的信息而制造、使用、进口专利药品或者专利医疗器械的,不视为侵犯专利权,而且他人专门为药品生产者或者研发机构提供行政审批所需要的信息而制造、进口专利药品或者专利医疗器械,并将其提供给药品生产者或者研发机构的行为也不视为侵

① 尹新天:《中国专利法详解》,知识产权出版社 2011 年版,第 806~807 页。

② Roche Products v. Bolar Pharmaceutical, 733 F.2d 858 (Fed. Cir. 1984).

③ 北京市第二中级人民法院(2006)二中民初字第 04134 号民事判决书。

④ 国家知识产权局条法司:《〈专利法〉第三次修改导读》,知识产权出版社 2009 年版,第 89 页。

犯专利权，也就是说为药品生产者、研发机构提供辅助行为也不视为侵犯专利权。

五、捐献规则

捐献规则，是指对于仅在说明书或者附图中描述而在权利要求中未记载的技术特征，权利人在侵犯专利权纠纷案件中将其纳入专利权保护范围的，人民法院不予支持。捐献规则作为抗辩理由，主要在于限制等同原则的适用，即对抗侵权判定等同原则的成立。2001 年《最高人民法院关于审理专利纠纷案件适用法律问题的若干规定》确立了专利侵权判定中的等同原则，同时明确，专利权的保护范围不仅包括权利要求记载的技术特征所确定的范围，还包括等同技术特征所确定的范围。等同原则是克服专利权利要求在表达上的局限性、实现专利权公平保护的一项重要制度。

为了防止等同原则适用的泛滥，2009 年司法解释规定了捐献规则以限制等同原则的适用：对于说明书记载而权利要求未记载的技术方案，视为专利权人放弃对其主张权利，将其捐献给社会公众，专利权人不得在专利侵权诉讼中主张上述已经捐献的内容属于等同特征所确定的范围。之所以如此考虑，是考虑到以下情形：专利申请人有时为了方便获得专利授权，在权利要求书中使用外延较小的概念和表述，而在说明书及附图中又扩大解释。专利权人在侵权诉讼中主张说明书所扩张的部分属于等同特征，从而不适当地扩大了专利权的保护范围。专利制度的价值不仅要体现对专利权人利益的保护，同时也要维护权利要求的公示作用。因此，捐献规则的确立，有利于维护权利要求书的公示性，平衡专利权人与社会公众的利益关系。① 举例而言，权利要求明确记载某一个技术特征是“三个螺丝”，而说明书又称，该螺丝也可以是五个、八个、十个。如果被控侵权产品的相应特征是八个螺丝，权利人主张该八个螺丝与三个螺丝等同，依据捐献规则，权利人的上述主张不能成立。因为，权利要求未记载而说明书或者附图描述的技术方案，不属于等同技术特征所限定的专利权保护范围。②

---

① 上海市第二中级人民法院(2010)沪二中民五(知)初字第 102 号民事判决书。

② 孔祥俊、王永昌、李剑：《〈最高人民法院关于审理侵犯专利权纠纷案件应用法律若干问题的解释〉的理解与适用》，载最高人民法院：《知识产权司法解释理解与适用》，法律出版社 2011 年版，第 111 页。

六、禁止反悔原则

禁止反悔原则，是指当一方当事人已经做出某种行为，且被他人所信赖，该当事人以后就不能再否认该行为。作为专利侵权抗辩理由的禁止反悔原则，是指专利申请人、专利权人在专利授权或者无效宣告程序中，通过对权利要求、说明书的修改或者意见陈述而放弃的技术方案，权利人在侵犯专利权纠纷案件中又将其纳入专利权保护范围的，人民法院不予支持。禁止反悔原则旨在防止专利权人采用出尔反尔的策略，通过限制、缩小保护范围获得授权，在获得专利授权后设法扩大保护范围。禁止反悔原则适用于为获得专利权而对专利申请文件进行修改，而且缩小了专利权的保护范围的情况，该原则也是对侵权等同判定原则适用的一种限制。专利权在理论上存在“合同解释论”，即专利权被视为专利权人与授权机构形成的合同产物，专利权人不得就其在合同文本中的承诺或放弃进行反悔，这里的“合同文本”表现为说明书、权利要求以及相关附图等专利文件。因此，在这个意义上可以认为禁止反悔原则也是合同法上禁止反言及诚实信用原则的延伸。所谓“放弃的技术方案”，应当理解为依据修改或陈述意见之前的专利申请文件或者专利文件有可能落入保护范围之内，而依据修改或者陈述意见之后的专利申请文件或者专利文件已经难以落入保护范围之内的技术方案。申请人或权利人之所以通过“放弃”行为而缩小专利权的保护范围，往往是为了与审查员援引的现有技术或者无效宣告请求人举证的现有技术形成足够大的区别，进而获得授权或者维持其权利。

申请人在专利审批及专利无效宣告程序中对专利文件进行修改有不同的目的，用于克服专利文件中不同类型的缺陷。在适用禁止反悔原则时，对不同目的而进行的修改需要加以区分。美国联邦法院对禁止反悔原则的理解和适用，在过去一直存在不同的见解。早期大多数判例都认为只有为了避开现有技术进行的修改和意见陈述才会导致禁止反悔原则的适用。美国联邦最高法院 1997 年 Warner-Jenkinson 案的判决意见指出，主张所有类型的修改和意见陈述都会产生禁止反悔原则的适用走得太远了，只有当申请人的修改或陈述是为了满足“可专利性”条件而进行的，才会导致禁止反悔原则的适用。虽然美国最高法院提出了“可专利性”的修改条件，但是如何理解并没有解答。如果仅仅做狭义的理解，其仅仅是指“新颖性、创造性”；如果做广义的理解则包括授予专利权的所有实质性条件。在 2000 年的 Festo 案，美国联邦巡回上诉法院对此作出回应：“可专利性”有关的修改，不仅仅限于使申请专利具备“新颖性、创造性”所做的修改。这些与授予专利权有关的所有实质性条件主要有：权利要求所要求保护的主题必须属于能够授予专利权的主题范围；要求保护的客体必须具备实用性；专利说明书必须对发明做出清楚完整的说明；权利要求书必须以说明书为依据等。

对于禁止反悔原则的适用，我国司法解释仅做原则性的规定，"通过对权利要求书、说明书的修改或意见陈述而放弃的技术方案"，并没有对"放弃的技术方案"做出具体规定或限定。是仅包括为了"新颖性、创造性"进行的修改，还是包括了涉及"可专利性"所有实质性条件的修改呢？在湖北午时药业股份有限公司与澳诺（中国）制药有限公司、王军社侵犯发明专利纠纷案中，专利申请人所做修改是针对国家知识产权局认为"涉案专利申请公开文本权利要求保护范围过宽得不到说明书支持"而进行的。一审法院认为，"只有为了使专利授权机关认定其专利申请具有新颖性或创造性而进行的修改或意见陈述，才产生禁止反悔的效果，并非专利申请过程中关于权利要求的所有修改或意见陈述都会导致禁止反悔原则的适用"。在再审程序中，最高人民法院认为"在专利授权或无效宣告程序中，通过对权利要求、说明书的修改或意见陈述所放弃的技术方案，在专利侵权纠纷中都不得将其纳入专利权的保护范围，为了克服权利要求得不到说明书的支持的缺陷而修改权利要求也可导致禁止反悔原则的适用"。[①] 由此可见，在我国司法实践中，为了获得专利授权对权利要求、说明书所进行的所有修改都将成为适用禁止反悔原则的证据。相比于美国司法，我国司法禁止反悔原则适用的范围更为宽泛，对专利文书的撰写要求更为严格，维护了专利权的确定性和安定性。

现行法律以及司法解释对人民法院是否可以主动适用等同原则未作规定，为了维持专利权人与被控侵权人以及社会公众之间的利益平衡，亦不应对人民法院主动适用禁止反悔原则予以限制。因此，在认定是否构成等同侵权时，即使被控侵权人没有主张适用禁止反悔原则，人民法院也可以根据业已查明的事实，通过适用禁止反悔原则对等同范围予以必要的限制，以合理地确定专利权的保护范围。[②] 专利权人对其在授权程序或宣告无效程序中已经明确放弃的内容，不能通过等同原则的适用再将其纳入专利权的保护范围。此类放弃往往具体表现为专利申请人、专利权人在客观上对权利要求、说明书所作的限制性修改或意见陈述。在权利要求中增加技术特征，是这一"放弃"行为最为常见的情况。这类修改或者陈述无论是权利人主动而为还是应审查员要求所为，修改、陈述行为

---

① 最高人民法院(2009)民提字第 20 号民事判决书。

② 最高人民法院(2009)民申字第 239 号民事裁定书。

与专利授权条件是否具有法律上的因果关系，以及修改、陈述是否被审查员最终采信，均不影响禁止反悔规则的适用。[①] 这些修改或陈述所形成的文件，连同说明书和权利要求均收录入国家知识产权局保存的申请案卷，成为适用禁止反悔规则的证据。

思考和讨论：

1. 如何理解专利侵权判定中的全面覆盖原则和等同原则？试分析等同原则的合理性。

2. 专利权的保护范围以权利要求书为依据，说明书和附图用于解释权利要求。这种确定专利权保护范围的解释方法属于哪种学说？试分析其合理性。

3. 说明书的所有部分都用于解释权利要求吗？发明目的和发明效果是否对解释权利要求产生影响？

4. 在侵权诉讼中，现有技术抗辩所援引的现有技术是否可以是多项现有技术的组合？

5. 如何理解专利侵权判定与专利授权条件、无效宣告在权利结构、判断方法等方面的对称性？

---

① 孔祥俊、王永昌、李剑：《〈最高人民法院关于审理侵犯专利权纠纷案件应用法律若干问题的解释〉的理解与适用》，载最高人民法院：《知识产权司法解释理解与适用》，法律出版社2011年版，第117页。

第十一章 >> 专利权的保护

本章导读：专利权的保护包括民事保护、行政保护和刑事保护，民事保护是基础。本章重点讨论专利权的民事保护，同时对专利权的行政保护和刑事保护简要介绍。民事保护包括民事责任的构成要件、责任形式、赔偿额的计算、临时措施、诉讼时效以及诉讼程序问题。行政保护包括专利管理机关对专利权的保护和海关保护。本章特别讨论了民事责任的构成要件问题，认为只有针对具体的侵权行为类型和责任形式的责任构成要件，没有适用于所有责任形式的一般的责任构成要件。

广义的专利权保护包括权利人的自我保护和国家的公力保护；狭义的专利权保护则仅指公力保护。我们所研究的是公力保护。国家公权力对专利权提供的保护包括民事保护、行政保护和刑事保护。民事保护是最主要、最基本的保护方式；刑事保护则是民事保护的后盾。

第一节　专利权的民事保护

民事保护指的是通过民事责任制度，对侵害专利权的行为追究民事责任，实现对专利权的保护。民事保护在专利权保护中居于基础性的地位，是最重要的保护手段。这不仅是因为民事责任是适用最广泛的法律责任，而且其他法律责任的追究，都以民事责任为基础——只有构成侵权行为，应当承担民事责任的行为，才可能进一步追究行政责任以至刑事责任。所以，民事保护是专利权法律保护的研究重点。

一、侵害专利权民事责任概述

侵害专利权的民事责任是指民事主体因实施专利法等法律规定的侵权行为而应承担的民事法律后果。侵害专利权属于民事侵权的一种，因而在确定侵害专利权民事责任形式时，原则上可适用《中华人民共和国民法通则》第 134 条和《中华人民共和国侵权责任法》第 15 条的规定。但与一般侵权行为相比，侵害专利权还有其自身的特点。《中华人民共和国民法通则》第 118 条具体规定了侵犯包括专利权在内的知识产权的民事责任形式，即停止侵害、消除影响和赔偿损失。[①] 此外，在司法实践中，也有适用赔礼道歉的情形。[②]

侵权行为法功能的发挥，集中体现在民事责任制度上。因而侵权行为法的功能在其演进过程中历经变迁，如赎罪、惩罚、威吓、教育、填补损害及预防损害等，因时而变，因国而异，反映着当时社会经济文化政治状况和伦理道德观念。侵害专利权的民事责任具有侵权行为法的预防和填补损害功能，其预防功能主要体现在停止侵害责任上，而填补损害功能则主要体现在损害赔偿责任中。

侵害专利权的民事责任以侵害专利权行为的发生为依据。构成要件是民事责任中的基本问题，它所研究和解决的是让加害人承担民事责任的必要条件，欠缺其中的任何一个条件，责任便不能成立。民事责任的构成要件直接关系到加害人和受害人双方的利益，从而成为立法和司法中的一个重要问题。

根据侵权行为法的一般原理，侵权责任的构成要件分为客观要件和主观要件。客观要件是使责任得以成立的客观基础。按我国通说，客观要件包括：(1)行为人实施了违法行为；(2)给权利人造成了损害后果；(3)违法行为与损害后果之间有因果关系。主观要件则是指行为人实施违法行为时的心理状态，即行为

---

① 《中华人民共和国民法通则》第 118 条："公民、法人的著作权(版权)，专利权、商标专用权、发现权、发明权和其他科技成果权受到剽窃、篡改、假冒等侵害的，有权要求停止侵害，消除影响，赔偿损失。"

② 参见最高人民法院通过其官方网站发布的《典型案例》：富士宝家用电器有限公司诉家乐仕电器有限公司专利侵权及侵犯商业秘密纠纷案(由佛山市中级人民法院和广东省高级人民法院分别担任第一审和第二审，2003 年 4 月 1 日发布)；宋志安诉无锡锅炉厂一分厂专利侵权纠纷案(由南京市中级人民法院和江苏省高级人民法院分别担任第一审和第二审，2003 年 3 月 31 日发布)。

意志状态，包括故意和过失。[①]

这里所说的构成要件实际上是损害赔偿责任的构成要件。我国一些著述中将其作为一般民事责任的构成要件，犯了偷换概念的错误。民事责任与损害赔偿责任的关系是属概念与种概念的关系。除损害赔偿责任外，民事责任还包括停止侵害、排除妨碍、消除危险、返还财产、恢复原状、消除影响、赔礼道歉等。显然，不同民事责任的构成要件是不同的。例如停止侵害，不以有损害后果为条件，当然也就无须考查违法行为与损害后果之间的因果关系；而且，根据侵权行为法的原理和法律规定，也不需要以行为人的过错为条件。因此，对侵权民事责任的构成要件的研究，必须针对具体的侵权行为类型和责任形式。换言之，只有针对某种侵权行为类型和责任形式的构成要件，没有适用于一切民事责任的抽象的构成要件。[②]

按照这一思路，对侵害专利权民事责任构成要件的讨论不应当是笼统的，而应该针对停止侵害、损害赔偿等具体责任形式分别进行讨论。

二、停止侵害责任的构成要件和适用

停止侵害是指责令侵权行为人停止其侵权行为的一种责任形式，如停止制造专利产品、停止使用专利方法、停止使用专利产品、停止销售专利产品等等。停止侵害是专利权人一项常用的民事救济措施，在专利权的保护中具有十分重要的意义和作用。其主要目的是阻止侵权行为的继续，避免损害的继续或扩大。“停止侵害与永久性禁令具有同样的目的，即为了阻止尚未发生的损害，而不是对已经发生损害的救济。”[③]这里所谓的“永久”，并非真正意义上的“永久”，因为该禁令实际上也可能有时间限制，可以在特定情况下被解除。例如，诉讼中涉及的专利过期后，这种禁令便不再有约束力。[④]

（一）停止侵害责任的构成要件和适用

停止侵害责任的构成要件只有一项，即被告实施了侵害专利权的违法行为。

---

① 关于民事责任的构成要件，有“三要件说”和“四要件说”等。“三要件说”以“过错”吸收“违法”；“四要件说”则认为“过错”和“违法”是两个独立的要件。我国多数著述采“四要件说”。可参阅王卫国：《过错责任原则——第三次勃兴》，中国法制出版社2000年版。

② 张玉敏：《侵害知识产权民事责任归责原则辨析》，载《法学论坛》2003年第3期。

③ 张广良：《知识产权侵权民事救济》，法律出版社2003年版，第101页。

④ 孟庆法、冯义高编著：《美国专利及商标保护》，专利文献出版社1992年版，第178页。

在侵害专利权的诉讼中，让加害人承担停止侵害的民事责任的唯一条件是，行为人违反法律实施了侵害专利权的行为，并且该侵权行为仍在继续。也就是说，只要行为人实施了专利法等所禁止的行为，不管是否已造成损失，也无论行为人有无过错，权利人都可以请求法院判令行为人停止侵权行为。[①] 所谓行为人违反法律实施了侵害专利权的行为，指的是行为人未经许可（专利权人的许可或者强制许可）实施了依法应当由专利权人控制的行为；专利法明确规定不视为侵犯专利权的行为除外（参见《侵犯专利权的行为》一章）。

如果被告在诉讼开始前或诉讼过程中已主动停止了侵害专利权的行为，而原告又提出了判令被告停止侵害的诉讼请求，该请求是否应得到法院支持？学者间对此存在着分歧。一种观点认为，如果侵权行为已经停止，即失去了判令停止侵害的基础和必要，那么只能考虑是否可以令行为人承担赔偿损失的民事责任。另一种观点则认为："被告无论是在原告起诉前还是诉讼过程中虽主动停止了被控侵权行为，但只要该行为有再次发生或继续之虞的，经原告请求，法院便应判令被告停止侵害。"其理由是，法院判令被告停止侵害行为体现了法律对被告过去行为的否定性评价；即使被告的确无意再实施该行为，此种判决的结果本身对被告并无损害；法院判令被告停止侵害行为，有利于权利人利益的保护。[②]

另外，从程序法的角度看，只有原告请求法院判令被告承担某种形式的民事责任，而且法院经审理认为，被告应承担该种民事责任时，才会判决被告承担责任。这是由民事责任的私法性质决定的。这种性质决定了当事人可以协商如何承担民事责任，也可以选择追究何种民事责任或放弃民事责任的追究。[③] 只要这些行为不违背法律规定、不损害社会公共利益，法院就应当尊重和保护。换言之，"不告不理"是我国民事诉讼制度中的一项重要原则。有学者认为："在有的知识产权权利人愿意通过收取赔偿费而默许行为继续存在的情形下，法院主动适用停止侵害的责任反而违背原告的意志，损害原告的利益。"[④]还有学者也持类似观点，并引用"默示许可"理论及美国相关判例加以论述："我国在此方面尚无案例，但从公平原则出发，只要侵权产品的使用人在向专利权人支付了赔偿费

---

① 张玉敏主编：《知识产权法学》，中国检察出版社 2002 年版，第 27～28 页；张玉敏：《侵害知识产权民事责任归责原则辨析》，载《法学论坛》2003 年第 3 期；王利明、杨立新编著：《侵权行为法》，法律出版社 2001 年版，第 100 页。

② 张广良：《知识产权侵权民事救济》，法律出版社 2003 年版，第 103 页。

③ 魏振瀛主编：《民法》，北京大学出版社 2000 年版，第 45 页。

④ 张耕：《知识产权民事诉讼研究》，法律出版社 2005 年版，第 562 页。

用之后，法院便不应判令其承担停止使用或修理该产品的责任。这是因为侵权人的过去侵权行为，专利权人已获得了充分的赔偿，而继续使用该产品的行为，不会给专利权人造成新的损害。"①

停止侵害是一种严厉的民事责任，其适用不仅直接关系到被告的利益，同时还涉及社会公共利益，人民法院在适用这种责任时应当十分慎重。一般来说，只有当专利权的有效性已经确认，侵权事实已经查明无疑，法院在尽力做了调解工作失败以后，才可以在判决中责令侵权人停止侵害。②

（二）不适用停止侵害责任的情形

在某些情况下，即使侵害专利权的行为仍在继续，也不宜适用停止侵害的责任形式。最高人民法院《关于当前经济形势下知识产权审判服务大局若干问题的意见》〔法发(2009)23 号〕指出："如果停止有关行为会造成当事人之间的重大利益失衡，或者有悖社会公共利益，或者实际上无法执行，可以根据案件具体情况进行利益衡量，不判决停止行为，而采取更充分的赔偿或者经济补偿等替代性措施了断纠纷。权利人长期放任侵权、怠于维权，在其请求停止侵害时，倘若责令停止有关行为会在当事人之间造成较大的利益不平衡，可以审慎地考虑不再责令停止行为，但不影响依法给予合理的赔偿。"该《意见》第一次以司法政策的形式对侵害专利权停止侵害责任的适用提出了限制性的意见。我国法院在实践中也已经做出了一些认定构成侵权但不判决停止侵害的案例。在美国，长期禁令的适用历来应当遵守衡平法的原则，不过根据形势的变化掌握有所不同。2006 年 5 月 15 日，美国联邦最高法院在对 eBay v. Mercexchange 案的判决书中，重申了长期禁令适用的衡平法原则，即寻求长期禁令的原告必须满足四要素测试：(1)其遭受了不可弥补的损害；(2)法律上可获得的诸如金钱赔偿的救济不足以弥补该损害；(3)考虑到原告和被告之间困难的权衡，有理由给予衡平救济；(4)公共利益不会被长期禁令所损害。③ 美国联邦最高法院的法官在阐述适用长期禁令的衡平法上的四要素测试要求时，特别指出："如今，在许多情况下，专利权人行使专利权的性质、专利权人的经济职能都已经呈现相当不同的情况。一个产业已经形成。在这个产业中，公司不是将专利作为生产和销售产品的基

---

① 张广良：《知识产权侵权民事救济》，法律出版社 2003 年版，第 111～112 页。

② 汤宗舜：《专利法教程》，法律出版社 2003 年版，第 243 页。

③ Weinberger v. Romero-barcelo, 456 U.S.305, 311-313(1982); Amoco Production Co. v. Gambell, 480 U.S.531, 542(1987).

础；相反，其主要目的是获得许可费。"[①]对这些公司而言，禁令以及违反禁令的潜在严重后果，能够被它们用于向那些寻求购买许可以实施专利的公司收取过高费用的谈判工具。当专利发明创造仅仅是某个公司试图生产的产品中的一个很小组件，并且禁令的威胁仅被用于谈判的不当筹码时，金钱赔偿也许足以补偿侵权带来的损失，而且禁令将不会服务于公共利益。此外，对迅猛发展且在早期没有多大经济和法律意义的商业方法发明而言，禁令救济也许会有不同的后果。某些此类专利潜在的模糊性和可疑的有效性可能影响四要素检测法下的判断。由于这些原因，我们应当承认地区法院必须决定过去的做法是否适用于当前面对的案件。

美国联邦最高法院关于 eBay v. Mercexchange 的判例给了我们一个重要的启示：在科技已经发展到积累创新的时代，停止侵害责任的适用应当特别慎重，以免对科技创新和新技术的推广产生消极影响。因此，讨论停止侵害责任适用的限制，就显得十分重要。根据最高人民法院的《意见》和我国的司法实践经验，参考美国衡平法上的四要素检测要求，我们认为，以下情况应限制停止侵害责任的适用：

1. 判令停止侵害可能损害社会公共利益

专利权人在其合法权利受到不法侵害时，有权请求法院判令加害人停止侵害。但如果适用停止侵害会对社会公共利益造成损害，则法院就不能适用这种民事责任形式。一般而言，权利人行使权利本应受到法律保护。罗马法上就有"行使自己的权利，无论于何人皆非不法"的法谚；[②]近代民法也把"所有权神圣不可侵犯"奉为三大基本原则之一。在此权利绝对之理念下，一方面，个人所有权为他人所绝对不能侵犯；另一方面，权利人于行使权利时，若有损害及于他人，则该他人也只能俯首忍受，别无选择。这样，权利行使过程中必然会导致个人与个人之间以及个人与社会之间的利益冲突和矛盾对立。社会实践证明，权利人如果不正当地行使权利，会给他人造成损害，甚至危及社会公共利益。于是，"禁止权利滥用"的观念便应运而生，并逐渐被许多国家的立法所确认。"禁止权利

---

① Federal Trade Commission, *To Promote Innovation*: *The Proper Balance of Competition and Patent Law and Policy*, ch. 3, pp. 38-39(Oct. 2003), http://www.ftc.gov/os/2003/10/innovationrpt.pdf, 2010-7-21.

② 转引自徐国栋：《民法基本原则解释》，中国政法大学出版社 1992 年版，第 90 页。

滥用”，不仅是我国宪法所确立的一项基本原则，①也是我国民法中的一项基本原则。《中华人民共和国民法通则》第 7 条规定：“民事活动应当尊重社会公德，不得损害社会公共利益，破坏国家经济计划，扰乱社会经济秩序。”这是我国民事基本法对禁止权利滥用原则的明确规定。禁止权利滥用原则的作用是平衡权利人的利益和社会公共利益，是法律追求公平正义价值取向的具体体现。

社会公共利益的考量，是决定能否适用停止侵害责任的关键和难点。社会公共利益的衡量具有极大的弹性空间，法院享有较大的自由裁量权。通常，如果适用停止侵害的责任形式将导致下列情况发生时，应视为损害社会公共利益：(1)可能危及公共安全；(2)严重阻碍科技进步；(3)可能危害公众健康；(4)破坏公平竞争秩序；(5)不利于环境保护；(6)违反基本道德准则；(7)损害消费者合法权益。

英美法系国家法院在审理专利侵权纠纷案件时，只要在判决中认定行为人侵犯了有效的专利权，一般都会颁发长期禁令。但如果禁令的颁发可能危及公共安全、公众健康或其他重大的社会利益时，法院则会拒绝颁发长期禁令。② 从一些判例中可以看出，社会公共利益尤其是涉及公共安全、公众健康与生活等方面的利益，是法院裁决时所考虑的一个非常重要的因素。

社会公共利益以公益性、社会性、客观性及合法性为基本特征，不指向特定的个人或团体，因而被告不得以适用停止侵害责任将给自己造成重大损失为由进行抗辩，除非法律法规另有明确的特别规定。

2. 判令停止侵害将造成当事人之间重大的利益失衡

如专利权人长期怠于行使权利，侵权人已经为实施专利投入了大量的人力、物力，判令停止侵害不但给侵权人造成巨大损失，对社会生产力也是巨大的浪费。如果通过赔偿损失，可以对专利权人给予充分的补偿，就可以不适用停止侵害责任。再如，在被侵害的专利只占被控侵权产品的极小部分的情况下，如果判令侵权人停止整个产品的生产，显然有失妥当。我国《计算机软件保护条例》第 30 条规定：“软件的复制品持有人不知道也没有合理理由应当知道该软件是侵

① 《中华人民共和国宪法》第 51 条规定：“ 中华人民共和国公民在行使自由和权利的时候，不得损害国家的、社会的、集体的利益和其他公民的合法的自由和权利。”

② See, e.g., Rite-Hite Corp. v. Kelley Inc., 56 F.3d 1538, 1547, 35 USPQ 2d 1065 (Fed. Cir. 1995) (50 PTCJ 197, 6/22/95) (Fed. Cir. 1995); Vitamin Technologists, Inc., v. Wisconsin Alumni Research Foundation, 146 F. 2d 941, 63 USPQ 262 (9th Cir. 1944); City of Milwaukee v. Activated Sludge, Inc., 146 F. 2d 941, 64 USPQ 285 (9th Cir. 1944).

权复制品的，不承担赔偿责任；但是，应当停止使用、销毁该侵权复制品。如果停止使用并销毁该侵权复制品将给复制品使用人造成重大损失的，复制品使用人可以在向软件著作权人支付合理费用后继续使用。"它明确规定了软件善意使用者构成侵权时，也可在特定情形下，不承担停止侵害的责任。

3. 实际上无法执行

例如侵权产品已经被安装到永久性建筑物上，拆除虽非不可能，却显然违背经济合理性，此时便不能判令停止侵害。如珠海市晶艺玻璃工程有限公司诉广州白云国际机场股份有限公司等专利侵权纠纷案、珠海市晶艺玻璃工程有限公司诉深圳市机场股份有限公司等专利侵权纠纷案、邱则有诉深圳市深地建筑科技有限公司等侵犯发明专利权系列纠纷案中，法院之所以拒绝适用停止侵害责任，根本原因就在于被控侵权产品已经镶嵌于白云机场、深圳机场、迈瑞总部大厦的墙体之中，如果强行要求被告停止使用被控侵权产品，势必破坏机场、大厦建筑物的墙体，不仅执行费用过高，而且会造成社会资源的浪费。[①]

三、损害赔偿责任的构成要件和适用

(一)损害赔偿的概念

损害赔偿是侵害专利权民事诉讼中适用最多的一种民事责任。由于专利权保护对象是非物质性的智力成果，对专利权的侵害方式及后果不同于对有形财产权的侵害，不会导致保护对象毁损灭失的危害后果，因而对侵害专利权赔偿责任的适用就比传统民事侵权损害赔偿责任的适用更为复杂和困难。

专利法领域中损害赔偿责任的产生原因主要有两种：一是违反有关专利权的合同，二是侵犯专利权。此处所称损害赔偿，特指侵权损害赔偿，是指行为人因过错而侵犯他人专利权，依法应承担的以给付金钱或实物补偿受害人所受损害的民事责任。

(二)损害赔偿责任的构成要件

侵害专利权损害赔偿责任的构成要件，按通说有四项：行为人实施了侵害专利权的违法行为；给权利人造成了损害后果；违法行为与损害后果之间有因果关系；行为人有实施侵权行为的故意或过失。

---

① 关于停止侵害责任适用的限制，请参见西南政法大学张泽吾博士论文《专利法上停止侵害责任适用研究》、西南政法大学曹博硕士论文《专利许可的困境与出路》。

1. 行为人实施了侵害专利权的违法行为

专利法一方面明确规定了专利权的内容和保护范围，规定了专利权人有权禁止他人实施的行为的种类，另一方面又明确规定了不视为侵权的情况[①]。因此，在认定行为人的行为是否构成侵害专利权的违法行为时，应严格以法律的规定为依据。

2. 给权利人造成了损害后果

损害后果是指一定的行为致使专利权受到侵害，并造成权利人财产等利益的减少或灭失的客观事实。一般而言，损害后果包括两大类：一是对财产权利的损害事实；二是对人身权利的损害事实。对于侵犯专利权是否会造成侵害人身权的损害后果，学术界一直存在着争议。这实际上涉及对专利权主体和内容的不同认识。根据我国专利法的规定，无论是职务发明创造的发明人、设计人，还是非职务发明创造的发明人、设计人，均有权在专利申请文件及有关专利文献中表明自己的身份。[②] 但发明人或设计人的这种权利并不是专利权人的权利，而是发明人、设计人的权利。按照我国专利法和各国专利法的规定，专利权是财产权，不包含人身权的内容。专利权也不属于最高人民法院《关于确定民事侵权精神损害赔偿责任若干问题的解释》〔法释(2001)7 号〕所说的“具有人格象征意义的特定纪念物品”，因此，我们认为侵害专利权的损害后果中不包括精神损害。

由于专利权是无形财产权即信息产权，对专利权的损害与对物质财产权的损害的表现形式有根本的不同：对物质财产权的损害表现为对物本身的损害，如损坏或者使其灭失；对专利权的损害则主要表现为对其市场份额的侵占。专利权人要想得到损害赔偿，必须证明损害事实的存在。

3. 违法行为与损害后果之间有因果关系

侵权损害赔偿中的因果关系，是指加害行为与损害后果之间的关联性，即加害行为系损害的原因。因果关系理论纷繁复杂，学说各异，没有定论。综观世界各国侵权行为法中的因果关系理论，主要有“相当因果关系说”、“必然因果关系说”、“盖然性因果关系说”、“条件说”、“直接结果说”、“规则范围说”(或称“法规

---

① 参见《中华人民共和国专利法》第 69 条、第 70 条。

② 参见《中华人民共和国专利法》第 17 条。

目的说")、"原因说"和"义务射程说"等。目前"相当因果关系说"在我国甚为流行。[①] 我们认为,侵权行为与损害后果之间的联系是客观的,它与人们主观上对因果关系的认识是两个不同的问题。相当因果关系说将如何判定因果关系与因果关系本身混为一谈,其科学性值得怀疑。

实际上,因果关系包括权利侵害的因果关系和损害范围的因果关系。第一层次的因果关系要解决的是专利权的被侵害与行为人的行为之间的因果关系,这一层次的因果关系要解决的是侵犯专利权的行为是否成立的问题;第二层次的因果关系是在第一层次的因果关系得以确立的基础上,进一步解决哪些损失是由行为人的侵权行为造成的,即确定赔偿范围的问题。由于侵犯专利权行为的情况十分复杂,侵权行为与损害结果之间的关系较之一般侵权行为的因果关系更为复杂,更难于认定。实践中,原告只要证明被告实施了侵权行为和自己遭受了损害,原则上即可认定损害与侵权行为之间有因果关系。但是,被告可以举出证据,证明原告的损害全部或者部分是由其他原因造成的,如由于替代产品挤占了专利产品的市场等,从而全部或者部分推翻因果关系的推定。

4. 行为人有过错

过错是行为人实施侵犯专利权行为时的主观心理状态,包括故意和过失两种形态。过错虽然是一种主观心理状态,但理论上一般认为在对过错进行判断时应采用客观标准,即行为人违反法律和社会公共生活准则所要求的注意义务,即为有过错。[②] 关于侵害专利权损害赔偿责任是否以过错为必要条件,理论和实务中均有不同意见。我们认为,过错是侵害专利权损害赔偿责任的必要条件。理由如下。

其一,过错责任原则能够最好地实现专利法的立法目的。专利法的立法目的是为了保护发明创造专利权,鼓励发明创造,有利于发明创造的推广应用,促进科学技术进步和创新,适应社会主义现代化建设的需要,造福于全人类。这一

---

① 参阅刘士国:《现代侵权损害赔偿研究》,法律出版社 1998 年版,第 65～67 页;魏振瀛主编:《民法》,北京大学出版社 2000 年版,第 690～691 页;王泽鉴:《侵权行为法》(第 1 册),中国政法大学出版社 2001 年版,第 191～206 页;王利明:《侵权行为法归责原则研究》,中国政法大学出版社 1992 年版,第 382～383 页;曾世雄:《损害赔偿法原理》,中国政法大学出版社 2001 年版,第 98～112 页;张新宝:《中国侵权行为法》,中国社会科学出版社 1998 年版,第 119 页;王家福主编:《中国民法学·民法债权》,法律出版社 1991 年版,第 485～490 页。

② 关于过错的判断标准和方法,可参阅王卫国:《过错责任原则——第三次勃兴》,中国法制出版社 2000 年版。

目的是通过保护人们的创造性智力成果、鼓励人们发明创造的积极性来实现的。法律既要充分保护创造性成果所有人的权利，又要保护和鼓励社会公众进行创新活动的积极性，协调二者关系的法律机制就是过错责任原则，即只要行为人尽到了合理的注意义务，即不应被课以赔偿责任。在这种机制之下，一方面，权利人的利益得到了充分的(而不是绝对的)保护；另一方面，社会公众在进行创造性的经济活动时不必担心无辜被课以责任，其积极性也能得到充分发挥。[①]

从其发展历史来看，过错责任原则是损害赔偿民事责任的一般归责原则。过错责任原则的含义是，以行为人主观上的过错作为构成责任的必要条件，有过错才有责任，无过错即无责任。这一原则符合民法意思自治的精神，公平合理，具有重要的道德教化、行为导向和预防功能，在保护被害人权利的同时兼顾行为人的行为自由，有利于鼓励人们的创新精神，有利于经济的发展。

侵害专利权的行为，特别是直接侵权行为，大多数属于故意侵权行为，间接侵权行为按通说以故意或有重大过失为成立条件。这从专利法关于侵权行为的规定中可以看得很清楚。对于行为人可控制的致损行为，采用过错责任原则是唯一明智的选择。诚如有的学者所言："人是有思想、意志和情感的实践主体，法律指令要通过人的意志才能转化为具体的适法行为和法律秩序。人的自我控制是社会控制的基本单元，法律调整是人们的外在行为规则与内在行为意志之间的协调过程。所以，侵权行为法应当承认这样一个基本事实：不法行为及损害结果是人们通过主观努力所能够避免的。因此，法律应当设法调动人们防止不法行为和避免损害结果的自觉能动性。为了调动人们的这种能动性，法律就必须把责任限定在过错即不法意志状态的范围内。易言之，如果一个人达到了法律和道德所要求的注意程度，其行为便无可指责，因而不应当被强制承担民事责任。"[②]因此，对于侵害专利权的损害赔偿责任，采用过错责任原则是最公平合理、最符合社会整体利益、最有利于社会发展要求的。

其二，我国现行法采用的是过错责任原则。我国现行专利法对侵害专利权的行为和责任作了明确的规定。分析这些规定可知，我国现行法所采用的是过错责任原则。

《中华人民共和国专利法》规定了两种侵犯专利权的行为，即第 60 条规定的未经许可实施他人专利的行为和第 63 条规定的假冒他人专利的行为。假冒他人专利的行为属于故意侵权是没有问题的。那么，未经许可实施他人专利时行

① 张玉敏：《侵害知识产权民事责任归责原则辨析》，载《法学论坛》2003 年第 3 期。

② 王卫国：《过错责任原则——第三次勃兴》，中国法制出版社 2000 年版，第 247 页。

为人的意志状态如何呢？按照《中华人民共和国专利法》第11条的规定，实施专利的行为包括为生产经营目的制造、使用、许诺销售、销售、进口专利产品，或者使用其专利方法以及使用、许诺销售、销售、进口依照该专利方法直接获得的产品的行为。而《中华人民共和国专利法》第70条规定："为生产经营目的使用、许诺销售或者销售不知道是未经专利权人许可而制造并售出的专利侵权产品，能证明该产品合法来源的，不承担赔偿责任。"很显然，第70条采取的是过错推定，行为人如能证明该产品的合法来源，即不承担赔偿责任；反之，如不能证明产品的合法来源，即推定其有过错，应承担赔偿责任。我们认为，过错推定是确定过错的一种特殊方法，它在本质上仍属于过错责任，而不应将其作为一项独立的归责原则。除第70条所规定的情况外，值得讨论的情况尚有为生产经营目的制造专利产品和使用专利方法的行为。这二种行为中可能存在行为人无过错侵权的情况，如行为人在不知道他人已取得专利权的情况下，自己开发出与专利产品相同的产品或者方法并进行制造或者使用。在这二种情况下，无过错的行为人是否应当承担赔偿责任是一个值得研究的问题，我们主张这种情况下行为人不应当承担赔偿责任，理由容后述。

其三，外国法和有关国际公约采过错责任。1996—1997年，在国际保护工业产权协会（AIPPI，现更名为国际保护知识产权协会 Association Internationale pour la Protection de la Propriété Intellectuelle，但法语首字母缩略词未变）召开的研讨知识产权侵权归责原则问题的系列专家会上，与会的60多个国家的专家，除极个别专家外，都谈到侵害知识产权损害赔偿适用过错责任原则，这在会上几乎是没有争议的。①

根据美国专利法，间接侵权人可以善意、不知情作为抗辩理由；即使对于直接侵权人，专利权人要想获得赔偿，也必须在其专利产品上标明专利标记，或直接通知侵权人，即以侵权人知道其仿制的产品系专利产品为条件，而且，在通知侵权的情况下，专利权人只能要求赔偿侵权行为人在接到通知以后仍然继续侵权的部分②。虽然2011年《美国发明法案》对第287条做了修改，但是，该修改只是对新技术条件下专利权人标注专利标记的方式和通知侵权的方式做了更为

① 参见AIPPI年报从1996年第4期至1997年第1期，转引自郑成思：《知识产权论》（第3版），法律出版社2003年版，第272页。

② 参见美国《专利法》第287条(a)款，载张玉敏主编：《知识产权理论与实务》，法律出版社2003年版，第366～367页；阿瑟·R. 米勒、迈克尔·H. 戴维斯：美国法学精选丛书《知识产权法概要》，周林、孙建红、张灏译，中国社会科学出版社1998年版，第86～87页。

明确和具体的规定，并没有改变赔偿损失须以侵权人知道其仿制的产品系侵犯他人专利权的产品为条件的原则。[①] 在法国、德国、日本等国家的相关法律中，也有类似的规定。即使在这些知识产权保护水平较高的国家，侵害知识产权的赔偿责任也没有采取无过错责任原则，而是以故意和过失为条件。这是值得我们深思的。

国际公约对侵害知识产权责任的构成要件做出明确规定的，当属《TRIPS协定》。[②]《TRIPS 协定》第 45 条第 1 款规定："对已知或有充分理由应知其从事之活动系侵权的侵权人，司法当局应有权责令其向权利人支付足以弥补因侵犯知识产权而给权利持有人造成之损失的损害赔偿金。""已知或有充分理由应知"所表达的显然是过错责任，而且，按照通常的理解，这里所指的是故意和重大过失。该条第 2 款接着规定："……在适当场合，即使侵权人不知或无充分理由应知其从事之活动系侵权，成员仍可授权司法当局责令其返还所得利润或令其支付法定赔偿额，或二者并处。"从措辞上看，《TRIPS 协定》并没有将第 45 条第 2 款作为成员必须遵守的最低保护标准，而且，对于该规定的责任性质是"赔偿"还是"返还不当得利"，学者之间存在争议。[③] 我们赞成该规定的责任性质是返还不当得利的观点。

上述事实表明，发达国家的有关立法以及有关国际公约，在侵犯知识产权损害赔偿责任归责原则的问题上，都采取过错责任原则。那种认为无过错责任是国际发展趋势的说法是没有充分依据的。

四、关于赔礼道歉、消除影响责任适用的讨论

赔礼道歉是指责令侵权行为人向受害人正式承认错误并表示歉意的民事责任形式。它是我国立法部门在总结以往司法审判实践经验的基础上制定的，为我国法所独有。[④] 赔礼道歉有两种形式：一是在法庭上，加害人当庭向受害人赔

---

① 参见 2013 年 1 月 14 日经第 112—274 号法修订莱希-史密斯美国发明法案第 287 条。

② Agreement on Trade-Related Aspects of Intellectual Property Rights, Including Trade in Counterfeit Goods(《与贸易(包括假冒商品贸易)有关的知识产权协定》，简称《TRIPS 协定》)。

③ 张玉敏：《侵害知识产权民事责任归责原则辨析》，载《法学论坛》2003 年第 3 期。

④ 顾昂然、王家福、江平等：《中华人民共和国民法通则讲座》，中国法制出版社 2000 年版，第 245 页。

礼道歉，请求谅解。受害人同意接受的，法庭应当记录在案。二是书面道歉。如果受害人拒不当庭接受赔礼道歉，或者坚持书面道歉的，加害人应起草赔礼道歉启事，在传播媒体上公布；拒不履行的，由人民法院以加害人名义进行刊登，费用由加害人承担。①

消除影响是指侵权人因其行为给权利人造成不良影响而应承担的以一定方式消除该不良影响的民事救济措施。消除影响，可以采取登报、公告、公布判决书等方式，其范围不应小于侵权行为影响的范围。对于侵害知识产权的行为而言，消除影响具有重要的实际意义。消除影响的方法可以有多种，公开赔礼道歉无疑是消除影响的重要方法之一；而消除影响也兼具赔礼道歉的功能。由此可见，赔礼道歉与消除影响有着密切的内在联系。但是，这两种责任形式是独立的民事救济措施，不能相互替代，各自有其适用的范围和条件。它们可单独适用，也可合并适用，甚至还可与停止侵害、损害赔偿等责任合并适用。

我国专利法没有明确规定对侵害专利权的行为可以适用赔礼道歉和消除影响的责任形式。学术界对此问题也是仁者见仁，智者见智。而在专利侵权诉讼中，对这两种责任方式，不同法院对同一类案件的适用存在差异，甚至同一法院对同一类案件的适用有时也存在不同。② 其中许多理论、立法和司法问题都值得我们深入探讨。《民法通则》第 118 条规定："公民、法人的著作权（版权）、专利权、商标专用权、发现权、发明权和其他科技成果权受到剽窃、篡改、假冒等侵害的，有权要求停止侵害、消除影响、赔偿损失。"按此规定，假冒他人专利的，被假冒的权利人可以要求消除影响，但未规定赔礼道歉。至于未经许可实施他人专利的侵权行为，专利法和民法通则均未规定须承担赔礼道歉责任。

五、损害赔偿额的计算

（一）损害赔偿原则

对于什么是损害赔偿原则以及我国法上的损害赔偿原则究竟有哪些等问题，在学术界和司法界均存在争议。概括而言，一些学者和法官认为，损害赔偿原则应包括：全部赔偿原则，财产赔偿原则，损益相抵原则，过失相抵原则，衡平

---

① 参见杨立新：《人身权法论》，人民法院出版社 2002 年版，第 118 页。

② 参见张广良：《知识产权侵权民事救济》，法律出版社 2003 年版，第 206～221 页；张耕：《知识产权民事诉讼研究》，法律出版社 2004 年版，第 580～585 页。

原则,法定标准赔偿原则,法官斟酌裁量赔偿原则,对精神损害赔偿适当限制原则等。① 我们认为,侵害专利权的损害赔偿,最重要的原则就是全部赔偿原则。

全部赔偿原则亦称"填平原则",②是指加害人对受害人因侵权行为造成的实际损害进行全部赔偿,旨在使受害人的利益回复到损害发生前的状态。全部赔偿原则的基本要求是对受害人因侵权行为产生的一切损失进行赔偿。大陆法系和英美法系一些国家都将其确立为重要的赔偿原则。③ 全部赔偿原则是我国侵害专利权损害赔偿乃至整个民事侵权损害赔偿领域中的一项基本原则。

对于损害赔偿的功能,我国民法学和知识产权法学界长期以来都存在争议,主要有"单一功能说""双重功能说"和"三重功能说"。通说认为,损害赔偿主要是补偿性的,同时也兼具惩罚性。④ 传统民法理论认为,平等的民事主体之间不能由一方惩罚另一方,被侵权人也不能因被侵权而获得额外的利益,否则便有违民法平等、公平的基本原则。然而,根植于现代社会的现代民法已突破了传统民法之局限,对侵权行为引入社会评价观念,从而在若干领域确立了惩罚性赔偿责任。⑤ 由于侵害专利权行为的特殊性,权利人很难查清每一次侵权行为并予以追究;另一方面,单一的补偿性功能也不能有效惩戒侵权行为人,因为其侵权的成本远远低于其侵权所获得的利润。通过行政罚款等措施虽然可以在一定程度上解决这个问题,但其作用是非常有限的,一方面因为行政主管机关的力量有限,另一方面行政罚款归国库所有,不能刺激专利权人与侵权行为作斗争的积极性。如果赔偿不足,使权利人感觉赢了官司输了钱,就不能调动权利人与侵权行为作斗争的积极性。美国《专利法》规定,法院有权将损害赔偿金额增加到陪审团裁定或法庭估价数额的3倍。⑥ 尽管美国的法院是否将其视为一种惩罚性措

① 参阅王利明、杨立新编著:《侵权行为法》,法律出版社2001年版,第325～335页;杨立新:《民法判解研究与适用》,人民法院出版社1999年版,第219页;蒋志培:《入世后中国知识产权司法保护的几个问题》,载《中国专利与商标》2002年第2期。

② 在2000年8月由最高人民法院和中国知识产权研究会联合举办的关于著作权损害赔偿问题的研讨会上,部分律师代表对"填平原则"的提法表示异议,认为还是"全部赔偿原则"的提法为妥。

③ 参阅萧榕主编:《世界著名法典选编》(民法卷),中国民主法制出版社1998年版,第870页;曾世雄:《损害赔偿法原理》,中国政法大学出版社2001年版,第14页。

④ 王利明、杨立新编著:《侵权行为法》,法律出版社2001年版,第367～370页。

⑤ 戴建志、陈旭主编:《知识产权损害赔偿研究》,法律出版社1998年版,第7页。

⑥ 参见美国《专利法》第284条。

施尚存争议,但一些司法判例却证明了其实际作用。[①] 然而,我们应当注意的是,在美国,判令侵权人承担赔偿损失责任的条件是侵权行为是出于故意。

一般认为,我国修订后的《专利法》及最高人民法院的相关司法解释体现了损害赔偿责任具有一定的惩罚性。[②] 我们认为,无论是原《专利法》的第 60 条,还是修改后的第 65 条,其基本精神都是全部赔偿原则。将"参照许可使用费的倍数合理确定"解释为专利法承认了惩罚性赔偿是对立法精神的曲解。主要理由是:其一,从外国的立法例来看,惩罚性赔偿有严格的适用条件,即侵权人主观上系故意(恶意);非故意侵权不能适用惩罚性赔偿。而我国《专利法》第 65 条未作相应规定,按逻辑和文义解释,故意侵权和过失侵权均应适用,这与惩罚性赔偿的立法目的不符。其二,从行文方式来看,"参照许可使用费的倍数合理确定"仅是计算赔偿额的一种方法,而且是在权利人的损失和侵权人因侵权所获利益均无法计算时的一种计算方法,此处的"倍数"似可理解为侵权的时间、地域范围等与许可使用的时间单位和地域范围相比较之倍数关系。按照参与《专利法》修改的尹新天先生的解释,许可使用费的确定要考虑专利权人的利益和被许可使用人的利益,即不可能把实施专利所取得之收益全部作为许可使用费交给专利权人,而必定是由双方按一定比例分配,如果按照许可使用费的 1 倍来确定赔偿数额,不足以填平专利权人的损失,[③]因此,法律规定损害赔偿额可参照许可使用费的倍数确定。可见,立法本意并非要对侵害专利权的行为人给予惩罚性赔偿,不能想当然地将"参照许可使用费的倍数合理确定"解释为惩罚性赔偿的依

---

① cf. Underwater Devices, Inc. v. Morrison-Knudsen Co., 717 F. 2d 1380, 219 USPQ 569 (Fed. Cir. 1983); Bott v. Four Star Corp., 807 F. 2d 1567, 1 USPQ 2d 1210 (Fed. Cir. 1986); Rite-Hite Corp. v. Kelly Company, Inc., 56 F. 3d 1538, 35 USPQ 2d 1065 (Fed. Cir. 1995).

② 《中华人民共和国专利法》第 65 条:"侵犯专利权的赔偿数额按照权利人因被侵权所受到的实际损失确定;实际损失难以确定的,可以按照侵权人因侵权所获得的利益确定。权利人的损失或者侵权人获得的利益难以确定的,参照该专利许可使用费的倍数合理确定。"《最高人民法院关于审理专利纠纷案件适用法律问题的若干规定》第 21 条:"被侵权人的损失或者侵权人获得的利益难以确定,有专利许可使用费可以参照的,人民法院可以根据专利权的类别、侵权人侵权的性质和情节、专利许可使用费的数额、该专利许可的性质、范围、时间等因素,参照该专利许可使用费的 1 至 3 倍合理确定赔偿数额;没有专利许可使用费可以参照或者专利许可使用费明显不合理的,人民法院可以根据专利权的类别、侵权人侵权的性质和情节等因素,一般在人民币 5000 元以上 30 万元以下确定赔偿数额,最多不得超过人民币 50 万元。"

③ 尹新天:《中国专利法详解》,知识产权出版社 2011 年版,第 736 页。

据。由是观之,《最高人民法院关于审理专利纠纷案件适用法律问题的若干规定》第 21 条的规定似有可商榷之处。

(二)损害赔偿额的计算方法

《中华人民共和国专利法》第 65 条规定:"侵犯专利权的赔偿数额按照权利人因被侵权所受到的实际损失确定;实际损失难以确定的,可以按照侵权人因侵权所获得的利益确定。权利人的损失或者侵权人获得的利益难以确定的,参照该专利许可使用费的倍数合理确定。赔偿数额还应当包括权利人为制止侵权行为所支付的合理开支。""权利人的损失、侵权人获得的利益和专利许可费均难以确定的,人民法院可以根据专利权的类型、侵权行为的性质和情节等因素,确定给予一万元以上一百万元以下的赔偿。"据此规定,我国侵害专利权损害赔偿数额的计算方法有四种:权利人因被侵权所受到的损失,侵权人因侵权所获得的利益,专利许可使用费的倍数,法定赔偿。现分别予以讨论。

1. 权利人因被侵权所受到的损失

权利人因被侵权所受到的损失包括利润损失、利润利息损失、为调查或制止侵权行为所付出的合理开支和合理的律师费用等等。

按照最高人民法院的司法解释,权利人因被侵权所受到的损失可以根据专利权人的专利产品因侵权所造成销售量减少的总数乘以每件专利产品的合理利润所得之积计算。权利人销售量减少的总数难以确定的,侵权产品在市场上销售的总数乘以每件专利产品的合理利润所得之积可以视为权利人因被侵权所受到的损失。[①] 但是,导致权利人利润减少的原因是复杂的,专利产品在市场上销售额下降与该产品的质量、替代产品的出现、销售范围、环境、气候等诸多因素,甚至专利权人的管理和营销策略不当等相关,有时专利权人的专利产品还未投入市场就遭到侵权,因此,专利权人利润损失的计算是一个非常困难甚至无法解决的问题。因而,实践中较少采用这种方法。

2. 侵权人因侵权所获得的利益

根据最高人民法院的司法解释,侵权人因侵权所获得的利益可以根据该侵权产品在市场上的销售总数乘以每件侵权产品的合理利润所得之积计算。侵权人因侵权所获得的利益一般按照侵权人的营业利润计算,对于完全以侵权为业

① 参见《最高人民法院关于审理专利纠纷案件适用法律问题的若干规定》(2001 年 6 月 22 日)第 20 条第 2 款。

的侵权人,可以按照销售利润计算。①

美国在以前也采用这种标准计算专利权人的损失。但是,由于要准确计算被侵权的专利在侵权产品全部利润中所占的比例十分困难,而正是这类问题使许多案件的审理时间被长期拖延。因此,在各界的呼吁下,美国国会于 1964 年对《专利法》进行了修改,不再将侵权人因侵权所获利润作为确定赔偿额的选择依据。② 然而,在司法实践中,法庭仍然在可能的情况下,以被告的利润所得来帮助确定权利人的利润损失,甚至作为权利人利润损失的替代。③ 美国立法取消按照侵权产品所获得的利润计算赔偿额这一事实值得我们重视和认真研究。

将专利产品因侵权所减少的销售数量与每件产品利润之积或者侵权人因侵权所获得的利益作为确定损害赔偿额的依据,其预设前提是专利产品和侵权产品的利润全部来自于被侵犯之专利。但是,这个前提是值得怀疑的。侵犯专利权与侵犯商标权、著作权不同。在现代技术条件下,许多产品往往使用多件专利甚至成百上千件专利;而且,除了专利以外,商标、商号、广告宣传等其他知识产权和经营因素对产品的利润也起着重要的作用。将侵权产品的利润全部作为被侵权人的损失判给被侵权人,显然是不科学、不公平的,该司法解释在这个问题的解释上显然偏离了专利法的规定。因此,我们认为在按照上述两种方法计算赔偿额时,应当参考美国法院所创造的赔偿金计算的"分摊"原则(apportionment),即在计算侵权赔偿金时,只能计算与涉案专利的"新颖性和非显而易见性"特征有关部分的利润,而不是产品的整体利润。最高人民法院的相关司法解释需作相应修改。

3. 专利许可使用费的倍数

当被侵权人因侵权所受损失和侵权人因侵权所获得的利益均难以确定时,侵犯专利权的赔偿数额参照该专利许可使用费的倍数合理确定。参照被侵权专利的许可使用费的倍数合理确定赔偿数额,简单易行,较为合理,具有较强的可操作性。美国法院在侵害专利权诉讼中也经常采用这种计算方法。然而,我国现行的著作权法和商标法等知识产权法中尚无此类规定。一些学者认为,这种

---

① 参见《最高人民法院关于审理专利纠纷案件适用法律问题的若干规定》第 20 条第 3 款。

② 李明德:《美国知识产权法》,法律出版社 2003 年版,第 79 页。

③ Paul Goldstein:*Copyright, Patent, Trademark and Related State Doctrines*, Westbury, NY: Foundation Press, 1997, p. 527.

计算方法可类推适用于所有知识产权侵权损害赔偿额的计算中。[①]

一般来说，按照公平合理的原则，参照外国的司法实践，只有符合下列条件，许可使用费方可作为计算赔偿金的基础：(1)在侵权诉讼前权利人已就该权利获得或约定了许可使用费；(2)在同一地区所颁发的许可证的使用费费率基本一致；(3)应有若干个被许可人向权利人支付了使用费，以证明这种许可使用费是合理的；(4)许可使用与侵权行为之间具有可比性，即许可的地域范围、权利内容等具有可比性。关于许可使用费的倍数，按《最高人民法院关于审理专利纠纷案件适用法律问题的若干规定》第21条的解释，为该专利许可使用费的1至3倍。人民法院可以根据专利权的类别、侵权的性质和情节、专利许可使用费的数额、该专利许可的性质、范围、时间等因素，合理确定赔偿数额。没有许可使用费可以参照，或者许可使用费明显不合理的，则不能采用这种方法。我们认为，"根据专利权的类别、侵权的性质和情节、专利许可使用费的数额、该专利许可的性质、范围、时间等因素，合理确定赔偿数额"，已经明确了赔偿额的计算方法，没有必要再规定"1至3倍"的幅度，该规定非但不能增加计算的确定性，反而徒增误解，并可能造成不公平。

4. 惩罚性赔偿

一般认为，惩罚性赔偿是在依照法律规定的计算方法确定的损害赔偿额的基础上，按一定倍数计算赔偿额的赔偿制度。惩罚性赔偿是相对于损失多少赔偿多少的填平原则而言的一种赔偿制度。按照传统民法原理，民事法律关系的当事人法律地位平等，一方不能惩罚另一方。而且，惩罚性赔偿让受害人通过损害赔偿获得额外的利得，是不公平的。因此，民事赔偿以损失多少赔偿多少为原则。但是，有时候为了特定的立法目的，如促使义务人努力提高产品安全性，保护公民生命财产安全等，法律也会对特定的侵权行为类型规定惩罚性赔偿责任，如美国对产品责任的规定，我国消费者权益保护法对销售者赔偿责任的规定。我国产业界和知识产权学界一直有人主张对故意侵害专利权的行为课以惩罚性赔偿。此次"征求意见稿"规定，对故意侵害专利权的行为，法院可根据情节、规模、损害后果等，将依照法律规定确定的赔偿数额提高至2—3倍。

对故意侵害他人专利权的行为课以惩罚性赔偿，可以增强对侵权行为的威慑力，更好地保护专利权人的利益，从而更有效地激励创新。因此，该项修改值得赞同。

---

① 张玉敏主编：《知识产权法学》，法律出版社2005年版，第38页。

5. 法定赔偿

当被侵权人的损失或者侵权人获得的利益难以确定,又没有专利许可使用费可以参照或者专利许可使用费明显不合理时,人民法院可以根据专利权的类别、侵权人侵权的性质和情节等因素,在人民币1万元以上100万元以下确定赔偿数额。

按照最高人民法院的司法解释,法定赔偿是最后适用的一种损害赔偿额计算方法。只有当其他计算方法都无法采用时,方可考虑适用法定赔偿 ,当事人没有选择权[①]。但在我国审判实践中,对于上述损害赔偿额的各种计算方法,人民法院有权根据当事人的请求及案件的不同情况,选择适用。当事人双方商定用其他方法计算损害赔偿额的,只要是公平合理的,人民法院也可以允准。[②]

第二节 临时措施

《中华人民共和国专利法》第66条规定,专利权人或者利害关系人有证据证明他人正在实施或者即将实施侵犯其专利权的行为,如不及时制止将会使其合法权益受到难以弥补的损害的,可以在起诉前向人民法院申请采取责令停止有关行为的措施。原《专利法》还规定权利人可在诉前申请财产保全,但2008年修订《专利法》时删除了申请财产保全的规定。这并不意味着权利人不能在起诉前申请财产保全,而是因为民事诉讼法对财产保全有明确的规定,权利人可以按照民事诉讼法的规定请求保护。责令停止有关行为是为权利人提供的临时救济措施,而非民事责任形式。但是,它能够有效地保护权利人的利益,对于制止即将发生的侵权和防止损害后果的扩大,都起着非常重要的作用。对专利权人而言,制止正在发生或即将发生的侵权行为的权利,较之就已发生的侵权行为获得经济赔偿的权利更为重要。[③] 因为在许多时候,侵权人对受害人的商誉及市场份额所造成的损害是无法用金钱补偿的。正如法谚所云,“迟到的正义便不是正义”。[④] 正是考虑到侵犯知识产权行为的特殊性,《TRIPS协定》才在执法部分对“临时措施”做了专门规定。

---

① 参见《最高人民法院关于审理专利纠纷案件适用法律问题的若干规定》第21条。

② 程永顺:《中国专利诉讼》,知识产权出版社2005年版,第293页。

③ See Robert P. Merges: *Patent Law and Policy*: *Cases and Materials*, 2nd ed., Dayton, OH: Lexis Nexis, 1997, p.973.

④ “Justice delayed, justice denied.”

一、责令停止有关行为

我国法上的责令停止有关行为，类似于英美法上的“临时禁令”或“诉前禁令”。[①] 鉴于专利的特殊性以及专利权的有效性和侵权判定的复杂性，错误地颁发临时禁令可能会给被控侵权人造成无法挽回的损害，因而法院在作出责令停止有关行为的裁定时应当特别慎重。美国法院下达临时禁令时亦持谨慎态度，要求的条件“苛刻”。但近年来美国联邦巡回上诉法院通过一系列判例放宽了颁发临时禁令的标准，认为专利侵权中颁发临时禁令的标准不应当比其他知识产权侵权中的标准更为严格。[②] 最高人民法院在《关于当前经济形势下知识产权审判服务大局若干问题的意见》中指出，要严格把握法律条件，慎用诉前停止侵权措施。采取诉前停止侵权措施既要积极又要慎重，既要合理又要有效，要妥善处理有效制止侵权与维护企业正常经营的关系。诉前停止侵权主要适用于事实比较清楚、侵权易于判断的案件，适度从严掌握认定侵权可能性的标准，应当达到基本确信的程度。在认定是否会对申请人造成难以弥补的损害时，应当重点考虑有关损害是否可以通过金钱赔偿予以弥补以及是否有可执行的合理预期。担保金额的确定既要合理又要有效，主要考虑禁令实施后对被申请人可能造成的损失，也可以参考申请人的索赔数额。诉前停止侵权涉及当事人的重大经济利益和市场前景，要注意防止和规制当事人滥用有关权利。应考虑被诉企业的生存状态，防止采取措施不当使被诉企业生产经营陷入困境。特别是在专利侵权案件中，如果被申请人的行为不构成字面侵权，其行为还需要经进一步审理进行比较复杂的技术对比才能作出判定时，不宜裁定责令诉前停止侵犯专利权；在被申请人依法已经另案提出确认不侵权诉讼或者已就涉案专利提出无效宣告请求的情况下，要对被申请人主张的事实和理由进行审查，慎重裁定采取有关措施。根据案件进展情况，注意依法适时解除诉前停止侵权裁定。加强在诉前停止侵权措施申请错误时对受害人的救济，申请人未在法定期限内起诉或者已经实际构成申请错误，受害人提起损害赔偿诉讼的，应给予受害人应有的充分赔偿。对于为阻碍他人新产品上市等重大经营活动而恶意申请诉前停止侵权措施，致使他人的市场利益受到严重损害的情形，要注意给予受害人充分保护。最高人民法院的《意见》对诉前停止有关行为案件的审理具有重要的指导意义。

---

① Preliminary injunction or interim injunction.

② 李明德：《美国知识产权法》，法律出版社 2003 年版，第 78～79 页。

(一)申请的条件

按照我国法律规定,适用这种临时救济措施的条件有三个:一是有证据证明他人正在实施侵犯专利权的行为或者即将实施侵犯专利权的行为;二是如不及时制止将会使专利权人或者利害关系人的合法权益受到难以弥补的损害;三是涉案专利权合法有效。

适用责令停止有关行为这种临时救济措施,不以行为人有过错为必要条件。法院在对当事人的申请进行审查时,应考虑责令被申请人停止有关行为是否损害社会公共利益或者会对被控侵权人造成重大损害。①

(二)申请的提出②

专利权人或者利害关系人在起诉前有权向人民法院提出责令被申请人停止有关行为的申请。这里所称的利害关系人,主要指专利实施许可合同的被许可人和专利权人的继承人。在被许可人中,独占实施许可合同的被许可人可以单独向人民法院提出申请;排他实施许可合同的被许可人在专利权人不申请的情况下,可以提出申请。诉前责令停止有关行为的申请,应当向对侵犯专利权案件有管辖权的人民法院提出。

专利权人或者利害关系人向人民法院提出申请,应当递交书面申请状;申请状应当载明当事人及其基本情况、申请的具体内容、范围和理由等事项。申请的理由包括有关行为如不及时制止会使申请人合法权益受到难以弥补的损害的具体说明。

申请人提出申请时,应当提交相关证据。专利权人应当提交证明其专利权真实有效的文件,申请涉及实用新型专利的,还应当提交国务院专利行政部门出具的检索报告。利害关系人应当提供有关专利实施许可合同及其在国务院专利行政部门备案的证明材料;未经备案的应当提交专利权人的证明,或者证明其享有权利的其他证据。排他实施许可合同的被许可人单独提出申请的,应当提交专利权人放弃申请的证明材料。专利权的继承人还应当提交已经继承或者正在继承的证据材料。申请人还应提交证明被申请人正在实施或者即将实施侵犯其专利权的行为的证据,包括被控侵权产品以及专利技术与被控侵权产品技术特征对比材料等。

---

① 请参阅第一节中对“停止侵害”等问题的论述和《最高人民法院关于对诉前停止侵犯专利权行为适用法律问题的若干规定》第 11 条以及《最高人民法院关于当前经济形势下知识产权审判服务大局若干问题的意见》第 14 条等规定。

② 参见《最高人民法院关于对诉前停止侵犯专利权行为适用法律问题的若干规定》第 1～4 条。

(三)提供担保[①]

申请人提出申请时应当提供担保。申请人不提供担保的,法院应当驳回申请。法院在确定担保范围时,应当考虑责令停止有关行为所涉及产品的销售收入以及合理的仓储、保管等费用,被申请人停止有关行为可能造成的损失以及人员工资等合理费用支出等因素。

停止有关行为裁定所采取的措施,不因被申请人提出反担保而解除。

(四)裁定及其执行[②]

法院接受专利权人或者利害关系人提出责令停止有关行为的申请后,法院应当自接受申请之时起48小时内作出书面裁定;有特殊情况需要延长的,可以延长48小时。裁定责令被申请人停止有关行为的,应当立即开始执行。法院在前述期限内,需要对有关事实进行核对的,可以传唤单方或双方当事人进行询问,然后及时作出裁定。当事人对裁定不服的,可以在收到裁定之日起10日内申请复议一次。复议期间不停止裁定的执行。停止有关行为裁定的效力,一般应维持到终审法律文书生效时止。法院也可以根据案情,确定具体期限;期限届满时,根据当事人的请求仍可作出继续停止有关行为的裁定。

专利权人或者利害关系人在法院采取停止有关行为的措施后15日内不起诉的,法院应当解除裁定采取的措施。

申请人不起诉或者申请错误造成被申请人损失,被申请人可以向有管辖权的法院起诉请求申请人赔偿,也可以在专利权人或者利害关系人提起的侵犯专利权诉讼中提出损害赔偿的请求,法院可以一并处理。

专利权人或者利害关系人向法院提起侵犯专利权诉讼时,同时提出先行停止侵犯专利权行为请求的,人民法院可以先行作出裁定。被申请人违反法院责令停止有关行为裁定的,法院可以根据情节轻重予以罚款、拘留;构成犯罪的,依法追究刑事责任。[③]

---

① 参见《最高人民法院关于对诉前停止侵犯专利权行为适用法律问题的若干规定》(2001年6月7日)第6条至第8条。

② 参见《最高人民法院关于对诉前停止侵犯专利权行为适用法律问题的若干规定》第9条至第15条、第17条。

③ 《中华人民共和国民事诉讼法》第102条:“诉讼参与人或者其他人有下列行为之一的,人民法院可以根据情节轻重予以罚款、拘留;构成犯罪的,依法追究刑事责任:……(六)拒不履行人民法院已经发生法律效力的判决、裁定的。

人民法院对有前款规定的行为之一的单位,可以对其主要负责人或者直接责任人员予以罚款、拘留;构成犯罪的,依法追究刑事责任。”

侵犯专利权行为的判定较一般侵权行为的判定要困难得多，而且，一旦裁定错误，可能给被申请人造成难以弥补的损失；虽然申请人提供了担保，往往也难以弥补被申请人失去商机甚至破产的损失。实践中也不排除申请人滥用专利权，以此作为打击竞争对手的手段。因此，裁定被申请人停止有关行为应当慎之又慎。从制度层面考虑，48 小时的时限太短，本次修法规定特殊情况可以延长 48 小时，基本可以解决时限问题。另外，建议在程序上给被申请人以申辩的机会，如召开听证会等。

二、诉前财产保全[①]

侵权行为往往给专利权人造成巨大的财产损失，专利权人提起侵权诉讼的重要目的，就是要获得赔偿，以弥补自己因侵权所受到的损失。如果侵权行为人转移财产，或者其财产被用于清偿其他债权而导致其无资力，那么，专利权人通过诉讼所获得的胜诉判决就成为无法兑现的空头支票。诉前财产保全是保证权利人能够获得赔偿的重要法律措施。虽然此次修改专利法时将财产保全的规定删除，但是，专利权人仍然可以依照民事诉讼法的规定申请财产保全。

(一)申请

依照《中华人民共和国民事诉讼法》第 93 条，申请诉前财产保全须遵守以下规定：

1. 情况紧急。如果不立即申请财产保全将会使利害关系人的合法权益受到难以弥补的损害。

2. 必须由利害关系人提出申请。利害关系人包括专利权人、独占许可合同和排他许可合同的被许可人。

3. 提供担保。申请诉前财产保全的，申请人应当提供担保；申请人不提供担保的，人民法院驳回申请。

4. 赔偿责任。申请人的申请有错误，给被申请人造成损失的，申请人应当赔偿被申请人因财产保全所遭受的损失。

(二)裁定和执行

法院接到申请后，应当在 48 小时内作出裁定。财产保全的范围应限于请求的范围，或者与本案有关的财物。法院裁定采取财产保全措施的，应当立即执行。财产保全采取查封、扣押、冻结或者法律规定的其他方法。法院冻结财产

① 参见《中华人民共和国民事诉讼法》第 92 条至第 96 条。

后，应当立即通知被冻结财产的人。已被查封、冻结的财产，不得重复查封、冻结。

法院对专利权进行财产保全，应当向国务院专利行政部门[①]发出协助执行通知书，载明要求协助执行的事项以及对专利权保全的期限，并附法院作出的裁定书。

(三)财产保全的解除

在以下两种情况下，法院应当解除财产保全：

1. 申请人在法院采取保全措施后15日内不起诉的；

2. 被申请人提供担保的。

(四)复议

当事人对财产保全裁定不服的，可以申请复议一次。复议期间不停止裁定的执行。

三、诉前证据保全

在诉讼中，证据对于当事人来说是至关重要的。然而，专利的特殊性决定了侵权诉据的特殊性，很难获取，且极易灭失。证据一旦灭失，权利人将无法获得法律上的救济。所以，民事诉讼法上有起诉后的证据保全之规定。[②] 我国2001年修订的《著作权法》和《商标法》都对证据保全作了专门规定[③]。2000年修订的《专利法》中没有关于证据保全的专门规定。《最高人民法院关于对诉前停止侵犯专利权行为适用法律问题的若干规定》中规定，人民法院执行诉前停止侵犯专利权行为的措施时，可以根据当事人的申请，参照《民事诉讼法》第74条的规定，同时进行证据保全。[④] 2008年修订《中华人民共和国专利法》时对诉前证据保全作了明确规定。

根据《中华人民共和国专利法》第67条的规定，为了制止专利侵权行为，在证据可能灭失或者以后难以取得的情况下，专利权人或者利害关系人可以在起诉前向人民法院申请保全证据。法院可以责令申请人提供担保；申请人不提供

---

① 我国国务院专利行政部门原为中国专利局，1998年更名为中国国家知识产权局。

② 参见《中华人民共和国民事诉讼法》第74条。

③ 参见《中华人民共和国著作权法》第50条、《中华人民共和国商标法》第58条。

④ 参见《最高人民法院关于对诉前停止侵犯专利权行为适用法律问题的若干规定》第16条。

担保的，驳回申请。法院应当在自接受申请时起48小时内作出裁定；裁定采取保全措施的，应当立即执行。自法院采取保全措施之日起15日内申请人不起诉的，法院应当解除保全措施。

第三节　侵犯专利权纠纷的民事诉讼程序

一、诉讼管辖

根据《专利法》及其《实施细则》和最高人民法院相关司法解释的规定，人民法院受理的专利侵权纠纷案件主要包括侵犯发明、实用新型和外观设计专利权纠纷案件，假冒他人专利纠纷案件；临时性措施纠纷案件则包括诉前申请停止侵权纠纷案件以及诉前申请财产保全纠纷案件等。

我国对侵犯专利纠纷案件实行特别指定管辖即专属管辖。根据最高人民法院有关司法解释的规定，专利纠纷案件由各省、自治区、直辖市人民政府所在地的中级人民法院和最高人民法院指定的中级人民法院作为第一审法院，①相应地各高级人民法院为第二审法院。

2013年后，随着各地法院审理专利案件经验的积累和法官水平的提高，最高人民法院开始指定具备相应条件的基层法院审理实用新型和外观设计专利侵权纠纷案件。

2014年，北京、上海、广州知识产权法院成立后，最高人民法院对北京、上海、广东专利案件管辖作出调整，采取了跨区域集中管辖的做法：北京、上海知识产权法院管辖所在市辖区内民事、行政第一审案件，广州知识产权法院管辖广东省内专利民事、行政第一审案件（深圳市除外）。不服国务院专利行政部门作出的有关专利授权确权裁定或者决定、有关强制许可决定以及强制许可使用费或所报道的裁决，提起行政诉讼的，一审由北京知识产权法院管辖。

对于因侵犯专利权提起的诉讼，由侵权行为地或者被告住所地人民法院管辖。侵权行为地包括：被控侵犯发明、实用新型专利权的产品的制造、使用、许诺销售、销售、进口等行为的实施地；专利方法使用行为的实施地，依照该专利方法直接获得的产品的使用、许诺销售、销售、进口等行为的实施地；外观设计专利产

① 参见《最高人民法院关于审理专利纠纷案件适用法律问题的若干规定》第2条。

品的制造、销售、进口等行为的实施地；假冒他人专利的行为实施地以及上述侵权行为的侵权结果发生地。原告仅对侵权产品制造者提起诉讼，未起诉销售者，侵权产品制造地与销售地不一致的，制造地人民法院有管辖权；以制造者与销售者为共同被告起诉的，销售地人民法院有管辖权。销售者是制造者分支机构，原告在销售地起诉侵权产品制造者制造、销售行为的，销售地人民法院有管辖权。[①]

二、证据问题

侵犯专利权诉讼中涉及的证据具有技术性强、知识面广、难于获取、极易丧失等特性。取证过程本身往往就是借助科学技术等手段提取、分析、审查、判断和确认证据的过程，就是认识和掌握智力成果产生、变化、运用及发展规律的过程，因而对侵犯专利权诉讼证据的收集、审查、判断和确认就更为复杂和困难。所以，建立与完善专利证据制度是完善专利诉讼制度的重要环节。随着专利诉讼案件的增多，专利诉讼证据制度也有了长足发展。在运用传统民事诉讼证据理论和执行现行民事诉讼法的基础上，知识产权审判实践进一步充实和完善了民事诉讼证据制度，在庭前证据交换、举证责任倒置和诉前证据保全等方面积极推动了民事诉讼证据制度的改革，也在一定程度上丰富了民事诉讼证据理论。

（一）证据披露

证据披露，也称为证据开示、证据展示或证据公开等。[②] 从内容上看，英美法中证据披露制度包含两个相互独立的程序：其一是告知程序，[③]其内涵着重在一方当事人可以从法院获得案件相关信息，并利用法律规定的程序性权利积极地、能动地设法收集证据、发掘证据、调查证据；其二是开示程序，[④]其基本含义是要求当事人在诉答程序后开庭审理前，分阶段地向对方展示自己将要在庭上使用的证据和其他信息，这更贴近于我们所熟知的证据交换概念。作为一种制度，证据披露最早发端于英美法系国家。大陆法系亦有类似证据制度。其基本含义是庭审前当事人之间相互获取与案件有关的信息。《布莱克法律辞典》所下定义为，在审判制度中，“证据披露是一种审判前的程序和机制，用于诉讼一方从

① 参见《最高人民法院关于审理专利纠纷案件适用法律问题的若干规定》第5条、第6条。

② 我国也有学者和法官认为，证据开示与证据披露是两个不同的概念。

③ 英语原文为“discovery”。

④ 英语原文为“disclosure”。

另一方获得与案件有关的事实情况和其他信息,从而为审判做准备。"①证据披露规则是证据法的重要内容,是诉讼程序公正与效率的重要保障,因而世界贸易组织《TRIPS 协定》对证据披露规则作了最低要求,以协调各国知识产权民事和行政诉讼程序立法。从世界各国有关证据披露规则的立法看,证据披露不仅存在于民事诉讼中,而且也在行政诉讼和刑事诉讼中广泛适用。但《TRIPS 协定》只在民事和行政诉讼程序中规定了有关证据披露的最低要求。

《TRIPS 协定》第 43 条第 1 款规定:"如果一方当事人已经提供足够支持其权利主张的、并能够合理取得的证据,同时指出了由另一方当事人控制的证明其权利主张的证据,则司法当局应有权在适当场合确保对秘密信息给予保护的条件下责令另一方当事人提供证据。"需要说明的是,《TRIPS 协定》在该款中,并未强调主张其重要证据被对方掌握的当事人应履行举证义务。实际上,当事人在许多情况下不可能举出其重要证据被对方掌握的证据,而只能是"指出"。是否责令另一方当事人提供,属于法官的自由裁量权范畴。《TRIPS 协定》第 43 条第 2 款规定:"如果诉讼的一方当事人无正当理由主动拒绝接受必要的信息,或在合理期限内未提供必要的信息,或明显妨碍与知识产权执法的诉讼有关的程序,则成员可授权司法当局在为当事人对有关主张或证据提供陈述机会的前提下,就已经出示的信息(包括受拒绝接受信息之消极影响的当事人一方所提交的控诉或陈述),做出初步或最终确认或否认的决定。"该款的内容主要是举证时限的规定。与第 1 款规定相比,该款不属于《TRIPS 协定》的最低要求,而是成员可选择适用的任意性条款。尽管如此,由于举证时限是当代世界民事诉讼证据潮流,因而 WTO 成员一般都在域内民事诉讼立法中规定了举证时限。

(二)举证责任

1. 侵犯专利权诉讼中举证责任的一般规则

《中华人民共和国民事诉讼法》第 64 条第 1 款规定:"当事人对自己提出的主张有责任提供证据。"这就是举证责任的基本原则,即通常所说的"谁主张,谁举证"。不过,"谁主张,谁举证"并不否认在一些基于特殊法律事实产生的案件中举证责任的转移或倒置。

根据"谁主张、谁举证"原则和我国专利法的规定,主张权利被侵害的当事人,应对权利存在的法律事实和权利被侵害的法律事实负举证责任;主张对方的权利变更或消灭的当事人,应对权利变更或消灭的法律事实负举证责任;主张抗

---

① Bryan A.Garner,ed.:*Black's Law Dictionary*, 8th ed.,st.Paul,MN:Thomson/West,2004.

辩的当事人,应对抗辩的法律事实负举证责任;销售侵权产品的销售商应对其销售产品来源的合法性承担举证责任;要求被告赔偿损失的,要在证明被告行为构成侵权的基础上进一步证明自己的损失以及该损失与被告的侵权行为之间的因果关系;被告要想减轻或者免除自己的赔偿责任,要对据以抗辩的事实负举证责任,或者对权利人的利润损失的原因事实负举证责任。

当事人向人民法院提供证据,应当提交原件或者原物。如需自己保存证据原件、原物或者提供原件、原物确有困难的,可以提供经人民法院核对无异的复制件或者复制品。当事人向人民法院提供的证据如果是在中华人民共和国领域外形成的,该证据应当经所在国公证机关予以公证,并经中华人民共和国驻该国使领馆予以认证,或者履行中华人民共和国与该所在国订立的有关条约中规定的证明手续。当事人向人民法院提供的证据是在香港、澳门、台湾地区形成的,应当履行相关的证明手续。当事人向人民法院提供外文书证或者外文说明资料,应当附有中文译本。当事人应当对其提交的证据材料逐一分类编号,对证据的来源、证明对象和内容作简要说明,签名盖章,注明提交日期,并依照对方当事人人数提出副本。

《最高人民法院关于民事诉讼证据的若干规定》与许多国家民事诉讼法的规定一样,规定了免于举证的情形和民事诉讼中的自认制度。当事人对以下事实无须举证证明:众所周知的事实;自然规律及定理;根据法律规定或者已知事实和日常生活经验法则,能推定出的另一事实;已为人民法院发生法律效力的裁判所确认的事实;已为仲裁机构的生效裁决所确认的事实;已为有效公证文书所证明的事实。但是,除自然规律及定理外,当事人有相反证据足以推翻前述事实的,主张事实成立一方仍应承担举证责任。在诉讼过程中,一方当事人对另一方当事人陈述的事实明确表示承认的,另一方当事人无须举证,但涉及身份关系的除外。对一方当事人陈述的事实,另一方当事人既未表示承认也未否认,经审判人员充分说明并询问后,其仍不明确表示肯定或者否定的,视为对该项事实的承认。当事人委托代理人参加诉讼,代理人的承认视为当事人的承认。但未经特别授权的代理人对事实的承认直接导致承认对方诉讼请求的除外;当事人在场但对代理人的承认不作否认表示的,视为当事人的承认。当事人在法庭辩论终结前撤回承认并经对方当事人同意,或者有充分证据证明其承认行为是在受胁迫或者重大误解情况下作出且与事实不符的,不能免除对方当事人的举证责任。

2. 举证责任的倒置及其适用

(1)举证责任倒置

在举证责任分配问题上,除“谁主张,谁举证”原则外,有关法律和司法解释还规定了举证责任倒置的特殊情形，作为对“谁主张，谁举证”一般原则的补充。如《中华人民共和国专利法》第61条第1款规定：“专利侵权纠纷涉及新产品制造方法的发明专利的，制造同样产品的单位或者个人应当提供其产品制造方法不同于专利方法的证明。”鉴于方法专利举证的特殊性，《TRIPS协定》作了专门的规定：如果专利的内容系获得产品的方法，在侵犯专利权的民事诉讼中，“司法当局应有权责令被告证明其获得相同产品的方法不同于该专利方法。所以，成员应规定：至少在下列情况之一中，如无相反证据，则未经专利所有人许可而制造的任何相同产品，均应视为使用专利方法而获得：(a)如果使用该专利方法而获得的产品系新产品；(b)如果该相同产品极似使用该专利方法所制造，而专利所有人经合理努力仍未能确定其确实使用了该专利方法。任何成员均应有自由规定：只有满足上述(a)或(b)规定之条件，被指为侵权人的一方，才应承担相应的举证责任。在引用相反证据时，应顾及被告保护其制造秘密及商业秘密的合法利益。”①我国侵犯方法专利诉讼举证责任的规定基本上符合《TRIPS协定》的规定，但不够完善，应从以下两方面加以完善：

第一，应当明确规定由原告承担一定的举证责任，防止不适当地扩大被告的举证范围。原告应证明专利权的存在、被告制造的产品极似使用该专利方法所制造，而且原告经合理努力仍未能确定被告确实使用了该专利方法后，才能由制造同样产品的单位或者个人承担其产品的制造方法的举证责任。

第二，应当规定在课以被告举证责任的同时须合理顾及被告合法权益，特别是对其商业秘密的保护，避免发生在被告举证过程中因原告的过分要求或法院的不当措施而使其商业秘密泄露，出现另一种不公平。

(2)举证责任倒置的适用

任何民事诉讼都是由原告提起的，因而在诉讼中举证责任首先应由原告承担；原告应就诉讼请求所依据的事实负举证责任。只有在原告提供初步证据之后才可能将进一步的举证责任倒置于被告。在专利方法侵权纠纷诉讼中原告必须提交初步证据证明的事实包括：①原告是专利权人或者利害关系人；②原告有一项关于产品制造方法的有效发明专利；③使用该专利方法的结果是产生一项新产品；④被告制造的产品与利用其专利方法制造出的新产品相同。只有在原告完成了上述举证的情况下，证明“未经原告许可而制造出的新产品不是采用原告的专利方法所制造出来的”举证责任才由被控侵权的被告承担。这就是说，举

① 郑成思：《WTO知识产权协议逐条讲解》，中国方正出版社2002年版，第208页。

证责任倒置仅针对原告无法举证的、被告使用的制造方法而言，并非一切诉讼证据。①

当举证责任依法倒置后，被告如果举证证明其使用的制造方法与原告的专利方法不同，则不构成侵权。如果被告不举证，等于被告不能举证证明自己的制造方法不同于专利方法，应推定其使用了专利权人的专利方法，进而认定被告的行为构成侵权，由其承担相应的法律责任。在有些情况下，根据常理或者原告的举证如果认为被告举证的制造方法可能与其实际使用的方法不一致时，可依法进行现场勘验或者技术鉴定，从而确定被告举证的真实性。②

三、诉讼中止

诉讼中止是指在诉讼过程中，因法定情形的出现，导致诉讼程序无法继续进行，人民法院裁定暂时中断该诉讼程序，待中止原因消除后恢复诉讼程序的情况。

依照《最高人民法院关于审理专利纠纷案件适用法律问题的若干规定》以及司法实践，侵犯发明专利权案件，被告反诉专利权无效的，一般可以不中止诉讼，但法院认为有必要中止诉讼的除外。侵犯实用新型、外观设计专利权纠纷案件的被告请求中止诉讼的，应当在答辩期内对原告的专利权提出宣告无效的请求。被告在答辩期间内请求宣告该项专利权无效的，人民法院应当中止诉讼，但具备下列情形之一的，可以不中止诉讼：(1)原告出具的检索报告未发现导致实用新型专利丧失新颖性、创造性的技术文献的；(2)被告提供的证据足以证明其使用的技术已经公知的；(3)被告请求宣告该项专利权无效所提供的证据或者依据的理由明显不充分的；(4)人民法院认为不应当中止诉讼的其他情形。被告在答辩期间届满后请求宣告该项专利权无效的，人民法院不应当中止诉讼，但经审查认为有必要中止诉讼的除外。侵犯发明专利权纠纷案件，侵犯实用新型、外观设计专利权纠纷案件经专利复审委员会审查维持专利权的，被告在答辩期间内请求宣告该项专利权无效的，人民法院可以不中止诉讼。人民法院决定中止诉讼，专利权人或者利害关系人请求责令被告停止有关行为或者采取其他制止侵权损害继续扩大的措施，并提供了担保，人民法院经审查符合有关法律规定的，可以在

① 程永顺：《中国专利诉讼》，知识产权出版社 2005 年版，第 341 页。

② 程永顺：《中国专利诉讼》，知识产权出版社 2005 年版，第 345～346 页。

裁定中止诉讼的同时一并作出有关裁定。①

第四节 诉讼时效与权利失效

一、诉讼时效

诉讼时效(*praescriptio*, or prescription)亦称消灭时效(*praescriptio extinctiva*, or extinctive prescription)。《民法通则》第135条规定:"向人民法院请求保护民事权利的诉讼时效期间为二年,法律另有规定的除外。"我国《专利法》规定,侵犯专利权的诉讼时效为2年,自专利权人或者利害关系人得知或者应当得知侵权行为之日起计算。根据以上规定,专利权被侵害后,如果专利权人或者利害关系人不在得知或者应当得知其专利权被侵害后2年以内行使权利,包括提起诉讼、申请仲裁、直接要求侵权人停止侵害或者赔偿损失等,其实体诉权即归于消灭,即不能再通过诉讼程序,强制侵权人赔偿损失。

权利人在其权利被侵害后,如果长期采取漠然置之的态度,既不与加害人协商解决,或者要求其承担责任,也不向人民法院起诉,请求保护,那么,法律便没有必要无限期地为其提供保护。法律不保护权利上的睡眠者,这是世界各国民法共同的原则。所以,各国民法均有诉讼时效(消灭时效)制度,只不过在时效期间、中断事由等具体问题的规定上有所不同而已。

专利法上的诉讼时效有以下问题需要讨论。

(一)诉讼时效期间

我国专利法规定,侵犯专利权的诉讼时效为2年,自专利权人或者利害关系人得知或者应当得知侵权行为之日起计算。②

有的学者认为,我国民法通则规定的普通诉讼时效期间过短,应当延长。③我们不以为然。首先,由于商品交换范围的扩大和交易方式的日益便捷,财产流

① 参见《最高人民法院关于审理专利纠纷案件适用法律问题的若干规定》第8条至第12条。

② 参见《中华人民共和国专利法》第62条。

③ 魏振瀛主编:《民法》,北京大学出版社2000年版,第197页。我国《民法典(草案)》将普通诉讼时效规定为3年。

转的速度和频率都大大提高，对交易效率和安全的关注超过以往任何时候。因此，在世界范围内，诉讼时效期间缩短是一个总的趋势。1999 年德国修改《民法典》时，将普通消灭时效期间由 30 年改为 3 年就是明证。其次，我国现行的 2 年时效期间实际上并不比有些国家的期间短。如美国版权法规定了 3 年的时效期间，专利法规定了 6 年的时效期间，均从请求权产生时即侵权行为发生时开始计算，且向侵权行为人的请求不能中断时效；①而我国的时效期间是从专利权人或者利害关系人得知或者应当得知侵权行为之日起计算，并且，向侵权行为人的请求是中断时效的法定事由。就权利人准备各种诉讼资料而言，2 年的时间已经足够；权利人还可以通过发警告函等方式中断时效，争取更多的准备时间。所以我们认为，我国法律关于保护专利权的诉讼时效期间的规定是合理的。②

(二)诉讼时效的起算

对于侵犯专利权诉讼时效应从何时开始计算，有三种观点。第一种观点认为，侵害专利权的行为多为持续性的侵权行为，而持续性侵权行为的诉讼时效应从侵权行为结束之日起开始计算。其理由是，持续发生的侵权行为应作为一个完整的整体看待；侵权行为没有结束，诉讼时效就不应起算。③ 第二种观点则主张应按民法通则的规定，从专利权人或者利害关系人知道或者应当知道其权利被侵害时起计算。其理由是，作为一个整体的持续性的侵权行为，其时效起算仅是一个客观事实判断问题，如果有证据表明权利人已知或应知权利被侵害，诉讼时效应当开始计算；如果以行为终了之日计算，将会极大地缩减诉讼时效的适用范围，违背民事诉讼时效立法制度的宗旨和精神。④ 第三种观点认为，前述两种观点都有偏颇之处，因而主张侵犯专利权的诉讼时效应从权利人知道或者应当知道侵权行为发生之日起计算，当持续侵权行为时效起算超过两年后权利人再起诉的，以权利人起诉之日为起点向前推算两年，超过两年的以超过诉讼时效为由不予赔偿；但未超过两年部分则应视为未超过诉讼时效，权利人有权要求停止侵权并赔偿损失，法院也应支持原告的主张。其主要理由是，第一种观点虽然在客观上能起到全面制止侵权行为的作用，却忽视了诉讼时效制度的立法精神；第

---

① 参见美国《版权法》第 507 条、美国《专利法》第 286 条。

② 张玉敏主编：《知识产权法学》，法律出版社 2005 年版，第 44～45 页。

③ 王利明等：《民法新论》(上)，中国政法大学出版社 1998 年版，第 558 页。

④ 程永顺：《专利诉讼》，专利文献出版社 1993 年版，第 139～140 页；陈丽频：《知识产权侵权诉讼时效的二个问题》，载《科技与法律》1998 年第 2 期；张广良：《知识产权实务与案例探析》，法律出版社 1999 年版，第 15～18 页。

二种观点虽然符合民法通则的规定，客观上有利于督促权利人及时主张权利，却过分强调了持续侵权行为的整体性，而忽视了其阶段性和可分性，可能对权利人极为不利，有违法律的公平和正义。[①] 最高人民法院在总结司法实践经验的基础上，借鉴美国等国家的做法，在司法解释中规定，侵犯专利权的诉讼时效自专利权人或者利害关系人知道或者应当知道侵权行为之日起计算。权利人超过2年起诉的，如果起诉时侵权行为仍在继续，在该项专利权有效期内，人民法院应当判决被告停止侵权行为，侵权损害赔偿数额应当自权利人向人民法院起诉之日起向前推2年计算。[②] 这实际上是将侵害专利权的行为视为连续发生的一个个单独的侵权行为，每一个侵权行为的诉讼时效都可分别计算。

我们原则上赞同该司法解释的意见。但是，我们认为不宜规定"人民法院应当判决被告停止侵权行为"。因为：其一，即使法院认定侵权成立，也不妨碍当事人通过协商达成许可使用协议；其二，有时候达成许可使用协议可能更符合双方当事人的利益，也更符合社会公共利益，更接近公平和效率的价值取向；其三，如前所述，法院判令行为人停止侵权行为，应当全面考虑是否损害公共利益，是否难以执行，对双方当事人而言是否利益严重失衡等。从民事诉讼法的角度讲，法院只能就当事人的诉讼请求进行审理和判决，如果当事人没有要求判决被告停止侵权行为，法院就不能径行判决被告停止侵权行为。[③]

（三）诉讼时效的效力

诉讼时效的效力是指，一旦诉讼时效完成，会产生何种法律后果。诉讼时效的效力应针对损害赔偿请求权与停止侵害请求权分别加以讨论。

1. 损害赔偿请求权

诉讼时效完成后，专利权人还能否得到赔偿，各国立法中的规定不尽相同。美国《专利法》第286条第1款写明："除法律另有规定外，起诉或反诉前侵权行为发生已超过6年的，不能取得赔偿。"[④]加拿大《专利法》第55.1条也规定："对

---

① 梁群：《谈专利侵权诉讼中的几个问题》，载《现代法学》1995年第1期；刘铁男：《专利侵权诉讼中涉及时效的几个问题》，载《人民司法》1999年第4期。

② 参见《最高人民法院关于审理专利纠纷案件适用法律问题的若干规定》第23条。

③ 参阅本章第一节关于"停止侵害"的相关论述，张玉敏主编：《知识产权法》，法律出版社2010年版，第55～56页。

④ cf. Sect. 286 of U.S. Patent Act: Time limitation on damages. "Except as otherwise provided by law, no recovery shall be had for any infringement committed more than six years prior to the filing of the complaint or counterclaim for infringement in the action."

于提起侵权之诉前5年发生的侵权行为，被侵权人不能获得救济。”[①]芬兰《专利法》规定，在专利权人要求损害赔偿的诉讼中，他只能要求支付自提起诉讼前5年的赔偿金；他无权要求赔偿在此之前的损失。[②]《瑞典外观设计保护法》规定，侵权损害赔偿诉讼应当在损害发生之日起5年内提起，否则丧失要求赔偿的权利。[③] 这些国家的法律一般都规定，权利人只能就其起诉前一定期限内因侵权行为造成的损害请求赔偿。这一规定的理论依据是，知识产权作为对世权、支配权，在有效期内始终受法律保护；当其受到侵害时，请求权不断地产生，前面的请求权虽然因时效而消灭，后面继续产生的请求权则仍受法律的保护。[④]

《最高人民法院关于审理专利纠纷案件适用法律问题的若干规定》第23条规定，诉讼时效期间届满后权利人在该项专利权有效期内提起诉讼的，损害赔偿额从起诉之日起向前推两年计算。该司法解释与美国等国家规定的意旨是一致的。

2. 停止侵害请求权

对于停止侵害请求权是否得因诉讼时效期间届满而消灭，有两种不同的意见。一种意见主张，诉讼时效期间届满，权利人既丧失损害赔偿请求权，也丧失停止侵害请求权。其理由是，法律规定诉讼时效的目的，就是要使已经发生的事实状态相对稳定，在时效期间内权利人对侵权行为不予追究，即是对侵权行为的默认。[⑤] 另一种意见则认为，停止侵害请求权不因诉讼时效期间届满而消灭。其理由主要有：第一，权利人对已过诉讼时效的侵权行为不予追究，只能认为是对该行为的默认，不等于对新的、扩大的、继续的侵权行为的默认。第二，我国无取得时效，超过诉讼时效期间，权利人虽然丧失债上请求权，但并不意味着侵权

---

① cf. Sect. 55. 01 of Patent Act of Canada: “No remedy may be awarded for an act of infringement committed more than six years before the commencement of the action for infringement.”

② cf. Sect. 58 of Patents Act of Finland: “Compensation proceedings for patent infringement shall only refer to damage during the last five years prior to institution of proceedings. The right to compensation for damage suffered prior to that period shall lapse.”《芬兰实用新型权利法》第37条第3款也有类似规定。

③ 张玉敏主编：《知识产权法学》，法律出版社2005年版，第46页。

④ 《芬兰实用新型权利法》第36条规定：“法院可禁止任何人持续或反复实施侵害他人实用新型专有权的行为。”芬兰《专利法》第57条也有类似规定。

⑤ 程永顺、罗李华：《专利的侵权抗辩》，载郑成思主编：《知识产权文丛》（第二卷），中国政法大学出版社1999年版，第163～167页。

人取得未来的专利实施权。第三,如果承认停止侵害请求权得因时效而消灭,侵权人可以利用这一点来逃避法律制裁。因为侵权人可以利用少量的生产、销售来试探权利人的态度,而专利权人在自己没有实施或没有合作伙伴时,因诉讼费用等问题,不可能、也没有必要对每一个侵权人提起诉讼;但当他与他人订立了独占实施许可合同后,如不提起诉讼,就要承担违约责任。①

停止侵害请求权应否受制于诉讼时效,实际上也涉及利益平衡问题。"利益平衡"贯穿于知识产权制度始终,也是长期困扰学术界、立法者和司法界的一大难题。就侵害专利权诉讼而言,可能涉及专利权人、被许可使用人、侵权人之间的相互经济利益,还可能涉及被控侵权产品的批发商、零售商、使用人的利益问题。既要充分有效地保护专利权人及利害关系人的权益,维护智力成果创新激励机制的基础,又不能过分偏袒权利人,而忽视甚至损害社会公共利益。有学者认为,如果否认停止侵害请求权适用诉讼时效,则不利于维护社会经济秩序的稳定,不利于促使权利人迅速行使权利,也不利于案件的审理,可能对被告造成极大不公,有时还会损害国家利益和社会公共利益。② 也有学者认为,如果停止侵害请求权适用诉讼时效,虽可以敦促权利人积极主张权利,维护社会经济秩序之稳定,但会带来难以避免的消极后果,这种做法会严重动摇整个知识产权的制度基础,也会损害社会公共利益,并导致一些侵权行为长期泛滥。③

我们认为,上述两种意见各执一端,各有利弊。如前所述,最高人民法院的司法解释对上述问题的解决方案更倾向于第二种意见,有其合理之处,④但尚需借鉴"权利失效"等规定加以完善。"法律不保护权利上的睡眠者"是时效制度的重要理论基础;对专利权人滥用权利的不正当竞争行为也应加以规制,从而更好地实现公平正义的法律价值。

二、权利失效与迟延告诉

(一)权利失效的概念与法律基础

权利失效制度来源于大陆法系,又被译为权利丧失或失权。所谓权利失效,是指权利人在相当期间内不行使其权利,依特别情事足以使义务人正当信赖权

① 孙德生:《对专利侵权诉讼时效方面相关问题的探讨》,载于前揭书,第 187~188 页。

② 张广良:《知识产权侵权民事救济》,法律出版社 2003 年版,第 245~246 页。

③ 张耕:《知识产权民事诉讼研究》,法律出版社 2004 年版,第 587~588 页。

④ 参见《最高人民法院关于审理专利纠纷案件适用法律问题的若干规定》第 23 条。

利人不欲其履行义务时，则基于诚实信用原则权利人不得再主张权利，使义务人履行义务。权利失效与诉讼时效的区别主要有：第一，诉讼时效以权利人在法定期间内不行使权利为要件；而权利失效除权利人在相当期间(而非法定期间)内不行使权利之事实外，还需有特别情事足以使义务人信赖该项权利不会再被主张。第二，诉讼时效适用于请求权；而权利失效适用于一切权利。第三，诉讼时效完成，需义务人主张时效抗辩，法院始得适用；权利失效法院得依职权适用。①

权利失效是义务人的一种特殊救济方式，其法律基础是民法的诚实信用原则。它是除诉讼时效、除斥期间之外对权利行使的又一限制性规定。从权利人方面来看，权利失效制度是对权利人权利的限制，即禁止其滥用权利。迪特尔·梅迪库斯所著《德国民法总论》一书，就是将权利失效作为禁止权利滥用的一种具体情形加以论述的。

(二)权利失效的构成要件及其适用

德国学者认为，权利失效的构成要件是：(1)权利人不行使权利。(2)权利人的不作为必须使人产生了将来也不再行使此项权利的表象。例如，权利人在明知侵权事实真相后，以其言语、行为或者默示，向侵权人传递的信息误导了该侵权人。(3)侵权人的利益应受到特别保护。即相对人必须感受到权利人不行使权利的表象，并因信赖这一表象而进行了“信赖投资”，此时权利人行使权利会对相对人产生比早些时候行使权利更为严厉的后果。以上三要件具备时，则权利人的权利包括损害赔偿请求权与停止侵害请求权都将丧失。这是一种一般的法律制度，甚至在公法中也可适用。②

我们认为，权利失效原则在专利权领域同样有适用的余地。保护知识产权的国际公约和一些国家的知识产权立法，都正式确认了权利失效原则。我国《商标法》第 45 条规定，注册商标违反拒绝注册的相对理由的，自商标注册之日起 5 年内，在先权利人或者利害关系人可以请求商评委宣告该商标注册无效，恶意注册的，驰名商标所有人不受 5 年时间的限制。该规定意味着，自他人注册之日起超过 5 年，注册商标所有人的撤销权(无效宣告请求权)因除斥期间届满消灭了。严格说来，这不属于权利失效，但其意旨与权利失效有共同之处。

权利失效是相对的，即针对某一相对人的权利失效，并不导致该权利整体上

---

① 王泽鉴：《民法学说与判例研究》(第一册)，中国政法大学出版社 2005 年版，第 290～294 页。

② 迪特尔·梅迪库斯：《德国民法总论》，邵建东译，法律出版社 2000 年版，第 115～117 页。

失效，权利人仍然可以针对其他人行使其请求权。

权利失效作为一项一般的法律制度或者法律原则，对于我们研究和解决现实中层出不穷的新问题，特别是专利权保护中的问题，有重要的理论价值和实际意义。它有利于防止权利滥用，有利于维护正当的市场竞争秩序，有利于在专利执法中贯彻诚实信用原则，实现实质上的公平和正义。

(三)“迟延告诉”原则及其参考价值

“迟延告诉”是英美法系衡平法上的一项原则。所谓“迟延告诉”，是指原告不正当地迟延起诉并导致被告利益受损时，原告的损害赔偿请求权乃至全部诉求都将被法院驳回。[①] 该原则的构成要件有二。其一，不合理拖延，即权利人不合理地拖延了起诉的时间。英美法中不合理拖延期间一般自权利人尽合理的勤勉义务后应当知道侵权行为发生之日起算。其二，被告受到损害。在侵害专利权的情况下，此种损害可分为两类：一类为证据上的损害，包括被告的证据因原告拖延而发生的遗忘与灭失；另一类为经济上的损害，即被告进行了业务扩张或已进行了大量投资等。[②]

在侵犯专利权诉讼中，如果被告以“迟延告诉”为由抗辩成功，则专利权人不能就其起诉前被告的侵权行为获得赔偿；但对于其起诉后被告的侵权行为，仍有可能获得赔偿或禁令救济。如果被告进而提出“衡平法上的禁止反悔”抗辩并得到法院支持，则专利权人不能获得任何救济。“衡平法上的禁止反悔”抗辩事由有三项：(1)权利人通常在明知事实真相后，以其言语、行为或者默示，向侵权人传递的信息误导了该侵权人(如误认为专利权人将不向其提起侵权之诉)。(2)侵权人信赖了该误导信息；(3)专利权人后来主张权利的行为，与其以前的行为不一致，并可能给侵权人造成重大损害。[③]

“迟延告诉”原则与诉讼时效制度既有联系，又有区别。英美法中的“迟延告诉”原则与大陆法中的权利失效制度既有相似之处，也有不同之处。“迟延告诉”原则给我们的启示是，权利人对于自己权利的维护，负有谨慎的勤勉义务。法官将以拟制的“合理人”标准，判定原告拖延起诉的行为是否具有可以原谅的理由。如果原告拖延起诉无正当理由，且对被告或社会公共利益造成了损害或者可能造成损害，则法官将在自由裁量权限内谨慎决定给予原告的救济形式，要么对其

---

① cf. Environmental Defense Fund, Inc. v. Alexander, 614 F. 2d 474 (5th Cir. 1980).

② 参阅张广良：《知识产权侵权民事救济》，法律出版社 2003 年版，第 252～254 页。

③ cf. A. C. Aukerman Co., v. R. L. Chaides Construction Co., 960 F. 2d 1020, 22 USPQ 2d 1321 (Fed. Cir. 1992).

要求被告停止侵害的请求不予支持，要么对其赔偿请求予以时间上的限制，要么驳回其全部诉讼请求。[①]

我们认为，“迟延告诉”原则和“权利失效”原则所体现的诚信原则和衡平价值，对于正确处理专利侵权纠纷，防止专利权人滥用权利，维护社会公共利益，具有重要的意义，值得借鉴。

第五节　专利权的行政保护与刑事保护

一、专利行政管理部门对专利权的行政保护

（一）专利权行政管理部门及其职权范围

专利权行政管理部门对专利权的行政保护是指管理专利工作的部门依照行政职权对侵犯专利权的行为依法进行处理的行政管理活动。国务院专利行政部门负责管理全国的专利工作，统一受理和审查专利申请，依法授予专利权。省、自治区、直辖市人民政府管理专利工作的部门负责本行政区域内的专利管理工作。[②] 目前，国务院专利行政部门是国家知识产权局，内设专利局、专利复审委员会、各职能司局以及其他机构。根据当事人的请求，处理及指导地方专利管理部门处理专利侵权纠纷，依法查处假冒他人专利及冒充专利的行为，是国家知识产权局的职责之一。各地管理专利工作的部门是指由省、自治区、直辖市人民政府以及专利管理工作量大又有实际处理能力的设区的市人民政府设立的管理专利工作的部门，即地方知识产权局。国务院专利行政部门对管理专利工作的部门处理和调解专利纠纷进行业务指导。

按我国专利法和相关法规的规定，地方管理专利工作的部门即各地知识产权局有下列职权：(1)应当事人的请求处理专利侵权纠纷；(2)应当事人的请求处理其他专利纠纷；(3)查处假冒他人专利的违法行为。下面分别予以介绍。

（二）应当事人请求处理专利侵权纠纷和其他专利纠纷

按现行专利法规定，地方知识产权局可以根据当事人的申请认定和处理专利侵权纠纷。知识产权局认定侵权行为成立的，可以责令侵权人立即停止侵权

① 张广良：《知识产权侵权民事救济》，法律出版社2003年版，第255～258页。

② 参见《中华人民共和国专利法》第3条。

行为;当事人不服的,可以自收到处理通知之日起 15 日内依照《行政诉讼法》向人民法院起诉;侵权人向人民法院提起行政诉讼的,在诉讼期间不停止决定的执行。侵权人期满不起诉又不停止侵权行为的,管理专利工作的部门可以申请人民法院强制执行。应当事人的请求,知识产权局可以就侵犯专利权的赔偿数额进行调解;调解不成的,当事人可以依照《民事诉讼法》向人民法院起诉。

在处理侵权纠纷过程中,被请求人提出无效宣告请求并被专利复审委员会受理的,可以请求知识产权局中止处理。知识产权局认为被请求人提出的中止理由明显不能成立的,可以不中止处理。知识产权局或者人民法院作出认定侵权成立的处理决定或者判决之后,被请求人就同一专利权再次作出相同类型的侵权行为,专利权人或者利害关系人请求处理的,知识产权局可以直接作出责令立即停止侵权行为的处理决定。

应当事人请求,知识产权局还可以对下列专利纠纷进行调解:专利申请权和专利权归属纠纷;发明人、设计人资格纠纷;职务发明的发明人、设计人的奖励和报酬纠纷;在发明专利申请公布后专利权授予前使用发明而未支付适当费用的纠纷。

(三)查处假冒专利的违法行为

2008 年修订的《专利法》将假冒他人专利和冒充专利的行为统一规定为"假冒专利"。其理由是,假冒专利和冒充专利都是冒用专利号或者专利标记,欺骗公众,扰乱市场秩序的行为,二者区别主要在于:假冒他人专利冒用的是他人实际存在的专利,冒充专利冒用的是实际上不存在的专利。但实践中假冒他人专利还是冒充专利有时与行为人的主观意志无关,行为人随便杜撰一个专利号,也可能与实际存在的某个专利号相同。从行政处罚的角度而言,冒充专利行为的社会危害性并不比假冒他人专利的危害性小,没有必要将二者区别对待。当然,如果假冒专利的行为同时构成对他人专利权的侵害,仍然应依法承担民事责任。[①]

管理专利工作的部门得依职权查处假冒专利的行为。对认定假冒专利行为成立的,应当责令行为人改正并予以公告,没收违法所得,可以并处违法所得 4 倍以下的罚款;没有违法所得的,可以处 20 万元以下的罚款。构成犯罪的,移送司法机关依法追究刑事责任。[②]

① 国家知识产权局条法司编:《〈专利法〉第三次修改导读》,知识产权出版社 2009 年版,第 79～80 页。

② 参见《中华人民共和国专利法》第 63 条。

当事人对专利管理部门的处罚决定不服，可以向人民法院提起行政诉讼，但在诉讼期间不停止决定的执行。

目前正在进行的《专利法》第四次修改，强化了专利行政部门处理侵权行为的权力。《征求意见稿》不仅将有权管理专利工作的部门扩大到县级以上专利行政部门，而且赋予其开展专利行政执法、查处专利侵权行为和假冒专利行为的权力。此外还赋予国务院专利行政部门和地方专利行政部门负责涉及专利的市场监督的权力。对于《征求意见稿》的上述规定，学界多持批评态度。

二、专利权的海关保护

（一）我国专利权海关保护的特点

专利权的海关保护，亦称专利权的边境保护，是指海关为了维护正常的社会经济秩序和公共利益，依照国家的法律法规，制止侵犯专利权的货物进境或者出境的措施或制度。海关保护在性质上也属于行政保护，因其具有特殊性，故单独讨论。

有关知识产权保护的国际公约，如《保护工业产权巴黎公约》和《TRIPS 协定》等都对国际贸易中的知识产权海关保护做了规定。海关是国家进出境监督管理机关，有权对进出境货物、物品和运输工具进行检查；发现有侵权嫌疑货物进出境的，可以在边境就地扣留，为阻止侵权货物进入一国商业流通渠道而筑起第一道防线。

自 1994 年 9 月中美第二次知识产权谈判以来，我国开始逐步建立起知识产权边境保护制度，赋予海关在边境制止侵权货物进出境的职权。1995 年 7 月 5 日，国务院颁布了《中华人民共和国知识产权海关保护条例》，自同年的 10 月 1 日起施行。2000 年 7 月全国人大常委会修改《中华人民共和国海关法》时，增加了知识产权海关保护的内容，从而在法律层面上确立了知识产权边境保护制度。2003 年国务院对《知识产权海关保护条例》进行了修订，新条例自 2004 年 3 月 1 日起施行。根据该条例，海关总署于 2004 年 4 月 22 日通过了《中华人民共和国海关关于〈中华人民共和国知识产权海关保护条例〉的实施办法》，自同年 7 月 1 日起施行。2009 年 2 月 17 日，海关总署对该《实施办法》进行了修订。2004 年 11 月，最高人民法院和最高人民检察院联合发布了《关于办理侵犯知识产权刑事案件具体应用法律若干问题的解释》，首次明确了代理进出口侵权货物的刑事责任。

修订后的《中华人民共和国知识产权海关保护条例》主要有三大变化值得关

注:(1)强化了海关调查的权力和责任。修订前的《知识产权海关保护条例》第10条、第17条和第22条规定,海关扣留侵权嫌疑货物后,侵权嫌疑货物的收发货人认为其进出口货物未侵犯他人知识产权的,应当自海关扣留凭单送达之日起7日内向海关提出书面异议。收发货人提出异议后,海关不再对货物是否构成侵权进行调查。如果知识产权权利人未能在规定期限内将侵权争议提请知识产权主管部门处理或者向人民法院提起诉讼,海关应当放行货物。修订后的《知识产权海关保护条例》第18条规定:"收货人或者发货人认为其货物未侵犯知识产权权利人的知识产权的,应当向海关提出书面说明并附送相关证据。"与修订前的《条例》相比,强调了收发货人向海关提出异议时应当提交能够证明其货物不构成侵权的证据。此外,《知识产权海关保护条例》第20条规定:"海关应当自扣留之日起30个工作日内对被扣留的侵权嫌疑货物是否侵犯知识产权进行调查、认定;不能认定的,应当立即书面通知知识产权权利人。对海关不能认定侵权的货物,自扣货之日起50个工作日内未收到人民法院协助执行通知的,海关应当放行货物。"此条规定赋予海关对显而易见的侵权货物进行查处的权力,排除了收发货人的"异议"对海关执法的干扰。(2)减轻了知识产权权利人申请海关保护的限制和经济负担。根据新《条例》的规定,知识产权权利人要求海关扣留侵权嫌疑货物的,只需向侵权嫌疑货物的进出境地海关直接提出申请,可以不再事先向海关总署办理知识产权海关保护备案;备案的有效期和续展备案的有效期都从原先规定的7年延长到10年。新《条例》还放宽了对提供担保的要求。首先,海关可以根据货物的侵权状况决定向知识产权权利人收取担保金额,虽然新《条例》规定权利人应当提供不超过货物等值的担保,但不再要求担保一律与货物等值,而且不再要求提供担保必须采取担保金一种方式,而允许扩大到银行保函等其他担保方式。此外,新《条例》还规定权利人如果愿意选择直接向货物的仓储商支付有关费用,海关可以不再就仓储和保管费用向权利人收取担保。(3)与世界贸易组织规则保持一致。根据《TRIPS协定》第57条的规定,海关应当允许进口人和权利人查看海关扣留的货物,并且在货物被确定为侵权后应当将货物有关情况通知权利人。修订后的《知识产权海关保护条例》第17条规定海关没收侵权货物后,应当将侵权货物的有关情况书面通知权利人,从法律上对权利人应当享有的权益予以保障。

我国知识产权海关保护水平高于《TRIPS协定》规定的最低保护标准,也高于包括美国在内的多数国家的保护标准。具体表现在:(1)保护范围。《TRIPS协定》仅要求对进口货物采取边境措施,而我国规定对进出口货物都可采取边境措施。(2)《TRIPS协定》仅要求对怀疑假冒商标和盗版的货物采取边境措施,我国则规定对侵犯知识产权包括专利权的货物均可采取边境措施。(3)《TRIPS协定》规定海关采取边境措施是被动的，即在权利人申请时才启动边境措施；而我国规定海关也可以主动采取边境措施。在进出口环节都对知识产权提供保护是我国入世承诺的一部分。从某种意义上说，它对于维护我国出口商品的国际形象，发展对外贸易有积极意义；但是，也不可避免地对我国商品的出口带来一些负面影响。特别是我国有一大批企业做的是贴牌加工业务，在现行制度下，一些在进口国不侵权的商品，可能在出口时被当作侵权货物扣押，对我国的加工企业乃至整个加工贸易造成严重的损害。此外，专利侵权的认定是一个十分复杂的问题，由海关在进出口程序中认定和处理，难免发生错误，也容易被一些权利人利用作为打击竞争对手的手段。因此，我国必须从提高执法人员的素质和完善制度两个方面认真研究如何提高知识产权海关保护的水平。

(二)专利权海关保护备案

按照《知识产权海关保护条例》的规定，专利权人要求海关对其与进出口货物有关的知识产权实施保护的，可以将其知识产权向海关备案，并在其认为必要时向海关提出采取保护措施的申请。①

专利权人申请知识产权海关保护备案的，应当向海关总署提交书面申请。申请书应当包括下列内容：(1)专利权人的名称或者姓名、注册地或者国籍等；(2)专利权的名称、内容及其相关信息；(3)专利权许可使用状况；(4)专利权人合法行使专利权的货物的名称、产地、进出境地海关、进出口商、主要特征、价格等；(5)已知的侵犯专利权货物的制造商、进出口商、进出境地海关、主要特征、价格等。上述申请书内容有证明文件的，应附送证明文件。专利权人应当在申请办理知识产权海关保护备案的同时缴纳备案费。海关总署应当自收到全部申请文件之日起30个工作日内作出是否准予备案的决定，并书面通知申请人；不予备案的，应当说明理由。有下列情形之一的，海关总署不予备案：(1)申请文件不齐全或者无效的；(2)申请人不是专利权人的；(3)专利权不再受法律、行政法规保护的。海关发现专利权人申请知识产权备案未如实提供有关情况或者文件的，可以撤销备案，并书面通知专利权人。海关总署撤销备案的，专利权人自知识产权备案被撤销之日起一年内就被撤销备案的专利权再次申请备案的，海关总署可以不予受理。知识产权海关保护备案自海关总署准予备案之日起生效，有效期为10年。备案有效期届满前6个月内，专利权人可以向海关总署申请续展备案。备案专利权的情况发生改变的，权利人应当自发生改变之日起30个工作日

① 参见《中华人民共和国知识产权海关保护条例》第7条。

内,向海关总署办理备案变更或者注销手续。专利权人放弃备案的,可以向海关总署申请注销备案。

为了更好地为进出口企业和知识产权权利人提供信息服务,方便备案申请人办理有关手续,海关总署于 2004 年 9 月推出了新开发的《知识产权网上备案和查询系统》。该系统具备备案信息查询、备案申请的提交、备案信息的管理等功能,它的启用进一步提高了知识产权备案工作的公开化和智能化程度。

(三)扣留侵权嫌疑货物的申请

专利权人发现侵权嫌疑货物即将进出口的,可以向货物进出境地海关提出扣留侵权嫌疑货物的申请。专利权人请求海关扣留侵权嫌疑货物的,应当提交申请书及相关证明文件,并提供足以证明侵权事实明显存在的证据。申请书应当包括下列主要内容:(1)专利权人的名称或者姓名、注册地或者国籍等;(2)专利权的名称、内容及其相关信息;(3)侵权嫌疑货物收货人和发货人的名称;(4)侵权嫌疑货物名称、规格等;(5)侵权嫌疑货物可能进出境的口岸、时间、运输工具等。侵权嫌疑货物涉嫌侵犯备案知识产权的,申请书还应当包括海关备案号。专利权人请求海关扣留侵权嫌疑货物的,应当向海关提供不超过货物等值的担保,用于赔偿可能因申请不当给收货人、发货人造成的损失,以及支付货物由海关扣留后的仓储、保管和处置等费用;专利权人直接向仓储商支付仓储、保管费用的,从担保中扣除。

(四)调查、扣留

专利权人申请扣留侵权嫌疑货物,符合法律的规定,并依照相关规定提供担保的,海关应当扣留侵权嫌疑货物,书面通知专利权人,并将海关扣留凭单送达收货人或者发货人。专利权人申请扣留侵权嫌疑货物,不符合法律的规定,或者未按规定提供担保的,海关应当驳回申请,并书面通知专利权人。经海关同意,专利权人和收货人或者发货人可以查看有关货物。收货人或者发货人认为其货物未侵犯专利权人的专利权的,应当向海关提出书面说明并附送相关证据,并可以在向海关提供与货物等值的担保金后,请求海关放行其货物。专利权人未能在合理期限内向人民法院起诉的,海关应当退还担保金。

海关接受知识产权保护备案和采取知识产权保护措施的申请后,因专利权人未提供确切情况而未能发现侵权货物、未能及时采取保护措施或者采取保护措施不力的,由专利权人自行承担责任。专利权人请求海关扣留侵权嫌疑货物后,海关不能认定被扣留的侵权嫌疑货物侵犯专利权人的专利权,或者人民法院判定不侵犯专利权人的专利权的,专利权人应当依法承担赔偿责任。

海关发现进出口货物有侵犯备案专利权嫌疑的,应当立即书面通知专利权人。专利权人自通知送达之日起3个工作日内依照规定提出申请并提供担保的，海关应当扣留侵权嫌疑货物，书面通知专利权人，并将海关扣留凭单送达收货人或者发货人。权利人逾期未提出申请或者未提供担保的，海关不得扣留货物。专利权人请求海关扣留侵权嫌疑货物的，海关应当自扣留之日起30个工作日内对被扣留的侵权嫌疑货物是否侵犯专利权进行调查、认定；不能认定的，应当立即书面通知专利权人。海关对被扣留的侵权嫌疑货物及有关情况进行调查时，专利权人和收货人或者发货人应当予以配合。专利权人在向海关提出采取保护措施的申请后，可以依照《中华人民共和国专利法》的规定，在起诉前就被扣留的侵权嫌疑货物向人民法院申请采取责令停止侵权行为或者财产保全的措施。

(五)海关对扣留货物的处理

1. 放行

有下列情形之一的，海关应当放行被扣留的侵权嫌疑货物：(1)海关依照专利权人的申请扣留侵权嫌疑货物，自扣留之日起20个工作日内未收到人民法院协助执行通知的；(2)海关发现进出口货物有侵犯备案专利权嫌疑，书面通知专利权人后，专利权人自通知送达之日起3个工作日内依照规定提出申请并提供担保，海关扣留侵权嫌疑货物的，自扣留之日起50个工作日内未收到人民法院协助执行通知，并且经调查不能认定被扣留的侵权嫌疑货物侵犯知识产权的；(3)涉嫌侵犯专利权货物的收货人或者发货人在向海关提供与货物等值的担保金后，请求海关放行其货物的；(4)海关认为收货人或者发货人有充分的证据证明其货物未侵犯专利权人的专利权的。海关依照法律规定扣留侵权嫌疑货物，专利权人应当支付有关仓储、保管和处置等费用。专利权人未支付有关费用的，海关可以从其向海关提供的担保金中予以扣除，或者要求担保人履行有关担保责任。侵权嫌疑货物被认定为侵犯专利权的，专利权人可以将其支付的有关仓储、保管和处置等费用计入其为制止侵权行为所支付的合理开支。海关实施知识产权保护发现涉嫌犯罪案件的，应当将案件依法移送公安机关处理。

2. 没收

被扣留的侵权嫌疑货物，经海关调查后认定侵犯专利权的，由海关予以没收。海关没收侵犯专利权货物后，应当将侵犯专利权货物的有关情况书面通知专利权人。被没收的侵犯专利权货物可以用于社会公益事业的，海关应当转交给有关公益机构用于社会公益事业；专利权人有收购意愿的，海关可以有偿转让给专利权人。被没收的侵犯专利权货物无法用于社会公益事业且专利权人无收购意愿的，海关可以在消除侵权特征后依法拍卖；侵权特征无法消除的，海关应当予以销毁。海关销毁侵权货物,专利权人应当提供必要的协助。有关公益机构将海关没收的侵权货物用于社会公益事业以及专利权人协助海关销毁侵权货物的,海关应当进行必要的监督。个人携带或者邮寄进出境的物品,超出自用、合理数量并涉嫌侵犯法律规定的知识产权的,海关应当扣留;对经调查认定为侵权的,由海关予以没收。进出口侵权行为有犯罪嫌疑的,海关应当依法移送公安机关。

(六)对被申请人的法律救济

海关接受知识产权保护备案和采取知识产权保护措施的申请后,因知识产权权利人未提供确切情况而未能发现侵权货物、未能及时采取保护措施或者采取保护措施不力的,由知识产权权利人自行承担责任。

知识产权权利人请求海关扣留侵权嫌疑货物后,海关不能认定被扣留的侵权嫌疑货物侵犯知识产权权利人的知识产权,或者人民法院判定不侵犯知识产权权利人的知识产权的,知识产权权利人应当依法承担赔偿责任。

《TRIPS 协定》第 56 条规定,有关当局应有权责令申请人向因被错误地扣押货物或因扣押按第 55 条予以放行的货物而遭受损失的进口商、收货人和货物所有人支付适当的赔偿金。

三、专利权的刑事保护

专利权的刑事保护,是指通过刑事手段来实现对专利权的保护。具体而言,是指立法者将一些严重侵害专利权的行为规定为犯罪,给予其刑罚制裁,即用刑罚作为手段,通过刑事程序追究侵权人的刑事责任以保护专利权,从而维护专利权人的利益和国家对专利权的管理秩序。

(一)刑事保护的意义

专利权刑事保护是专利权保护的最后一道屏障,与专利权民事保护和行政保护共同构成专利权法律防护网。尽管由于各国政治、经济、文化背景和立法传统等因素导致宏观立法模式直至微观法律规定均有差异,但是运用多种法律形式追究违法行为人的责任却是各国的共识。刑事制裁是打击侵犯专利权犯罪的最有力武器,对于专利权人及其利害关系人而言,刑事保护具有经济、快捷、有效的特点。就我国目前的情况而言,进一步加大对专利权的刑事司法保护力度,可以有效打击侵犯专利权犯罪,维护市场经济秩序,不断提高我国专利权的法律保护水平。

我国 1979 年《刑法》没有将侵犯专利权的行为规定为犯罪;1985 年 4 月施

行的《专利法》规定了假冒他人专利罪，该法第 63 条规定："假冒他人专利的，依照本法第 60 条的规定处理；情节严重的，对直接责任人员比照刑法第 127 条的规定追究刑事责任"。[①] 我国《专利法》自颁布实施以来，历经 3 次修订，但对于侵犯专利权行为的法律制裁方法却未做任何修改。简言之，我国专利法对于假冒专利的行为规定了民事、行政和刑事三重救济手段；但对于其他侵犯专利权的行为则只采用民事或行政救济方法。这就是我国专利法对于侵犯专利权行为司法救济在立法上的选择。

在我国刑法修订的过程中，对于侵犯专利权犯罪曾经提出过多种修改方案，包括增设"故意销售冒充他人专利的产品罪"，"伪造、擅自制造专利标识或者销售伪造、擅自制造的专利标识罪"，"冒充专利罪"，"销售明知是冒充专利的产品罪"以及"非法实施他人专利罪"等。[②] 直到 1997 年修订《中华人民共和国刑法》时，才在其中第 216 条首次明确规定了假冒专利罪，[③]并在第 220 条中规定了该罪的单位犯罪。

(二)假冒专利罪的构成要件

假冒专利罪指违反国家专利法规，假冒专利，情节严重的行为。一般认为，假冒专利罪的适用范围仅限于《中华人民共和国专利法》第 63 条所规定的假冒专利的行为。

1. 本罪的主体是一般主体，既可以是自然人，也可以是单位；多数情况下是从事生产经营的个体工商户和各类企业。

2. 本罪的主观方面是故意，一般具有非法获取经济利益的目的，但也有的是出于损害他人的声誉，破坏他人专利权益的目的。出于何种目的不影响本罪的成立。

3. 本罪侵犯的客体是专利权人的专利权和我国的专利管理制度。

4. 本罪在客观方面表现为，违反国家专利管理法规，在法律规定的专利有效期限内，假冒他人被授予的专利，侵犯他人专利权益，情节严重的行为。包括：(1)在未被授予专利权的产品或者其包装上标注专利标识，专利权被宣告无效后

---

① 2008 年 12 月修订的《中华人民共和国专利法》第 63 条规定："假冒专利的，除依法承担民事责任外，由管理专利工作的部门责令改正并予公告，没收违法所得，可以并处违法所得四倍以下的罚款；没有违法所得的，可以处二十万元以下的罚款；构成犯罪的，依法追究刑事责任。"

② 高铭暄、赵秉志主编：《新中国刑法立法文献资料总览》，中国人民公安大学出版社 1999 年版。

③ 2011 年 2 月的修正案中，也未对此条文进行调整。

或者终止后继续在产品或者其包装上标注专利标识，或者未经许可在产品或者产品包装上标注他人的专利号；(2)销售第(1)项所述产品；(3)在产品说明书等材料中将未被授予专利权的技术或者设计称为专利技术或者专利设计，将专利申请称为专利，或者未经许可使用他人的专利号，使公众将所涉及的技术或者设计误认为是专利技术或者专利设计；(4)伪造或者变造专利证书、专利文件或者专利申请文件；(5)其他使公众混淆，将未被授予专利权的技术或者设计误认为是专利技术或者专利设计的行为。① 专利权终止前依法在专利产品、依照专利方法直接获得的产品或者其包装上标注专利标识，在专利权终止后许诺销售、销售该产品的，不属于假冒专利行为。

2004年12月22日开始施行的《最高人民法院、最高人民检察院关于办理侵犯知识产权刑事案件具体应用法律若干问题的解释》规定，实施下列行为之一的，属于刑法第216条规定的“假冒他人专利”的行为：(1)未经许可，在其制造或者销售的产品、产品的包装上标注他人专利号的；(2)未经许可，在广告或者其他宣传材料中使用他人的专利号，使人将所涉及的技术误认为是他人专利技术的；(3)未经许可，在合同中使用他人的专利号，使人将合同涉及的技术误认为是他人专利技术的；(4)伪造或者变造他人的专利证书、专利文件或者专利申请文件的。②

假冒他人专利，具有下列情形之一的，属于刑法第216条规定的“情节严重”：(1)非法经营数额在20万元以上或者违法所得数额在10万元以上的；(2)给专利权人造成直接经济损失50万元以上的；(3)假冒两项以上他人专利，非法经营数额在10万元以上或者违法所得数额在5万元以上的；(4)其他情节严重的情形。③

该解释所称“非法经营数额”，是指行为人在实施侵犯专利权行为过程中，制造、储存、运输、销售侵权产品的价值。已销售的侵权产品的价值，按照实际销售的价格计算。制造、储存、运输和未销售的侵权产品的价值，按照标价或者已经查清的侵权产品的实际销售平均价格计算。侵权产品没有标价或者无法查清其实际销售价格的，按照被侵权产品的市场中间价格计算。多次实施侵犯专利权

---

① 参见《中华人民共和国专利法实施细则》(2010年1月9日第二次修订)第84条。

② 参见《最高人民法院、最高人民检察院关于办理侵犯知识产权刑事案件具体应用法律若干问题的解释》第10条。

③ 参见《最高人民法院、最高人民检察院关于办理侵犯知识产权刑事案件具体应用法律若干问题的解释》第4条。

行为，未经行政处理或者刑事处罚的，非法经营数额、违法所得数额或者销售金额累计计算。

最高人民法院和最高人民检察院联合发布的上述司法解释，明确了定罪量刑标准，大幅降低了入罪的门槛，阐释了刑法条文中易引起分歧的术语，加大了打击力度，引起了国内外的广泛关注。

(三)假冒专利罪的处罚

《中华人民共和国刑法》第216条规定："假冒他人专利，情节严重的，处3年以下有期徒刑或者拘役，并处或单处罚金。"单位犯本罪的，对单位判处罚金，并对其直接负责的主管人员和其他直接责任人员，依照该条的规定处罚。[①] 单位实施《刑法》第216条规定的行为，按照相应的个人犯罪的定罪量刑标准的3倍定罪量刑。[②]

明知他人实施侵犯专利权犯罪，而为其提供贷款、资金、账号、发票、证明、许可证件，或者提供生产、经营场所或运输、储存、代理进出口等便利条件、帮助的，以侵犯专利权犯罪的共犯论处。

《最高人民法院、最高人民检察院关于办理侵犯知识产权刑事案件具体应用法律若干问题的解释(二)》于2007年4月5日公布并施行。根据该司法解释，假冒专利罪，符合刑法规定的缓刑条件的，依法适用缓刑。但有下列情形之一的，一般不适用缓刑：(1)因侵犯知识产权被刑事处罚或者行政处罚后，再次侵犯知识产权构成犯罪的；(2)不具有悔罪表现的；(3)拒不交出违法所得的；(4)其他不宜适用缓刑的情形。

对于犯假冒专利罪的，人民法院应当综合考虑犯罪的违法所得、非法经营数额、给权利人造成的损失、社会危害性等情节，依法判处罚金。罚金数额一般在违法所得的1倍以上5倍以下，或者按照非法经营数额的50%以上1倍以下确定。[③]

(四)专利权刑事保护动态

为解决近年来公安机关、人民检察院、人民法院在办理侵犯知识产权刑事案件中遇到的新情况、新问题，依法惩治侵犯知识产权犯罪活动，维护社会主义市

---

① 参见《中华人民共和国刑法》第220条。

② 参见《最高人民法院、最高人民检察院关于办理侵犯知识产权刑事案件具体应用法律若干问题的解释》第15条。

③ 《最高人民法院、最高人民检察院关于办理侵犯知识产权刑事案件具体应用法律若干问题的解释(二)》第4条。

场经济秩序，最高人民法院、最高人民检察院、公安部于 2011 年 1 月 10 日联合制定了《关于办理侵犯知识产权刑事案件适用法律若干问题的意见》，对侵犯知识产权犯罪案件的管辖、侵犯知识产权犯罪竞合的处理以及侵犯知识产权犯罪的具体认定等十六个方面的问题做出了明确规定。

1. 关于侵犯专利权犯罪案件的管辖问题

侵犯专利权犯罪案件由犯罪地公安机关立案侦查。必要时，可以由犯罪嫌疑人居住地公安机关立案侦查。多个侵犯专利权犯罪地的公安机关对管辖有争议的，由共同的上级公安机关指定管辖，需要提请批准逮捕、移送审查起诉、提起公诉的，由该公安机关所在地的同级人民检察院、人民法院受理。

2. 关于办理侵犯专利权刑事案件中行政执法部门收集、调取证据的效力问题

行政执法部门依法收集、调取、制作的物证、书证、视听资料、检验报告、鉴定结论、勘验笔录、现场笔录，经公安机关、人民检察院审查，人民法院庭审质证确认，可以作为刑事证据使用。

行政执法部门制作的证人证言、当事人陈述等调查笔录，公安机关认为有必要作为刑事证据使用的，应当依法重新收集、制作。

3. 关于办理侵犯专利权刑事案件的抽样取证问题和委托鉴定问题

公安机关在办理侵犯专利权刑事案件时，可以根据工作需要抽样取证，或者商请同级行政执法部门、有关检验机构协助抽样取证。法律、法规对抽样机构或者抽样方法有规定的，应当委托规定的机构并按照规定方法抽取样品。

公安机关、人民检察院、人民法院在办理侵犯专利权刑事案件时，对于需要鉴定的事项，应当委托国家认可的有鉴定资质的鉴定机构进行鉴定。

公安机关、人民检察院、人民法院应当对鉴定结论进行审查，听取权利人、犯罪嫌疑人、被告人对鉴定结论的意见，可以要求鉴定机构作出相应说明。

4. 关于侵犯专利权犯罪自诉案件的证据收集问题

人民法院依法受理侵犯专利权刑事自诉案件，对于当事人因客观原因不能取得的证据，在提起自诉时能够提供有关线索，申请人民法院调取的，人民法院应当依法调取。

5. 关于多次实施侵犯专利权行为累计计算数额问题

依照《最高人民法院、最高人民检察院关于办理侵犯知识产权刑事案件具体应用法律若干问题的解释》第 12 条第 2 款的规定，多次实施侵犯专利权行为，未经行政处理或者刑事处罚的，非法经营数额、违法所得数额或者销售金额累计计算。

2年内多次实施侵犯专利权违法行为，未经行政处理，累计数额构成犯罪的，应当依法定罪处罚。实施侵犯专利权犯罪行为的追诉期限，适用刑法的有关规定，不受前述2年的限制。

6. 关于为他人实施侵犯专利权犯罪提供原材料、机械设备等行为的定性问题

明知他人实施侵犯专利权犯罪，而为其提供生产、制造侵权产品的主要原材料、辅助材料、半成品、包装材料、机械设备、标签标识、生产技术、配方等帮助，或者提供代收费、费用结算等服务的，以侵犯专利权犯罪的共犯论处。

7. 关于侵犯专利权犯罪竞合的处理问题

行为人实施侵犯专利权犯罪，同时构成生产、销售伪劣商品犯罪的，依照侵犯专利权犯罪与生产、销售伪劣商品犯罪中处罚较重的规定定罪处罚。

问题与思考：

1. 为什么说侵害专利权损害赔偿责任应当以侵权行为人的过错为必要条件？我国现行法的规定有什么问题？

2. 我国专利法是否应当规定惩罚性赔偿？为什么？

3. 我国专利法为什么不规定未经许可实施他人专利权罪？

4.“权利失效”和“迟延告诉”理论对我国知识产权保护有何借鉴意义？